Les Confessions
I

Jean-Jacques Rousseau

Les Confessions

Livres I à VI

Édition établie et présentée

par

Alain GROSRICHARD

GF Flammarion

Deuxième édition (2003)
© Flammarion, Paris, 2002, pour la présente édition.
ISBN : 2-08-071019-2

PRÉSENTATION

« je suis autre »

« Mon cher maître, la vie se passe en quiproquos. Il y a les quiproquos d'amour, les quiproquos d'amitié, les quiproquos de politique… » – il y a des quiproquos de tout, constatait Jacques, fataliste, en commençant à essayer de raconter à son cher maître la vie de son capitaine – ce capitaine qui répétait toujours, répétait toujours Jacques, que « tout ce qui nous arrive ici-bas de bien et de mal était écrit là-haut », sur le grand rouleau de notre destinée. Chacun la sienne, dont nous déchiffrons chacun le texte pas à pas, ligne à ligne, au fur et à mesure que nous faisons notre petit bonhomme de chemin ici-bas sur la terre, sans y pouvoir changer un mot. Car « savez-vous, monsieur, quelque moyen d'effacer cette écriture ? Puis-je n'être pas moi ? Et étant moi, puis-je faire autrement que moi ? Puis-je être moi et un autre [1] ? »

Non. Moi c'est moi, pas un autre. Ce qui n'empêche pas qu'on fasse erreur sur ma personne et qu'on me prenne pour le Jacques que je ne suis pas. C'est même fatal, dès que j'ouvre la bouche. Je dis *ceci* parce que je suis moi. Vous entendrez inévitablement *cela*, parce que

---

1. *Jacques le Fataliste et son maître*, in *Œuvres*, Bouquins, Laffont, 1994, t. II, p. 717.

vous êtes vous. Et réciproquement. Nous ne commu-
niquons jamais que dans le malentendu. Et « si l'on ne
dit presque rien dans ce monde qui soit entendu
comme on le dit, il y a bien pis, c'est qu'on n'y fait
presque rien qui soit jugé comme on l'a fait[1] ». Quand
je fais *ceci* parce que je suis moi, les autres s'imaginent
que je fais *cela* parce qu'ils sont eux. Jamais ils ne déchif-
freront ce qui est écrit sur le rouleau de ma destinée qu'en
y projetant le texte de la leur. Et réciproquement.

Voilà pourquoi il est si difficile à Jacques de raconter
la vie de son capitaine. Le seul en mesure de la raconter
sans risquer le quiproquo, ce serait son capitaine lui-
même, une fois arrivé au dernier mot de la dernière
ligne de son rouleau. Mais au bout de son rouleau, plus
rien ne sera écrit. Il n'aura plus qu'à se taire *ad vitam
æternam*. Il faut être un Chateaubriand pour écrire ses
mémoires d'outre-tombe, assis dans son cercueil.

Quiproquo

Je ne suis pas le Jacques de Diderot. Mais s'il avait fait de
moi son Jacques, et qu'au lieu de la vie de mon capitaine, la
fantaisie lui était venue de m'inviter à présenter celle de son
ex-ami Jean-Jacques, mon entrée en matière était toute
trouvée. J'aurais sorti ma gourde, je me serais rincé le
gosier, et j'aurais commencé :

« Mon cher maître, la vie de Jean-Jacques se passe en quiproquos. Il y a les quiproquos d'amour, les quiproquos
d'amitié… » De crainte que je n'en dise trop sur ces quiproquos d'amitié, Diderot aurait éperonné mon cheval pour
essayer de me détourner de mon propos, mais j'aurais tenu
la bride d'une main ferme. Et j'aurais continué :

« Il est vrai que, quand on porte un nom propre aussi
commun que celui de Rousseau, on doit s'attendre à être
pris pour celui qu'on n'est pas. Jean-Jacques en a souffert
au point d'en faire matière, dans les dernières années de sa
vie, à une véritable tragédie…

– Une tragédie ! Raconte…

1. *Ibid.*, p. 751.

– Un moment. Apprenez d'abord que, ainsi que le remarque Hegel, "les grands événements et personnages de l'Histoire se répètent toujours deux fois…"

– Peste, Jacques ! Te voilà bien savant, pour un valet.

– C'est que j'ai pratiqué, grâce à monsieur, la dialectique du maître et de l'esclave. Or Marx ajoute…

– Marx ? Aïe !

– "…la première fois comme tragédie, la deuxième fois comme farce[1]". Et comme c'est moi le maître à présent, je suis nécessairement devenu anti-marxiste. Je prendrai donc la liberté d'inverser le sens de l'Histoire et de commencer par une histoire drôle.

– Drôle ?

– Écoute plutôt. Je viens de la lire dans *Le Mot d'esprit et sa relation à l'inconscient* du docteur Freud…

– Mazette, maître Jacques, décidément on ne se refuse rien !… Et pourquoi pas le docteur Lacan, pendant que vous y êtes ?

– Chaque chose en son temps. Un jour, se souvient Freud – c'était à l'époque où, jeune étudiant en médecine, il ne s'était pas encore fait un nom comme inventeur de la psychanalyse –, ses camarades et lui eurent la surprise de voir un de leurs plus éminents professeurs faire dans l'amphithéâtre une entrée pour le moins inattendue : il riait.

– Vrai ?

– Vrai. Un professeur qui rit dans l'exercice de ses fonctions n'est déjà pas banal. Mais jamais celui-là ne s'était encore permis la moindre plaisanterie devant ses étudiants. Imagine leur tête ! Qu'arrivait-il au maître, pour qu'il osât se départir ainsi de son austère masque académique, et le troquer contre une face hilare ?

– Il avait bu.

– Non.

Alors, tirant de mon sac mon docteur Freud, je l'aurais ouvert et j'aurais lu :

---

1. Marx, *Le Dix-Huit Brumaire de Louis Bonaparte*, Mille et une Nuits, 1997, p. 13.

Je viens de lire un excellent mot d'esprit, expliqua le savant homme. Dans un salon parisien, on introduisit un jour un jeune homme qu'on présenta comme un parent du grand *J.-J. Rousseau*, dont il était du reste l'homonyme. De surcroît ce jeune homme était roux. Or il commit de telles balourdises que la maîtresse de maison, avisant le monsieur qui s'était chargé des présentations, lui décocha ce trait vengeur autant qu'inattendu : *Vous m'avez présenté un jeune homme roux et sot, mais non pas un…*

Non pas un quoi ? Hé bien, devine…

– Langue au chat, maître Jacques.

– "*Mais non pas un* Rousseau", nigaud ! "Et notre professeur de redoubler de rire [1]", conclut le docteur Freud, en en riant encore lui-même dans sa barbe. Moi aussi. Pas toi ?

– De ce calembour bête à pleurer ?

– Bien sûr que non, crétin. De cet imbécile de professeur qui en riait, en osant le qualifier d'"excellent mot d'esprit". Avouant par là à son insu qu'il n'avait jamais lu *Les Confessions*.

– Qu'en savez-vous, maître Jacques ?

– Pardi ! S'il les avait lues, c'est de cette maîtresse de maison qu'il aurait ri. Car il est évident que cette idiote non plus n'avait pas lu *Les Confessions*.

– Qu'est-ce qui vous le prouve ?

– Si elle les avait lues, loin de reprocher lourdement à ce monsieur de lui avoir présenté ce sot rouquin, elle l'en aurait béni. Ce n'est pas tous les jours qu'on a l'honneur de recevoir dans son salon un aussi sot sosie du grand Rousseau.

– Un sosie ? Le grand Rousseau n'était pas roux !

– Pas plus qu'il n'était sot. Mais il paraissait l'être.

– Roux ?

– Sot, espèce d'âne ! Ne sais-tu pas que chaque fois qu'il se mêlait d'ouvrir la bouche dans un salon, le grand Rousseau avait tout l'air d'un sot ? Voilà pourquoi, tout roux qu'il fût, ce petit Rousseau-là portait si bien son nom. Au point qu'en l'entendant débiter sot-

1. Freud, *Le Mot d'esprit et sa relation à l'inconscient*, Gallimard, 1988, p. 79 (traduction légèrement remaniée).

tises sur sottises, cette madame Verdurin aurait dû se prendre les tempes et tomber en extase, l'œil chaviré : "Doux Jésus qu'il est sot, mais sot, si sot que pour un peu, on jurerait le grand Rousseau !"

– Et d'où tenez-vous, maître Jacques, que le grand Rousseau paraissait sot ?

– Tiens, ignorant, lis plutôt… »

Alors, farfouillant dans mon sac, j'aurais voulu en retirer le volume I de la présente édition des *Confessions*…

Quand tout à coup, voilà que mon cheval se serait cabré, avant de partir au grand galop pour m'emporter au diable. Car un Diderot n'aurait certainement pas laissé son Jacques mettre sous les yeux d'un lecteur la vie de son ex-ami racontée par lui-même. Ce qu'il m'aurait fait sortir de mon sac, en revanche, ç'aurait été plutôt cette mise en garde fulminante, écrite et publiée par lui en 1780, deux ans avant la première parution (posthume) des *Confessions* :

> Si, par une bizarrerie qui n'est pas sans exemple, il paraissait jamais un ouvrage où d'honnêtes gens fussent impitoyablement déchirés par un artificieux scélérat qui, pour donner quelque vraisemblance à ses injustes et cruelles imputations, se peindrait lui-même de couleurs odieuses, anticipez sur le moment… Jetez loin de vous son infâme libelle [1]…

N'étant pas le Jacques de Diderot, je me permettrai donc d'inviter mon lecteur à ne pas jeter loin de lui le présent volume. Au contraire : qu'il l'ouvre à la page 148 (« Deux choses presque inalliables s'unissent en moi… ») et lise jusqu'à la page 152 (« J'y reviendrai par la suite »).

La quadrature du cercle

C'est fait ? Bien.

On l'aura constaté, il s'agit d'une longue parenthèse, ouverte par le narrateur dans le récit de son séjour à Annecy, chez Madame de Warens, alias *Maman*. Son

---

1. Note à l'*Essai sur la Vie de Sénèque*, 1780, repris in *Essai sur les règnes de Claude et de Néron*, in *Œuvres, op. cit.*, t. I, p. 1029.

Petit, comme elle l'appelle, est à l'époque un grand garçon de dix-sept ans, et elle commence à s'inquiéter de ce qu'il deviendra. Afin de le tester, elle le fait donc interroger par un M. d'Aubonne – un fin renard, qui venait de trousser une comédie visant à ridiculiser un mari pédéraste, pour se venger de n'avoir pu le faire cocu. Le résultat de cet oral « fut que malgré ce que promettaient mon extérieur et ma physionomie animée, j'étais, sinon tout à fait inepte, du moins un garçon de peu d'esprit ». Bref, un sot, dont le ramage le destinait, au mieux, à endosser plus tard la soutane noire d'un simple curé de village. Pour le *moi* de *Petit*, c'était profondément blessant. À la page 155, on apprendra que c'est à ce moment que l'idée lui est venue de composer lui aussi une comédie – *Narcisse ou l'Amant de lui-même*. Façon de prouver à *Maman* que l'extérieur de son *Petit* reflétait bien son intérieur, et que, au lieu du futur corbeau que M. d'Aubonne le voyait être, nichait en lui un authentique phénix de ces bois ne demandant qu'à prendre son envol.

C'est dans cet intervalle que se loge la parenthèse, le narrateur jugeant indispensable de livrer à son lecteur un certain nombre de réflexions sur la cause des faux jugements que ses prestations orales en société ont toujours fait porter sur lui. « Car en conscience, on sent bien que je ne puis sincèrement y souscrire. »

Et l'auto-analyse commence. D'emblée, le thème est celui de la division subjective, de l'*homo duplex* :

> Deux choses presque inalliables s'unissent en moi sans que j'en puisse concevoir la manière : un tempérament très ardent, des passions vives, impétueuses, et des idées lentes à naître, embarrassées et qui ne se présentent jamais qu'après coup. On dirait que mon cœur et mon esprit n'appartiennent pas au même individu.

Toute la suite va développer ce thème : *Je suis autre*. Autre à moi-même, et de façon si singulière que je suis autre que tous les autres. Voilà pourquoi, ne pouvant pas se reconnaître en moi, les autres se font de moi une fausse image.

Mais on ne lui aurait pas renvoyé sa propre image en négatif (au sens photographique) si, en se faisant voir imprudemment dans les salons, il n'avait pas tout fait, bien malgré lui, pour qu'on lui retourne ses messages, émis pourtant sans nulle intention délibérée de mal dire, sous une forme inversée.

C'est le lot d'un sujet parlant, bien sûr, de ne jamais être assez maître de ce qu'il dit pour ne pas risquer de s'entendre dire, à l'occasion de tel lapsus, tout autre chose que ce qu'il voulait dire (mais qu'il désirait inconsciemment faire entendre). Certes, au siècle des Lumières, on avait l'art et la manière de si joliment concerter ses lapsus (de « gazer les obscénités », comme disait Crébillon) que la conversation se transformait en festival de mots d'esprit. Non sans quelques impairs inévitables, même chez des causeurs aguerris à ce jeu périlleux avec les mots, quotidiennement pratiqué dans ce qu'on appelait le *cercle*. Un jeu si périlleux, selon Rousseau, que

> je ne comprends pas même comment on ose parler dans un cercle : car à chaque mot il faudrait passer en revue tous les gens qui sont là ; il faudrait connaître tous leurs caractères, savoir leurs histoires, pour être sûr de ne rien dire qui puisse offenser quelqu'un. Là-dessus, ceux qui vivent dans le monde ont un grand avantage : sachant mieux ce qu'il faut taire, ils sont plus sûrs de ce qu'ils disent ; encore leur échappe-t-il souvent des balourdises. Qu'on juge de celui qui tombe là des nues : il lui est presque impossible de parler une minute impunément.

Qu'à cela ne tienne, pensera-t-on : quand on ne peut pas parler sans se rendre coupable, on doit se faire une loi de garder le silence. Mais ce serait être coupable aussi. Car il n'est pas non plus permis de ne pas parler. Une fois entré dans le cercle, il faut jouer le jeu. Et la règle du jeu, c'est de parler.

> Cette insupportable *contrainte* m'eût seule dégoûté de la société. Je ne trouve point de gêne plus terrible que l'*obligation* de parler sur-le-champ et toujours. Je ne sais si ceci tient à ma mortelle aversion pour tout *assujettissement* ; mais c'est assez qu'il faille absolument que je parle pour que je dise une sottise infailliblement.

Nécessité, contrainte, obligation, et finalement : *assujettissement*. Le mot est à entendre, d'abord, au sens d'asservissement (celui, par exemple, du sujet politique devenu le jouet des caprices d'un tyran). Mais le sujet asservi dont il s'agit ici, c'est aussi ce sujet du signifiant, dont un Lacan fait celui de l'inconscient. Cet assujettissement-là, à quoi il se voit condamné dans les derniers salons où l'on cause, notre homme le vit très mal. Il en devient positivement malade. « Je sens une angoisse, une sueur froide, des nuages me troublent le cerveau », écrivait-il dans une première version. On serait angoissé à moins, puisqu'il s'éprouve contraint, comme l'Arlequin de Goldoni, de servir deux maîtres à la fois, dont les injonctions se contredisent. L'un lui souffle à l'oreille : « Tais-toi Jean-Jacques [1] ! » L'autre au contraire : « Cause toujours ! » Et que ce soit à l'un ou bien à l'autre qu'il obéisse, dans les deux cas il se retrouvera coupable.

Coupable, s'il cause, de lâcher une sottise, dont l'effet infaillible sera de lui faire perdre la face aux yeux des autres, et de manquer à ses promesses (sa face – ou sa physionomie – ne promettent-elles pas un homme d'esprit ?), donc de mentir, au risque de blesser mortellement tel ou telle.

Mais que, tremblant d'avoir à manier une arme aussi dangereuse que la parole, il choisisse de se taire, alors il sera coupable d'avoir manqué à sa parole, puisqu'un cercle ne se constitue (comme le corps politique par le Contrat social [2]) que de l'engagement que prend chacun de ses membres envers tous les autres de contribuer à alimenter la conversation en versant son écot

1. Voir G. Ambrus, « "Tais-toi Jean-Jacques", variations sur une page d'*Émile* », in *Annales de la Société J.-J. Rousseau*, Genève, Droz, vol. 45, 2002.
2. Dont « les clauses bien entendues se réduisent toutes à une seule, savoir *l'aliénation totale* de chaque associé avec tous ses droits à toute la communauté : car premièrement, chacun se donnant tout entier, la condition est égale pour tous, et la condition étant égale pour tous, nul n'a intérêt de la rendre onéreuse aux autres » (*Du Contrat social*, I, chap. VI, in *Œuvres complètes*, t. III, p. 360-361).

verbal dans la bourse commune. Dans cette forme de société qu'est un *cercle*, le premier devoir, le devoir sacré, c'est donc un *devoir de parole*. Garder le silence, refuser de payer de mots, c'est se mettre en position de débiteur face à un créancier impitoyable. « La bourse, ou la vie », menace le cercle. Car dans ce jeu cruel, si l'on fait le mort, on est *mort* socialement. Mais si, pour survivre, on jette des sottises sonnantes et trébuchantes sur le tapis, on sera *ridicule*. Et à l'époque, on sait que le ridicule peut tuer. On peut imaginer que dans l'Enfer de Dante, s'il y avait eu un cercle pour les Rousseau, ç'aurait été ce cercle-là.

Mais quand on est sans le sou ? Quand on n'a rien à dire, pas un seul mot en poche à mettre dans le pot commun de la conversation ? On a tout de même bien le droit de se taire : c'est un cas de force majeure. On règlera sa dette plus tard, dès qu'une idée piquante vous viendra à l'esprit. Or justement : « Ce qu'il y a de plus fatal est qu'au lieu de savoir me taire quand je n'ai rien à dire, c'est alors que pour payer plus tôt ma dette, j'ai la *fureur* de vouloir parler. » La fureur : le terme est fort, et il convient de l'entendre ici dans son vieux sens de *furor* : une vraie folie, qui fait qu'on ne s'appartient plus, au point d'en venir, tel Ajax, à massacrer tout un troupeau. Crime d'autant plus impardonnable dans un salon qu'il s'agit de bêtes de qualité.

Entre garder le silence et prendre la parole, il y aurait bien une solution de compromis qui permettrait peut-être de résoudre cette infernale quadrature du cercle : ce serait de parler (puisqu'il ne peut pas se retenir), mais de parler pour ne *rien* dire. Sans doute est-ce payer sa dette en monnaie de singe. Mais au moins, il ne sera pas resté coi. Il s'y risque : « Je me hâte de balbutier promptement des paroles sans idées, trop heureux quand elles ne signifient rien du tout. »

Hélas. Pas besoin d'avoir lu Saussure ni de pratiquer le « cadavre exquis » des surréalistes pour en faire l'expérience : lâcher deux mots l'un après l'autre suffit pour qu'ils se mettent à signifier, et se structurent en message. Leur émetteur a beau ne rien vouloir leur faire dire, ils n'en font qu'à leur tête. Et le message finit toujours par atteindre l'oreille d'un récepteur, qui l'interprétera comme il l'entend. Dans le cas de Rousseau, le plus souvent très mal. De sorte qu'« en voulant vaincre ou *cacher* mon ineptie, je manque rarement de la *montrer* ».

Entre mille exemples qu'il en pourrait donner, assure-t-il, il n'en cite qu'un, qui après coup, prend sous sa plume valeur de paradigme. *Après coup*, et *sous sa plume*. Car si, sur le moment et dans sa bouche, le très mauvais bon mot que le « spirituel Rousseau » (p. 151) fit lâcher à Jean-Jacques ne manqua pas de faire frémir d'horreur les trois paires d'oreilles dans lesquelles il tomba, ce mot fatal[1] n'apparaît dans toute sa splendeur de formation de l'inconscient (donc d'aveu fait à son insu par celui-même qui s'est juré de confesser la vérité) qu'aux yeux d'un lecteur attentif, non seulement au texte, mais à la *lettre* des *Confessions*[2].

Une chose est sûre : ayant lu cet exemple, on saura à quoi s'en tenir sur le genre de « traits d'esprit qui m'échappent pour vouloir parler sans avoir rien à dire ».

Sur quoi il conclut, avant de refermer la parenthèse ouverte quelques pages plus haut :

> Je crois que voilà de quoi faire assez comprendre comment, n'étant pas un sot, j'ai cependant souvent passé pour l'être, même chez des gens en état de bien juger : d'autant plus malheureux que ma physionomie et mes yeux promettent davantage, et que cette attente frustrée rend plus choquante aux autres ma stupidité. [...] J'aimerais la société comme un autre, si je n'étais sûr de m'y montrer non seulement à mon désavantage, mais tout

---

1. « J'oublierai difficilement celui-là ; car, outre qu'il est par lui-même très mémorable, j'ai dans la tête qu'il a eu des suites qui ne me le rappellent que trop souvent. » À l'époque où il écrit, Rousseau a la conviction qu'on est en train de lui faire payer très cher ce mot d'esprit raté. Il avait cru régler sa dette avec ? Non content de lui rendre la monnaie de sa pièce, on lui aura servi des intérêts dont il se serait volontiers passé.
2. On le vérifiera en d'autres occasions, signalées dans les notes au texte de la présente édition.

autre que je ne suis. Le parti que j'ai pris d'écrire et de me cacher est précisément celui qui me convenait.

Écrire et me cacher

Écrire et me cacher, donc, puisque *parler et me montrer*, c'était infailliblement dire des sottises et me montrer tout autre que ce que promettait mon extérieur. Partir au sein de la nature cacher ce *moi* que l'on avait trop vu, pour y écrire, dans des livres signés Rousseau [1], ce que *je* ne pouvais dire de vive voix dans les salons de Paris sans que *Rousseau* rime avec *sot*. Trouver, hors du cercle, un lieu d'énonciation tel que, n'étant plus condamné à payer ma dette en fausse monnaie, *je* puisse prouver ce que *je* vaux vraiment. Me taire, pour parler d'or dans mes écrits.

De fait, c'est au fond des bois de Montmorency (où il loge entre avril 1756 et juin 1762, d'abord à l'Hermitage, puis dans le donjon du Mont-Louis) que Rousseau composera une grande partie de son œuvre, depuis *La Lettre à d'Alembert* jusqu'à l'*Émile* et au *Contrat social*, en passant par *La Nouvelle Héloïse*. Pour constater qu'au bout du compte, le parti qu'il avait pris d'écrire et de se cacher ne réglait rien, bien au contraire.

Moi présent, dans le cercle, on concluait, à m'écouter parler, que je n'étais pas le sujet que mon image laissait attendre. *Moi absent*, hors du cercle, j'ai fait en écrivant la preuve de ce que je valais. Mais cette absence avait créé un vide, un trou que le public s'était empressé de combler. Au Rousseau qui manquait dans le cercle, on avait suppléé par un Rousseau imaginaire, qui ne réintégrait le cercle mondain que pour faire mentir (plus infailliblement encore que ne le faisait le sot Rousseau quand il était présent dans le cercle) tout ce que l'autre avait pu dire de vrai à la place qu'il s'était choisie dans le réel d'une nature non encore dépravée, où il était parti se cacher pour écrire.

---

1. Sauf un : *La Nouvelle Héloïse*. Mais il y assume le rôle d'« éditeur ».

Tel est le bilan rétrospectif qu'il dresse, en 1764 :

> Parmi mes contemporains il est peu d'hommes dont le
> nom soit plus connu dans l'Europe et dont l'individu soit
> plus ignoré. Mes livres couraient les villes tandis que leur
> auteur ne courait que les forêts. Tout me lisait, tout me cri-
> tiquait, tout parlait de moi, mais dans mon absence ; j'étais
> aussi loin des discours que des hommes ; je ne savais rien
> de ce qu'on disait. Chacun me figurait à sa fantaisie, sans
> crainte que l'original vînt le démentir. Il y avait un Rous-
> seau dans le grand monde, et un autre dans la retraite qui
> ne lui ressemblait en rien [1].

À nouveau deux Rousseau, dont l'un fait mentir
l'autre. L'un ? Non. D'un côté, une multiplicité de Rousseau imaginaires, puisque chaque lecteur se figure le
sien selon sa fantaisie. Et de l'autre côté, un seul Rousseau, un Rousseau seul. Là-bas, dans le beau monde,
une foule de purs êtres de discours, produits par des
discours depuis la parution de son premier *Discours*
(1750), et ici, hors discours, loin des cercles mondains
où il n'était bruit que de son nom, celui dont tout le
monde causait, et qui gardait le silence, écoutant la voix
de la nature lui parler dans sa langue, et lui enflammer
le cœur. Comme l'avait fait naguère, à Venise, cette voix
mélodieuse qu'au plus profond de son sommeil, il avait
entendue lui chanter cet air divin

> *Conservami la bella*
> *Che si m'accende il cor*

un soir qu'à l'opéra il avait pris le parti – déjà – de quitter la
compagnie pour aller « d'un autre côté [2] » s'enfermer seul
dans sa loge, et s'y cacher. Pour écouter, avant de rendre par
écrit le message qu'il venait de recevoir et qui lui chantait

---

1. Préface (ou Préambule) du manuscrit dit « de Neuchâtel ».
Cf. Appendice, *infra*, vol. II, p. 435. Dans un article récent,
F. S. Eigeldinger (qui le reproduit avec les variantes des ratures),
montre de façon convaincante que la rédaction, habituellement
datée de fin 1764-début 1765, remonte au printemps 1764 (« Préface des *Confessions* du manuscrit de Neuchâtel », *Bulletin de l'Asso-
ciation Jean-Jacques Rousseau*, n° 59, 2002).
2. Cf. *infra*, vol. II, p. 51-52.

dans la tête. Mais jamais il n'y parviendrait, jamais sur le papier ce ne serait « la même chose », qui ne pouvait se communiquer que de cœur à cœur, sans la froide entremise de l'écriture. Pire : qui, une fois écrite et imprimée, lui échapperait pour s'en aller alimenter les bavardages, et lui faire dire tout autre chose que ce qu'il avait tenté de faire entendre, dans ces livres signés : Rousseau. Un Rousseau « qui changeait de face à chaque écrit que je publiais », et dont la face allait finir par s'altérer au point de ne plus représenter qu'une image inversée de lui-même, celle d'un Rousseau n'entretenant avec l'original qu'un pur rapport d'homonymie. Qualifié de « chien » par Voltaire (un chien au pedigree chargé[1]), ce Rousseau du beau monde n'avait désormais de commun avec celui de la retraite que ce que, aux yeux d'un Spinoza, le *chien* animal aboyant peut avoir de commun avec le *Chien* constellation céleste, savoir : les lettres de son nom.

Ainsi Jacques avait-il raison : « La vie se passe en quiproquos… » Mais le drame, aux yeux de Jean-Jacques, c'est que la formule risquait de valoir aussi pour sa vie posthume. Et cela, il ne le supportait pas :

> Si j'ai quelque plaisir à penser que je vivrai dans la postérité, c'est par des choses qui me tiennent de plus près que les lettres de mon nom ; j'aime mieux qu'on me connaisse avec tous mes défauts et que ce soit moi-même, qu'avec des qualités controuvées, sous un personnage qui m'est étranger[2].

D'où l'urgente nécessité de conjurer le risque de quiproquos futurs. Comment ? En écrivant ses *Confessions*.

Écrire pour me montrer

Écrire. Mais il ne s'agit plus maintenant d'*écrire et de me cacher*. Il faut *écrire et me montrer*, écrire *pour* me mon-

---

1. « Je crois que la chienne d'Érostrate ayant rencontré le chien de Diogène fit des petits dont Jean-Jacques est descendu en droite ligne », écrit Voltaire à son ami Cideville le 21 juillet 1762 (donc un mois et demi à peine après la condamnation de l'*Émile*. Rousseau, décrété de « prise de corps » par le parlement de Paris, et contraint à fuir la France en catastrophe, vient de s'installer à Môtiers, dans la principauté de Neuchâtel).

2. Préambule de Neuchâtel, cf. Appendice, *infra*, vol. II, p. 436.

trer, tel que je suis dans toute ma singularité. Sans pour autant réintégrer le cercle (comment d'ailleurs le ferait-il ? Réfugié à Môtiers après la condamnation de l'*Émile*, en juin 1762, il est exclu de partout). En continuant de se tenir à l'extérieur, en un lieu et dans une position d'énonciation proprement *atopiques*, mais qu'il entend offrir à ses semblables comme un point fixe de référence, afin de leur permettre d'effectuer (qu'on me passe l'expression, quelque peu galvaudée depuis Kant) l'espèce de « révolution copernicienne » qui, les arrachant aux illusions trompeuses de l'amour-propre, leur fera faire un pas décisif dans la connaissance de l'homme.

C'était déjà le projet du *Discours sur l'origine de l'inégalité* (1755). En posant l'homme comme naturellement méchant, Hobbes, par exemple, ne faisait que plaquer sur l'homme des origines l'image de ce que son histoire l'avait fait devenir : « un loup pour l'homme ». Aussi, traversant le miroir, fallait-il fixer le regard sur l'homme de la nature tel qu'il avait dû être avant de devenir l'homme de l'homme, l'homme relatif, produit par la relation à son semblable. Mais l'homme originaire ainsi retrouvé n'était encore que l'homme générique.

L'*Émile* (1762) faisait progresser encore la science de l'homme, en reconstruisant idéalement non pas l'histoire humaine, mais celle d'un individu (pourvu d'un nom qui lui est propre : Émile) depuis le moment de sa naissance. Là aussi Rousseau dénonçait l'illusion spéculaire : de même que c'est leur propre image que nos contemporains retrouvent en la méconnaissant dans l'enfance de l'humanité, de même

> ils cherchent toujours l'homme dans l'enfant, sans penser à ce qu'il est avant que d'être homme. Voilà l'étude à laquelle je me suis le plus appliqué, afin que, quand toute ma méthode serait chimérique et fausse, on pût toujours profiter de mes observations. Je puis avoir très mal vu ce qu'il faut faire, mais je crois avoir bien vu le *sujet* sur lequel on doit opérer [1].

---

1. *Émile*, in *Œuvres complètes*, *op. cit.*, t. IV, p. 242.

Le *sujet*, au-delà de l'objet que nous nous acharnons à modeler à notre propre image, et que nous dressons à singer nos singeries.

Mais, au même titre que l'homme du pur état de nature, ce sujet « très bien vu » dans l'*Émile* restait une fiction théorique. Celui qui se montrera, dans le texte des *Confessions*, n'en sera plus une. Et c'est en se donnant ainsi à voir qu'il entend permettre au lecteur de faire ce nouveau pas décisif dans la connaissance de l'homme. Relisons l'ouverture du « Préambule » de 1764 :

> J'ai remarqué souvent que, même parmi ceux qui se piquent le plus de connaître les hommes, chacun ne connaît guère que soi, s'il est vrai même que quelqu'un se connaisse ; car comment bien déterminer son être par les seuls rapports qui sont en lui-même et sans le comparer avec rien ? Cependant cette connaissance imparfaite qu'on a de soi est le seul moyen qu'on emploie à connaître les autres. On se fait la règle de tout, et voilà précisément où nous attend la double illusion de l'amour-propre ; soit en prêtant faussement à ceux que nous jugeons les motifs qui nous auraient fait agir comme eux à leur place ; soit dans cette supposition même, en nous abusant sur nos propres motifs, faute de savoir nous transporter assez dans une autre situation que celle où nous sommes[1].

Double illusion de l'amour-propre puisque : 1) de ce qu'il est, le sujet ne connaît que son moi, et que cette connaissance est une méconnaissance de ce qui le détermine ; 2) de ce qu'est l'autre, ce qu'il croit connaître n'est jamais que ce qu'il reconnaît comme l'image en miroir de son propre moi, dans lequel il se méconnaît.

On ne sort donc pas du cercle où nous enferme la relation spéculaire duelle, et dont chaque moi se fait le centre.

Dix ans plus tard, cette « double illusion » sera reformulée dans un quatrain, composé par Rousseau en manière de légende aux pseudo-portraits de lui que

---

1. *Œuvres complètes*, *op. cit.*, t. I, p. 1148.

font circuler dans leur cercle ses ex-amis les Encyclopédistes, et qui, à ses yeux éclairés par le délire, le repré-
sentent évidemment (relation spéculaire oblige) sous
les traits d'un hideux *cyclope* :

> Hommes savants dans l'art de feindre
> Qui me prêtez des traits si doux,
> Vous aurez beau vouloir me peindre,
> Vous ne peindrez jamais que vous[1].

Certes, fin 1764, il ne se sent pas encore *encyclopé*.
Mais l'orbite autour de laquelle tourne l'image d'un
Rousseau défiguré est bien celle qu'engendre la relation
spéculaire duelle. D'où le projet des *Confessions*, et ce
qu'il a de « copernicien », puisque, pour permettre à ses
lecteurs de sortir du cercle du *même*, il leur propose de
prendre comme point de référence fixe à partir duquel
se situer non plus leur propre moi, mais *lui* :

> J'ai résolu de faire faire à mes lecteurs un pas de plus dans
> la connaissance des hommes, en les tirant s'il est possible
> de cette règle unique et fautive de juger toujours du cœur
> d'autrui par le sien ; tandis qu'au contraire il faudrait sou-
> vent pour connaître le sien même, commencer par lire
> dans celui d'autrui. Je veux tâcher que pour apprendre à
> s'apprécier, on puisse avoir du moins une pièce de
> comparaison ; que chacun puisse connaître soi et un autre,
> et cet autre ce sera moi.
> Oui, moi, moi seul, car je ne connais jusqu'ici nul autre
> homme qui ait osé faire ce que je me propose[2]…

On serait tenté de lui objecter qu'en proposant aux
autres de se mettre en orbite autour de son propre *moi*,
loin de faire exception à la « règle unique et fautive »
qu'il dénonce, il la confirme.

Rousseau a prévu l'objection. Quand il déclare que
cet autre – autre que tous les autres égarés par la double
illusion de l'amour-propre – *ce sera moi, oui moi, moi
seul,* ce n'est pas à son *moi* qu'il se réfère pour le leur
proposer comme personnage modèle, mais c'est à sa

---

1. *Rousseau juge de Jean-Jacques*, Deuxième Dialogue, in *Œuvres
complètes, op. cit.*, t. I, p. 778.
2. Préambule de Neuchâtel, cf. Appendice, *infra*, vol. II, p. 432.

personne[1]. Et c'est cette personne qui se propose ici comme sujet de référence.

Sa personne ? Et de quel droit ? Il répond : du droit que me confère tout à la fois ce que je *suis* et ce que j'ose *faire*.

Ce que je suis. Ou plus exactement ce que je ne suis pas. Jusqu'ici, il fallait être quelqu'un pour s'arroger le droit d'écrire sa *Vie* ou ses *Mémoires*. Quelqu'un de grand – grand général, grand homme d'État – et portant un grand nom bardé de particules. Mais « qu'on n'objecte pas que n'étant qu'un homme du peuple, je n'ai rien à dire qui mérite l'attention des lecteurs ». Sans doute n'ai-je pas de hauts faits d'armes à raconter, ni d'anecdotes sur la cour de Versailles, et les événements qui ont marqué ma vie ne relèvent pas de la grande Histoire. Mais justement, moins ils accapareront l'attention du lecteur, plus la petite histoire du sujet que je suis méritera de l'intéresser[2].

C'est même en tant que je ne suis qu'un simple particulier, et pas un général, ni un homme d'État, ni ce qu'il est convenu d'appeler une « personne de qualité », que j'ai qualité à parler de moi comme personne, et mieux que personne : à savoir en tant qu'homme en général, ne se réduisant pas au personnage unique que son état l'amènerait à jouer. Pour servir de sujet de référence universel, je suis en effet, affirme-t-il, « dans la position la plus avantageuse où jamais mortel, peut-être, se soit trouvé, puisque sans avoir aucun état moi-

1. Au sens où Locke l'introduit, dans le chapitre de son *Essai philosophique sur l'entendement humain* (livre II, chap. XXVII) consacré au problème de l'identité personnelle. Laquelle n'est pas l'identité d'une substance (corps ou âme), mais repose sur la *conscience* qu'un être pensant et intelligent prend de la multiplicité de ses actions et représentations, et par laquelle il se les approprie et se les avoue comme siennes (voir É. Balibar, *Identité et différence, l'invention de la conscience*, Seuil, Essais, 1998).
2. « Les faits ne sont ici que des causes occasionnelles. Dans quelque obscurité que j'aie pu vivre, si j'ai pensé plus et mieux que les rois, l'histoire de mon âme est plus intéressante que celle des leurs » (Préambule de Neuchâtel, cf. Appendice, *infra*, vol. II, p. 433). Les citations qui figurent dans ce passage sont toutes extraites du Préambule, p. 433-437.

même, j'ai connu tous les états ; j'ai vécu dans tous depuis les plus bas jusqu'aux plus élevés ». Les Grands ne connaissent que les Grands, et les petits que les petits. « L'être commun aux uns et aux autres, l'homme, leur échappe également. » En revanche, sa vie à lui aura été une longue pratique philosophique de l'abstraction (au sens lockien), lui permettant, au-delà de la multiplicité de ces images spéculaires sous lesquelles chacun se donne en représentation, à lui-même et aux autres, de se former une juste idée de l'homme.

> Soigneux d'écarter son masque, je l'ai reconnu partout. J'ai pesé, j'ai comparé leurs goûts respectifs, leurs plaisirs, leurs préjugés, leurs maximes. Admis chez tous comme un homme sans prétentions et sans conséquence, je les examinais à mon aise ; quand ils cessaient de se déguiser je pouvais comparer l'homme à l'homme, et l'état à l'état. N'étant rien, ne voulant rien je n'embarrassais personne et n'importunais personne ; j'entrais partout sans tenir à rien, dînant quelquefois le matin avec les princes et soupant le soir avec les paysans.

Ne se comptant pour *rien*, n'étant compté pour *rien*, ne s'attachant à *rien* de ce qui compte pour quelque chose au yeux de ses semblables, il n'est rien. Rien qu'un *œil*, l'œil d'un homme en la personne de qui chaque lecteur est invité à reconnaître, non pas son image en miroir (car la relation ne se situe plus sur l'axe imaginaire), mais un autre sujet. On pourrait même écrire, façon Lacan : un Autre avec grand A, ou le sujet comme Autre. Autre que tous ces prétendus autres qui ne sont que des *moi* déguisés.

Voilà ce que je suis : je suis ce sujet qui, en tant qu'Autre, se propose à chacun des lecteurs pour lui permettre de se situer comme sujet.

Et je suis le seul, ajoute-t-il, « car je ne connais jusqu'ici nul autre homme qui ait osé *faire* ce que je me propose ». Osé quoi faire ? Osé *dire*, non pas seulement la vérité, mais *toute la vérité* sur tout ce que j'ai fait, sur tout ce que j'ai dit, sur tout ce que j'ai pensé. Preuve que ce n'est pas mon moi qui parlera. Car si c'était mon *moi* qui parlait de moi, il ne dirait pas tout. L'amour-propre le retiendrait, comme il a retenu, jusqu'ici, tous ceux qui ont écrit leur vie.

> Les plus sincères sont vrais tout au plus dans ce qu'ils disent, mais ils mentent par leurs réticences, et ce qu'ils taisent change tellement ce qu'ils feignent d'avouer, qu'en ne disant qu'une partie de la vérité ils ne disent rien.

Ce sont des « faux sincères qui veulent tromper en disant vrai ». Ainsi Montaigne : « il se montre avec des défauts, mais il ne s'en donne que d'aimables », alors qu'« il n'y a point d'hommes qui n'en ait d'odieux ». Il « se peint ressemblant, mais de profil. Qui sait si quelque balafre à la joue ou un œil crevé du côté qu'il nous a caché, n'eût pas totalement changé sa physionomie » ?

Je ne me peindrai pas de profil, moi. Et, à me voir vous regarder en face dans cet écrit[1] vous constaterez

---

1. Malgré l'insistance de ses éditeurs, il refusera qu'un portrait de lui figure en tête du recueil de ses *Œuvres*. Déjà, s'il avait consenti à ce qu'on en fasse graver un (à partir du pastel de La Tour, par exemple), et qu'on le diffuse à part, « c'est à condition seulement qu'on n'y mît point mon nom, mais seulement ma devise qui ne me nomme que trop », écrivait-il à Lenieps, le 2 décembre 1762 (*Correspondance complète de Jean-Jacques Rousseau*, XIV, p. 151). *Vitam impendere vero*, sacrifier sa vie à la vérité : voilà son vrai nom propre, celui qui le singularise absolument, sans équivoque ni risque de quiproquo. Mais une image de lui en tête de ses livres ? Jamais : « Quand j'ai consenti que M. de La Tour fît graver mon portrait, c'était pour être publié à part et non pas à la tête du mon livre […]. Si absolument vous voulez l'y mettre, je vous prie au moins qu'il soit dit dans un avertissement ou préface que non seulement cette édition n'est pas faite par l'auteur, mais qu'il ne s'en est pas mêlé », proteste-t-il dans une lettre au libraire Duchesne, le 20 janvier 1763 (*ibid.*, XV, p. 74). Son portrait, le seul qu'il reconnaisse comme sien, ce sera le texte de ses *Confessions*.

Nous avons respecté son vœu dans cette édition, et le choix de Sylvie Creuze pour la couverture de chacun des deux volumes résume remarquablement, en l'illustrant, toute la problématique de la figuration de soi chez Rousseau. Libre au lecteur d'imaginer, derrière la façade rousseâtre du premier volume, le portrait de La Tour, sur fond bleu pastel (souvent reproduit sur la jaquette des éditions des *Confessions*). De même, caché par le ciel orageux du second, on peut imaginer le non moins traditionnel portrait par Ramsay, sur fond rousseâtre. Dans les deux cas, la couverture, feignant de voiler un visage peint, le désigne comme masque, pour ne laisser figurer, en guise de portrait, que la lettre du texte : deux fragments reproduits d'après le manuscrit original. Ici : « *Voici le seul portrait d'homme* ». Là : « *J'ai dit la vérité.* »

que, si j'ai bien des défauts, je ne suis pas balafré ni borgne. Je n'ai rien non plus, pourrait-il ajouter quelques années plus tard, de ce hideux cyclope que mes persécuteurs ont fait soigneusement graver (sans lésiner sur l'encre pour lui donner un air encore plus noir), d'après le prétendu portrait de moi peint par Ramsay à l'instigation de Hume. Tout au contraire : le cyclope c'est Hume, qui ne se reconnaît pas dans le masque hideux qu'il a plaqué sur ma personne...

Bien qu'en 1764, Rousseau n'ait pas encore atterri dans l'île du « cyclope », où le conduira bientôt son odyssée, au moins partage-t-il avec Ulysse d'avoir « la célébrité des malheurs ». Et parmi ces malheurs, le pire est de s'être vu métamorphosé, par les Circé de l'opinion, en une vilaine bête, aussi tartuffe que misanthrope. Même en le peignant sous des traits plus flatteurs, on s'arrangeait pour qu'ils lui fussent défavorables. Montaigne se prêtait des défauts qui le rendaient aimable. Dans mon cas, constate-t-il, on fit exactement l'inverse. Les qualités qu'on me prêtait tournaient à mon désavantage. En sorte « qu'on parvint à me rendre odieux en me louant. Rien n'était plus différent de moi que cette peinture : je n'étais pas meilleur si l'on veut, mais j'étais autre ».

S'il se propose de dire ici toute la vérité sur ce qu'il a fait, dit, pensé, c'est donc aussi pour en finir avec ces fausses images qu'on fait circuler de lui. Il ne s'agit pas pour autant de substituer, à ces multiples fausses images, une seule et unique *image* vraie de lui-même. Vouloir s'objectiver dans une image serait encore se laisser prendre aux illusions de l'amour-propre, se peindre avec son moi, sauver les apparences. Autrefois, au moment de sa grande réforme, il avait osé s'arracher la perruque, jeter sa montre et se défaire de ses fines chemises brodées. Il se serait montré tout nu dans les salons – aussi nu qu'un Ulysse devant Nausicaa –, que cela n'eût rien été en comparaison de ce qu'il va oser faire.

Car s'engager à *tout* dire, c'est accepter de dire n'importe quoi, des riens, de misérables riens.

Que de riens, que de misères ne faut-il point que j'expose, dans quels détails révoltants, indécents, puérils et souvent ridicules ne dois-je pas entrer pour suivre le fil de mes dispositions secrètes, pour montrer comment chaque impression qui a fait trace dans mon âme y entra pour la première fois.

Mais à suivre ce fil, comment ne pas se perdre ? Comment s'y prendre « pour débrouiller ce chaos immense de sentiments si divers, si contradictoires, souvent si vils et quelquefois si sublimes », et ne pas livrer à son lecteur un portrait de sa personne si plein de riens qu'on n'y verrait plus rien, et si criant de vérité qu'il ne ressemblerait plus à personne – sinon peut-être au chef-d'œuvre inconnu de la nouvelle de Balzac ? Et cependant il faut tout dire :

car si je tais quelque chose on ne me connaîtra sur rien, tant tout se tient, tant tout est un dans mon caractère, et tant ce bizarre et singulier assemblage a besoin de toutes les circonstances de ma vie pour être bien dévoilé.

Tout se tient, tout fait chaîne dans ce sac de nœuds qui me caractérise et qui vous parle, puisque supprimer, d'un blanc ou d'un silence, le plus insignifiant maillon de cet assemblage, ce serait provoquer le dénouement de la chaîne entière, et réduire en poussière le sujet qu'est cette chaîne.

Tout est un dans mon caractère. Mais tout est *un* sans être *un tout*. Un mot, Dieu sait quel, manquera toujours à ce tout pour se clore. Le peintre aura toujours une touche (un rien « mais ce rien est tout », disait le Frenhofer du *Chef-d'Œuvre inconnu*) à ajouter à ce tableau pour l'achever. D'autant qu'il s'est juré de se montrer de face en ne s'épargnant aucun détail puéril, indécent, ridicule. Et non seulement de face (faisant pipi dans la marmite à Madame Clot, par exemple), mais même de dos (montrant son cul aux filles de Turin, sans rien cacher de ce qu'il avait derrière la tête en exhibant cet objet ridicule). En sorte que, pour réaliser son projet de se montrer

tout à la fois recto et verso (tant il est vrai que « tout se
tient, tout est un dans mon caractère »), il lui faudrait
pouvoir dévider l'écheveau de son histoire en l'écrivant
sur une bande de Mœbius[1]. Tout serait écrit sur ce
grand rouleau-là, et le Jacques de Diderot, du coup, en
deviendrait lacanien. Comme tout le monde.

Faute d'éditeur techniquement en mesure de lui
donner entière satisfaction, il se contentera de se mettre
à nu depuis sa prime enfance, et de s'effeuiller page
après page[2], parfois de s'écorcher vif[3], textuellement,
mot à mot. Non sans en éprouver rétrospectivement

---

1. Il en irait de même pour ce qui est de l'histoire humaine, telle
que la reconstruit le *Discours sur l'origine de l'inégalité*. Sans cesse,
« tout commence à changer de face », sur la route qui mène du pur
état de nature au monstre despotique annoncé à la fin du *Discours* :
« C'est ici le dernier terme de l'inégalité, et le point extrême qui
ferme le Cercle et touche au point d'où nous sommes partis. [...]
C'est ici que tout se ramène [...] à un nouvel état de nature différent
de celui par lequel nous avons commencé, en ce que l'un était l'état
de nature dans sa pureté, et que ce dernier est le fruit d'un excès de
corruption » (*Œuvres complètes, op. cit.*, t. III, p. 191). Après un tour
complet, on est toujours sur la même face, mais la tête en bas, aux
antipodes (tous les hommes se retrouvent égaux, mais dans l'esclavage. Le silence règne, mais parce qu'il est interdit d'ouvrir la
bouche). Le tragique de l'Histoire, c'est qu'il n'y a pas de second
tour possible, qui nous reconduirait, toujours sur la même face,
jusqu'au point d'origine, et renverserait ce renversement.
2. On notera que le début de la rédaction des *Confessions* est à peu
près contemporain de la passion qu'il se découvre pour la botanique. « Je suis observateur et non moraliste. Je suis le botaniste qui
décrit la plante. C'est au médecin qu'il appartient d'en régler
l'usage », écrivait-il déjà à l'époque où il songeait à composer son
portrait (*Mon portrait*, in *Œuvres complètes, op. cit.*, t. I, p. 1120).
Mais en 1765, son maître en botanique est Linné, dont le système
de classification se fonde sur la structure et la disposition des parties
sexuelles des plantes.
3. Le 29 janvier 1763, se croyant arrivé au bout de son rouleau, il
avait fait son testament. À la fin duquel il demande qu'après sa mort
son corps « soit ouvert par d'habiles gens, si il est possible », en les
mettant au défi de trouver la cause et le nom de son mal, tant il est
singulier (*Œuvres complètes, op. cit.*, t. I, p. 1224-1226). Au vrai, lui
seul pouvait s'ouvrir *intus et in cute* et se livrer en connaissance de
cause à sa propre autopsie. C'est ce qu'il allait entreprendre en écrivant ses *Confessions*, véritable leçon d'anatomie de l'âme auprès de
laquelle celle d'un Rembrandt eût fait pâle figure...

des sentiments divers – tendresse, horreur, pitié mêlée
de jouissance exquise (celle d'Apollon écorchant le
jeune Marsyas) – qu'il se doit aussi de communiquer à
son lecteur. Sans quoi, il ne lui dirait pas *toute* la vérité,
toute *sa* vérité. Laquelle ne s'épuise pas dans une suite
d'énoncés vrais sur ce que j'ai fait, dit, pensé, et qui
montrent à quel point, comme sujet, « je suis autre » à
moi-même. Dire *toute* la vérité, implique d'*être vrai* en
la disant. Parlant de ce que je fus, je dois aussi me montrer tel que je suis, *hic et nunc*, en tant que sujet de
l'énonciation impliqué dans ses énoncés.

D'où la question du *style*, dont on répète après
Buffon que c'est l'« homme même ». Mais comme
l'homme *même* dont je parle s'éprouve perpétuellement
autre à lui-même, je me farderais, mon style me ferait
mentir, s'il n'attestait pas que je suis autre au moment
où j'en parle :

> Je prends donc mon parti sur le style comme sur les
> choses. Je ne m'attacherai point à le rendre uniforme ;
> j'aurai toujours celui qui me viendra, j'en changerai selon
> mon humeur sans scrupule, je dirai chaque chose comme
> je la sens, comme je la vois, sans recherche, sans gêne,
> sans m'embarrasser de la bigarrure. En me livrant à la fois
> au souvenir de l'impression reçue et au sentiment présent
> je peindrai doublement l'état de mon âme, savoir au
> moment où l'événement m'est arrivé et au moment où je
> l'ai décrit ; mon style [...] fera lui-même partie de mon
> histoire [1].

Par lui, je serai présent dans mon passé, je redeviendrai
l'enfant que je ne suis plus, sans cesser d'être le vieil
homme que cet enfant est devenu.

Tout dire, en se montrant tout à la fois recto-verso,
vice et vertueux, dedans-dehors, et maintenant présent-
passé : on mesure le défi que se lançait l'auteur des
Confessions. Il savait bien qu'il ne le relèverait que partiel-
lement. N'importe : « Quoi qu'il en soit de la manière

---

1. Préambule de Neuchâtel, cf. Appendice, *infra*, vol. II, p. 437.

dont cet ouvrage peut être écrit, ce sera toujours par son objet un livre précieux pour les philosophes. »

Dans la chambre obscure

Les philosophes… Oui mais, quels philosophes ? Car on était nombreux à revendiquer ce titre, en cette seconde moitié du siècle des Lumières, aussi appelé celui « des philosophes », et nommément celui « de Voltaire », le prestigieux aîné, en qui tous ces messieurs saluaient respectueusement leur père très spirituel. Lequel Voltaire, au moment où Rousseau écrivait ces lignes, en avait par-dessus la tête de s'entendre donner des leçons par ce « chien de Diogène » qui, après s'être engagé dans le camp de ceux qui combattaient pour la bonne Cause, avait déserté et les trahissait tous en fournissant contre eux des armes à l'Infâme. Depuis sa *Lettre à d'Alembert*, Rousseau ne se faisait d'ailleurs plus d'illusion : il se savait la bête noire de Voltaire, sans cependant pouvoir imaginer (il se refusera toujours à l'admettre) que ce même Voltaire, à la fin de cette année 1764, irait jusqu'à écrire et répandre à Genève un « infâme libelle » (*Le Sentiment des Citoyens),* dans lequel il se verrait odieusement traîné dans la boue et accusé des pires scélératesses (comme d'avoir mis ses cinq enfants aux enfants trouvés, par exemple). Il n'imaginait pas non plus (follement ?) qu'un complot réunissant tous ses anciens amis les philosophes s'était tramé contre lui de longue date, avec pour objectif de le pousser à se jeter (« ces deux furies » de Verdelin et de Boufflers se chargeant de jouer les sirènes) dans les bras grands ouverts de David Hume, encore un « philosophe », à la férocité duquel il n'échapperait, plus malheureux qu'Ulysse après un long voyage, que pour venir échouer à Montquin, un trou perdu du Dauphiné, où, la mort dans l'âme, il déciderait (à la fin de l'année 1769) de se mettre à la seconde partie de ses *Confessions*, abandonnées depuis deux ans.

Mais la « chambre obscure [1] » dans laquelle il revient s'enfermer n'est plus celle où, naguère, il retrouvait l'enfant qu'il n'avait jamais cessé d'être, et qui lui souriait, dont le regard illuminait la chambre, avec lequel il se plaisait à revivre et à rejouer – quitte à truquer un peu certaines parties, repeignant les décors, réorientant les projecteurs, se replantant dans la mémoire un grand noyer, reconstruisant non loin un aqueduc, piquant si bien des pommes avec sa plume que cette récidive les métamorphosait en pommes d'or, accrochant un miroir ici, pour mieux se revoir vu par une madame Basile, grimpant ailleurs sur un cerisier et se bombardant de baisers en forme de cerises, et n'en finissant plus de gravir avec *Maman* ce chemin des Charmettes qui conduisait au paradis…

À présent c'est le noir. Avançant dans leur œuvre de ténèbres, ces messieurs des Lumières sont parvenus à faire la nuit presque totale dans cette chambre obscure. L'œil rivé à la moindre ouverture par où la vérité pourrait se faire jour, leurs espions l'ont transformée en un cachot pareil à celui dans lequel Le Tasse avait été jeté par ses persécuteurs. N'importe. Il doit écrire. Continuer à tout dire, coûte que coûte, en s'appuyant sur ce qu'il a pu conserver de pièces à conviction prouvant le bien-fondé de ses accusations, et en se heurtant à des

---

1. *Ibid.* : « Je vais travailler pour ainsi dire dans la chambre obscure ; il n'y faut point d'autre art que de suivre exactement les traits que je vois marqués. »
La comparaison de l'entendement avec une « chambre obscure » se trouve déjà chez Locke (*Essai…*, *op. cit.*, livre II, chap. XI, § 17) : « Les sensations extérieures et intérieures sont les seules voies par où je puis trouver que la connaissance entre dans l'entendement humain. Ce sont là, dis-je, autant que je puis m'en apercevoir, les seuls passages par lesquels la lumière entre dans cette chambre obscure. Car, à mon avis, l'entendement ne ressemble pas mal à un cabinet entièrement obscur, qui n'aurait que quelques petites ouvertures pour laisser entrer par dehors les images extérieures et visibles, ou pour ainsi dire, les idées des choses : tellement que si ces images venant à se peindre dans ce cabinet obscur, pouvaient y rester, et y être placées en ordre, en sorte qu'on pût les trouver à l'occasion, il y aurait une grande ressemblance entre ce cabinet et l'entendement humain, par rapport à tous les objets de la vue, et aux idées qu'ils excitent dans l'esprit. »

souvenirs qui font mal. Dire toute la vérité sur leurs
mensonges, faire toute la lumière sur leurs noirceurs, se
montrer, mais pour montrer au monde quel homme fut
l'innocente victime d'une entreprise de défiguration
qui n'eut jamais d'exemple, et dont l'exécution n'aurait
point d'imitateur, parce qu'il était écrit que cet homme-
là ce serait lui. Lui seul.

> Moi seul. Je sens mon cœur et je connais les hommes. Je ne
> suis fait comme aucun de ceux que j'ai vus ; j'ose croire
> n'être fait comme aucun de ceux qui existent. Si je ne
> vaux pas mieux, au moins je suis autre. Si la nature a bien
> ou mal fait de briser le moule dans lequel elle m'a jeté,
> c'est ce dont on ne peut juger *qu'après m'avoir lu*[1].

Encore fallait-il, pour être lu, que cet écrit fût publié.
Certes, il ne voulait pas que ses *Confessions* parussent
de son vivant, ni du vivant de ceux qu'il y mettait en
cause. Mais eux, se disait-il, se conduiraient-ils à mon
égard avec le même fair-play ? Informés de mon projet,
ne méditaient-ils pas de s'emparer de mon manuscrit
dans le dessein de le détruire ? Ou pire : de le falsifier
comme cela avait été le cas de mes autres écrits, et de
faire imprimer sous mon nom un portrait de moi me
représentant pour l'éternité comme l'homme le plus
noir que la terre ait jamais porté ? Ç'aurait été folie de
ne pas les en supposer capables.

Comment les empêcher de mener à bien leur œuvre
de ténèbres ? Attendre d'être mort et dévoré des vers
eût été suicidaire. Aussi, après de longues hésitations,
se résout-il à faire entendre de vive voix la vérité aux
quelques rares individus qui, dans ce siècle assourdi par
les faux bruits répandus sur son compte par ces messieurs les philosophes modernes, seraient encore dis-
posés à lui prêter l'oreille.

---

1. Cf. *infra*, p. 29. La rédaction de ce qui sera le préambule définitif des *Confessions* remonte au plus tard à janvier 1769 (voir François Moureau, « Une ébauche du préambule des *Confessions* », *Dix-
Huitième Siècle*, n° 14, 1982). Des copies en circulaient bien avant la
publication de la première partie des *Confessions*, en mai 1782, et
déjà du vivant de Rousseau.

Les séances de lecture

C'est début décembre 1770, quelques mois après son retour à Paris, qu'il donna pour la première fois lecture de ses *Confessions*. Cette séance mémorable eut lieu chez le marquis de Pezay, devant un petit cercle de jeunes littérateurs soigneusement triés sur le volet (ils n'étaient que sept) et réunis dans un salon aux portes closes.

À nouveau un salon parisien, pareil à ceux dans lesquels il avait eu le malheur de se faire voir, autrefois, et de lâcher des sottises qui le faisaient paraître tout autre qu'il n'était. À nouveau le voici dans un cercle – un cercle pareil à ceux dont il avait pris le parti de s'exclure, pour aller se cacher dans les bois et écrire –, et dont il revenait occuper le centre, tant d'années resté vide de sa présence réelle, à laquelle s'était substituée, sous son nom, l'infinie multiplicité des suppléments de lui-même, ces Rousseau tous plus faux, plus fantastiques les uns que les autres.

Depuis vingt ans l'Europe entière parlait de lui : il avait choisi de se taire.

Maintenant chacun se taisait. Lui seul allait parler.

Neuf heures du matin venaient de sonner quand il entra en scène, son manuscrit à la main. Tirant de sa poche une déclaration liminaire rédigée pour la circonstance :

> Il m'importe que les détails de ma vie soient connus de quelqu'un qui aime la justice et la vérité et qui soit assez jeune pour devoir naturellement me survivre

commença-t-il.

> Après de longues incertitudes, je me détermine à verser les secrets de mon cœur dans le nombre petit mais choisi d'hommes de bien qui m'écoutent. Je leur ferai mes confessions, et je les prie d'en recevoir le dépôt dans leur mémoire sans autre condition que d'en user durant ma vie pour vérifier, dans les occasions, ce que je leur aurai dit, et

pour rendre, après ma mort, la justice qu'ils croiront devoir à ma mémoire, sans faveur et sans partialité [1].

Ainsi, par le canal de cette voix, c'est dans la mémoire de chacun de ses jeunes auditeurs que devait venir s'imprimer – tel qu'il l'avait lui-même fidèlement retranscrit à partir de ce qui avait fait trace dans sa propre mémoire – le texte manuscrit de ce livre à venir, mais qui risquait, soit de ne jamais paraître, soit de ne paraître que pour perpétuer la mémoire d'un tout autre Rousseau que celui qui se présentait à leurs yeux. Tout n'était pas perdu puisqu'à la fin de la séance, quand il se serait tu, chacun de ses jeunes auditeurs repartirait en emportant au fond de lui-même un des sept exemplaires de la première, peut-être de la seule édition véritablement originale des *Confessions de J.-J. Rousseau*, celle qui devait leur servir d'édition de référence pour dénoncer les grossières contrefaçons, frauduleusement signées Rousseau, qu'on ne manquerait pas de diffuser dans le public. Tel était en effet l'emploi dont ils étaient chargés, leur rappelait-il à la fin de sa déclaration :

emploi le plus noble que des mortels puissent remplir sur la terre, puisqu'il s'agit de décider, pour toute la postérité, si mon nom, qui doit vivre, y doit passer avec opprobre ou avec gloire [2].

Sur quoi, il entra dans le vif de son sujet, pour n'en sortir qu'après dix-sept heures d'une lecture presque ininterrompue (soit en pleine nuit noire, ainsi qu'il est de règle à la fin d'une tragédie classique). Pendant tout le temps que dura la séance, « la voix de Rousseau ne faiblit pas un seul instant » se souviendra J.-J. Dusaulx, qui faisait partie du petit cercle des élus. Le moins qu'on puisse dire, en effet, c'est que cette voix fit *impression* dans la mémoire de ceux qui se trouvaient là. Mais une incertitude demeure : était-ce bien la voix de Rousseau qu'ils entendirent donner lecture de ses propres *Confessions* ?

1. [Discours projeté ou prononcé pour introduire la lecture des *Confessions*], *Œuvres complètes, op. cit.*, t. I, p. 1184-1185.
2. *Ibid.*, p. 1186.

Le poète Dorat semble le confirmer : « Ce sont les Mémoires de sa vie que *Rousseau* nous a lus ; quel ouvrage ! Comme il s'y est peint ! Et comme on aime à l'y reconnaître ! » assure-t-il, dans une lettre écrite à chaud à sa maîtresse (il était trois heures du matin). Quelques lignes plus loin, il lui confie pourtant : « Ce bon *Jean-Jacques*[1] dans ces Mémoires fait d'une femme qu'il a adorée, un portrait si enchanteur [...] que j'ai cru vous y reconnaître. » D'où l'on pourrait conclure que c'étaient les *Confessions* du bon Jean-Jacques que Rousseau aurait lues. À moins que Jean-Jacques n'ait lu ses *Confessions* en empruntant la forte voix de Rousseau. Ou l'inverse. Peut-être aussi se relayèrent-ils l'un l'autre, afin de varier le ton et les accents, la voix de l'un se faisant grondeuse, au moment de confesser tout haut telle peccadille confiée tout bas sur le papier, en en riant encore, à la plume de l'autre ; lequel autre, en retour, savait retrouver une voix d'enfant, bouleversante d'innocence, pour avouer hautement des fautes indignes d'un Citoyen de Genève, et consignées par le premier de l'encre la plus noire. Et les lettres citées dans le texte à titre de pièces à conviction (la seconde partie en contenait de nombreuses), à laquelle de ces voix les avait-il confiées, pour que ses auditeurs perçoivent la cruelle ironie, les menaces larvées, les déclarations d'amitié secrètement empoisonnées dont elles étaient remplies ?

Et toutes les citations, notamment musicales ? Qui, de Jean-Jacques ou de Rousseau, chantait le grand premier air de tante Suzon

Tircis, je n'ose
Écouter ton chalumeau… ?

Lequel prenait une voix de dessus imitant celle du *castrato* qu'ils avaient entendue dans le temps à Venise, les réveiller soudain en leur chantant cet air divin :

Conservami la bella
Che si m'accende il cor ?

1. Souligné par Dorat, comme il l'avait fait en écrivant *Rousseau* (*Correspondance complète…*, *op. cit.*, XXXVIII, p. 155).

De Rousseau ou de Jean-Jacques, lequel implorait
l'autre de lui conserver cette belle incendiaire à l'identité singulièrement équivoque, puisqu'elle n'était autre
qu'un jeune Rodrigo travesti en princesse, dont un
grand Turc de fantaisie était tombé amoureux fou, suite
à ce quiproquo tragi-comique ? Était-ce la même voix
de soprano qu'on avait entendue, au début de la séance,
dans le rôle de Rousseau père et veuf inconsolable,
disant à son petit Jean-Jacques en lui parlant de son
épouse : « Rends-la-moi, console-moi d'elle, t'aimerais-
je ainsi si tu n'étais que mon fils ? », puis soupirant,
quelques lignes plus loin : « allons-nous coucher ; je
suis plus enfant que toi[1] ? »

Apparemment écrites pour voix solo, certaines pages
de ce long récitatif que fut leur monologue n'étaient-
elles pas exécutées en duo, ici à l'unisson, là à la tierce,
ou à la quinte, ou à l'octave, avec quelques étourdis-
sants passages contrapunctiques, donnant à entendre
un fragment de fugue renversée, ou en miroir ?

Les mêmes incertitudes demeurent concernant les
trois autres séances de lecture, qui s'échelonnèrent
ensuite, de fin décembre 1770 à début mai 1771.
Comme la première, elles se donnèrent devant de
petits cercles de rares élus, voire d'élues[2]. Une cinquième séance aurait permis, qui sait, de lever le voile
sur la version auriculaire de ce que Jean-Jacques et
Rousseau avaient à confesser ensemble, au soir de leur
déjà fort longue existence commune, puisqu'en ce
début mai 1771 (et sans compter l'indistinction para-
disiaque de la période fœtale) cela faisait exactement
cinquante-neuf ans moins deux mois[3] qu'ils habitaient

---

1. Cf *infra*, p. 31-32. En fait, il semble bien que, lors de cette première séance de lecture, Rousseau n'ait lu que la seconde partie de
ses *Confessions*.
2. D'où cet appendice à leur adresse : « Je prie les dames qui ont la
bonté de m'écouter de vouloir bien songer qu'on ne peut se charger
de la fonction de confesseur sans s'exposer aux inconvénients qui en
sont inséparables, et que, dans cet austère et sublime emploi, c'est
au cœur à purifier les oreilles » (*Ibid.*, p. 1186).
3. Né le 28 juin 1712, c'est le 4 juillet que le second fils Rousseau fut baptisé Jean-Jacques.

le même corps. Un corps pourtant aussi inconfortable qu'insalubre, et qui se délabrait inexorablement depuis des lustres, menaçant ruine à tout instant, mais qu'ils n'avaient jamais quitté, hormis à l'occasion d'exceptionnels moments d'extase ou de trop brefs séjours au septième ciel.

Hélas, il n'y eut pas de cinquième séance. Ce qui s'était dit devant ces petits cercles avait vite fait le tour du tout-Paris. On en apprenait de belles, racontait-on, sur certains philosophes, et quelques dames de leur entourage. Dans une lettre du 10 mai, Mme d'Épinay, qui tenait à sa réputation, pria M. de Sartine, le tout-puissant lieutenant de police, de faire taire son ancien « ours ». Parlez-lui, suggérait-elle, « avec assez de bonté pour qu'il ne puisse s'en plaindre ; mais avec assez de fermeté cependant pour qu'il n'y retourne pas. Si vous lui faites donner sa parole, je crois qu'il la tiendra[1] ». Il semble que le policier ait suivi ce conseil, et soit allé dire deux mots à l'animal, qui donna sa parole de ne plus la reprendre, et la tint. Ou ne la reprit que par écrit, dans les *Dialogues, Rousseau juge de Jean-Jacques*.

Messieurs les philosophes n'en dormirent pas plus tranquilles pour autant. Un surtout : Diderot, « le Philosophe » par excellence : « Si, par une bizarrerie qui n'est pas sans exemple, il paraissait jamais un ouvrage où d'honnêtes gens fussent impitoyablement déchirés par un artificieux scélérat, fulminait-il *supra*, en 1780,

> … Jetez loin de vous son infâme libelle, et craignez que, séduit par une éloquence perfide, et entraîné par les exclamations aussi puériles qu'insensées de ses enthousiastes, vous ne finissiez par devenir ses complices. Détestez l'ingrat qui dit du mal de ses bienfaiteurs ; détestez l'homme atroce qui ne balance pas à noircir ses anciens amis ; détestez le lâche qui laisse sur sa tombe la révélation des secrets qui lui ont été confiés, ou qu'il a surpris de son vivant. Pour moi, je jure que mes yeux ne seraient jamais souillés par la lecture de son écrit. »

---

1. *Correspondance complète…*, *op. cit.*, XXXVIII, p. 228.

Deux ans plus tard, « l'infâme libelle » paraissait, sous le titre de *Les Confessions de J.-J. Rousseau*. Son auteur était-il l'« artificieux scélérat », l'« ingrat », le « lâche », l'« homme atroce », annoncé par son ancien ami ? « C'est ce dont on ne pourra juger qu'après m'avoir lu » répondait-il, d'outre-tombe. Certains n'attendirent pas de l'avoir lu. Les premières lignes de son préambule leur suffisaient. Leur jugement était fait. Pour qui ce Rousseau-là se prenait-il ? Quelle « arrogance insensée » ! Quel « monstrueux orgueil » ! C'était de la « démence véritable »[1] ! Et de jeter loin d'eux ce livre pourtant si précieux pour les philosophes.

Mais ils ne perdaient rien pour attendre. Il y aurait en effet une cinquième et dernière séance. Et ce jour-là ils devraient bien se rendre à l'évidence : l'Autre n'était pas si fou que ça. Ils en seraient convaincus, non pas après l'avoir lu de leurs yeux, mais entendu de leurs oreilles leur lire à haute voix ses *Confessions*. Et en présence, cette fois, de l'Éternel en personne :

> Que la trompette du jugement dernier sonne quand elle voudra, leur prophétisait-il. Je viendrai, ce livre à la main, me présenter devant le souverain juge. Je dirai hautement : voilà ce que j'ai fait, ce que j'ai pensé, ce que je fus. J'ai dit le bien et le mal avec la même franchise…

Et Celui qui sonde les reins et les cœurs le saura parfaitement, puisqu'il aura déjà lu dans les siens tout ce qui se trouve retranscrit dans ce livre.

Et, balayant du regard la nébuleuse d'âmes en peine que nous serons, errant dans l'infini du ciel dans l'attente du Jugement : « Être éternel, Lui ordonnera-t-il, rassemble autour de moi l'innombrable foule de mes semblables. »

1. Voir B. Gagnebin, « L'étrange accueil fait aux *Confessions* de Rousseau au XVIIIᵉ siècle », in *Annales Jean-Jacques Rousseau*, n° 38, 1969-1971.

Et l'Éternel fera un signe de Son doigt, car Il n'aura rien à refuser au plus sincère et au plus humble de ses serviteurs.

Et tous, sans distinction de race, de religion, d'état, d'âge ni de sexe, nous ferons cercle autour de lui.

Au premier rang, sur l'orbite la plus rapprochée, graviteront des astres de première grandeur : saint Augustin, Montaigne, Casanova, Chateaubriand, Jean-Paul Sartre.

Et il dira à l'Éternel : « Qu'ils écoutent mes confessions, qu'ils gémissent de mes indignités, qu'ils rougissent de mes misères. »

Et pour que nous l'entendions mieux, le Fils lui cédera sa place à la droite du Père. Mais le Père, tant il l'aime, le prendra dans ses bras, le soulèvera, et le mettra debout sur ses genoux.

Et il dira : « Que chacun d'eux découvre à son tour son cœur aux pieds de ton trône avec la même sincérité ; et puis qu'un seul te dise, s'il l'ose : *je fus meilleur que cet homme-là.* »

Et nous l'écouterons nous lire son livre.

Et nous baisserons les yeux, car le soleil ni la vérité ne se peuvent regarder fixement.

Et quand il aura dit « j'ai dit la vérité », alors il se fera un silence éternel dans les espaces infinis.

Et nul n'osera troubler ce silence, et dire à l'Éternel, en lui montrant son propre cœur : « je fus meilleur que cet homme-là ».

Mais peut-être s'en trouvera-il pour oser dire : « Si je ne fus pas meilleur, j'en sais quand même un petit peu plus long sur cet homme-là qu'il n'en savait lui-même. »

Et ils brandiront sous les yeux de l'Éternel les deux volumes de la présente édition des *Confessions de J.-J. Rousseau.*

Et ils seront précipités dans les Ténèbres de l'enfer, parce qu'ils auront commis le péché d'orgueil.

Mais n'anticipons pas. En attendant ce grand moment où nous l'entendrons se lire, lisons-le, en essayant de prêter l'oreille à sa voix équivoque.

Un dernier mot. On a retrouvé parmi ses papiers ce souvenir d'enfance, qu'il n'a pas jugé bon de retenir dans la version finale de son livre :

> La circonférence du ciel que je voyais autour de moi m'avait fait imaginer le globe du monde creux, et les hommes vivant dans le centre. Pour me désabuser mon père s'avisa de planter des épingles dans une boule de tripoli ; il m'en coûta beaucoup pour imaginer des hommes sur la surface du globe ; quand il vint à l'explication des antipodes, ces gens que je voyais la tête en bas ne pouvaient s'arranger dans la mienne, et le système de Copernic me faisant prendre le soleil pour le haut de l'univers, je ne pus jamais bien comprendre pourquoi la nuit nous ne tombions pas dans le ciel[1].

C'était écrit.

Alain GROSRICHARD

I. Le texte des Confessions

Il existe trois manuscrits autographes des *Confessions* :

1) Le manuscrit dit « de Neuchâtel » (N). Il s'ouvre sur un long préambule (que nous reproduisons en appendice) et contient les livres I à III, ainsi que le début du livre IV. Rousseau en a commencé la rédaction à Môtiers fin 1764 ou début 1765, et a cessé d'y travailler après son retour d'Angleterre en 1767. Après la mort de Du Peyrou, son dépositaire, ce manuscrit a été remis à la Bibliothèque publique et universitaire de Neuchâtel. C'est seulement en 1908 qu'il a été publié, par les soins de Théophile Dufour, dans le tome IV des *Annales de la Société Jean-Jacques Rousseau*.

2) Le manuscrit dit « de Paris » (P). Rédigé de 1768 à 1770, il se présente sous la forme de deux cahiers contenant respectivement les livres I à VIII et les livres IX à XII. Avant sa mort, Rousseau l'aurait remis à Thérèse Levasseur, qui l'offrit à la Convention en 1794. Sa première publication date de 1817. Il est conservé à la Bibliothèque de la Chambre des députés.

3) Le manuscrit dit « de Genève » (G). Transcrit du précédent dans deux cahiers, mais avec une répartition différente (livres I à VII et livres VIII à XII), des notes et quelques variantes, il fut remis par Rousseau à Paul Moultou, son exécuteur testamentaire, en mai 1778.

La première partie (I-VI), expurgée de quelques passages jugés scabreux, fut publiée à Genève en 1782, par la Société typographique, et, la même année, dans le tome X de la *Collection complète des œuvres,* ainsi que dans les *Œuvres posthumes.* Bien que Rousseau lui ait donné consigne de ne publier la seconde partie qu'après la mort de toutes les personnes citées, Paul Moultou la publia dès 1789, en déguisant ou en supprimant la plupart des noms.

La première édition intégrale des *Confessions* est celle de Van Bever (Paris, 1813).

C'est le texte du manuscrit de Genève qui est suivi ici. Les formes grammaticales et la syntaxe en usage dans la langue de l'époque, ou propres à celle de Rousseau ont été conservées (certaines seront signalées dans le lexique). L'orthographe a été modernisée, y compris celle des noms propres. Les majuscules ont été supprimées pour les noms communs, sauf dans les rares cas où nous avons jugé que Rousseau les utilisait pour valoriser le mot. Quelques singularités orthographiques de Rousseau, jugées fautives et corrigées par certains éditeurs, nous ont paru faire sens et ont été reproduites telles qu'elles figurent sur le manuscrit. Nous avons aussi signalé les variantes les plus significatives à nos yeux des manuscrits de Neuchâtel et de Paris.

II. Les notes

Les notes de Rousseau sont signalées par des lettres et figurent en bas de page.

Les nôtres sont signalées par des chiffres arabes, et figurent à la fin de chaque volume. Elles sont de différentes natures :

– Lexicales, lorsque le mot ou l'expression n'apparaissent qu'une fois dans le texte ou que leur emploi, ici ou là, nécessite une explication. En règle générale, les mots ou expressions qui apparaissent plusieurs fois sont définis dans le lexique qu'on trouvera à la fin du second volume. Ils sont signalés par un astérisque (★).

– Informatives : sur les personnes, les institutions ou les usages de l'époque, les événements historiques, les écrits (dont les siens) auxquels Rousseau fait allusion. Pour une large part, nos informations ont été tirées soit de l'édition de la Pléiade, soit des notes de R.-A. Leigh (*Correspondance complète*), soit des articles du *Dictionnaire de J.-J. Rousseau* (dir. R. Trousson et F. S. Eigeldinger).

– Interprétatives : plus ou moins développées, ces notes peuvent aller au-delà de ce qu'on attend ordinairement d'un commentateur qualifié d'« objectif ». Nous avons pris des libertés, y compris dans le ton et dans le style. Ce « nous » est à entendre comme un vrai pluriel. Des *Je* multiples le composent. Il arrive donc que les voix d'un voltairien, d'une âme sensible, d'un lacanien, d'une femme, d'un collégien farceur, d'un noir persécuteur… prennent tour à tour le dessus sur celle du professeur. Que le lecteur veuille bien lui pardonner de n'avoir pas mieux su les faire taire, ou s'accorder dans la discrète neutralité d'un *on*.

Je tiens à remercier Hélène Fiamma pour sa confiance, ainsi que Gauthier Ambrus pour son aide éclairée.

CHRONOLOGIE

[LIVRE I (1712-1728)]

1712, 28 juin. Naissance à Genève, 40 Grand'rue, dans le quartier aristocratique de la « ville haute », du second fils de l'horloger Isaac Rousseau, citoyen, et de Suzanne Bernard, citoyenne. L'enfant est baptisé Jean-Jacques. Son frère aîné, François, est âgé de sept ans.

7 juillet. Mort de Suzanne Rousseau (mère de Jean-Jacques). Suzanne Rousseau, sœur d'Isaac (« tante Suzon ») tiendra désormais le ménage et prendra soin de l'enfant avec la nourrice, Jacqueline Faramand (« ma mie Jacqueline »).

1718. Isaac et sa sœur, accompagnés des deux garçons, quittent la « ville haute » pour aller s'installer rue de Coutance, dans le quartier plus populaire de Saint-Gervais.

1719. « Ma mère avait laissé des romans » : le père et son enfant passent leurs soirées (parfois leurs nuits) à se les entrelire.

1720-1722. Jean-Jacques passe ses journées dans l'atelier de son père, et lui lit des ouvrages d'histoire, de morale. Plutarque le captive.

1722, octobre. Suite à une querelle avec un officier français, le père s'enfuit à Nyon avec sa sœur. François, mis en apprentissage chez un horloger, s'enfuit et ne reparaîtra plus. Jean-Jacques et son cousin Abraham Bernard sont placés en pension chez le pasteur Lambercier, à Bossey.

1725. De retour à Genève, Jean-Jacques entre en apprentissage chez le graveur Ducommun.

1726. Fixé à Nyon, son père se remarie.

1728, 14 mars. Revenant de jouer dans la campagne, il voit se fermer devant lui les portes de Genève.

[LIVRE II (1728)]

1728. Rousseau, fuyant Genève, est recueilli par le curé de Confignon.
21 mars (dimanche des Rameaux). Arrivée à Annecy. Première rencontre avec Mme de Warens, puis départ à pied pour Turin, où il entre à l'Hospice des catéchumènes. Il abjure la foi protestante et est rebaptisé dans la foi catholique (23 avril). Brève passion pour Mme Basile, boutiquière.
Automne. Domestique chez Mme de Vercellis. Vol d'un ruban, dont il s'acharne à accuser Marion, une jeune cuisinière. Rencontre de l'abbé Gaime, sorte de « vicaire savoyard » avant la lettre.

[LIVRE III (1729-1730)]

1729, février. Jean-Jacques entre au service du comte de Gouvon. L'abbé de Gouvon, fils de ce dernier, l'emploie comme secrétaire et l'initie à la littérature italienne.
Septembre. Retour à Annecy. Retrouvailles avec Mme de Warens, chez qui il fait la connaissance de Claude Anet. Soucieuse de l'avenir de son « petit », celle qu'il appellera désormais « maman » l'envoie au séminaire des Lazaristes. L'idée lui vient de sa future comédie de *Narcisse ou l'Amant de lui-même*.
Après quelques semaines de séminaire, sauvées par les leçons de l'abbé Gâtier, il devient pensionnaire à la maîtrise de la cathédrale dirigée par M. Le Maître, ami de *Maman*.

1730, février. Entrée en scène inopinée, un soir, du dénommé Venture de Villeneuve.
Avril. M. Le Maître se rend à Lyon avec son jeune élève. Celui-ci l'abandonne en pleine crise d'épilepsie.

[LIVRE IV (1730-1731)]

1730. De retour à Annecy, *Petit* ne retrouve plus *Maman*, partie pour Paris avec Anet. « Journée des cerises », à Thônes, en compagnie de Mlles de Graffenried et Galley.
Séjour à Lausanne. Sous le pseudonyme de Vaussore de Villeneuve, il donne un concert et vit de leçons de chant. Au début de l'hiver, il part pour Neuchâtel, où il continuera de vivre de leçons de chant.

1731. Rencontre du père Athanasius, pseudo-archimandrite de Jérusalem, qu'il accompagne à Fribourg, puis à Berne, en vue de récolter des fonds destinés au Saint-Sépulcre. À Soleure, siège de l'ambassade de France en Suisse, le faux archimandrite est démasqué. Hébergé chez l'ambassadeur, Jean-Jacques loge dans la chambre occupée autrefois par le poète Jean-Baptiste Rousseau. Il compose quelques pièces de vers inspirées de son illustre homonyme.
Mai. Après un court séjour à Neuchâtel, il part pour Paris à pied, muni d'une recommandation de l'ambassadeur. Il y reste jusqu'à la fin août.
Au retour, il passe quelques semaines à Lyon où il fait la connaissance d'une petite Suzanne Serre.

[LIVRE V (1731-1736)]

1731, fin septembre. Retrouvailles avec *Maman* qui habite à présent Chambéry. Peu après, suicide manqué d'Anet. *Petit* trouve un emploi au Cadastre. Duos, concerts. Il compose les fragments d'une cantate et une *Épître* en vers.

1732. Ne rêvant que de devenir musicien, Jean-Jacques quitte le Cadastre. Voyage mouvementé à Besançon, pour y approfondir la connaissance de son art auprès de l'abbé Blanchard. De retour à Chambéry, il donne des leçons de chant à des demoiselles. Ses rapports avec *Maman* changent de nature.

1733. Première rédaction de *Narcisse ou l'Amant de lui-même*. À distance, il négocie assez rudement avec son père pour obtenir ce qui doit lui revenir à sa majorité de l'héritage de sa mère.

1734, 13 mars. Mort de Claude Anet. La situation financière de *Maman* devient préoccupante.

1735. Divers voyages. Inexplicable maladie de langueur et retour en enfance entre les bras de *Maman*.

[LIVRE VI (1736-1741)]

1736. Premier séjour dans la maison louée par *Maman* aux Charmettes (environs de Chambéry). Un matin, *Petit* est terrassé par un mal singulier. Il en perd le sommeil et se croit condamné. En attendant de mourir, il lit beaucoup et se constitue méthodiquement un important fonds de savoir philosophique et scientifique.

1737. Printemps aux Charmettes. Il ressuscite un peu.
Juin. Chambéry. Accident de chimie qui le rend provisoirement aveugle. Il fait son testament.
Juillet. Voyage à Genève pour régler ses affaires d'héritage. Il assiste aux émeutes opposant les « bourgeois » aux forces de l'ordre du parti aristocratique.
Septembre. Départ pour Montpellier. À Grenoble, il assiste bouleversé à une représentation d'*Alzire* de Voltaire. À l'étape de Moirans, il rencontre Mme de Larnage, auprès de laquelle il se fait passer pour un nommé M. Dudding, jacobite anglais. Brefs exploits amoureux.
22 septembre, après une visite au pont du Gard, arrivée à Montpellier.

1738, fin février (?). Retour à Chambéry. *Maman* l'accueille froidement : sa place est prise par Wintzenried. Composition probable du *Verger de Madame la baronne de Warens*, et *Réponse au mémoire anonyme, intitulé* Si le monde que nous habitons est une sphère.

1739. Seul aux Charmettes avec ses livres, Jean–Jacques travaille à se préparer un avenir.

1740, avril. Départ pour Lyon, où M. de Mably lui a offert un emploi de précepteur auprès de ses deux jeunes fils. Rédaction du *Mémoire présenté à M. de Mably pour l'éducation de M. son fils* et du *Projet pour l'éducation de Monsieur de Sainte-Marie*.
Contacts avec Charles Bordes et divers membres de l'Académie de Lyon.

1741, mai. Fin peu glorieuse de l'expérience pédagogique et retour aux Charmettes, où Wintzenried fait désormais la loi. Composition probable d'*Iphis et Anaxarète* (opéra-tragédie) ainsi que de *La Découverte du nouveau monde* (tragédie). Mise en chantier du *Projet concernant de nouveaux signes pour la musique*.

Juillet-décembre. Nouveau séjour à Lyon. Il y rencontre l'abbé de Mably, le duc de Richelieu, et fréquente des académiciens locaux. Composition de vers de circonstance et de l'*Épître à M. Bordes*.

1742. Les Charmettes, en alternance avec Chambéry. Il se sent malade et incompris. *Épître à Parisot*.

Juillet. Jean-Jacques part pour Paris en emportant dans ses bagages *Narcisse* et son système de notations musicales par chiffres.

[LIVRE VII (1742-1749)]

Fin juillet. Arrivée à Paris. Leçons de musique. Cafés, salons. Lie connaissance avec Daniel Roguin, le P. Castel, Fontenelle, l'abbé Desfontaines, Marivaux, Réaumur, Philidor.

22 août. Il donne lecture de son *Mémoire sur un projet de notation musicale* devant une commission de l'Académie des Sciences, qui lui suggère de revoir sa copie.

Il fait la connaissance de Denis Diderot.

1743, janvier. Publication de son Mémoire sous le titre de *Dissertation sur la musique moderne*. Premières armes maladroites dans le grand monde.

Printemps. Il est introduit chez Mme Dupin, épouse d'un richissime fermier-général. Avec M. de Francueil, beau-fils de cette dernière, il assiste aux cours de chimie de Ruelle.

Préceptorat de quelques jours auprès du jeune duc Chenonceaux, fils de M. Dupin. Compose l'acte du Tasse de ses futures *Muses galantes*.

Juillet. Sans le sou, il accepte de partir servir de secrétaire à M. de Montaigu, nommé ambassadeur de France à Venise. Il y arrive le 4 septembre et se met au travail avec zèle. Découverte de la musique italienne.

Novembre. Affaire Véronèse.

1744, janvier-février. Affaire Zanetto Nani.

Fin juillet. Brillant succès diplomatique dans l'affaire de la *Sainte-Barbe*, à bord duquel la Zulietta, courtisane de haut vol, lui fait tourner la tête. Fiasco catastrophique de son adorateur.

Août. Violente scène de M. de Montaigu. Jean-Jacques quitte Venise pour Genève, puis regagne Paris (octobre). Composition de douze barcarolles à la manière vénitienne (*Canzoni da batello*).

Il est introduit chez M. de La Poplinière, fermier général et grand amateur de musique (Rameau y règne en maître).

1745. Liaison de plus en plus intime avec Diderot. Il travaille aux *Muses galantes*, son ballet héroïque, et s'attache à une jeune lingère, Thérèse Levasseur, qui le présente à sa nombreuse famille.

Septembre. Exécution partielle des *Muses galantes* chez M. de La Poplinière, en présence de Rameau, lequel esquinte férocement l'ouvrage de son disciple. Séjour au château de Chenonceaux, chez les Dupin (chimie avec Francueil).

De cette année datent peut-être l'*Idée de la méthode dans la composition d'un livre* et la *Lettre sur l'opéra italien et français*.

1746. Rousseau travaille comme secrétaire des Dupin. Dîners hebdomadaires au « Panier fleuri », avec Diderot et Condillac. Séjours à Chenonceaux : musique, chimie, et poésie (composition de l'*Allée de Sylvie*).

Fin 1746 ou début 1747. Naissance d'un premier enfant, déposé aux « Enfants-Trouvés ».

1747, 9 mai. Mort d'Isaac Rousseau.

Automne. Séjour à Chenonceaux : musique (trios à chanter), théâtre (*L'Engagement téméraire*, *Arlequin amoureux malgré lui* [?]), laboratoire (mise en chantier possible des *Institutions chimiques*).

Projet sans lendemain du *Persifleur*, une feuille hebdomadaire qu'il écrirait en alternance avec Diderot.

Naissance et abandon d'un deuxième enfant.

1748, février. Rencontre de Mme d'Épinay qui lui présente sa cousine Sophie la veille de son mariage avec M. d'Houdetot.

Septembre. Fête chez Mme d'Épinay, au château de la Chevrette. On y donne *L'Engagement téméraire*, avec l'auteur dans le rôle du valet.

1749. Rédaction de 400 articles sur la musique (signés S.) pour l'*Encyclopédie*.

Mentor (pour un peu plus d'un an) du jeune duc de Chenonceaux.

24 juillet. Suite à sa *Lettre sur les aveugles*, Diderot est incarcéré au donjon de Vincennes. Rousseau implore Mme de Pompadour d'intervenir.

[LIVRE VIII (1749-1755)]

Rencontre de Grimm.

Été. Visites régulières à Diderot, toujours emprisonné.

Octobre. Un jour qu'il feuillette en marchant le *Mercure de France*, le destin le fait tomber sur la question mise au concours par l'Académie de Dijon pour le prix de morale 1750 : *Si le rétablissement des sciences et des arts a contribué à épurer les mœurs*. Il devient « un autre homme ».

Libéré le 3 novembre, Diderot s'active à la préparation de l'*Encyclopédie*, tandis que son alter ego partage son temps entre la composition de son discours sur l'effet corrupteur des sciences et des arts et son travail de secrétariat chez le fermier-général Dupin.

Naissance d'un troisième enfant, qui connaît le même sort que les deux premiers.

1750, 30 janvier. Première apparition de la signature « J.-J. Rousseau, Citoyen de Genève », au bas d'une lettre à Voltaire.

9 juillet. L'Académie de Dijon couronne le *Discours* de Rousseau. À l'automne, Malesherbes en autorise la publication.

1751, janvier. Parution à Paris du *Discours sur les sciences et les arts*.

Printemps. Naissance d'un quatrième enfant, abandonné comme les trois autres.

Été-automne. La polémique autour du *Discours* se déchaîne. Rousseau se défend : *Lettre à l'abbé Raynal* (juin), *Réponse* à Stanislas Leczinski, roi de Pologne (octobre).

1752, février. Composition d'une *Oraison funèbre de S.A.S. Monseigneur le duc d'Orléans*.

Mars. Séjour de Rousseau à Passy chez son ami Mussard. Composition de la plupart des airs du *Devin du village*.

Printemps : *Lettre à M. Grimm au sujet des remarques ajoutées à sa Lettre sur* Omphale.

Rédaction d'une *Réponse de J.-J. Rousseau, de Genève* […] à Bordes sur la réfutation par ce dernier de son *Discours*, ainsi que d'une réponse à Le Cat. Fragments d'un *Parallèle de Socrate et Caton*.

Juillet. Rousseau accepte de tenir la caisse de son ami le financier Francueil.

1er août. Débuts au Théâtre-Italien, de la troupe des Bouffons.

18-19 octobre. Première représentation à Fontainebleau du *Devin du village* devant Louis XV. Deux mois plus tard, première (anonyme) de *Narcisse ou l'Amant de lui-même* au Théâtre-Français.

Naissance probable d'un cinquième enfant, déposé lui aussi aux Enfants-Trouvés.

1753, janvier. *Le Petit Prophète de Boemischbroda*, brochure satirique de Grimm contre la musique française, déclenche la « guerre des Bouffons ».

Publication de *Narcisse*, avec une importante *Préface*.

1er mars. Première du *Devin* à l'Opéra.

Juillet-août. Le portrait de Rousseau par La Tour est exposé au Salon.

Octobre. *Lettre d'un symphoniste de l'Académie royale de musique à ses camarades de l'orchestre.*

Novembre. Publication de la *Lettre sur la musique française* (écrite depuis un an), qui fait scandale et relance la « guerre des Bouffons ». Rousseau se voit refuser ses entrées gratuites à l'opéra, les musiciens de l'orchestre le brûlent en effigie.

Le *Mercure* annonce le sujet mis au concours par l'Académie de Dijon : *Quelle est la source de l'inégalité parmi les hommes et si elle est autorisée par la loi naturelle ?* Après s'être isolé huit jours en forêt de Saint-Germain, Rousseau revient à Paris préparer sa réponse.

1754, février. Première rupture avec d'Holbach.

Mi-avril. Rousseau envoie le manuscrit de son *Discours* aux académiciens de Dijon (le jugeant trop long, ils n'en achèveront pas la lecture).

1er juin. Départ pour Genève. Chaleureusement accueilli dans sa patrie, Rousseau est réintégré dans l'Église de Genève et recouvre sa qualité de citoyen (1er août).

25 août. Dernière rencontre entre *Petit* et *Maman*, aux environs de Genève.

Octobre. Rousseau quitte Genève pour Paris. Durant son séjour, il a eu de nombreux contacts avec des amis appartenant au parti des « représentants ». Il a traduit le premier livre des *Histoires* de Tacite, médité le plan de ses *Institutions politiques* et ébauché une *Mort de Lucrèce* (tragédie en prose) ainsi qu'une *Histoire du Valais*.

1755. Mort de Montesquieu. Voltaire s'installe aux portes de Genève.

Été. Imprimé en Hollande chez Rey, le second *Discours* est en vente à Paris.

30 août. Lettre de Voltaire à Rousseau, le remerciant de l'envoi de son « nouveau livre contre le genre humain ».

Rédaction du *Principe de la mélodie* (contre Rameau) et ébauche de l'*Examen de deux principes soutenus par M. Rameau [...]*.

Septembre. Séjour à la Chevrette, chez Mme d'Épinay.

Octobre. Rédaction de la *Lettre à Philopolis* (alias Charles Bonnet, qui venait de critiquer le *Discours* dans le *Mercure*).
1er novembre. Tremblement de terre de Lisbonne.
Novembre. L'article « Économie politique » paraît dans le tome V de l'*Encyclopédie*.
Décembre. Affaire Palissot.

[LIVRE IX (1756-1757)]

1756, 9 avril. Acceptant l'offre de Mme d'Épinay, Rousseau s'installe à l'Ermitage (forêt de Montmorency), avec Thérèse et sa mère.
Été. Rédaction des *Amours de Claire et de Marcellin*, du *Petit Savoyard* ou de la *Vie de Claude Noyer*, et probablement de la *Fiction ou Morceau allégorique sur la révélation*.
18 août. *Lettre sur la Providence*, adressée à Voltaire (*via* Tronchin) en réponse à ses poèmes *Sur la Loi naturelle* et *Sur le désastre de Lisbonne*.
Automne. Premières lettres de la future *Nouvelle Héloïse*.

1757, 9 janvier. Première visite de Mme d'Houdetot à l'Ermitage.
Début mars. Rousseau reproche à Diderot de l'avoir personnellement visé, en écrivant dans *Le Fils naturel* : « Il n'y a que le méchant qui soit seul ».
Début mai. Seconde visite inopinée de Sophie d'Houdetot : « pour le coup ce fut de l'amour ».
31 août. « Journée des cinq billets » : Rousseau accuse Mme d'Épinay d'avoir (avec la complicité de Grimm), dénoncé à Saint-Lambert sa passion pour Sophie. Rupture avec Grimm.
Automne. Parution de l'article « Genève » rédigé par d'Alembert pour l'*Encyclopédie*.
15 décembre. Brouillé avec Mme d'Épinay, Rousseau quitte l'Ermitage et s'installe au Mont-Louis, sur les hauteurs de Montmorency.

[LIVRE X (1758-1760)]

1758, janvier-mars. Composition de la *Lettre à d'Alembert* sur les spectacles. *In extremis*, Rousseau ajoutera à la Préface une note très dure contre Diderot.
6 mai. Mme d'Houdetot décide de rompre avec Rousseau.
22 juillet. D'Alembert, censeur royal, approuve la *Lettre de J.-J. Rousseau à M. d'Alembert* […].
Septembre. *Julie* est achevée.

1759, 18 mars. À partir de cette date, les lettres de Rousseau portent le cachet où figure sa devise : *Vitam impendere vero.*

Été-automne. Rousseau travaille à la composition d'*Émile* et du *Contrat social*, et corrige les épreuves de *Julie.*

1760, mai. Nouvelle affaire Palissot, suite à sa comédie *Les Philosophes.*

Juin. Parution à Berlin, sans l'accord de Rousseau, de sa *Lettre sur la Providence.*

Juillet. Intervention auprès de Mme de Luxembourg pour la libération de l'abbé Morellet.

Été. Lectures de l'*Émile* au chevet de la Maréchale.

[LIVRE XI (1761-1762)]

1761, fin janvier. *Julie ou la Nouvelle Héloïse* est en vente à Paris. Succès immédiat.

16 février. Publication séparée de la *Préface de la Nouvelle Héloïse, ou Entretien sur les romans,* bientôt suivie du *Recueil d'estampes.*

Début mars. Publication de l'*Extrait du projet de paix perpétuelle* (à partir des écrits de l'abbé de Saint-Pierre).

12 juin. Se croyant mourant, Rousseau confie à Mme de Luxembourg le secret de l'abandon de ses enfants, et lui demande de faire rechercher au moins l'aîné.

Octobre. Début de l'impression d'*Émile*, à Paris (par Duchesne) et à Amsterdam (par Néaulme).

Mi-novembre. Ne recevant plus d'épreuves, Rousseau se persuade que les jésuites ont mis la main sur son *Émile*, avec l'idée de le publier défiguré après sa mort.

31 décembre. Rey lui demande d'écrire sa vie, qu'il se propose de mettre en tête de ses *Œuvres diverses.*

1762, janvier. Revenu de son délire, Rousseau adresse à Malesherbes quatre lettres autobiographiques « contenant le vrai tableau de [son] caractère et les vrais motifs de [sa] conduite ».

Début avril. À Amsterdam, sortie de presse du *Contrat social.* Malesherbes en interdit l'entrée en France.

Fin mai. Par « permission tacite » de Malesherbes, *Émile* est mis en vente à Paris.

3-9 juin. La vente est interdite, et tous les exemplaires confisqués. *Émile* est dénoncé à la Sorbonne. Le Parlement de Paris condamne le livre à être lacéré et brûlé, et décrète son auteur de prise de corps. Cédant à la pression des Luxembourg, du prince de Conti et de Mme de Boufflers, Rousseau se résout à fuir dans l'après-midi.

14 juin. À Yverdon (dans le territoire de Berne), Rousseau est accueilli par son vieil ami D. Roguin. Pendant la route, il a composé *Le Lévite d'Éphraïm*, idylle macabre adaptée de la Bible.

[LIVRE XII (1762-1765)]

19 juin. *Émile* et *Du Contrat social* sont brûlés à Genève, et leur auteur décrété de prise de corps au cas où il y rentrerait.

10 juillet. Chassé du territoire de Berne, Rousseau trouve refuge à Môtiers, dans la principauté de Neuchâtel. Appartenant au roi de Prusse, le territoire est gouverné par George Keith (dit Mylord Maréchal), auquel Rousseau écrit aussitôt pour lui demander asile.

29 juillet. Mort de Mme de Warens à Chambéry, Rousseau ne l'apprendra que début octobre.

24 août. Rousseau adresse à M. de Montmollin, pasteur de Môtiers, une déclaration de foi en vue d'être admis à la communion protestante.

28 août. Publication du *Mandement* de Mgr de Beaumont, archevêque de Paris, portant condamnation de l'*Émile* et de son auteur.

Début septembre. Rousseau se met à porter une robe arménienne.

En cette fin d'été, il écrit le texte de *Pygmalion*, « scène lyrique », ainsi que les deux premières lettres d'une suite romanesque à son traité d'éducation, *Émile et Sophie ou les Solitaires*.

18 novembre. La *Lettre à Christophe de Beaumont* est achevée (elle s'ouvre sur une brève autobiographie justificatrice).

1763, 29 janvier. Rousseau signe son testament, auquel il joint une note sur sa maladie.

Mars. Parution de la *Lettre à Christophe de Beaumont*.

12 mai. Rousseau renonce à perpétuité à son titre de Citoyen de Genève.

Fin septembre. Parution, à Genève des *Lettres écrites de la campagne*, du procureur F. Tronchin. Rousseau décide de riposter et commence à rédiger ses *Lettres écrites de la montagne*. Il entreprend parallèlement une *Histoire du gouvernement de Genève*.

1764, juillet. Début de la passion botanique.

5-14 août. Rencontre et discussions, à Thonon, avec les chefs du parti genevois des Représentants.

31 août. Lettre de Buttafoco proposant à Rousseau de rédiger une constitution pour la Corse.

Projet d'œuvres complètes qui seraient éditées par Fauche. Du Peyrou s'offre à cautionner l'entreprise.

18 décembre. Interdites à Paris, les *Lettres écrites de la montagne* arrivent à Genève.

Fin décembre. Parution à Genève du *Sentiment des citoyens*, libelle anonyme de Voltaire contre Rousseau, que ce dernier s'obstinera à attribuer au pasteur Vernes.

1765, 18-25 janvier. Les *Lettres écrites de la montagne* sont condamnées en Hollande, puis à Berne.

Rousseau commence ses *Mémoires*.

Mars. Le Parlement de Paris condamne le *Dictionnaire philosophique* de Voltaire et les *Lettres écrites de la montagne* à être brûlés.

Début avril. Rousseau rédige la *Déclaration relative à M. le pasteur Vernes*.

Début juillet. Il passe une dizaine de jours à l'île de Saint-Pierre.

6 septembre. Foire de Môtiers. Dans la nuit, des pierres sont lancées contre sa maison.

12 septembre. Rousseau s'installe à l'île de Saint-Pierre (en territoire bernois). Il y entreprend une *Flora Petrinsularis*, travaille au *Projet de Constitution pour la Corse* et à ses *Confessions*.

27 octobre. Expulsé de l'île de Saint-Pierre, Rousseau prend la route de Berlin.

[ICI S'ACHÈVE LE LIVRE XII.]

2 novembre. Il arrive à Strasbourg d'où il repartira pour Paris le 9 décembre.

Fin décembre. Paris. Le prince de Conti lui offre asile et protection au Temple. Durant son séjour, on se presse pour aller le voir.

1766, 4 janvier. Rousseau quitte Paris en compagnie de Hume. Arrivé à Londres (le 13), il est aussitôt accablé de visites. Il quitte Londres pour Chiswick, puis pour Wootton (19 mars) où R. Davenport a mis une maison à sa disposition. Très vite, Rousseau commence à soupçonner Hume de le

trahir, se plaint d'être insulté par le public londonien, et affirme
que son courrier est ouvert.

10 juillet. Longue lettre à Hume, où Rousseau résume l'histoire de leurs relations, énumère ses griefs et formule ses
accusations. Fureur de Hume : l'affaire devient publique.

Août 1766. Rousseau travaille à la mise au point et à la rédaction des six premiers livres des *Confessions*, herborise, et
potasse des livres de botanique.

20 novembre. Première représentation à Londres du *Devin
du village*, dans la traduction de Charles Burney.

1767, 20 février. Rousseau finit par accepter, après de
longues hésitations, la pension que lui accorde George III.

Avril. Rousseau envoie à Du Peyrou le manuscrit des premiers livres des *Confessions* (« manuscrit de Neuchâtel »).

21 mai. Rousseau quitte l'Angleterre. De retour en France, il
passe quelques jours à Amiens. Conti lui recommande de
prendre un nom d'emprunt. Il s'installe à Fleury-sous-
Meudon, chez le marquis de Mirabeau, où il se fait appeler
« M. Jacques ». Conti l'invite à changer de pseudonyme et à
se réfugier plutôt dans son château de Trye (au nord de
Paris), en se gardant de rien écrire.

21 juin. Sous le nom de Jean-Joseph Renou, il s'installe à Trye
et fait passer Thérèse pour sa sœur.

À la fin de l'été ou au début de l'automne, Rousseau a achevé
la rédaction du livre VI des *Confessions*. Parution du *Dictionnaire de musique*.

1768, printemps. Recrudescence du délire de persécution :
Rousseau se persuade qu'on veut le faire passer pour un
empoisonneur.

12 juin. Laissant Thérèse, « M. Renou » quitte Trye. Il a confié
avant son départ divers papiers (dont la première partie des
Confessions) à Mme de Nadaillac, abbesse de Gomerfontaine.

18 juin. Il arrive à Lyon. Après une excursion botanique à la
Grande-Chartreuse, il gagne Grenoble (11 juillet).

25 juillet. Pèlerinage à Chambéry, sur la tombe de Mme de Warens.

13 août. Arrivée à Bourgoin, où il loge à la *Fontaine d'or*. Peu
après, il écrit au crayon sur la porte de sa chambre les *Sentiments du public sur mon compte dans les divers états qui le composent*.

22 août. Début de l'« affaire Thévenin ». Il se plaint qu'on
cherche à le rendre fou.

30 août. Mariage civil de Rousseau et de Thérèse, en présence du maire de Bourgoin et d'un témoin.

1769, fin janvier. Malade, Rousseau s'installe dans une ferme à Monquin, au-dessus de Bourgoin.

12 août. Lettre à Thérèse révélant une crise grave dans leur ménage. Il parle de séparation.

15 novembre. Rousseau se met à la rédaction de la seconde partie des *Confessions*, qu'il mènera, à Monquin, jusqu'au livre XI.

1770, 22 janvier. Rousseau décide de quitter son pseudonyme de Renou et reprend son véritable nom.

26 février. Longue lettre autobiographique à M. de Saint-Germain.

10 avril. Départ de Monquin pour Lyon. Il y compose, avec Coignet, la musique de *Pygmalion*, qui sera représenté le 19 avril.

Juin. À Dijon, rencontre le président de Brosses. À Montbard, visite à Buffon et à Pierre Daubenton. Arrivé à Paris le 24, il s'installe avec Thérèse rue Plâtrière, à l'*Hôtel du Saint-Esprit*. Il y reçoit de nombreux visiteurs. Le comte de Wielhorski lui demande d'étudier une réforme du gouvernement polonais. Il reprend son métier de copiste, et continue à herboriser.

Fin août. Duclos lui présente Jean Joseph Dusaulx. Début d'une brève amitié passionnée.

Décembre. Lecture des *Confessions* chez le marquis de Pezay, puis chez Dorat, devant de jeunes littérateurs.

1771, février. Lecture d'une partie des *Confessions* au prince royal de Suède.

4-8 mai. Dernière lecture publique des *Confessions*, chez la comtesse Sophie d'Egmont. Mme d'Épinay obtient de Sartine qu'il cesse ces lectures.

Juin. Rousseau remet au comte de Wielhorski ses *Considérations sur le gouvernement de Pologne et sur sa réformation projetée*. Rencontre de Bernardin de Saint-Pierre.

22 août. Première d'une série de huit lettres à Mme Delessert sur la botanique.

1772. Tout en continuant à herboriser et à copier de la musique, Rousseau commence à travailler aux *Dialogues, Rousseau juge de Jean-Jacques*.

1773. Rédaction des *Dialogues*.

1774, 23 janvier. Dans une lettre circulaire, Rousseau désavoue toutes les éditions, y compris celles de Rey, qui pourraient paraître sous son nom, et les déclare d'avance altérées et falsifiées.

19 avril. Assiste à la première de l'*Iphigénie* de Gluck. Par l'entremise de ce dernier, réconciliation avec les directeurs de l'Opéra.

Mai. Rédaction de l'« introduction » de son *Dictionnaire des termes en usage en botanique*.

Juin. Musique du premier acte de *Daphnis et Chloé*.

2 août. Assiste à la première d'*Orphée et Eurydice* de Gluck.

Fin août : *Extrait d'une réponse du petit faiseur à son prête-nom sur un morceau de l'*Orphée *de M. le chevalier Gluck*.

11 novembre. Mort de tante Suzon, à Nyon.

Toute l'année Rousseau a travaillé aux *Dialogues*.

1775, 30 octobre. *Pygmalion* est représenté avec grand succès au Théâtre français, sans le consentement de Rousseau.

Fin 1775. Rédaction de *Du sujet et de la forme de cet écrit* (introduction aux *Dialogues*).

1776, 24 février. Voulant déposer le manuscrit des *Dialogues* sur le grand-autel de Notre-Dame, il trouve la grille du chœur fermée. Il court, égaré, jusqu'au soir dans les rues de Paris. Il confie le manuscrit à Condillac.

Mars. Rédaction d'un billet circulaire (*À tout Français aimant encore la justice et la vérité*) qu'il distribue aux passants.

Été. Rédaction de l'*Histoire du précédent écrit* (postface aux *Dialogues*). Début de la composition des *Rêveries*.

24 octobre. Vers 18 heures, au retour d'une promenade, il est renversé par un chien danois courant devant le carrosse de M. de Saint-Fargeau et perd connaissance. En décembre, le *Courrier d'Avignon* annonce la mort de Rousseau, décédé des suites de cet accident.

Fin 1776. Composition de la *Deuxième promenade*.

1777, janvier. Reprise triomphale du *Devin*.

Printemps-été. Composition des *Promenades III à VII des Rêveries*.

1778, fin de l'hiver. *Promenades VIII et IX*.

12 avril (dimanche des Rameaux). *Dixième promenade*.

Mai. Rousseau confie à Moultou un manuscrit des *Dialogues* et une copie des *Confessions* et quitte Paris pour Ermenonville (20 mai), à l'invitation du marquis de Girardin.

30 mai. Mort de Voltaire à Paris.

2 juillet. Promenade dans le parc de 5 à 7 heures du matin. À 9 heures, Rousseau tombe sur le plancher et meurt à 10 h.

3 juillet. Le sculpteur J.–A. Houdon prend le masque mortuaire de Rousseau. Autopsie, qui conclut une apoplexie séreuse.

4 juillet. À 11 heures du soir (ou minuit), Rousseau est enterré dans l'île des Peupliers.

1780. Publication du premier *Dialogue*.

1782. Publication des écrits autobiographiques (par Moultou, Du Peyrou et Girardin). À Genève, publication de la première partie des *Confessions*, des trois *Dialogues* et des *Rêveries du promeneur solitaire*.

1789. Publication de la seconde partie des *Confessions*.

1794, 9-11 octobre. Transfert des restes de Rousseau au Panthéon.

LES CONFESSIONS DE J.-J. ROUSSEAU

Première partie

Voici le seul portrait d'homme, peint exactement d'après nature et dans toute sa vérité, qui existe et qui probablement existera jamais. Qui que vous soyez, que ma destinée ou ma confiance ont fait l'arbitre du sort de ce cahier, je vous conjure par mes malheurs, par vos entrailles, et au nom de toute l'espèce humaine, de ne pas anéantir un ouvrage unique et utile, lequel peut servir de première pièce de comparaison pour l'étude des hommes, qui certainement est encore à commencer, et de ne pas ôter à l'honneur de ma mémoire le seul monument* sûr de mon caractère qui n'ait pas été défiguré par mes ennemis. Enfin, fussiez-vous, vous-même, un de ces ennemis implacables, cessez de l'être envers ma cendre, et ne portez pas votre cruelle injustice jusqu'au temps où ni vous ni moi ne vivrons plus, afin que vous puissiez vous rendre au moins une fois le noble témoignage d'avoir été généreux et bon quand vous pouviez être malfaisant et vindicatif : si tant est que le mal qui s'adresse à un homme qui n'en a jamais fait ou voulu faire, puisse porter le nom de vengeance [1].

LIVRE I

Intus, et in cute [1]

1.1. Je forme une entreprise qui n'eut jamais d'exemple et dont l'exécution n'aura point d'imitateur. Je veux montrer à mes semblables un homme dans toute la vérité de la nature ; et cet homme ce sera moi.

2. Moi seul. Je sens mon cœur et je connais les hommes. Je ne suis fait comme aucun de ceux que j'ai vus ; j'ose croire n'être fait comme aucun de ceux qui existent. Si je ne vaux pas mieux, au moins je suis autre. Si la nature a bien ou mal fait de briser le moule dans lequel elle m'a jeté, c'est ce dont on ne peut juger qu'après m'avoir lu.

3. Que la trompette du Jugement dernier sonne quand elle voudra, je viendrai, ce livre à la main, me présenter devant le souverain juge. Je dirai hautement : «Voilà ce que j'ai fait, ce que j'ai pensé, ce que je fus. J'ai dit le bien et le mal avec la même franchise. Je n'ai rien tu de mauvais, rien ajouté de bon, et s'il m'est arrivé d'employer quelque ornement indifférent, ce n'a jamais été que pour remplir un vide occasionné par mon défaut de mémoire ; j'ai pu supposer vrai ce que je savais avoir pu l'être, jamais ce que je savais être faux. Je me suis montré tel que je fus ; méprisable et vil quand je l'ai été, bon, généreux, sublime, quand je l'ai

été : j'ai dévoilé mon intérieur tel que tu l'as vu toi-même. Être éternel, rassemble autour de moi l'innombrable foule de mes semblables ; qu'ils écoutent mes confessions, qu'ils gémissent de mes indignités, qu'ils rougissent de mes misères. Que chacun d'eux découvre à son tour son cœur aux pieds de ton trône avec la même sincérité ; et puis qu'un seul te dise, s'il l'ose : *Je fus meilleur que cet homme-là* [2].

2.1. Je suis né à Genève en 1712, d'Isaac Rousseau, citoyen [3], et de Suzanne Bernard, citoyenne. Un bien fort médiocre à partager entre quinze enfants ayant réduit presque à rien la portion de mon père, il n'avait pour subsister que son métier d'horloger, dans lequel il était à la vérité fort habile. Ma mère, fille du ministre Bernard [4] était plus riche ; elle avait de la sagesse et de la beauté ; ce n'était pas sans peine que mon père l'avait obtenue. Leurs amours avaient commencé presque avec leur vie : dès l'âge de huit à neuf ans ils se promenaient ensemble tous les soirs sur la Treille [5] ; à dix ans ils ne pouvaient plus se quitter. La sympathie, l'accord des âmes affermit en eux le sentiment qu'avait produit l'habitude. Tous deux, nés tendres et sensibles, n'attendaient que le moment de trouver dans un autre la même disposition, ou plutôt ce moment les attendait eux-mêmes, et chacun d'eux jeta son cœur dans le premier qui s'ouvrit pour le recevoir. Le sort, qui semblait contrarier leur passion, ne fit que l'animer. Le jeune amant, ne pouvant obtenir sa maîtresse, se consumait de douleur ; elle lui conseilla de voyager pour l'oublier. Il voyagea sans fruit, et revint plus amoureux que jamais. Il retrouva celle qu'il aimait tendre et fidèle. Après cette épreuve, il ne restait qu'à s'aimer toute la vie, ils le jurèrent, et le ciel bénit leur serment.

2. Gabriel Bernard, frère de ma mère, devint amoureux d'une des sœurs de mon père ; mais elle ne consentit à épouser le frère qu'à condition que son frère épouserait la sœur. L'amour arrangea tout, et les deux mariages se firent le même jour [6]. Ainsi mon oncle était le mari de ma tante, et leurs enfants furent doublement

mes cousins germains. Il en naquit un de part et d'autre
au bout d'une année ; ensuite il fallut encore se séparer.

3. Mon oncle Bernard était ingénieur : il alla servir
dans l'Empire et en Hongrie sous le prince Eugène. Il
se distingua au siège et à la bataille de Belgrade [7].
Mon père, après la naissance de mon frère unique [8],
partit pour Constantinople, où il était appelé, et devint
horloger du sérail. Durant son absence, la beauté de ma
mère, son esprit, ses talents [a] lui attirèrent des hommages. M. de la Closure, résident de France, fut des
plus empressés à lui en offrir. Il fallait que sa passion fût
vive, puisqu'au bout de trente ans je l'ai vu s'attendrir
en me parlant d'elle [11]. Ma mère avait plus que de la
vertu pour s'en défendre, elle aimait tendrement son
mari ; elle le pressa de revenir : il quitta tout et revint. Je
fus le triste fruit de ce retour. Dix mois après, je naquis
infirme et malade ; je coûtai la vie à ma mère, et ma
naissance fut le premier de mes malheurs [12].

4. Je n'ai pas su comment mon père supporta cette
perte, mais je sais qu'il ne s'en consola jamais. Il croyait
la revoir en moi, sans pouvoir oublier que je la lui avais
ôtée ; jamais il ne m'embrassa que je ne sentisse à ses
soupirs, à ses convulsives étreintes, qu'un regret amer
se mêlait à ses caresses : elles n'en étaient que plus tendres. Quand il me disait : « Jean-Jacques, parlons de ta
mère », je lui disais : « Hé bien ! mon père, nous allons
donc pleurer », et ce mot seul lui tirait déjà des larmes.
« Ah ! disait-il en gémissant, rends-la-moi, console-moi
d'elle, remplis le vide qu'elle a laissé dans mon âme.

a. Elle en avait de trop brillants pour son état, le ministre son père
qui l'adorait ayant pris grand soin de son éducation. Elle dessinait,
elle chantait, elle s'accompagnait du théorbe [9], elle avait de la lecture
et faisait des vers passables. En voici qu'elle fit impromptu dans
l'absence de son frère et de son mari, se promenant avec sa belle-
sœur et leurs deux enfants, sur un propos que quelqu'un lui tint à
leur sujet :

Ces deux Messieurs qui sont absents
Nous sont chers de bien des manières ;
Ce sont nos amis, nos amants ;
Ce sont nos maris et nos frères,
Et les pères de ces enfants [10].

T'aimerais-je ainsi si tu n'étais que mon fils ? » Quarante ans après l'avoir perdue, il est mort dans les bras d'une seconde femme [13], mais le nom de la première à la bouche, et son image au fond du cœur.

5. Tels furent les auteurs de mes jours. De tous les dons que le Ciel leur avait départis, un cœur sensible est le seul qu'ils me laissèrent ; mais il avait fait leur bonheur, et fit tous les malheurs de ma vie.

3. 1. J'étais né presque mourant ; on espérait peu de me conserver. J'apportai le germe d'une incommodité * que les ans ont renforcée, et qui maintenant ne me donne quelquefois des relâches que pour me laisser souffrir plus cruellement d'une autre façon [14]. Une sœur de mon père [15], fille aimable et sage, prit si grand soin de moi, qu'elle me sauva. Au moment où j'écris ceci, elle est encore en vie, soignant, à l'âge de quatre-vingts ans, un mari plus jeune qu'elle, mais usé par la boisson. Chère tante, je vous pardonne de m'avoir fait vivre, et je m'afflige de ne pouvoir vous rendre à la fin de vos jours les tendres soins que vous m'avez prodigués au commencement des miens. J'ai aussi ma mie Jacqueline encore vivante, saine et robuste [16]. Les mains qui m'ouvrirent les yeux à ma naissance pourront me les fermer à ma mort.

2. Je sentis avant de penser : c'est le sort commun de l'humanité. Je l'éprouvai plus qu'un autre. J'ignore ce que je fis jusqu'à cinq ou six ans ; je ne sais comment j'appris à lire [17] ; je ne me souviens que de mes premières lectures et de leur effet sur moi : c'est le temps d'où je date sans interruption la conscience de moi-même. Ma mère avait laissé des romans. Nous nous mîmes à les lire après souper *, mon père et moi. Il n'était question d'abord que de m'exercer à la lecture par des livres amusants ; mais bientôt l'intérêt devint si vif, que nous lisions tour à tour sans relâche, et passions les nuits à cette occupation. Nous ne pouvions jamais quitter qu'à la fin du volume. Quelquefois mon père, entendant le matin les hirondelles, disait tout honteux : « Allons nous coucher ; je suis plus enfant que toi. »

3. En peu de temps j'acquis, par cette dangereuse méthode [18], non seulement une extrême facilité à lire et à m'entendre, mais une intelligence unique à mon âge sur les passions. Je n'avais aucune idée des choses, que tous les sentiments m'étaient déjà connus. Je n'avais rien conçu, j'avais tout senti [19]. Ces émotions confuses, que j'éprouvais coup sur coup, n'altéraient point la raison que je n'avais pas encore ; mais elles m'en formèrent une d'une autre trempe, et me donnèrent de la vie humaine des notions bizarres et romanesques *, dont l'expérience et la réflexion n'ont jamais bien pu me guérir.

4. Les romans finirent avec l'été de 1719. L'hiver suivant, ce fut autre chose. La bibliothèque de ma mère épuisée, on eut recours à la portion de celle de son père [20] qui nous était échue. Heureusement, il s'y trouva de bons livres ; et cela ne pouvait guère être autrement, cette bibliothèque ayant été formée par un ministre, à la vérité, et savant même, car c'était la mode alors, mais homme de goût et d'esprit. L'*Histoire de l'Église et de l'Empire*, par Le Sueur ; le *Discours* de Bossuet *sur L'Histoire universelle* ; les *Hommes illustres*, de Plutarque ; l'*Histoire de Venise*, par Nani ; les *Métamorphoses* d'Ovide ; La Bruyère ; les *Mondes*, de Fontenelle ; ses *Dialogues des Morts*, et quelques tomes de Molière, furent transportés dans le cabinet * de mon père, et je les lui lisais tous les jours, durant son travail [21]. J'y pris un goût rare et peut-être unique à cet âge. Plutarque surtout devint ma lecture favorite. Le plaisir que je prenais à le relire sans cesse me guérit un peu des romans [22] ; et je préférai bientôt Agésilas, Brutus, Aristide, à Orondate, Artamène et Juba [23]. De ces intéressantes * lectures, des entretiens qu'elles occasionnaient entre mon père et moi, se forma cet esprit libre et républicain, ce caractère indomptable et fier, impatient de joug [24] et de servitude, qui m'a tourmenté * tout le temps de ma vie dans les situations les moins propres à lui donner l'essor. Sans cesse occupé de Rome et d'Athènes, vivant pour ainsi dire avec leurs grands hommes, né moi-même citoyen

d'une république, et fils d'un père dont l'amour de la patrie était la plus forte passion, je m'en enflammais à son exemple ; je me croyais Grec ou Romain ; je devenais le personnage dont je lisais la vie : le récit des traits de constance et d'intrépidité qui m'avaient frappé me rendait les yeux étincelants et la voix forte. Un jour que je racontais à table l'aventure de Scævola, on fut effrayé de me voir avancer et tenir la main sur un réchaud pour représenter son action [25].

5. J'avais un frère plus âgé que moi de sept ans. Il apprenait la profession de mon père. L'extrême affection qu'on avait pour moi le faisait un peu négliger, et ce n'est pas cela que j'approuve. Son éducation se sentit de cette négligence. Il prit le train du libertinage, même avant l'âge d'être un vrai libertin *. On le mit chez un autre maître, d'où il faisait des escapades comme il en avait fait de la maison paternelle [26]. Je ne le voyais presque point, à peine puis-je dire avoir fait connaissance avec lui ; mais je ne laissais pas de l'aimer tendrement, et il m'aimait autant qu'un polisson * peut aimer quelque chose. Je me souviens qu'une fois que mon père le châtiait rudement et avec colère, je me jetai impétueusement entre deux, l'embrassant étroitement. Je le couvris ainsi de mon corps, recevant les coups qui lui étaient portés, et je m'obstinai si bien dans cette attitude [27], qu'il fallut enfin que mon père lui fît grâce, soit désarmé par mes cris et mes larmes, soit pour ne pas me maltraiter plus que lui. Enfin mon frère tourna si mal, qu'il s'enfuit et disparut tout à fait. Quelque temps après, on sut qu'il était en Allemagne. Il n'écrivit pas une seule fois. On n'a plus eu de ses nouvelles depuis ce temps-là, et voilà comment je suis demeuré fils unique [28].

6. Si ce pauvre garçon fut élevé négligemment, il n'en fut pas ainsi de son frère, et les enfants des rois ne sauraient être soignés avec plus de zèle que je le fus durant mes premiers ans, idolâtré de tout ce qui m'environnait, et toujours, ce qui est bien plus rare, traité en enfant chéri, jamais en enfant gâté. Jamais une seule fois, jusqu'à ma sortie de la maison paternelle, on ne

m'a laissé courir seul dans la rue avec les autres enfants, jamais on n'eut à réprimer en moi ni à satisfaire aucune de ces fantasques humeurs qu'on impute à la nature, et qui naissent toutes de la seule éducation. J'avais les défauts de mon âge ; j'étais babillard, gourmand, quelquefois menteur. J'aurais volé des fruits, des bonbons, de la mangeaille ; mais jamais je n'ai pris plaisir à faire du mal, du dégât *, à charger les autres, à tourmenter de pauvres animaux. Je me souviens pourtant d'avoir une fois pissé dans la marmite d'une de nos voisines, appelée Mme Clot, tandis qu'elle était au prêche. J'avoue même que ce souvenir me fait encore rire, parce que Mme Clot, bonne femme au demeurant, était bien la vieille la plus grognon que je connus de ma vie. Voilà la courte et véridique histoire de tous mes méfaits enfantins.

7. Comment serais-je devenu méchant, quand je n'avais sous les yeux que des exemples de douceur, et autour de moi que les meilleures gens du monde ? Mon père, ma tante, ma mie, mes parents, nos amis, nos voisins, tout ce qui m'environnait ne m'obéissait pas à la vérité, mais m'aimait, et moi je les aimais de même [29]. Mes volontés étaient si peu excitées et si peu contrariées, qu'il ne me venait pas dans l'esprit d'en avoir. Je puis jurer que jusqu'à mon asservissement sous un maître, je n'ai pas su ce que c'était qu'une fantaisie *. Hors le temps que je passais à lire ou écrire auprès de mon père, et celui où ma mie me menait promener, j'étais toujours avec ma tante, à la voir broder, à l'entendre chanter, assis ou debout à côté d'elle, et j'étais content. Son enjouement, sa douceur, sa figure agréable m'ont laissé de si fortes impressions, que je vois encore son air, son regard, son attitude : je me souviens de ses petits propos caressants ; je dirais comment elle était vêtue et coiffée, sans oublier les deux crochets que ses cheveux noirs faisaient sur ses tempes, selon la mode de ce temps-là.

8. Je suis persuadé que je lui dois le goût ou plutôt la passion pour la musique, qui ne s'est bien développée en moi que longtemps après. Elle savait une quantité

prodigieuse d'airs et de chansons qu'elle chantait avec
un filet de voix fort douce. La sérénité d'âme de cette
excellente fille éloignait d'elle et de tout ce qui l'environnait la rêverie * et la tristesse. L'attrait que son
chant avait pour moi fut tel que non seulement plusieurs de ses chansons me sont toujours restées dans la
mémoire, mais qu'il m'en revient même, aujourd'hui
que je l'ai perdue, qui, totalement oubliées depuis mon
enfance, se retracent à mesure que je vieillis, avec un
charme que je ne puis exprimer. Dirait-on que moi,
vieux radoteur [30], rongé de soucis et de peines, je me
surprends quelquefois à pleurer comme un enfant en
marmottant ces petits airs d'une voix déjà cassée et
tremblante [31] ? Il y en a un surtout qui m'est bien
revenu tout entier quant à l'air ; mais la seconde moitié
des paroles s'est constamment refusée à tous mes
efforts pour me la rappeler, quoiqu'il m'en revienne
confusément les rimes. Voici le commencement et ce
que j'ai pu me rappeler du reste :

> Tircis, je n'ose
> Écouter ton chalumeau
> Sous l'ormeau ;
> Car on en cause
> Déjà dans notre hameau
> ....
> .... un berger
> .... s'engager
> .... sans danger
> Et toujours l'épine est sous la rose.

Je cherche où est le charme attendrissant que mon
cœur trouve à cette chanson : c'est un caprice auquel je
ne comprends rien ; mais il m'est de toute impossibilité
de la chanter jusqu'à la fin sans être arrêté par mes
larmes. J'ai cent fois projeté d'écrire à Paris pour faire
chercher le reste des paroles, si tant est que quelqu'un
les connaisse encore [32]. Mais je suis presque sûr que le
plaisir que je prends à me rappeler cet air s'évanouirait
en partie, si j'avais la preuve que d'autres que ma
pauvre tante Suzon l'ont chanté.

9. Telles furent les premières affections [33] de mon entrée à la vie : ainsi commençait à se former ou à se montrer en moi ce cœur à la fois si fier et si tendre, ce caractère efféminé, mais pourtant indomptable, qui, flottant toujours entre la faiblesse et le courage, entre la mollesse et la vertu, m'a jusqu'au bout mis en contradiction avec moi-même, et a fait que l'abstinence et la jouissance, le plaisir et la sagesse, m'ont également échappé.

10. Ce train d'éducation fut interrompu par un accident dont les suites ont influé sur le reste de ma vie. Mon père eut un démêlé avec un M. Gautier, capitaine en France et apparenté dans le Conseil. Ce Gautier, homme insolent et lâche, saigna du nez, et, pour se venger, accusa mon père d'avoir mis l'épée à la main dans la ville. Mon père, qu'on voulut envoyer en prison, s'obstinait à vouloir que, selon la loi, l'accusateur y entrât aussi bien que lui : n'ayant pu l'obtenir, il aima mieux sortir de Genève, et s'expatrier pour le reste de sa vie, que de céder sur un point où l'honneur et la liberté lui paraissaient compromis [34].

11. Je restai sous la tutelle de mon oncle Bernard, alors employé aux fortifications de Genève. Sa fille aînée était morte, mais il avait un fils de même âge que moi [35]. Nous fûmes mis ensemble à Bossey, en pension chez le ministre Lambercier, pour y apprendre avec le latin tout le menu fatras dont on l'accompagne sous le nom d'éducation [36].

1. Deux ans passés au village adoucirent un peu mon âpreté romaine, et me ramenèrent à l'état d'enfant. À Genève, où l'on ne m'imposait rien, j'aimais l'application, la lecture ; c'était presque mon seul amusement ⋆ ; à Bossey, le travail me fit aimer les jeux qui lui servaient de relâche. La campagne était pour moi si nouvelle, que je ne pouvais me lasser d'en jouir. Je pris pour elle un goût si vif, qu'il n'a jamais pu s'éteindre. Le souvenir des jours heureux que j'y ai passés m'a fait regretter son séjour et ses plaisirs dans tous les âges, jusqu'à celui qui m'y a ramené. M. Lambercier était un homme fort raisonnable, qui, sans négliger notre instruction, ne nous

chargeait point de devoirs extrêmes. La preuve qu'il s'y
prenait bien est que, malgré mon aversion pour la
gêne *, je ne me suis jamais rappelé avec dégoût mes
heures d'étude, et que, si je n'appris pas de lui beaucoup de choses, ce que j'appris je l'appris sans peine et
n'en ai rien oublié.

2. La simplicité de cette vie champêtre me fit un bien
d'un prix inestimable en ouvrant mon cœur à l'amitié.
Jusqu'alors je n'avais connu que des sentiments élevés,
mais imaginaires. L'habitude de vivre ensemble dans
un état paisible m'unit tendrement à mon cousin Bernard. En peu de temps j'eus pour lui des sentiments
plus affectueux que ceux que j'avais eus pour mon
frère, et qui ne se sont jamais effacés. C'était un grand
garçon fort efflanqué, fort fluet, aussi doux d'esprit que
faible de corps, et qui n'abusait pas trop de la prédilection qu'on avait pour lui dans la maison comme fils de
mon tuteur. Nos travaux, nos amusements, nos goûts
étaient les mêmes : nous étions seuls, nous étions de
même âge, chacun des deux avait besoin d'un
camarade ; nous séparer était, en quelque sorte, nous
anéantir. Quoique nous eussions peu d'occasions de
faire preuve de notre attachement l'un pour l'autre, il
était extrême, et non seulement nous ne pouvions vivre
un instant séparés, mais nous n'imaginions pas que
nous puissions jamais l'être. Tous deux d'un esprit
facile à céder aux caresses, complaisants quand on ne
voulait pas nous contraindre, nous étions toujours
d'accord sur tout. Si, par la faveur de ceux qui nous
gouvernaient, il avait sur moi quelque ascendant sous
leurs yeux, quand nous étions seuls j'en avais un sur lui
qui rétablissait l'équilibre. Dans nos études, je lui souf-
flais sa leçon quand il hésitait ; quand mon thème était
fait, je lui aidais à * faire le sien, et, dans nos amusements, mon goût plus actif lui servait toujours de guide.
Enfin nos deux caractères s'accordaient si bien, et
l'amitié qui nous unissait était si vraie, que, dans plus de
cinq ans que nous fûmes presque inséparables, tant à
Bossey qu'à Genève, nous nous battîmes souvent, je
l'avoue, mais jamais on n'eut besoin de nous séparer,

jamais une de nos querelles ne dura plus d'un quart d'heure, et jamais une seule fois nous ne portâmes l'un contre l'autre aucune accusation. Ces remarques sont, si l'on veut, puériles, mais il en résulte pourtant un exemple peut-être unique depuis qu'il existe des enfants.

3. La manière dont je vivais à Bossey me convenait si bien, qu'il ne lui a manqué que de durer plus longtemps pour fixer absolument mon caractère. Les sentiments tendres, affectueux, paisibles, en faisaient le fond. Je crois que jamais individu de notre espèce n'eut naturellement moins de vanité que moi. Je m'élevais par élans, à des mouvements sublimes, mais je retombais aussitôt dans ma langueur. Être aimé de tout ce qui m'approchait était le plus vif de mes désirs. J'étais doux ; mon cousin l'était ; ceux qui nous gouvernaient l'étaient eux-mêmes. Pendant deux ans entiers, je ne fus ni témoin ni victime d'un sentiment violent. Tout nourrissait dans mon cœur les dispositions qu'il reçut de la nature. Je ne connaissais rien d'aussi charmant que de voir tout le monde content de moi et de toute chose. Je me souviendrai toujours qu'au temple, répondant au catéchisme, rien ne me troublait plus, quand il m'arrivait d'hésiter, que de voir sur le visage de Mlle Lambercier des marques d'inquiétude et de peine. Cela seul m'affligeait plus que la honte de manquer [37] en public, qui m'affectait pourtant extrêmement ; car, quoique peu sensible aux louanges, je le fus toujours beaucoup à la honte, et je puis dire ici que l'attente des réprimandes de Mlle Lambercier me donnait moins d'alarmes que la crainte de la chagriner.

4. Cependant elle ne manquait pas au besoin de sévérité, non plus que son frère ; mais comme cette sévérité, presque toujours juste, n'était jamais emportée, je m'en affligeais, et ne m'en mutinais point. J'étais plus fâché de déplaire que d'être puni, et le signe du mécontentement m'était plus cruel que la peine afflictive. Il est embarrassant de s'expliquer mieux, mais cependant il le faut. Qu'on changerait de méthode avec la jeunesse, si l'on voyait mieux les effets éloignés de

celle qu'on emploie toujours indistinctement, et souvent indiscrètement [38] ! La grande leçon qu'on peut tirer d'un exemple aussi commun que funeste me fait résoudre à le donner.

1. Comme Mlle Lambercier [39] avait pour nous l'affection d'une mère, elle en avait aussi l'autorité, et la portait quelquefois jusqu'à nous infliger la punition des enfants quand nous l'avions méritée. Assez longtemps elle s'en tint à la menace, et cette menace d'un châtiment tout nouveau pour moi me semblait très effrayante ; mais après l'exécution, je la trouvai moins terrible à l'épreuve que l'attente ne l'avait été, et ce qu'il y a de plus bizarre est que ce châtiment m'affectionna davantage encore à celle qui me l'avait imposé. Il fallait même toute la vérité de cette affection et toute ma douceur naturelle pour m'empêcher de chercher le retour du même traitement en le méritant ; car j'avais trouvé dans la douleur, dans la honte même, un mélange de sensualité qui m'avait laissé plus de désir que de crainte de l'éprouver derechef par la même main. Il est vrai que, comme il se mêlait sans doute à cela quelque instinct précoce du sexe ⋆, le même châtiment reçu de son frère ne m'eût point du tout paru plaisant. Mais, de l'humeur dont il était, cette substitution n'était guère à craindre, et si je m'abstenais de mériter la correction, c'était uniquement de peur de fâcher Mlle Lambercier ; car tel est en moi l'empire de la bienveillance, et même de celle que les sens ont fait naître, qu'elle leur donna toujours la loi dans mon cœur.

2. Cette récidive, que j'éloignais sans la craindre, arriva sans qu'il y eût de ma faute, c'est-à-dire de ma volonté, et j'en profitai, je puis dire, en sûreté de conscience. Mais cette seconde fois fut aussi la dernière, car Mlle Lambercier, s'étant sans doute aperçue à quelque signe que ce châtiment n'allait pas à son but, déclara qu'elle y renonçait et qu'il la fatiguait trop. Nous avions jusque-là couché dans sa chambre, et même en hiver quelquefois dans son lit. Deux jours après on nous fit coucher dans une autre chambre, et j'eus désormais

l'honneur, dont je me serais bien passé, d'être traité par elle en grand garçon.

3. Qui croirait que ce châtiment d'enfant, reçu à huit ans par la main d'une fille de trente [40], a décidé de mes goûts, de mes désirs, de mes passions, de moi pour le reste de ma vie, et cela précisément dans le sens contraire à ce qui devait s'ensuivre naturellement ? En même temps que mes sens furent allumés, mes désirs prirent si bien le change, que, bornés à ce que j'avais éprouvé, ils ne s'avisèrent point de chercher autre chose. Avec un sang brûlant de sensualité presque dès ma naissance, je me conservai pur de toute souillure jusqu'à l'âge où les tempéraments les plus froids et les plus tardifs se développent. Tourmenté longtemps sans savoir de quoi, je dévorais d'un œil ardent les belles personnes ; mon imagination me les rappelait sans cesse, uniquement pour les mettre en œuvre à ma mode, et en faire autant de demoiselles Lambercier.

4. Même après l'âge nubile, ce goût bizarre, toujours persistant et porté jusqu'à la dépravation, jusqu'à la folie, m'a conservé les mœurs honnêtes qu'il semblerait avoir dû m'ôter. Si jamais éducation fut modeste et chaste, c'est assurément celle que j'ai reçue. Mes trois tantes n'étaient pas seulement des personnes d'une sagesse exemplaire, mais d'une réserve que depuis longtemps les femmes ne connaissent plus. Mon père, homme de plaisir, mais galant * à la vieille mode, n'a jamais tenu, près des femmes qu'il aimait le plus, des propos dont une vierge eût pu rougir, et jamais on n'a poussé plus loin que dans ma famille et devant moi le respect qu'on doit aux enfants [41] ; je ne trouvai pas moins d'attention chez M. Lambercier sur le même article, et une fort bonne servante y fut mise à la porte pour un mot un peu gaillard qu'elle avait prononcé devant nous. Non seulement je n'eus jusqu'à mon adolescence aucune idée distincte de l'union des sexes, mais jamais cette idée confuse ne s'offrit à moi que sous une image odieuse et dégoûtante. J'avais pour les filles publiques une horreur qui ne s'est jamais effacé : je ne pouvais voir un débauché sans dédain, sans effroi

même, car mon aversion pour la débauche allait
jusque-là, depuis qu'allant un jour au petit Saconnex [42]
par un chemin creux, je vis des deux côtés des cavités
dans la terre, où l'on me dit que ces gens-là faisaient
leurs accouplements. Ce que j'avais vu de ceux des
chiennes [43] me revenait aussi toujours à l'esprit en pensant aux autres, et le cœur me soulevait à ce seul souvenir.

5. Ces préjugés de l'éducation, propres par eux-
mêmes à retarder les premières explosions d'un tempérament combustible, furent aidés, comme j'ai dit, par la
diversion que firent sur moi les premières pointes de la
sensualité. N'imaginant que ce que j'avais senti, malgré
des effervescences de sang très incommodes, je ne
savais porter mes désirs que vers l'espèce de volupté
qui m'était connue, sans aller jamais jusqu'à celle qu'on
m'avait rendue haïssable et qui tenait de si près à l'autre
sans que j'en eusse le moindre soupçon. Dans mes
sottes fantaisies, dans mes érotiques fureurs [44], dans les
actes extravagants auxquels elles me portaient quelquefois, j'empruntais imaginairement le secours de l'autre
sexe, sans penser jamais qu'il fût propre à nul autre
usage qu'à celui que je brûlais d'en tirer.

6. Non seulement donc c'est ainsi qu'avec un tempérament très ardent, très lascif, très précoce, je passai
toutefois l'âge de puberté sans désirer, sans connaître
d'autres plaisirs des sens que ceux dont Mlle Lambercier
m'avait très innocemment donné l'idée ; mais quand
enfin le progrès des ans m'eut fait homme, c'est encore
ainsi que ce qui devait me perdre me conserva. Mon
ancien goût d'enfant, au lieu de s'évanouir, s'associa
tellement à l'autre, que je ne pus jamais l'écarter des
désirs allumés par mes sens, et cette folie, jointe à ma
timidité naturelle, m'a toujours rendu très peu entreprenant près des femmes, faute d'oser tout dire ou de
pouvoir tout faire, l'espèce de jouissance dont l'autre
n'était pour moi que le dernier terme ne pouvant être
usurpée par celui qui la désire, ni devinée par celle qui
peut l'accorder. J'ai ainsi passé ma vie à convoiter et me
taire auprès des personnes que j'aimais le plus. N'osant

jamais déclarer mon goût, je l'amusais * du moins par des rapports qui m'en conservaient l'idée. Être aux genoux d'une maîtresse impérieuse, obéir à ses ordres, avoir des pardons à lui demander, étaient pour moi de très douces jouissances, et plus ma vive imagination m'enflammait le sang, plus j'avais l'air d'un amant transi. On conçoit que cette manière de faire l'amour * n'amène pas des progrès bien rapides, et n'est pas fort dangereuse à la vertu de celles qui en sont l'objet. J'ai donc fort peu possédé, mais je n'ai pas laissé de jouir beaucoup à ma manière, c'est-à-dire par l'imagination. Voilà comment mes sens, d'accord avec mon humeur timide * et mon esprit romanesque, m'ont conservé des sentiments purs et des mœurs honnêtes, par les mêmes goûts qui peut-être, avec un peu plus d'effronterie, m'auraient plongé dans les plus brutales voluptés.

7. J'ai fait le premier pas et le plus pénible dans le labyrinthe obscur et fangeux de mes confessions. Ce n'est pas ce qui est criminel qui coûte le plus à dire, c'est ce qui est ridicule et honteux. Dès à présent je suis sûr de moi : après ce que je viens d'oser dire, rien ne peut plus m'arrêter. On peut juger de ce qu'ont pu me coûter de semblables aveux, sur ce que, dans tout le cours de ma vie, emporté quelquefois près de celles que j'aimais par les fureurs d'une passion qui m'ôtait la faculté de voir, d'entendre, hors de sens et saisi d'un tremblement convulsif dans tout mon corps, jamais je n'ai pu prendre sur moi de leur déclarer ma folie, et d'implorer d'elles, dans la plus intime familiarité, la seule faveur qui manquait aux autres. Cela ne m'est jamais arrivé qu'une fois, dans l'enfance, avec une enfant de mon âge ; encore fut-ce elle qui en fit la première proposition. .

En remontant de cette sorte aux premières traces de mon être sensible, je trouve des éléments qui, semblant quelquefois incompatibles, n'ont pas laissé de s'unir pour produire avec force un effet uniforme et simple, et j'en trouve d'autres qui, les mêmes en apparence, ont formé, par le concours de certaines circonstances, de si différentes combinaisons, qu'on n'imaginerait jamais qu'ils eussent entre eux aucun rapport. Qui croirait, par exemple, qu'un des ressorts les plus vigoureux de mon âme fût trempé dans la même source d'où la luxure et la mollesse ont coulé dans mon sang [45] ? Sans quitter le sujet dont je viens de parler, on en va voir sortir une impression bien différente.

1. J'étudiais un jour seul ma leçon dans la chambre contiguë à la cuisine. La servante avait mis sécher à la plaque [46] les peignes de Mlle Lambercier. Quand elle revint les prendre, il s'en trouva un dont tout un côté de dents était brisé. À qui s'en prendre de ce dégât ? personne autre que moi n'était entré dans la chambre. On m'interroge : je nie d'avoir touché le peigne. M. et Mlle Lambercier se réunissent, m'exhortent, me pressent, me menacent ; je persiste avec opiniâtreté ; mais la conviction était trop forte, elle l'emporta sur toutes mes protestations, quoique ce fût la première fois qu'on m'eût trouvé tant d'audace à mentir. La chose fut prise au sérieux ; elle méritait de l'être. La méchanceté, le mensonge, l'obstination parurent également dignes de punition ; mais pour le coup ce ne fut pas par Mlle Lambercier qu'elle me fut infligée. On écrivit à mon oncle Bernard ; il vint. Mon pauvre cousin était chargé d'un autre délit, non moins grave : nous fûmes enveloppés dans la même exécution. Elle fut terrible [47]. Quand, cherchant le remède dans le mal même, on eût voulu pour jamais amortir mes sens dépravés, on n'aurait pu mieux s'y prendre. Aussi me laissèrent-ils en repos pour longtemps.

On ne put m'arracher l'aveu qu'on exigeait. Repris à plusieurs fois et mis dans l'état le plus affreux, je fus inébranlable. J'aurais souffert la mort, et j'y étais résolu. Il fallut que la force même cédât au diabolique entêtement d'un enfant, car on n'appela pas autrement ma constance. Enfin je sortis de cette cruelle épreuve en pièces, mais triomphant.

Il y a maintenant près de cinquante ans [48] de cette aventure, et je n'ai pas peur d'être aujourd'hui puni derechef pour le même fait ; eh bien, je déclare à la face du Ciel que j'en étais innocent, que je n'avais ni cassé, ni touché le peigne, que je n'avais pas approché de la plaque, et que je n'y avais pas même songé. Qu'on ne me demande pas comment ce dégât se fit : je l'ignore et ne puis le comprendre ; ce que je sais très certainement, c'est que j'en étais innocent.

Qu'on se figure un caractère timide et docile dans la vie ordinaire, mais ardent, fier, indomptable dans les passions, un enfant toujours gouverné par la voix de la raison, toujours traité avec douceur, équité, complaisance, qui n'avait pas même l'idée de l'injustice, et qui, pour la première fois, en éprouve une si terrible de la part précisément des gens qu'il chérit et qu'il respecte le plus : quel renversement d'idées ! quel désordre de sentiments ! quel bouleversement dans son cœur, dans sa cervelle, dans tout son petit être intelligent et moral ! Je dis qu'on s'imagine tout cela, s'il est possible, car pour moi, je ne me sens pas capable de démêler, de suivre la moindre trace de ce qui se passait alors en moi.

Je n'avais pas encore assez de raison pour sentir combien les apparences me condamnaient, et pour me mettre à la place des autres. Je me tenais à la mienne, et tout ce que je sentais, c'était la rigueur d'un châtiment effroyable pour un crime que je n'avais pas commis. La douleur du corps, quoique vive, m'était peu sensible ; je ne sentais que l'indignation, la rage, le désespoir. Mon cousin, dans un cas à peu près semblable, et qu'on avait puni d'une faute involontaire comme d'un acte prémédité, se mettait en fureur à mon exemple, et se montait, pour ainsi dire, à mon unisson. Tous deux dans le même lit nous nous embrassions avec des transports convulsifs [49], nous étouffions, et quand nos jeunes cœurs un peu soulagés pouvaient exhaler leur colère, nous nous levions sur notre séant, et nous nous mettions tous deux à crier cent fois de toute notre force : *Carnifex ! carnifex ! carnifex* [50] !

Je sens en écrivant ceci que mon pouls s'élève encore ; ces moments me seront toujours présents quand je vivrais cent mille ans. Ce premier sentiment de la violence et de l'injustice est resté si profondément gravé dans mon âme, que toutes les idées qui s'y rap-

portent me rendent ma première émotion, et ce sentiment, relatif à moi dans son origine, a pris une telle
consistance en lui-même, et s'est tellement détaché de
tout intérêt personnel, que mon cœur s'enflamme au
spectacle ou au récit de toute action injuste, quel qu'en
soit l'objet et en quelque lieu qu'elle se commette,
comme si l'effet en retombait sur moi. Quand je lis les
cruautés d'un tyran féroce, les subtiles noirceurs d'un
fourbe de prêtre, je partirais volontiers pour aller poi-
gnarder ces misérables, dussé-je cent fois y périr. Je me
suis souvent mis en nage à poursuivre à la course ou à
coups de pierre un coq, une vache, un chien, un animal
que j'en voyais tourmenter un autre, uniquement parce
qu'il se sentait le plus fort. Ce mouvement peut m'être
naturel, et je crois qu'il l'est [51] ; mais le souvenir profond de la première injustice que j'ai soufferte y fut trop
longtemps et trop fortement lié pour ne l'avoir pas
beaucoup renforcé.

Là fut le terme de la sérénité de ma vie enfantine.
Dès ce moment je cessai de jouir d'un bonheur pur, et
je sens aujourd'hui même que le souvenir des charmes
de mon enfance s'arrête là. Nous restâmes encore à
Bossey quelques mois. Nous y fûmes comme on nous
représente le premier homme encore dans le paradis
terrestre, mais ayant cessé d'en jouir : c'était en apparence la même situation, et en effet * une tout autre
manière d'être. L'attachement, le respect, l'intimité, la
confiance, ne liaient plus les élèves à leurs guides ; nous
ne les regardions plus comme des dieux qui lisaient
dans nos cœurs : nous étions moins honteux de mal
faire et plus craintifs d'être accusés : nous commen-
cions à nous cacher, à nous mutiner, à mentir. Tous les
vices de notre âge corrompaient notre innocence, et
enlaidissaient nos jeux. La campagne même perdit à
nos yeux cet attrait de douceur et de simplicité qui va
au cœur : elle nous semblait déserte et sombre ; elle
s'était comme couverte d'un voile qui nous en cachait
les beautés. Nous cessâmes de cultiver nos petits jardins, nos herbes, nos fleurs. Nous n'allions plus gratter
légèrement la terre, et crier de joie en découvrant le

germe du grain que nous avions semé. Nous nous dégoûtâmes de cette vie ; on se dégoûta de nous ; mon oncle nous retira, et nous nous séparâmes de M. et Mlle Lambercier, rassasiés les uns des autres, et regrettant peu de nous quitter.

Près de trente ans se sont passés depuis ma sortie de Bossey [52] sans que je m'en sois rappelé le séjour d'une manière agréable par des souvenirs un peu liés : mais depuis qu'ayant passé l'âge mûr je décline vers la vieillesse, je sens que ces mêmes souvenirs renaissent, tandis que les autres s'effacent, et se gravent dans ma mémoire avec des traits dont le charme et la force augmentent de jour en jour ; comme si, sentant déjà la vie qui s'échappe, je cherchais à la ressaisir par ses commencements. Les moindres faits de ce temps-là me plaisent, par cela seul qu'ils sont de ce temps-là. Je me rappelle toutes les circonstances des lieux, des personnes, des heures. Je vois la servante ou le valet agissant dans la chambre, une hirondelle entrant par la fenêtre, une mouche se poser sur ma main tandis que je récitais ma leçon : je vois tout l'arrangement de la chambre où nous étions ; le cabinet de M. Lambercier à main droite, une estampe représentant tous les papes [53], un baromètre, un grand calendrier, des framboisiers qui, d'un jardin fort élevé dans lequel la maison s'enfonçait sur le derrière, venaient ombrager la fenêtre, et passaient quelquefois jusqu'en dedans. Je sais bien que le lecteur n'a pas grand besoin de savoir tout cela, mais j'ai besoin, moi, de le lui dire. Que n'osé-je lui raconter de même toutes les petites anecdotes de cet heureux âge, qui me font encore tressaillir d'aise quand je me les rappelle ! Cinq ou six surtout... Composons [54]. Je vous fais grâce des cinq ; mais j'en veux une, une seule, pourvu qu'on me la laisse conter le plus longuement qu'il me sera possible, pour prolonger mon plaisir.

Si je ne cherchais que le vôtre, je pourrais choisir celle du derrière de Mlle Lambercier, qui, par une malheureuse culbute au bas du pré, fut étalé tout en plein devant le roi de Sardaigne [55] à son passage : mais celle du noyer de la terrasse est plus amusante pour moi qui fus acteur, au lieu que je ne fus que spectateur de la culbute ; et j'avoue que je ne trouvai pas le moindre mot pour rire à un accident qui, bien que comique en lui-même, m'alarmait pour une personne que j'aimais comme une mère, et peut-être plus.

Ô vous, lecteurs curieux de la grande histoire du noyer de la terrasse, écoutez-en l'horrible tragédie et vous abstenez de frémir si vous pouvez !

Il y avait, hors la porte de la cour, une terrasse à gauche en entrant, sur laquelle on allait souvent s'asseoir l'après-midi, mais qui n'avait point d'ombre. Pour lui en donner, M. Lambercier y fit planter un noyer. La plantation de cet arbre se fit avec solennité : les deux pensionnaires en furent les parrains ; et, tandis qu'on comblait le creux, nous tenions l'arbre chacun d'une main avec des chants de triomphe. On fit pour l'arroser une espèce de bassin tout autour du pied. Chaque jour, ardents spectateurs de cet arrosement, nous nous confirmions, mon cousin et moi, dans l'idée très naturelle qu'il était plus beau de planter un arbre sur la terrasse qu'un drapeau sur la brèche, et nous résolûmes de nous procurer cette gloire sans la partager avec qui que ce fût [56].

Pour cela nous allâmes couper une bouture d'un jeune saule, et nous la plantâmes sur la terrasse, à huit ou dix pieds de l'auguste noyer. Nous n'oubliâmes pas de faire aussi un creux autour de notre arbre : la difficulté était d'avoir de quoi le remplir ; car l'eau venait d'assez loin, et on ne nous laissait pas courir pour en aller prendre. Cependant il en fallait absolument pour notre saule [57]. Nous employâmes toutes sortes de ruses pour lui en fournir durant quelques jours, et cela nous réussit si bien, que nous le vîmes bourgeonner et pousser de petites feuilles dont nous mesurions l'accroissement d'heure en heure, persuadés, quoiqu'il ne fût pas à un pied de terre, qu'il ne tarderait pas à nous ombrager.

Comme notre arbre, nous occupant tout entiers, nous rendait incapables de toute application, de toute

étude, que nous étions comme en délire, et que, ne
sachant à qui nous en avions, on nous tenait de plus
court qu'auparavant, nous vîmes l'instant fatal où l'eau
nous allait manquer, et nous nous désolions dans
l'attente de voir notre arbre périr de sécheresse. Enfin la
nécessité, mère de l'industrie [58], nous suggéra une
invention pour garantir l'arbre et nous d'une mort
certaine : ce fut de faire par-dessous terre une rigole
qui conduisît secrètement au saule une partie de l'eau
dont on arrosait le noyer. Cette entreprise, exécutée
avec ardeur, ne réussit pourtant pas d'abord. Nous
avions si mal pris la pente, que l'eau ne coulait point ;
la terre s'éboulait et bouchait la rigole ; l'entrée se remplissait d'ordures ; tout allait de travers. Rien ne nous
rebuta : *Omnia vincit labor improbus* [59]. Nous creusâmes
davantage et la terre et notre bassin, pour donner à
l'eau son écoulement ; nous coupâmes des fonds de
boîtes en petites planches étroites, dont les unes mises
de plat à la file, et d'autres posées en angle des deux
côtés sur celles-là, nous firent un canal triangulaire
pour notre conduit. Nous plantâmes à l'entrée de petits
bouts de bois minces et à claire-voie, qui, faisant une
espèce de grillage ou de crapaudine [60], retenaient le
limon et les pierres sans boucher le passage à l'eau.
Nous recouvrîmes soigneusement notre ouvrage de
terre bien foulée ; et le jour où tout fut fait, nous atten-
dîmes dans des transes d'espérance et de crainte l'heure
de l'arrosement. Après des siècles d'attente, cette heure
vint enfin ; M. Lambercier vint aussi à son ordinaire
assister à l'opération, durant laquelle nous nous tenions
tous deux derrière lui pour cacher notre arbre, auquel
très heureusement il tournait le dos.

À peine achevait-on de verser le premier seau d'eau
que nous commençâmes d'en voir couler dans notre
bassin. À cet aspect la prudence [61] nous abandonna ;
nous nous mîmes à pousser des cris de joie qui firent
retourner M. Lambercier, et ce fut dommage, car il
prenait grand plaisir à voir comment la terre du noyer
était bonne et buvait avidement son eau. Frappé de la
voir se partager entre deux bassins, il s'écrie à son tour,

regarde, aperçoit la friponnerie, se fait brusquement apporter une pioche, donne un coup, fait voler deux ou trois éclats de nos planches, et criant à pleine tête : *Un aqueduc ! un aqueduc !* il frappe de toutes parts des coups impitoyables, dont chacun portait au milieu de nos cœurs. En un moment, les planches, le conduit, le bassin, le saule, tout fut détruit, tout fut labouré, sans qu'il y eût, durant cette expédition terrible, nul autre mot prononcé, sinon l'exclamation qu'il répétait sans cesse. *Un aqueduc !* s'écriait-il en brisant tout, *un aqueduc ! un aqueduc !*

On croira que l'aventure finit mal pour les petits architectes. On se trompera : tout fut fini. M. Lambercier ne nous dit pas un mot de reproche, ne nous fit pas plus mauvais visage, et ne nous en parla plus ; nous l'entendîmes même un peu après rire auprès de sa sœur à gorge déployée, car le rire de M. Lambercier s'entendait de loin, et ce qu'il y eut de plus étonnant encore, c'est que, passé le premier saisissement, nous ne fûmes pas nous-mêmes fort affligés. Nous plantâmes ailleurs un autre arbre, et nous nous rappelions souvent la catastrophe ⋆ du premier, en répétant entre nous avec emphase : *Un aqueduc ! un aqueduc !* Jusque-là j'avais eu des accès d'orgueil par intervalles quand j'étais Aristide ou Brutus. Ce fut ici mon premier mouvement de vanité bien marquée [62]. Avoir pu construire un aqueduc de nos mains, avoir mis une bouture en concurrence avec un grand arbre, me paraissait le suprême degré de la gloire. À dix ans j'en jugeais mieux que César à trente [63].

L'idée de ce noyer et la petite histoire qui s'y rapporte m'est si bien restée ou revenue, qu'un de mes plus agréables projets dans mon voyage de Genève, en 1754, était d'aller à Bossey y revoir les monuments des jeux de mon enfance, et surtout le cher noyer, qui devait alors avoir déjà le tiers d'un siècle. Je fus si continuellement obsédé ⋆, si peu maître de moi-même, que je ne pus trouver le moment de me satisfaire. Il y a peu d'apparence que cette occasion renaisse jamais pour moi. Cependant je n'en ai pas perdu le désir avec l'espérance, et je suis presque sûr que si jamais, retournant dans ces lieux chéris, j'y retrouvais mon cher noyer encore en être, je l'arroserais de mes pleurs [64].

De retour à Genève, je passai deux ou trois ans chez mon oncle [65] en attendant qu'on résolût ce que l'on ferait de moi. Comme il destinait son fils au génie [66], il lui fit apprendre un peu de dessin, et lui enseignait les éléments d'Euclide. J'apprenais tout cela par compagnie, et j'y pris goût, surtout au dessin. Cependant on délibérait si l'on me ferait horloger, procureur ou ministre. J'aimais mieux être ministre, car je trouvais bien beau de prêcher. Mais le petit revenu du bien de ma mère à partager entre mon frère et moi ne suffisait pas pour pousser mes études. Comme l'âge où j'étais ne rendait pas ce choix bien pressant encore, je restais en attendant chez mon oncle, perdant à peu près mon temps, et ne laissant pas de payer, comme il était juste, une assez forte pension.

Mon oncle, homme de plaisir ainsi que mon père, ne savait pas comme lui se captiver [67] par ses devoirs, et prenait assez peu de soin de nous [68]. Ma tante était une dévote un peu piétiste, qui aimait mieux chanter les psaumes que veiller à notre éducation. On nous laissait presque une liberté entière dont nous n'abusâmes jamais. Toujours inséparables, nous nous suffisions l'un à l'autre, et n'étant point tentés de fréquenter les polissons de notre âge, nous ne prîmes aucune des habitudes libertines que l'oisiveté nous pouvait inspirer. J'ai même tort de nous supposer oisifs, car de la vie nous ne le fûmes moins, et ce qu'il y avait d'heureux était que tous les amusements dont nous nous passionnions successivement nous tenaient ensemble occupés dans la maison sans que nous fussions même tentés de descendre à la rue. Nous faisions des cages, des flûtes, des volants, des tambours, des maisons, des *équiffles* [69], des arbalètes. Nous gâtions les outils de mon bon vieux grand-père [70] pour faire des montres à son imitation. Nous avions surtout un goût de préférence pour barbouiller du papier, dessiner, laver, enluminer, faire un dégât de couleurs. Il vint à Genève un charlatan italien, appelé *Gamba-Corta* [71] ; nous allâmes le voir une fois, et puis nous n'y voulûmes plus aller : mais il avait des marionnettes, et nous nous mîmes à faire des marionnettes ; ses marionnettes jouaient des manières de comédies, et nous fîmes des comédies pour les nôtres. Faute de pratique, nous contrefaisions du gosier la voix de Polichinelle [72], pour jouer ces charmantes comédies que nos pauvres bons parents avaient la patience de voir et d'entendre. Mais mon oncle Bernard ayant un jour lu dans la famille un très beau sermon de sa façon, nous quittâmes les comédies, et nous nous mîmes à composer des sermons. Ces détails ne sont pas fort intéressants, je l'avoue ; mais ils montrent à quel point il fallait que notre première éducation eût été bien dirigée, pour que, maîtres presque de notre temps et de nous dans un âge si tendre, nous fussions si peu tentés d'en abuser. Nous avions si peu besoin de nous faire des camarades que nous en négligions même l'occasion. Quand nous allions nous promener, nous regardions en passant leurs jeux sans convoitise, sans songer même à y prendre part. L'amitié remplissait si bien nos cœurs, qu'il nous suffisait d'être ensemble pour que les plus simples goûts fissent nos délices.

À force de nous voir inséparables, on y prit garde ; d'autant plus que, mon cousin étant très grand et moi très petit, cela faisait un couple assez plaisamment assorti [73]. Sa longue figure effilée, son petit visage de pomme cuite, son air mou, sa démarche nonchalante excitaient les enfants à se moquer de lui. Dans le patois du pays on lui donna le surnom de *Barnâ Bredanna*, et sitôt que nous sortions nous n'entendions que *Barnâ Bredanna* [74] tout autour de nous. Il endurait cela plus tranquillement que moi. Je me fâchai, je voulus me battre, c'était ce que les petits coquins demandaient. Je battis, je fus battu [75]. Mon pauvre cousin me soutenait de son mieux ; mais il était faible, d'un coup de poing on le renversait. Alors je devenais furieux *. Cependant, quoique j'attrapasse force horions, ce n'était pas à moi qu'on en voulait, c'était à *Barnâ Bredanna* ; mais j'augmentai tellement le mal par ma mutine colère que nous n'osions plus sortir qu'aux heures où l'on était en classe, de peur d'être hués et suivis par les écoliers.

Me voilà déjà redresseur des torts. Pour être un Paladin [76] dans les formes, il ne me manquait que d'avoir une dame ; j'en eus deux. J'allais de temps en temps voir mon père à Nyon, petite ville du pays de Vaud, où il s'était établi. Mon père était fort aimé, et son fils se sentait de cette bienveillance. Pendant le peu de séjour que je faisais près de lui, c'était à qui me fêterait. Une Madame de Vulson, surtout, me faisait mille caresses ; et pour y mettre le comble, sa fille me prit pour son galant. On sent ce que c'est qu'un galant de onze ans pour une fille de vingt-deux [77]. Mais toutes ces friponnes sont si aises de mettre ainsi de petites poupées en avant pour cacher les grandes, ou pour les tenter par l'image d'un jeu qu'elles savent rendre attirant ! Pour moi, qui ne voyais point entre elle et moi de disconvenance, je pris la chose au sérieux ; je me livrai de tout mon cœur, ou plutôt de toute ma tête, car je n'étais guère amoureux que par là, quoique je le fusse à la folie, et que mes transports, mes agitations, mes fureurs donnassent des scènes à pâmer de rire.

Je connais deux sortes d'amours très distincts, très réels, et qui n'ont presque rien de commun, quoique très vifs l'un et l'autre [78], et tous deux différents de la tendre amitié. Tout le cours de ma vie s'est partagé entre ces deux amours de si diverses natures, et je les ai même éprouvés tous deux à la fois ; car, par exemple, au moment dont je parle, tandis que je m'emparais de Mlle de Vulson si publiquement et si tyranniquement que je ne pouvais souffrir qu'aucun homme approchât d'elle, j'avais avec une petite Mlle Goton [79] des tête-à-tête assez courts, mais assez vifs, dans lesquels elle daignait faire la maîtresse d'école, et c'était tout ; mais ce tout, qui en effet était tout pour moi, me paraissait le bonheur suprême, et, sentant déjà le prix du mystère, quoique je n'en susse user qu'en enfant, je rendais à Mlle de Vulson, qui ne s'en doutait guère, le soin qu'elle prenait de m'employer à cacher d'autres amours. Mais à mon grand regret mon secret fut découvert, ou moins

bien gardé de la part de ma petite maîtresse d'école que
de la mienne, car on ne tarda pas à nous séparer, et
quelque temps après, de retour à Genève, j'entendis, en
passant à Coutance, de petites filles me crier à demi-
voix : *Goton tic tac Rousseau* [80].

C'était, en vérité, une singulière personne que cette
petite Mlle Goton. Sans être belle, elle avait une figure
difficile à oublier, et que je me rappelle encore, souvent
beaucoup trop pour un vieux fou. Ses yeux surtout
n'étaient pas de son âge, ni sa taille, ni son maintien.
Elle avait un petit air imposant et fier, très propre à son
rôle, et qui en avait occasionné la première idée entre
nous. Mais ce qu'elle avait de plus bizarre était un
mélange d'audace et de réserve difficile à concevoir.
Elle se permettait avec moi les plus grandes privautés,
sans jamais m'en permettre aucune avec elle ; elle me
traitait exactement en enfant : ce qui me fait croire, ou
qu'elle avait déjà cessé de l'être, ou qu'au contraire elle
l'était encore assez elle-même pour ne voir qu'un jeu
dans le péril auquel elle s'exposait.

J'étais tout entier, pour ainsi dire, à chacune de ces
deux personnes, et si parfaitement, qu'avec aucune des
deux il ne m'arrivait jamais de songer à l'autre. Mais,
du reste, rien de semblable en ce qu'elles me faisaient éprouver. J'aurais passé ma vie entière avec
Mlle de Vulson sans songer à la quitter ; mais en l'abor-
dant ma joie était tranquille et n'allait pas à l'émotion. Je
l'aimais surtout en grande compagnie ; les plaisanteries, les agaceries, les jalousies, même, m'attachaient,
m'intéressaient ; je triomphais avec orgueil de ses préférences près des grands rivaux qu'elle paraissait maltraiter. J'étais tourmenté, mais j'aimais ce tourment. Les
applaudissements, les encouragements, les ris m'échauf-
faient, m'animaient. J'avais des emportements, des
saillies, j'étais transporté d'amour dans un cercle ; tête
à tête j'aurais été contraint, froid, peut-être ennuyé.
Cependant je m'intéressais tendrement à elle ; je souffrais quand elle était malade, j'aurais donné ma santé
pour rétablir la sienne, et notez que je savais très bien
par expérience ce que c'était que maladie, et ce que

c'était que santé. Absent d'elle, j'y pensais, elle me
manquait ; présent, ses caresses m'étaient douces au
cœur, non aux sens. J'étais impunément familier avec
elle ; mon imagination ne me demandait que ce qu'elle
m'accordait ; cependant je n'aurais pu supporter de lui
en voir faire autant à d'autres. Je l'aimais en frère, mais
j'en étais jaloux en amant.

Je l'eusse été de Mlle Goton en Turc, en furieux, en
tigre, si j'avais seulement imaginé qu'elle pût faire à
un autre le même traitement qu'elle m'accordait, car
cela même était une grâce qu'il fallait demander à
genoux. J'abordais Mlle de Vulson avec un plaisir très
vif, mais sans trouble ; au lieu qu'en voyant seulement
Mlle Goton, je ne voyais plus rien ; tous mes sens étaient
bouleversés. J'étais familier avec la première sans avoir
de familiarités ; au contraire, j'étais aussi tremblant
qu'agité devant la seconde, même au fort des plus
grandes familiarités. Je crois que si j'avais resté [81] trop
longtemps avec elle, je n'aurais pu vivre ; les palpitations m'auraient étouffé. Je craignais également de leur
déplaire ; mais j'étais plus complaisant pour l'une, et
plus obéissant pour l'autre. Pour rien au monde, je
n'aurais voulu fâcher Mlle de Vulson ; mais si Mlle Goton
m'eût ordonné de me jeter dans les flammes, je crois
qu'à l'instant j'aurais obéi.

Mes amours ou plutôt mes rendez-vous avec celle-ci
durèrent peu, très heureusement pour elle et pour moi.
Quoique mes liaisons avec Mlle de Vulson n'eussent pas
le même danger, elles ne laissèrent pas d'avoir aussi leur
catastrophe, après avoir un peu plus longtemps duré.
Les fins de tout cela devaient toujours avoir l'air un
peu romanesque, et donner prise aux exclamations.
Quoique mon commerce * avec Mlle de Vulson fût
moins vif, il était plus attachant peut-être. Nos sépara-
tions ne se faisaient jamais sans larmes, et il est singulier
dans quel vide accablant je me sentais plongé après
l'avoir quittée. Je ne pouvais parler que d'elle, ni penser
qu'à elle : mes regrets étaient vrais et vifs ; mais je crois
qu'au fond ces héroïques regrets n'étaient pas tous
pour elle, et que, sans que je m'en aperçusse, les amu-

sements dont elle était le centre y avaient leur bonne
part. Pour tempérer les douleurs de l'absence, nous
nous écrivions des lettres d'un pathétique à faire fendre
les rochers. Enfin j'eus la gloire qu'elle n'y put plus
tenir, et qu'elle vint me voir à Genève. Pour le coup, la
tête acheva de me tourner ; je fus ivre et fou les deux
jours qu'elle y resta. Quand elle partit, je voulais me
jeter dans l'eau après elle, et je fis longtemps retentir
l'air de mes cris. Huit jours après, elle m'envoya des
bonbons et des gants ; ce qui m'eût paru fort galant, si
je n'eusse appris en même temps qu'elle était mariée, et
que ce voyage, dont il lui avait plu de me faire honneur,
était pour acheter ses habits de noces. Je ne décrirai pas
ma fureur ; elle se conçoit. Je jurai dans mon noble
courroux de ne plus revoir la perfide, n'imaginant pas
pour elle de plus terrible punition. Elle n'en mourut pas
cependant ; car vingt ans après [82], étant allé voir mon
père, et me promenant avec lui sur le lac, je demandai
qui étaient des dames que je voyais dans un bateau peu
loin du nôtre. « Comment ! me dit mon père en souriant, le cœur ne te le dit-il pas ? ce sont tes anciennes
amours ; c'est Mme Cristin, c'est Mlle de Vulson [83]. » Je
tressaillis à ce nom presque oublié ; mais je dis aux
bateliers de changer de route, ne jugeant pas, quoique
j'eusse assez beau jeu pour prendre ma revanche, que
ce fût la peine d'être parjure, et de renouveler une querelle de vingt ans avec une femme de quarante.

Ainsi se perdait en niaiseries le plus précieux temps
de mon enfance avant qu'on eût décidé de ma destination. Après de longues délibérations pour suivre mes
dispositions naturelles, on prit enfin le parti pour lequel
j'en avais le moins, et l'on me mit chez M. Masseron,
greffier de la ville [84], pour apprendre sous lui, comme
disait M. Bernard, l'utile métier de grapignan [85]. Ce
surnom me déplaisait souverainement ; l'espoir de
gagner force écus par une voie ignoble [86] flattait peu
mon humeur hautaine ; l'occupation me paraissait
ennuyeuse, insupportable ; l'assiduité, l'assujettissement, achevèrent de m'en rebuter, et je n'entrais jamais
au greffe qu'avec une horreur qui croissait de jour en

jour. M. Masseron, de son côté, peu content de moi,
me traitait avec mépris, me reprochant sans cesse mon
engourdissement, ma bêtise, me répétant tous les jours
que mon oncle l'avait assuré *que je savais, que je savais*,
tandis que dans le vrai je ne savais rien ; qu'il lui avait
promis un joli garçon, et qu'il ne lui avait donné qu'un
âne. Enfin je fus renvoyé du greffe ignominieusement
pour mon ineptie *, et il fut prononcé par les clercs de
M. Masseron que je n'étais bon qu'à mener la lime [87].

Ma vocation ainsi déterminée, je fus mis en apprentissage, non toutefois chez un horloger, mais chez un
graveur. Les dédains du greffier m'avaient extrêmement humilié et j'obéis sans murmure. Mon maître,
appelé M. Ducommun [88], était un jeune homme rustre
et violent, qui vint à bout, en très peu de temps, de
ternir tout l'éclat de mon enfance, d'abrutir mon caractère aimant et vif, et de me réduire, par l'esprit ainsi que
par la fortune, à mon véritable état d'apprenti [89]. Mon
latin, mes antiquités, mon histoire, tout fut pour longtemps oublié ; je ne me souvenais pas même qu'il y eût
des Romains au monde. Mon père, quand je l'allais
voir, ne trouvait plus en moi son idole, je n'étais plus
pour les dames le galant Jean-Jacques, et je sentais si
bien moi-même que M. et Mlle Lambercier n'auraient
plus reconnu en moi leur élève, que j'eus honte de me
représenter à eux, et ne les ai plus revus depuis lors. Les
goûts les plus vils, la plus basse polissonnerie succédèrent à mes aimables amusements, sans m'en laisser
même la moindre idée. Il faut que, malgré l'éducation
la plus honnête, j'eusse un grand penchant à dégé-
nérer ; car cela se fit très rapidement, sans la moindre
peine, et jamais César si précoce ne devint si promptement Laridon [90].

Le métier ne me déplaisait pas en lui-même : j'avais
un goût vif pour le dessin, le jeu du burin m'amusait
assez, et, comme le talent du graveur pour l'horlogerie
est très borné, j'avais l'espoir d'en atteindre la perfec-
tion. J'y serais parvenu peut-être si la brutalité de mon
maître et la gêne excessive ne m'avaient rebuté du travail. Je lui dérobais mon temps pour l'employer en

occupations du même genre, mais qui avaient pour moi l'attrait de la liberté. Je gravais des espèces de médailles pour nous servir, à moi et à mes camarades, d'ordre de chevalerie [91]. Mon maître me surprit à ce travail de contrebande, et me roua de coups, disant que je m'exerçais à faire de la fausse monnaie, parce que nos médailles avaient les armes de la République. Je puis bien jurer que je n'avais nulle idée de la fausse monnaie, et très peu de la véritable. Je savais mieux comment se faisaient les as [92] romains que nos pièces de trois sols.

La tyrannie de mon maître finit par me rendre insupportable le travail que j'aurais aimé, et par me donner des vices que j'aurais haïs, tels que le mensonge, la fainéantise, le vol. Rien ne m'a mieux appris la différence qu'il y a de la dépendance filiale à l'esclavage servile [93], que le souvenir des changements que produisit en moi cette époque. Naturellement timide et honteux, je n'eus jamais plus d'éloignement pour aucun défaut que pour l'effronterie. Mais j'avais joui d'une liberté honnête, qui seulement s'était restreinte jusque-là par degrés, et s'évanouit enfin tout à fait. J'étais hardi chez mon père, libre chez M. Lambercier, discret ★ chez mon oncle ; je devins craintif [94] chez mon maître, et dès lors je fus un enfant perdu. Accoutumé à une égalité parfaite avec mes supérieurs dans la manière de vivre, à ne pas connaître un plaisir qui ne fût à ma portée, à ne pas voir un mets dont je n'eusse ma part, à n'avoir pas un désir que je ne témoignasse, à mettre enfin tous les mouvements de mon cœur sur mes lèvres : qu'on juge de ce que je dus devenir dans une maison où je n'osais pas ouvrir la bouche, où il fallait sortir de table au tiers du repas [95], et de la chambre aussitôt que je n'y avais rien à faire, où, sans cesse enchaîné à mon travail, je ne voyais qu'objets de jouissances pour d'autres et de privations pour moi seul ; où l'image de la liberté du maître et des compagnons augmentait le poids de mon assujettissement ; où, dans les disputes sur ce que je savais le mieux, je n'osais ouvrir la bouche ; où tout enfin ce que je voyais devenait pour mon cœur un objet de convoitise, uniquement parce que j'étais privé de tout. Adieu l'aisance, la gaieté, les mots heureux qui jadis souvent dans mes fautes m'avaient fait échapper au châtiment. Je ne puis me rappeler sans rire qu'un soir, chez mon père, étant condamné pour quelque espièglerie à m'aller coucher sans souper, et passant par la cuisine avec mon triste morceau de pain, je vis et flairai le rôti tournant à la broche. On était autour du feu ; il fallut en passant saluer tout le monde. Quand la ronde fut faite, lorgnant du coin de l'œil ce rôti qui avait si bonne mine et qui sentait si bon, je ne pus m'abstenir de lui faire aussi la révérence, et de lui dire d'un ton piteux : *Adieu, rôti.* Cette saillie de naïveté * parut si plaisante, qu'on me fit rester à souper. Peut-être eût-elle eu le même bonheur chez mon maître, mais il est sûr qu'elle ne m'y serait pas venue, ou que je n'aurais osé m'y livrer.

Voilà comment j'appris, à convoiter en silence, à me cacher, à dissimuler, à mentir, et à dérober enfin, fantaisie qui jusqu'alors ne m'était pas venue, et dont je n'ai pu depuis lors bien me guérir. La convoitise et l'impuissance mènent toujours là. Voilà pourquoi tous les laquais sont fripons, et pourquoi tous les apprentis doivent l'être ; mais dans un état égal et tranquille, où tout ce qu'ils voient est à leur portée, ces derniers perdent en grandissant ce honteux penchant. N'ayant pas eu le même avantage, je n'en ai pu tirer le même profit.

Ce sont presque toujours de bons sentiments mal dirigés qui font faire aux enfants le premier pas vers le mal. Malgré les privations et les tentations continuelles, j'avais demeuré plus d'un an chez mon maître sans pouvoir me résoudre à rien prendre, pas même des choses à manger. Mon premier vol fut une affaire de complaisance ; mais il ouvrit la porte à d'autres qui n'avaient pas une si louable fin.

Il y avait chez mon maître un compagnon appelé M. Verrat [96], dont la maison, dans le voisinage, avait un jardin assez éloigné qui produisait de très belles asperges. Il prit envie à M. Verrat, qui n'avait pas beaucoup d'argent, de voler à sa mère des asperges dans leur primeur, et de les vendre pour faire quelques bons

déjeuners *. Comme il ne voulait pas s'exposer lui-
même et qu'il n'était pas fort ingambe, il me choisit
pour cette expédition. Après quelques cajoleries préliminaires, qui me gagnèrent d'autant mieux que je n'en
voyais pas le but, il me la proposa comme une idée qui
lui venait sur-le-champ. Je disputai beaucoup ; il
insista. Je n'ai jamais pu résister aux caresses ; je me
rendis. J'allais tous les matins moissonner les plus belles
asperges ; je les portais au Molard [97], où quelque bonne
femme, qui voyait que je venais de les voler, me le disait
pour les avoir à meilleur compte. Dans ma frayeur je
prenais ce qu'elle voulait bien me donner ; je le portais
à M. Verrat. Cela se changeait promptement en un
déjeuner dont j'étais le pourvoyeur, et qu'il partageait
avec un autre camarade ; car pour moi, très content
d'en avoir quelque bribe, je ne touchais pas même à
leur vin.

Ce petit manège dura plusieurs jours sans qu'il me
vînt même à l'esprit de voler le voleur, et de dîmer [98] sur
M. Verrat le produit de ses asperges. J'exécutais ma friponnerie avec la plus grande fidélité ; mon seul motif
était de complaire à celui qui me la faisait faire. Cependant, si j'eusse été surpris, que de coups, que d'injures,
quels traitements cruels n'eussé-je point essuyés, tandis
que le misérable, en me démentant *, eût été cru sur sa
parole, et moi doublement puni pour avoir osé le charger, attendu qu'il était compagnon et que je n'étais
qu'apprenti ! Voilà comment en tout état le fort coupable se sauve aux dépens du faible innocent.

J'appris ainsi qu'il n'était pas si terrible de voler que
je l'avais cru, et tirai bientôt si bon parti de ma science,
que rien de ce que je convoitais n'était à ma portée en
sûreté. Je n'étais pas absolument mal nourri chez mon
maître et la sobriété ne m'était pénible qu'en la lui
voyant si mal garder. L'usage de faire sortir de table les
jeunes gens quand on y sert ce qui les tente le plus, me
paraît très bien entendu pour les rendre aussi friands *
que fripons. Je devins en peu de temps l'un et l'autre ;
et je m'en trouvais fort bien pour l'ordinaire, quelquefois fort mal quand j'étais surpris.

Un souvenir qui me fait frémir encore et rire tout à la fois, est celui d'une chasse aux pommes qui me coûta cher. Ces pommes étaient au fond d'une dépense [99] qui, par une jalousie élevée, recevait du jour de la cuisine. Un jour que j'étais seul dans la maison, je montai sur la may pour regarder dans le jardin des Hespérides ce précieux fruit dont je ne pouvais approcher [100]. J'allai chercher la broche pour voir si elle y pourrait atteindre : elle était trop courte. Je l'allongeai par une autre petite broche qui servait pour le menu gibier ; car mon maître aimait la chasse. Je piquai plusieurs fois sans succès ; enfin je sentis avec transport que j'amenais une pomme. Je tirai très doucement : déjà la pomme touchait à la jalousie : j'étais prêt à la saisir. Qui dira ma douleur ? La pomme était trop grosse, elle ne put passer par le trou. Que d'inventions ne mis-je point en usage pour la tirer ! Il fallut trouver des supports pour tenir la broche en état, un couteau assez long pour fendre la pomme, une latte pour la soutenir [101]. À force d'adresse et de temps je parvins à la partager, espérant tirer ensuite les pièces l'une après l'autre ; mais à peine furent-elles séparées, qu'elles tombèrent toutes deux dans la dépense. Lecteur pitoyable, partagez mon affliction.

Je ne perdis point courage ; mais j'avais perdu beaucoup de temps. Je craignais d'être surpris ; je renvoie au lendemain une tentative plus heureuse, et je me remets à l'ouvrage tout aussi tranquillement que si je n'avais rien fait, sans songer aux deux témoins indiscrets qui déposaient contre moi dans la dépense.

Le lendemain, retrouvant l'occasion belle, je tente un nouvel essai. Je monte sur mes tréteaux, j'allonge la broche, je l'ajuste ; j'étais prêt à piquer… Malheureusement le dragon ne dormait pas ; tout à coup la porte de la dépense s'ouvre : mon maître en sort, croise les bras, me regarde et me dit : « Courage !… » La plume me tombe des mains [102].

Bientôt, à force d'essuyer de mauvais traitements, j'y devins moins sensible ; ils me parurent enfin une sorte de compensation du vol, qui me mettait en droit de le continuer. Au lieu de retourner les yeux en arrière et de regarder la punition, je les portais en avant et je regardais la vengeance. Je jugeais que me battre comme fripon, c'était m'autoriser à l'être. Je trouvais que voler et être battu allaient ensemble, et constituaient en quelque sorte un état, et qu'en remplissant la partie de cet état qui dépendait de moi, je pouvais laisser le soin de l'autre à mon maître. Sur cette idée je me mis à voler plus tranquillement qu'auparavant. Je me disais : « Qu'en arrivera-t-il enfin ? Je serai battu. Soit : je suis fait pour l'être. »

J'aime à manger, sans être avide : je suis sensuel, et non pas gourmand. Trop d'autres goûts me distraient [103] de celui-là. Je ne me suis jamais occupé de ma bouche que quand mon cœur était oisif ; et cela m'est si rarement arrivé dans ma vie, que je n'ai guère eu le temps de songer aux bons morceaux. Voilà pourquoi je ne bornai pas longtemps ma friponnerie au comestible [104], je l'étendis bientôt à tout ce qui me tentait ; et si je ne devins pas un voleur en forme, c'est que je n'ai jamais été beaucoup tenté d'argent. Dans le cabinet commun, mon maître avait un autre cabinet à part qui fermait à clef ; je trouvai le moyen d'en ouvrir la porte et de la refermer sans qu'il y parût. Là je mettais à contribution ses bons outils, ses meilleurs dessins, ses empreintes [105], tout ce qui me faisait envie et qu'il affectait d'éloigner de moi. Dans le fond, ces vols étaient bien innocents, puisqu'ils n'étaient faits que pour être employés à son service : mais j'étais transporté de joie d'avoir ces bagatelles en mon pouvoir ; je croyais voler le talent avec ses productions. Du reste, il y avait dans des boîtes des recoupes [106] d'or et d'argent, de petits bijoux, des pièces de prix, de la monnaie. Quand j'avais quatre ou cinq sols dans ma poche, c'était beaucoup : cependant, loin de toucher à rien de tout cela, je ne me souviens pas même d'y avoir jeté de ma vie un regard de convoitise. Je le voyais avec plus d'effroi que de plaisir. Je crois bien que cette horreur du vol de l'argent et de ce qui en produit me venait en grande partie de l'éducation. Il se mêlait à cela des idées secrètes d'infamie, de prison, de châtiment, de potence [107] qui m'auraient fait frémir si

j'avais été tenté ; au lieu que mes tours ne me semblaient que des espiègleries, et n'étaient pas autre chose
en effet. Tout cela ne pouvait valoir que d'être bien
étrillé par mon maître, et d'avance je m'arrangeais là-
dessus.

Mais, encore une fois, je ne convoitais pas même
assez pour avoir à m'abstenir ; je ne sentais rien à combattre. Une seule feuille de beau papier à dessiner me
tentait plus que l'argent pour en payer une rame. Cette
bizarrerie tient à une des singularités de mon caractère ; elle a eu tant d'influence sur ma conduite qu'il
importe de l'expliquer.

J'ai des passions très ardentes, et tandis qu'elles
m'agitent, rien n'égale mon impétuosité : je ne connais
plus ni ménagement, ni respect, ni crainte, ni bienséance ; je suis cynique, effronté, violent, intrépide ; il
n'y a ni honte qui m'arrête, ni danger qui m'effraye :
hors le seul objet qui m'occupe, l'univers n'est plus rien
pour moi. Mais tout cela ne dure qu'un moment, et le
moment qui suit me jette dans l'anéantissement.

Prenez-moi dans le calme, je suis l'indolence et la
timidité même : tout m'effarouche, tout me rebute ;
une mouche en volant me fait peur ; un mot à dire, un
geste à faire épouvante ma paresse ; la crainte et la
honte me subjuguent à tel point que je voudrais
m'éclipser aux yeux de tous les mortels. S'il faut agir, je
ne sais que faire ; s'il faut parler, je ne sais que dire ; si
l'on me regarde, je suis décontenancé. Quand je me
passionne, je sais trouver quelquefois ce que j'ai à dire ;
mais dans les entretiens ordinaires, je ne trouve rien,
rien du tout ; ils me sont insupportables par cela seul
que je suis obligé de parler.

Ajoutez qu'aucun de mes goûts dominants ne
consiste en choses qui s'achètent. Il ne me faut que des
plaisirs purs, et l'argent les empoisonne tous. J'aime par
exemple ceux de la table ; mais ne pouvant souffrir ni la
gêne de la bonne compagnie, ni la crapule * du cabaret,
je ne puis les goûter qu'avec un ami ; car seul, cela ne
m'est pas possible ; mon imagination s'occupe alors
d'autre chose, et je n'ai pas le plaisir de manger. Si mon

sang allumé me demande des femmes, mon cœur ému
me demande encore plus de l'amour. Des femmes à
prix d'argent perdraient pour moi tous leurs charmes ;
je doute même s'il serait à moi d'en profiter. Il en est
ainsi de tous les plaisirs à ma portée ; s'ils ne sont gra-
tuits, je les trouve insipides. J'aime les seuls biens qui ne
sont à personne qu'au premier qui sait les goûter [108].

Jamais l'argent ne me parut une chose aussi précieuse
qu'on la trouve. Bien plus, il ne m'a même jamais paru
fort commode ; il n'est bon à rien par lui-même, il faut le
transformer pour en jouir ; il faut acheter, marchander,
souvent être dupe, bien payer, être mal servi. Je voudrais
une chose bonne dans sa qualité ; avec mon argent je suis
sûr de l'avoir mauvaise. J'achète cher un œuf frais, il est
vieux, un beau fruit, il est vert ; une fille, elle est gâtée [109].
J'aime le bon vin ? mais où en prendre ? Chez un marchand de vin ? Comme que * je fasse, il m'empoison-
nera. Veux-je absolument être bien servi ? que de soins,
que d'embarras ! avoir des amis, des correspondants,
donner des commissions, écrire, aller, venir, attendre ; et
souvent au bout être encore trompé. Que de peine avec
mon argent ! Je la crains plus que je n'aime le bon vin.

Mille fois, durant mon apprentissage et depuis, je
suis sorti dans le dessein d'acheter quelque friandise.
J'approche de la boutique d'un pâtissier, j'aperçois des
femmes au comptoir ; je crois déjà les voir rire et se
moquer entre elles du petit gourmand. Je passe devant
une fruitière, je lorgne du coin de l'œil de belles poires,
leur parfum me tente ; deux ou trois jeunes gens tout
près de là me regardent ; un homme qui me connaît est
devant sa boutique ; je vois de loin venir une fille ; n'est-
ce point la servante de la maison ? Ma vue courte me
fait mille illusions. Je prends tous ceux qui passent pour
des gens de connaissance ; partout je suis intimidé,
retenu par quelque obstacle ; mon désir croît avec ma
honte, et je rentre enfin comme un sot, dévoré de
convoitise, ayant dans ma poche de quoi la satisfaire, et
n'ayant osé rien acheter.

J'entrerais dans les plus insipides détails, si je suivais
dans l'emploi de mon argent, soit par moi, soit par

d'autres, l'embarras, la honte, la répugnance, les inconvénients, les dégoûts de toute espèce que j'ai toujours
éprouvés. À mesure qu'avançant dans ma vie le lecteur
prendra connaissance de mon humeur, il sentira tout
cela sans que je m'appesantisse à le lui dire.

Cela compris, on comprendra sans peine une de mes
prétendues contradictions : celle d'allier une avarice
presque sordide avec le plus grand mépris pour
l'argent [110]. C'est un meuble [111] pour moi si peu commode, que je ne m'avise pas même de désirer celui que
je n'ai pas ; et que quand j'en ai je le garde longtemps
sans le dépenser, faute de savoir l'employer à ma
fantaisie ; mais l'occasion commode et agréable se pré-
sente-t-elle, j'en profite si bien que ma bourse se vide
avant que je m'en sois aperçu. Du reste, ne cherchez
pas en moi le tic des avares, celui de dépenser pour
l'ostentation ; tout au contraire, je dépense en secret et
pour le plaisir : loin de me faire gloire de dépenser, je
m'en cache. Je sens si bien que l'argent n'est pas à mon
usage, que je suis presque honteux d'en avoir, encore
plus de m'en servir. Si j'avais eu jamais un revenu suffisant pour vivre commodément, je n'aurais point été
tenté d'être avare [112], j'en suis très sûr. Je dépenserais
tout mon revenu sans chercher à l'augmenter : mais ma
situation précaire me tient en crainte. J'adore la liberté.
J'abhorre la gêne, la peine, l'assujettissement. Tant que
dure l'argent que j'ai dans ma bourse, il assure mon
indépendance ; il me dispense de m'intriguer [113] pour
en trouver d'autre ; nécessité que j'eus toujours en
horreur : mais de peur de le voir finir, je le choie.
L'argent qu'on possède est l'instrument de la liberté ;
celui qu'on pourchasse est celui de la servitude. Voilà
pourquoi je serre [114] bien et ne convoite rien.

Mon désintéressement n'est donc que paresse ; le
plaisir d'avoir ne vaut pas la peine d'acquérir : et ma
dissipation n'est encore que paresse ; quand l'occasion
de dépenser agréablement se présente, on ne peut trop
la mettre à profit. Je suis moins tenté de l'argent que des
choses, parce qu'entre l'argent et la possession désirée
il y a toujours un intermédiaire ; au lieu qu'entre la

chose même et sa jouissance il n'y en a point. Je vois la
chose, elle me tente ; si je ne vois que le moyen de
l'acquérir, il ne me tente pas. J'ai donc été fripon et
quelquefois je le suis encore de bagatelles qui me ten-
tent et que j'aime mieux prendre que demander : mais,
petit ou grand, je ne me souviens pas d'avoir pris de ma
vie un liard à personne ; hors une seule fois, il n'y a pas
quinze ans, que je volai sept livres dix sols. L'aventure
vaut la peine d'être contée, car il s'y trouve un concours
impayable d'effronterie et de bêtise, que j'aurais peine
moi-même à croire s'il regardait un autre que moi.

C'était à Paris. Je me promenais avec M. de Francueil [115] au Palais-Royal, sur les cinq heures. Il tire sa
montre, la regarde, et me dit : « Allons à l'Opéra » : je le
veux bien ; nous allons. Il prend deux billets d'amphithéâtre, m'en donne un, et passe le premier avec l'autre ;
je le suis, il entre. En entrant après lui, je trouve la porte
embarrassée. Je regarde, je vois tout le monde debout ; je
juge que je pourrai bien me perdre dans cette foule, ou du
moins laisser supposer à M. de Francueil que j'y suis
perdu. Je sors, je reprends ma contremarque, puis mon
argent, et je m'en vais sans songer qu'à peine avais-je
atteint la porte que tout le monde était assis, et qu'alors
M. de Francueil voyait clairement que je n'y étais plus.

Comme jamais rien ne fut plus éloigné de mon
humeur que ce trait-là, je le note, pour montrer qu'il y
a des moments d'une espèce de délire où il ne faut point
juger des hommes par leurs actions. Ce n'était pas précisément voler cet argent ; c'était en voler l'emploi :
moins c'était un vol, plus c'était une infamie.

Je ne finirais pas ces détails si je voulais suivre toutes
les routes par lesquelles, durant mon apprentissage, je
passai de la sublimité de l'héroïsme à la bassesse d'un
vaurien. Cependant, en prenant les vices de mon état,
il me fut impossible d'en prendre tout à fait les goûts. Je
m'ennuyais des amusements de mes camarades ; et
quand la trop grande gêne m'eut aussi rebuté du travail,
je m'ennuyai de tout. Cela me rendit le goût de la lecture que j'avais perdu depuis longtemps. Ces lectures,
prises sur mon travail, devinrent un nouveau crime qui

m'attira de nouveaux châtiments. Ce goût irrité par la contrainte devint passion, bientôt fureur. La Tribu [116], fameuse loueuse de livres, m'en fournissait de toute espèce. Bons et mauvais, tout passait ; je ne choisissais point : je lisais tout avec une égale avidité. Je lisais à l'établi, je lisais en allant faire mes messages, je lisais à la garde-robe [117], et m'y oubliais des heures entières ; la tête me tournait de la lecture, je ne faisais plus que lire. Mon maître m'épiait, me surprenait, me battait, me prenait mes livres. Que de volumes furent déchirés, brûlés, jetés par les fenêtres ! que d'ouvrages restèrent dépareillés chez la Tribu ! Quand je n'avais plus de quoi la payer, je lui donnais mes chemises, mes cravates, mes hardes [118] ; mes trois sols d'étrennes [119] tous les dimanches lui étaient régulièrement portés.

Voilà donc, me dira-t-on, l'argent devenu nécessaire. Il est vrai, mais ce fut quand la lecture m'eut ôté toute activité. Livré tout entier à mon nouveau goût, je ne faisais plus que lire, je ne volais plus. C'est encore ici une de mes différences caractéristiques. Au fort d'une certaine habitude d'être, un rien me distrait, me change, m'attache, enfin me passionne ; et alors tout est oublié, je ne songe plus qu'au nouvel objet qui m'occupe. Le cœur me battait d'impatience de feuilleter le nouveau livre que j'avais dans la poche ; je le tirais aussitôt que j'étais seul, et ne songeais plus à fouiller le cabinet de mon maître. J'ai même peine à croire que j'eusse volé quand même j'aurais eu des passions plus coûteuses. Borné au moment présent, il n'était pas dans mon tour d'esprit de m'arranger ainsi pour l'avenir. La Tribu me faisait crédit : les avances étaient petites ; et quand j'avais empoché mon livre, je ne songeais plus à rien. L'argent qui me venait naturellement passait de même à cette femme, et quand elle devenait pressante, rien n'était plus tôt sous ma main que mes propres effets. Voler par avance était trop de prévoyance, et voler pour payer n'était pas même une tentation.

À force de querelles, de coups, de lectures dérobées et mal choisies, mon humeur devint taciturne, sauvage ; ma tête commençait à s'altérer, et je vivais en vrai loup-

garou [120]. Cependant si mon goût ne me préserva pas
des livres plats et fades, mon bonheur me préserva des
livres obscènes et licencieux : non que la Tribu, femme
à tous égards très accommodante, se fît un scrupule de
m'en prêter. Mais, pour les faire valoir, elle me les nommait avec un air de mystère qui me forçait précisément
à les refuser, tant par dégoût que par honte ; et le
hasard seconda si bien mon humeur pudique, que
j'avais plus de trente ans avant que j'eusse jeté les yeux
sur aucun de ces dangereux livres qu'une belle dame de
par le monde trouve incommodes, en ce qu'on ne peut,
dit-elle, les lire que d'une main [121].

En moins d'un an j'épuisai la mince boutique de la
Tribu, et alors je me trouvai dans mes loisirs cruellement désœuvré. Guéri de mes goûts d'enfant et de
polisson par celui de la lecture, et même par mes lectures, qui, bien que sans choix et souvent mauvaises,
ramenaient pourtant mon cœur à des sentiments plus
nobles que ceux que m'avait donnés mon état ; dégoûté
de tout ce qui était à ma portée, et sentant trop loin de
moi tout ce qui m'aurait tenté, je ne voyais rien de possible qui pût flatter mon cœur. Mes sens émus depuis
longtemps me demandaient une jouissance dont je ne
savais pas même imaginer l'objet. J'étais aussi loin du
véritable que si je n'avais point eu de sexe ; et, déjà
pubère et sensible, je pensais quelquefois à mes folies,
mais je ne voyais rien au-delà. Dans cette étrange situation, mon inquiète imagination prit un parti qui me
sauva de moi-même et calma ma naissante sensualité ;
ce fut de se nourrir des situations qui m'avaient intéressé dans mes lectures, de les rappeler, de les varier, de
les combiner, de me les approprier tellement que je
devinsse un des personnages que j'imaginais, que je me
visse toujours dans les positions les plus agréables selon
mon goût, enfin que l'état fictif où je venais à bout de
me mettre, me fît oublier mon état réel dont j'étais si
mécontent. Cet amour des objets imaginaires et cette
facilité de m'en occuper achevèrent de me dégoûter *
de tout ce qui m'entourait, et déterminèrent ce goût
pour la solitude qui m'est toujours resté depuis ce

temps-là [122]. On verra plus d'une fois dans la suite les bizarres effets de cette disposition si misanthrope et si sombre en apparence, mais qui vient en effet d'un cœur trop affectueux, trop aimant *, trop tendre, qui, faute d'en trouver d'existants qui lui ressemblent, est forcé de s'alimenter de fictions. Il me suffit, quant à présent, d'avoir marqué l'origine et la première cause d'un penchant qui a modifié toutes mes passions, et qui, les contenant par elles-mêmes, m'a toujours rendu paresseux à faire, par trop d'ardeur à désirer.

J'atteignis ainsi ma seizième année, inquiet, mécontent de tout et de moi, sans goûts de mon état, sans plaisirs de mon âge, dévoré de désirs dont j'ignorais l'objet, pleurant sans sujets de larmes, soupirant sans savoir de quoi ; enfin caressant tendrement mes chimères, faute de rien voir autour de moi qui les valût. Les dimanches, mes camarades venaient me chercher après le prêche pour m'ébattre avec eux. Je leur aurais volontiers échappé si j'avais pu ; mais une fois en train dans les jeux, j'étais le plus ardent et j'allais plus loin qu'aucun autre ; difficile à ébranler et à retenir. Ce fut là de tout temps ma disposition constante. Dans nos promenades hors de la ville, j'allais toujours en avant sans songer au retour, à moins que d'autres n'y songeassent pour moi. J'y fus pris deux fois ; les portes furent fermées avant que je pusse arriver. Le lendemain je fus traité comme on s'imagine, et la seconde fois il me fut promis un tel accueil pour la troisième, que je résolus de ne m'y pas exposer. Cette troisième fois si redoutée arriva pourtant [123]. Ma vigilance fut mise en défaut par un maudit capitaine appelé M. Minutoli, qui fermait toujours la porte où il était de garde une demi-heure avant les autres [124]. Je revenais avec deux camarades. À demi-lieue de la ville, j'entends sonner la retraite ; je double le pas ; j'entends battre la caisse, je cours à toutes jambes : j'arrive essoufflé, tout en nage ; le cœur me bat ; je vois de loin les soldats à leur poste, j'accours, je crie d'une voix étouffée. Il était trop tard. À vingt pas de l'avancée [125] je vois lever le premier pont. Je frémis en voyant en l'air ces cornes terribles, sinistre

et fatal augure du sort inévitable que ce moment commençait pour moi.

Dans le premier transport de douleur, je me jetai sur
le glacis et mordis la terre. Mes camarades, riant de leur
malheur, prirent à l'instant leur parti. Je pris aussi le
mien ; mais ce fut d'une autre manière. Sur le lieu
même je jurai de ne retourner jamais chez mon maître ;
et le lendemain, quand, à l'heure de la découverte [126], ils
rentrèrent en ville, je leur dis adieu pour jamais, les
priant seulement d'avertir en secret mon cousin Bernard de la résolution que j'avais prise, et du lieu où il
pourrait me voir encore une fois.

À mon entrée en apprentissage, étant plus séparé de
lui, je le vis moins : toutefois, durant quelque temps
nous nous rassemblions les dimanches ; mais insensiblement chacun prit d'autres habitudes, et nous nous
vîmes plus rarement ; je suis persuadé que sa mère contribua beaucoup à ce changement. Il était, lui, un
garçon du haut ; moi, chétif apprenti, je n'étais plus
qu'un enfant de Saint-Gervais, il n'y avait plus entre
nous d'égalité malgré la naissance ; c'était déroger que
de me fréquenter. Cependant les liaisons ne cessèrent
point tout à fait entre nous, et comme c'était un garçon
d'un bon naturel, il suivait quelquefois son cœur malgré
les leçons de sa mère. Instruit de ma résolution, il
accourut, non pour m'en dissuader ou la partager, mais
pour jeter, par de petits présents, quelque agrément
dans ma fuite ; car mes propres ressources ne pouvaient me mener fort loin. Il me donna entre autres une
petite épée, dont j'étais fort épris, que j'ai portée
jusqu'à Turin, où le besoin m'en fit défaire, et où je me
la passai, comme on dit, au travers du corps [127]. Plus j'ai
réfléchi depuis à la manière dont il se conduisit avec
moi dans ce moment critique, plus je me suis persuadé
qu'il suivit les instructions de sa mère, et peut-être de
son père ; car il n'est pas possible que de lui-même il
n'eût fait quelque effort pour me retenir, ou qu'il n'eût
été tenté de me suivre : mais point. Il m'encouragea
dans mon dessein plutôt qu'il ne m'en détourna ; puis,
quand il me vit bien résolu, il me quitta sans beaucoup

de larmes. Nous ne nous sommes jamais écrit ni revus. C'est dommage : il était d'un caractère essentiellement bon : nous étions faits pour nous aimer.

Avant de m'abandonner à la fatalité de ma destinée, qu'on me permette de tourner un moment les yeux sur celle qui m'attendait naturellement si j'étais tombé dans les mains d'un meilleur maître [128]. Rien n'était plus convenable à mon humeur, ni plus propre à me rendre heureux, que l'état tranquille et obscur d'un bon artisan, dans certaines classes surtout, telle qu'est à Genève celle des graveurs. Cet état assez lucratif pour donner une subsistance aisée, et pas assez pour mener à la fortune, eût borné mon ambition pour le reste de mes jours, et, me laissant un loisir honnête pour cultiver des goûts modérés, il m'eût contenu dans ma sphère sans m'offrir aucun moyen d'en sortir. Ayant une imagination assez riche pour orner de ses chimères tous les états, assez puissante pour me transporter, pour ainsi dire, à mon gré, de l'un à l'autre, il m'importait peu dans lequel je fusse en effet. Il ne pouvait y avoir si loin du lieu où j'étais au premier château en Espagne, qu'il ne me fût aisé de m'y établir. De cela seul il suivait que l'état le plus simple, celui qui donnait le moins de tracas et de soins, celui qui laissait l'esprit le plus libre, était celui qui me convenait le mieux ; et c'était précisément le mien. J'aurais passé dans le sein de ma religion, de ma patrie, de ma famille et de mes amis, une vie paisible et douce, telle qu'il la fallait à mon caractère, dans l'uniformité d'un travail de mon goût et d'une société selon mon cœur. J'aurais été bon chrétien, bon citoyen, bon père de famille, bon ami, bon ouvrier [129], bon homme en toute chose. J'aurais aimé mon état, je l'aurais honoré peut-être, et après avoir passé une vie obscure et simple, mais égale et douce, je serais mort paisiblement dans le sein des miens. Bientôt oublié, sans doute, j'aurais été regretté du moins aussi longtemps qu'on se serait souvenu de moi.

Au lieu de cela… quel tableau vais-je faire ? Ah ! n'anticipons point sur les misères de ma vie ; je n'occuperai que trop mes lecteurs de ce triste sujet.

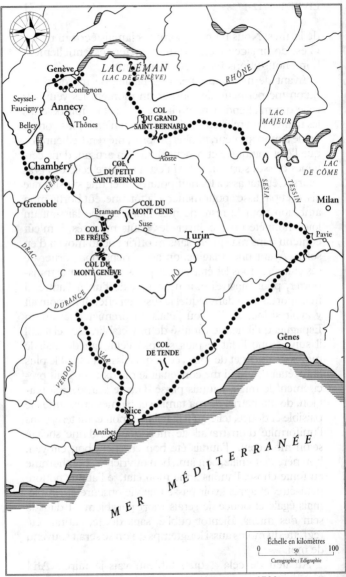

Royaume de Piémont-Sardaigne vers 1730

LIVRE II

Autant le moment où l'effroi me suggéra le projet de fuir m'avait paru triste, autant celui où je l'exécutai me parut charmant. Encore enfant, quitter mon pays, mes parents, mes appuis, mes ressources ; laisser un apprentissage à moitié fait, sans savoir mon métier assez pour en vivre ; me livrer aux horreurs de la misère sans voir aucun moyen d'en sortir ; dans l'âge de la faiblesse et de l'innocence, m'exposer à toutes les tentations du vice et du désespoir ; chercher au loin les maux, les erreurs, les pièges, l'esclavage et la mort, sous un joug bien plus inflexible que celui que je n'avais pu souffrir : c'était là ce que j'allais faire ; c'était la perspective que j'aurais dû envisager. Que celle que je me peignais était différente ! L'indépendance que je croyais avoir acquise était le seul sentiment qui m'affectait. Libre et maître de moi-même, je croyais pouvoir tout faire, atteindre à tout : je n'avais qu'à m'élancer pour m'élever et voler dans les airs. J'entrais avec sécurité dans le vaste espace du monde ; mon mérite allait le remplir ; à chaque pas j'allais trouver des festins, des trésors, des aventures, des amis prêts à me servir, des maîtresses empressées à me plaire : en me montrant j'allais occuper de moi l'univers, non pas pourtant l'univers tout entier, je l'en dispensais en quelque sorte, il ne m'en fallait pas tant. Une société charmante me suffisait sans m'embarrasser du reste. Ma modération

m'inscrivait dans une sphère étroite, mais délicieusement choisie, où j'étais assuré de régner. Un seul château bornait mon ambition. Favori du seigneur et de la
dame, amant de la demoiselle, ami du frère et protecteur des voisins, j'étais content ; il ne m'en fallait pas
davantage.

En attendant ce modeste avenir, j'errai quelques
jours autour de la Ville, logeant chez des paysans de ma
connaissance, qui tous me reçurent avec plus de bonté
que n'auraient fait des urbains [1]. Ils m'accueillaient, me
logeaient, me nourrissaient trop bonnement pour en
avoir le mérite. Cela ne pouvait pas s'appeler faire
l'aumône ; ils n'y mettaient pas assez l'air de la supériorité.

À force de voyager et de parcourir le monde, j'allai
jusqu'à Confignon, terres de Savoie à deux lieues de
Genève. Le curé s'appelait M. de Pontverre [2]. Ce nom
fameux dans l'histoire de la République me frappa
beaucoup. J'étais curieux de voir comment étaient faits
les descendants des gentilshommes de la Cuiller [3].
J'allai voir M. de Pontverre : il me reçut bien, me parla
de l'hérésie de Genève, de l'autorité de la sainte mère
Église, et me donna à dîner *. Je trouvai peu de chose à
répondre à des arguments qui finissaient ainsi, et je
jugeai que des curés chez qui l'on dînait si bien valaient
tout au moins nos ministres. J'étais certainement plus
savant que M. de Pontverre, tout gentilhomme qu'il
était ; mais j'étais trop bon convive pour être si bon
théologien, et son vin de Frangy [4], qui me parut excellent, argumentait si victorieusement pour lui, que j'aurais rougi de fermer la bouche à un si bon hôte. Je
cédais donc, ou du moins je ne résistais pas en face. À
voir les ménagements dont j'usais, on m'aurait cru
faux. On se fût trompé ; je n'étais qu'honnête *, cela est
certain. La flatterie, ou plutôt la condescendance *,
n'est pas toujours un vice, elle est souvent une vertu,
surtout dans les jeunes gens. La bonté avec laquelle un
homme nous traite nous attache à lui : ce n'est pas pour
l'abuser qu'on lui cède, c'est pour ne pas l'attrister,
pour ne pas lui rendre le mal pour le bien. Quel intérêt

avait M. de Pontverre à m'accueillir, à me bien traiter, à vouloir me convaincre ? Nul autre que le mien propre. Mon jeune cœur se disait cela. J'étais touché de reconnaissance et de respect pour le bon prêtre. Je sentais ma supériorité ; je ne voulais pas l'en accabler pour prix de son hospitalité. Il n'y avait point de motif hypocrite à cette conduite : je ne songeais point à changer de religion ; et, bien loin de me familiariser si vite avec cette idée, je ne l'envisageais qu'avec une horreur qui devait l'écarter de moi pour longtemps : je voulais seulement ne point fâcher ceux qui me caressaient dans cette vue ; je voulais cultiver leur bienveillance, et leur laisser l'espoir du succès en paraissant moins armé que je ne l'étais en effet. Ma faute en cela ressemblait à la coquetterie des honnêtes femmes qui, quelquefois, pour parvenir à leurs fins, savent, sans rien permettre ni rien promettre, faire espérer plus qu'elles ne veulent tenir.

La raison, la pitié, l'amour de l'ordre exigeaient assurément que, loin de se prêter à ma folie, on m'éloignât de ma perte où je courais, en me renvoyant dans ma famille. C'est là ce qu'aurait fait ou tâché de faire tout homme vraiment vertueux. Mais quoique M. de Pontverre fût un bon homme, ce n'était assurément pas un homme vertueux ; au contraire, c'était un dévot qui ne connaissait d'autre vertu que d'adorer les images et de dire le rosaire ; une espèce de missionnaire qui n'imaginait rien de mieux, pour le bien de la foi, que de faire des libelles contre les ministres de Genève. Loin de penser à me renvoyer chez moi, il profita du désir que j'avais de m'en éloigner, pour me mettre hors d'état d'y retourner quand même il m'en prendrait envie. Il y avait tout à parier qu'il m'envoyait périr de misère ou devenir un vaurien. Ce n'était point là ce qu'il voyait : il voyait une âme ôtée à l'hérésie et rendue à l'Église. Honnête homme ou vaurien, qu'importait cela pourvu que j'allasse à la messe ? Il ne faut pas croire, au reste, que cette façon de penser soit particulière aux catholiques ; elle est celle de toute religion dogmatique [5] où l'on fait l'essentiel non de faire, mais de croire.

« Dieu vous appelle, me dit M. de Pontverre : allez à Annecy ; vous y trouverez une bonne dame bien charitable, que les bienfaits du roi mettent en état de retirer d'autres âmes de l'erreur dont elle est sortie elle-même. » Il s'agissait de Mme de Warens, nouvelle convertie, que les prêtres forçaient, en effet, de partager avec la canaille qui venait vendre sa foi, une pension de deux mille francs que lui donnait le roi de Sardaigne. Je me sentais fort humilié d'avoir besoin d'une bonne dame bien charitable. J'aimais fort qu'on me donnât mon nécessaire, mais non pas qu'on me fît la charité ; et une dévote n'était pas pour moi fort attirante. Toutefois, pressé par M. de Pontverre, par la faim qui me talonnait, bien aise aussi de faire un voyage et d'avoir un but, je prends mon parti, quoique avec peine, et je pars pour Annecy. J'y pouvais être aisément en un jour ; mais je ne me pressais pas, j'en mis trois. Je ne voyais pas un château à droite ou à gauche sans aller chercher l'aventure que j'étais sûr qui m'y attendait. Je n'osais entrer dans le château ni heurter, car j'étais fort timide, mais je chantais sous la fenêtre qui avait le plus d'apparence, fort surpris, après m'être longtemps époumoné, de ne voir paraître ni dames ni demoiselles qu'attirât la beauté de ma voix ou le sel de mes chansons, vu que j'en savais d'admirables que mes camarades m'avaient apprises, et que je chantais admirablement.

J'arrive enfin ; je vois Mme de Warens. Cette époque de ma vie a décidé de mon caractère ; je ne puis me résoudre à la passer légèrement. J'étais au milieu de ma seizième année. Sans être ce qu'on appelle un beau garçon, j'étais bien pris dans ma petite taille ; j'avais un joli pied, la jambe fine, l'air dégagé, la physionomie animée, la bouche mignonne [6], les sourcils et les cheveux noirs, les yeux petits et même enfoncés, mais qui lançaient avec force le feu dont mon sang était embrasé. Malheureusement, je ne savais rien de tout cela, et de ma vie il ne m'est arrivé de songer à ma figure que lorsqu'il n'était plus temps d'en tirer parti. Ainsi j'avais avec la timidité de mon âge celle d'un naturel très aimant, toujours troublé par la crainte de déplaire.

D'ailleurs, quoique j'eusse l'esprit assez orné, n'ayant jamais vu le monde, je manquais totalement de manières, et mes connaissances, loin d'y suppléer, ne servaient qu'à m'intimider davantage, en me faisant sentir combien j'en manquais.

Craignant donc que mon abord ne prévînt pas en ma faveur, je pris autrement mes avantages, et je fis une belle lettre en style d'orateur, où, cousant des phrases des livres avec des locutions d'apprenti, je déployais toute mon éloquence pour capter la bienveillance de Mᵐᵉ de Warens. J'enfermai la lettre de M. de Pontverre dans la mienne, et je partis pour cette terrible audience. Je ne trouvai point Mᵐᵉ de Warens ; on me dit qu'elle venait de sortir pour aller à l'église. C'était le jour des Rameaux de l'année 1728. Je cours pour la suivre : je la vois, je l'atteins, je lui parle... Je dois me souvenir du lieu ; je l'ai souvent depuis mouillé de mes larmes et couvert de mes baisers. Que ne puis-je entourer d'un balustre d'or cette heureuse place ! que n'y puis-je attirer les hommages de toute la terre ! Quiconque aime à honorer les monuments du salut des hommes n'en devrait approcher qu'à genoux[7].

C'était un passage derrière sa maison, entre un ruisseau à main droite qui la séparait du jardin, et le mur de la cour à gauche, conduisant par une fausse porte à l'église des Cordeliers. Prête à entrer dans cette porte, Mᵐᵉ de Warens se retourne à ma voix. Que devins-je à cette vue ! Je m'étais figuré une vieille dévote bien rechignée : la bonne dame de M. de Pontverre ne pouvait être autre chose à mon avis. Je vois un visage pétri de grâces, de beaux yeux bleus pleins de douceur, un teint éblouissant, le contour d'une gorge enchanteresse. Rien n'échappa au rapide coup d'œil du jeune prosélyte ; car je devins à l'instant le sien, sûr qu'une religion prêchée par de tels missionnaires ne pouvait manquer de mener en paradis. Elle prend en souriant la lettre que je lui présente d'une main tremblante, l'ouvre, jette un coup d'œil sur celle de M. de Pontverre, revient à la mienne, qu'elle lit tout entière, et qu'elle eût relue encore si son laquais ne l'eût avertie qu'il était temps d'entrer. « Eh ! mon enfant, me dit-elle d'un ton qui me fit tressaillir, vous voilà courant le pays bien jeune ; c'est dommage en vérité. » Puis, sans attendre ma réponse, elle ajouta : « Allez chez moi m'attendre ; dites qu'on vous donne à déjeuner ; après la messe j'irai causer avec vous. »

Louise-Éléonore de Warens [8] était une demoiselle de la Tour de Pil, noble et ancienne famille de Vevey, ville du pays de Vaud. Elle avait épousé fort jeune M. de Warens de la maison de Loys, fils aîné de M. de Villardin, de Lausanne. Ce mariage, qui ne produisit point d'enfants, n'ayant pas trop réussi, Mme de Warens, poussée par quelque chagrin domestique, prit le temps que le roi Victor-Amédée était à Évian, pour passer le lac et venir se jeter aux pieds de ce prince, abandonnant ainsi son mari, sa famille et son pays, par une étourderie assez semblable à la mienne, et qu'elle a eu tout le temps de pleurer aussi. Le roi, qui aimait à faire le zélé catholique, la prit sous sa protection, lui donna une pension de quinze cents livres de Piémont, ce qui était beaucoup pour un prince aussi peu prodigue, et voyant que sur cet accueil on l'en croyait amoureux, il l'envoya à Annecy, escortée par un détachement de ses gardes, où, sous la direction de Michel-Gabriel de Bernex [9], évêque titulaire de Genève, elle fit abjuration au couvent de la Visitation.

Il y avait six ans qu'elle y était quand j'y vins, et elle en avait alors vingt-huit, étant née avec le siècle. Elle avait de ces beautés qui se conservent, parce qu'elles sont plus dans la physionomie que dans les traits ; aussi la sienne était-elle encore dans tout son premier éclat. Elle avait un air caressant et tendre, un regard très doux, un sourire angélique, une bouche à la mesure de la mienne [10], des cheveux cendrés d'une beauté peu commune, et auxquels elle donnait un tour négligé [11] qui la rendait très piquante. Elle était petite de stature, courte même, et ramassée un peu dans sa taille, quoique sans difformité ; mais il était impossible de voir une plus belle tête, un plus beau sein, de plus belles mains et de plus beaux bras.

Son éducation avait été fort mêlée : elle avait, ainsi que moi, perdu sa mère dès sa naissance, et, recevant indifféremment des instructions comme elles s'étaient présentées, elle avait appris un peu de sa gouvernante, un peu de son père, un peu de ses maîtres, et beaucoup de ses amants, surtout d'un M. de Tavel [12], qui, ayant du goût et des connaissances, en orna la personne qu'il aimait. Mais tant de genres différents se nuisirent les uns aux autres, et le peu d'ordre qu'elle y mit empêcha que ses diverses études n'étendissent la justesse naturelle de son esprit. Ainsi, quoiqu'elle eût quelques principes de philosophie et de physique, elle ne laissa pas de prendre le goût que son père avait pour la médecine empirique [13] et pour l'alchimie : elle faisait des élixirs, des teintures, des baumes, des magistères [14] ; elle prétendait avoir des secrets. Les charlatans, profitant de sa faiblesse, s'emparèrent d'elle, l'obsédèrent, la ruinèrent, et consumèrent, au milieu des fourneaux et des drogues, son esprit, ses talents et ses charmes, dont elle eût pu faire les délices des meilleures sociétés.

Mais si de vils fripons abusèrent de son éducation mal dirigée pour obscurcir les lumières de sa raison, son excellent cœur fut à l'épreuve et demeura toujours le même : son caractère aimant et doux, sa sensibilité pour les malheureux, son inépuisable bonté, son humeur gaie, ouverte et franche, ne s'altérèrent jamais ; et même aux approches de la vieillesse, dans le sein de l'indigence, des maux, des calamités diverses, la sérénité de sa belle âme lui conserva jusqu'à la fin de sa vie toute la gaieté de ses plus beaux jours.

Ses erreurs lui vinrent d'un fonds d'activité inépuisable qui voulait sans cesse de l'occupation. Ce n'étaient pas des intrigues de femmes qu'il lui fallait, c'étaient des entreprises à faire et à diriger. Elle était née pour les grandes affaires. À sa place Mme de Longueville n'eût été qu'une tracassière [15] ; à la place de Mme de Longueville elle eût gouverné l'État [16]. Ses talents ont été déplacés ; et ce qui eût fait sa gloire dans une situation plus élevée a fait sa perte dans celle où elle a vécu. Dans les choses qui étaient à sa portée, elle étendait toujours son plan dans sa tête et voyait toujours son objet en grand. Cela faisait qu'employant des moyens proportionnés à ses vues plus qu'à ses forces, elle échouait par la faute des autres, et son projet venant à manquer, elle était ruinée où d'autres n'auraient presque rien perdu. Ce goût des affaires, qui lui fit tant de maux, lui fit du moins un grand bien dans son asile monastique, en l'empêchant de s'y fixer pour le reste de ses jours comme elle en était tentée. La vie uniforme et simple des religieuses, leur petit cailletage * de parloir, tout cela ne pouvait flatter un esprit toujours en mouvement, qui, formant chaque jour de nouveaux systèmes, avait besoin de liberté pour s'y livrer. Le bon évêque de Bernex, avec moins d'esprit que François de Sales [17], lui ressemblait sur bien des points ; et Mme de Warens, qu'il appelait sa fille, et qui ressemblait à Mme de Chantal sur beaucoup d'autres, eût pu lui ressembler encore dans sa retraite, si son goût ne l'eût détournée de l'oisiveté d'un couvent. Ce ne fut point manque de zèle si cette aimable femme ne se livra pas aux menues pratiques de dévotion qui semblaient convenir à une nouvelle convertie vivant sous la direction d'un prélat. Quel qu'eût été le motif de son changement de religion, elle fut sincère dans celle qu'elle avait embrassée. Elle a pu se repentir d'avoir commis la faute, mais non pas désirer d'en revenir. Elle n'est pas seulement morte bonne catholique, elle a vécu telle de bonne foi, et j'ose affirmer, moi qui pense avoir lu dans le fond de son âme, que c'était uniquement par aversion pour les simagrées qu'elle ne faisait point en public la dévote : elle avait une piété trop solide pour affecter de la dévotion. Mais ce n'est pas ici le lieu de m'étendre sur ses principes ; j'aurai d'autres occasions d'en parler.

Que ceux qui nient la sympathie * des âmes expliquent, s'ils peuvent, comment, de la première entrevue, du premier mot, du premier regard, Mme de Warens m'inspira non seulement le plus vif attachement, mais une confiance parfaite et qui ne s'est jamais démentie. Supposons que ce que j'ai senti pour elle fût véritablement de l'amour, ce qui paraîtra tout au moins douteux à qui suivra l'histoire de nos liaisons, comment cette passion fut-elle accompagnée, dès sa naissance, des sentiments qu'elle inspire le moins : la paix du cœur, le calme, la sérénité, la sécurité, l'assurance ? Comment, en approchant pour la première fois d'une femme aimable, polie, éblouissante, d'une Dame d'un état supérieur au mien, dont je n'avais jamais abordé la pareille, de celle dont dépendait mon sort en quelque sorte par l'intérêt plus ou moins grand qu'elle y prendrait, comment, dis-je, avec tout cela me trouvai-je à l'instant aussi libre, aussi à mon aise que si j'eusse été parfaitement sûr de lui plaire ? Comment n'eus-je pas un moment d'embarras, de timidité, de gêne ? Naturellement honteux, décontenancé, n'ayant jamais vu le monde, comment pris-je avec elle, du premier jour, du premier instant, les manières faciles, le langage tendre, le ton familier que j'avais dix ans après, lorsque la plus grande intimité l'eut rendu naturel ? A-t-on de l'amour, je ne dis pas sans désirs, j'en avais [18], mais sans inquiétude, sans jalousie ? Ne veut-on pas au moins apprendre de l'objet qu'on aime si l'on est aimé ? C'est une question qu'il ne m'est pas plus venu dans l'esprit de lui faire une fois en ma vie que de me demander à moi-même si je m'aimais, et jamais elle n'a été plus curieuse avec moi. Il y eut certainement quelque chose de singulier dans mes sentiments pour cette charmante femme, et l'on y trouvera dans la suite des bizarreries auxquelles on ne s'attend pas.

Il fut question de ce que je deviendrais, et pour en causer plus à loisir, elle me retint à dîner. Ce fut le premier repas de ma vie où j'eusse manqué d'appétit, et sa femme de chambre, qui nous servait, dit aussi que j'étais le premier voyageur de mon âge et de mon étoffe * qu'elle en eût vu manquer. Cette remarque, qui ne me nuisit pas dans l'esprit de sa maîtresse, tombait un peu à plomb [19] sur un gros manant [20] qui dînait avec nous et qui dévora, lui tout seul, un repas honnête pour six personnes. Pour moi, j'étais dans un ravissement qui ne me permettait pas de manger. Mon cœur se nourrissait d'un sentiment tout nouveau dont il occu-

pait tout mon être ; il ne me laissait des esprits [21] pour
nulle autre fonction.

Mme de Warens voulut savoir les détails de ma petite
histoire ; je retrouvai pour la lui conter tout le feu que
j'avais perdu chez mon maître [22]. Plus j'intéressais cette
excellente âme en ma faveur, plus elle plaignait le sort
auquel j'allais m'exposer. Sa tendre compassion se
marquait dans son air, dans son regard, dans ses gestes.
Elle n'osait m'exhorter à retourner à Genève. Dans sa
position c'eût été un crime de lèse-catholicité, et elle
n'ignorait pas combien elle était surveillée et combien
ses discours étaient pesés. Mais elle me parlait d'un ton
si touchant de l'affliction de mon père, qu'on voyait
bien qu'elle eût approuvé que j'allasse le consoler. Elle
ne savait pas combien, sans y songer, elle plaidait
contre elle-même. Outre que ma résolution était prise,
comme je crois l'avoir dit, plus je la trouvais éloquente,
persuasive, plus ses discours m'allaient au cœur, et
moins je pouvais me résoudre à me détacher d'elle. Je
sentais que retourner à Genève était mettre entre elle et
moi une barrière presque insurmontable, à moins de
revenir à [23] la démarche que j'avais faite, et à laquelle
mieux valait me tenir tout d'un coup. Je m'y tins
donc. Mme de Warens, voyant ses efforts inutiles, ne les
poussa pas jusqu'à se compromettre ; mais elle me dit
avec un regard de commisération : « Pauvre petit, tu
dois aller où Dieu t'appelle ; mais quand tu seras grand,
tu te souviendras de moi. » Je crois qu'elle ne pensait
pas elle-même que cette prédiction s'accomplirait si
cruellement.

La difficulté restait tout entière. Comment subsister
si jeune hors de mon pays ? À peine à la moitié de mon
apprentissage, j'étais bien loin de savoir mon métier.
Quand je l'aurais su, je n'en aurais pu vivre en Savoie,
pays trop pauvre pour avoir des arts *. Le manant qui
dînait pour nous, forcé de faire une pause pour reposer
sa mâchoire, ouvrit un avis [24] qu'il disait venir du Ciel,
et qui, à juger par les suites, venait bien plutôt du côté
contraire ; c'était que j'allasse à Turin, où, dans un
hospice établi pour l'instruction des catéchumènes,

j'aurais, dit-il, la vie temporelle et spirituelle, jusqu'à ce
que, entré dans le sein de l'Église, je trouvasse, par la
charité des bonnes âmes, une place qui me convînt. À
l'égard des frais du voyage, continua mon homme, Sa
Grandeur Mgr l'évêque ne manquera pas, si madame
lui propose cette sainte œuvre, de vouloir charitable-
ment y pourvoir, et madame la baronne, qui est si charitable, dit-il en s'inclinant sur son assiette, s'empres-
sera sûrement d'y contribuer aussi.

Je trouvais toutes ces charités bien dures : j'avais le cœur
serré, je ne disais rien, et Mme de Warens, sans saisir ce
projet avec autant d'ardeur qu'il était offert, se contenta de
répondre que chacun devait contribuer au bien selon son
pouvoir, et qu'elle en parlerait à Monseigneur : mais mon
diable d'homme, qui craignit qu'elle n'en parlât pas à son
gré, et qui avait son petit intérêt dans cette affaire, courut
prévenir les aumôniers, et emboucha ²⁵ si bien les bons
prêtres, que quand Mme de Warens, qui craignait pour moi
ce voyage, en voulut parler à l'évêque, elle trouva que
c'était une affaire arrangée, et il lui remit à l'instant l'argent
destiné pour mon petit viatique ²⁶. Elle n'osa insister pour
me faire rester : j'approchais d'un âge où une femme du
sien ne pouvait décemment vouloir retenir un jeune
homme auprès d'elle.

Mon voyage étant ainsi réglé par ceux qui prenaient
soin de moi, il fallut bien me soumettre et c'est même ce
que je fis sans beaucoup de répugnance. Quoique Turin
fût plus loin que Genève, je jugeai qu'étant la capitale,
elle avait avec Annecy des relations plus étroites qu'une
ville étrangère d'État et de Religion ; et puis, partant
pour obéir à Mme de Warens, je me regardais comme
vivant toujours sous sa direction ; c'était plus que de
vivre à son voisinage. Enfin l'idée d'un grand voyage
flattait ma manie ambulante, qui déjà commençait à se
déclarer. Il me paraissait beau de passer les monts à
mon âge ²⁷, et de m'élever au-dessus de mes camarades
de toute la hauteur des Alpes. Voir du pays est un appât
auquel un Genevois ne résiste guère. Je donnai donc
mon consentement. Mon manant devait partir dans
deux jours avec sa femme. Je leur fus confié et recom-

mandé. Ma bourse leur fut remise, renforcée par
Mme de Warens qui de plus me donna secrètement un
petit pécule, auquel elle joignit d'amples instructions, et
nous partîmes le mercredi saint.

Le lendemain de mon départ d'Annecy, mon père y
arriva courant à ma piste avec un M. Rival [28], son ami,
horloger comme lui, homme d'esprit, bel esprit même,
qui faisait des vers mieux que La Motte [29] et parlait
presque aussi bien que lui ; de plus, parfaitement honnête homme, mais dont la littérature déplacée [30]
n'aboutit qu'à faire un de ses fils comédien [31].

Ces messieurs virent Mme de Warens et se contentè-
rent de pleurer mon sort avec elle, au lieu de me suivre
et de m'atteindre, comme ils l'auraient pu facilement,
étant à cheval et moi à pied. La même chose était
arrivée à mon oncle Bernard. Il était venu à Confignon,
et de là, sachant que j'étais à Annecy, il s'en retourna à
Genève. Il semblait que mes proches conspirassent
avec mon étoile pour me livrer au destin qui m'attendait. Mon frère s'était perdu par une semblable négligence, et si bien perdu qu'on n'a jamais su ce qu'il était
devenu [32].

Mon père n'était pas seulement un homme d'honneur, c'était un homme d'une probité sûre, et il avait
une de ces âmes fortes qui font les grandes vertus ; de
plus, il était bon père, surtout pour moi [33]. Il m'aimait
très tendrement ; mais il aimait aussi ses plaisirs, et
d'autres goûts avaient un peu attiédi l'affection paternelle depuis que je vivais loin de lui. Il s'était remarié à
Nyon, et quoique sa femme ne fût plus en âge de me
donner des frères, elle avait des parents ; cela faisait une
autre famille, d'autres objets, un nouveau ménage, qui
ne rappelait plus si souvent mon souvenir. Mon père
vieillissait et n'avait aucun bien pour soutenir sa
vieillesse. Nous avions, mon frère et moi, quelque bien
de ma mère [34], dont le revenu devait appartenir à mon
père durant notre éloignement. Cette idée ne s'offrait
pas à lui directement, et ne l'empêchait pas de faire son
devoir ; mais elle agissait sourdement sans qu'il s'en
aperçût lui-même, et ralentissait quelquefois son zèle

qu'il eût poussé plus loin sans cela. Voilà, je crois, pourquoi, venu d'abord à Annecy sur mes traces, il ne me suivit pas jusqu'à Chambéry, où il était moralement sûr de m'atteindre. Voilà pourquoi encore l'étant allé voir souvent depuis ma fuite, je reçus toujours de lui des caresses de père, mais sans grands efforts pour me retenir.

Cette conduite d'un père dont j'ai si bien connu la tendresse et la vertu m'a fait faire des réflexions sur moi-même qui n'ont pas peu contribué à me maintenir le cœur sain. J'en ai tiré cette grande maxime de morale, la seule peut-être d'usage dans la pratique, d'éviter les situations qui mettent nos devoirs en opposition avec nos intérêts, et qui nous montrent notre bien dans le mal d'autrui, sûr que, dans de telles situations, quelque sincère amour de la vertu qu'on y porte, on faiblit tôt ou tard sans s'en apercevoir, et l'on devient injuste et méchant dans le fait, sans avoir cessé d'être juste et bon dans l'âme.

Cette maxime fortement imprimée au fond de mon cœur, et mise en pratique, quoiqu'un peu tard, dans toute ma conduite, est une de celles qui m'ont donné l'air le plus bizarre et le plus fou dans le public, et surtout parmi mes connaissances. On m'a imputé de vouloir être original et faire autrement que les autres. En vérité, je ne songeais guère à faire ni comme les autres ni autrement qu'eux. Je désirais sincèrement de faire ce qui était bien. Je me dérobais de toute ma force à des situations qui me donnassent un intérêt contraire à l'intérêt d'un autre homme, et par conséquent un désir secret, quoique involontaire, du mal de cet homme-là.

Il y a deux ans [35] que Mylord Maréchal me voulut mettre dans son testament. Je m'y opposai de toute ma force. Je lui marquai que je ne voudrais pour rien au monde me savoir dans le testament de qui que ce fût, et beaucoup moins dans le sien. Il se rendit : maintenant il veut me faire une pension viagère, et je ne m'y oppose pas. On dira que je trouve mon compte à ce changement, cela peut être. Mais, ô mon bienfaiteur et mon père, si j'ai le malheur de vous survivre, je sais qu'en vous perdant j'ai tout à perdre, et que je n'ai rien à gagner.

C'est là, selon moi, la bonne philosophie, la seule vraiment assortie au cœur humain [36]. Je me pénètre chaque jour davantage de sa profonde solidité, et je l'ai retournée de différentes manières dans tous mes derniers écrits ; mais le public, qui est frivole, ne l'y a pas su remarquer. Si je survis assez à cette entreprise consommée pour en reprendre une autre, je me propose de donner dans la suite de l'*Émile* [37] un exemple si charmant et si frappant de cette même maxime, que mon lecteur soit forcé d'y faire attention. Mais c'est assez de réflexions pour un voyageur ; il est temps de reprendre ma route [38].

Je la fis plus agréablement que je n'aurais dû m'y attendre, et mon manant ne fut pas si bourru qu'il en avait l'air. C'était un homme entre deux âges, portant en queue ses cheveux noirs grisonnants, l'air grenadier, la voix forte, assez gai, marchant bien, mangeant mieux, et qui faisait toute sorte de métiers, faute d'en savoir aucun. Il avait proposé, je crois, d'établir à Annecy je ne sais quelle manufacture. Mme de Warens n'avait pas manqué de donner dans le projet, et c'était pour tâcher de le faire agréer au ministre qu'il faisait, bien défrayé, le voyage de Turin. Notre homme avait le talent d'intriguer en se fourrant toujours avec les prêtres, et faisant l'empressé pour les servir ; il avait pris à leur école un certain jargon dévot dont il usait sans cesse, se piquant d'être un grand prédicateur. Il savait même un passage latin de la Bible, et c'était comme s'il en avait su mille, parce qu'il le répétait mille fois le jour ; du reste, manquant rarement d'argent quand il en savait dans la bourse des autres ; plus adroit pourtant que fripon, et qui, débitant d'un ton de racoleur ses capucinades [39], ressemblait à l'ermite Pierre prêchant la croisade le sabre au côté.

Pour Mme Sabran, son épouse, c'était une assez bonne femme, plus tranquille le jour que la nuit. Comme je couchais toujours dans leur chambre, ses bruyantes insomnies m'éveillaient souvent et m'auraient éveillé [40] bien

davantage si j'en avais compris le sujet. Mais je ne m'en
doutais pas même, et j'étais sur ce chapitre d'une bêtise
qui a laissé à la seule nature tout le soin de mon instruction.

Je m'acheminais gaiement avec mon dévot guide et
sa sémillante compagne. Nul accident ne troubla mon
voyage ; j'étais dans la plus heureuse situation de corps
et d'esprit où j'aie été de mes jours. Jeune, vigoureux,
plein de santé, de sécurité, de confiance en moi et aux
autres, j'étais dans ce court, mais précieux moment de
la vie, où sa plénitude expansive étend pour ainsi dire
notre être par toutes nos sensations, et embellit à nos
yeux la nature entière du charme de notre existence.
Ma douce inquiétude avait un objet qui la rendait
moins errante et fixait mon imagination. Je me regardais comme l'ouvrage, l'élève, l'ami, presque l'amant
de Mme de Warens. Les choses obligeantes qu'elle
m'avait dites, les petites caresses qu'elle m'avait faites,
l'intérêt si tendre qu'elle avait paru prendre à moi, ses
regards charmants, qui me semblaient pleins d'amour
parce qu'ils m'en inspiraient, tout cela nourrissait mes
idées durant la marche, et me faisait rêver délicieusement. Nulle crainte, nul doute sur mon sort ne troublait
ces rêveries. M'envoyer à Turin, c'était, selon moi,
s'engager à m'y faire vivre, à m'y placer convenable-
ment. Je n'avais plus de souci sur moi-même ; d'autres
s'étaient chargés de ce soin. Ainsi je marchais légèrement, allégé de ce poids ; les jeunes désirs, l'espoir
enchanteur, les brillants projets remplissaient mon
âme. Tous les objets que je voyais me semblaient les
garants de ma prochaine félicité. Dans les maisons
j'imaginais des festins rustiques ; dans les prés, de folâtres jeux ; le long des eaux, les bains, des promenades,
la pêche ; sur les arbres, des fruits délicieux ; sous leur
ombre, de voluptueux tête-à-tête ; sur les montagnes,
des cuves de lait et de crème, une oisiveté charmante, la
paix, la simplicité, le plaisir d'aller sans savoir où. Enfin
rien ne frappait mes yeux sans porter à mon cœur
quelque attrait de jouissance. La grandeur, la variété, la
beauté réelle du spectacle rendaient cet attrait digne de

la raison ; la vanité même y mêlait sa pointe. Si jeune,
aller en Italie, avoir déjà vu tant de pays, suivre Annibal
à travers les monts [41], me paraissait une gloire au-
dessus de mon âge. Joignez à tout cela des stations fréquentes et bonnes, un grand appétit et de quoi le
contenter ; car en vérité ce n'était pas la peine de m'en
faire faute, et sur le dîner de M. Sabran le mien ne
paraissait pas.

Je ne me souviens pas d'avoir eu, dans tout le cours
de ma vie, d'intervalle plus parfaitement exempt de
soucis et de peine que celui des sept ou huit jours que
nous mîmes à ce voyage [42] ; car le pas de Mme Sabran,
sur lequel il fallait régler le nôtre, n'en fit qu'une longue
promenade. Ce souvenir m'a laissé le goût le plus vif
pour tout ce qui s'y rapporte, surtout pour les montagnes et pour les voyages pédestres. Je n'ai voyagé à
pied que dans mes beaux jours, et toujours avec délices.
Bientôt les devoirs, les affaires, un bagage à porter
m'ont forcé de faire le monsieur et de prendre des
voitures ; les soucis rongeants, les embarras, la gêne y
sont montés avec moi, et dès lors, au lieu qu'auparavant
dans mes voyages, je ne sentais que le plaisir d'aller, je
n'ai plus senti que le besoin d'arriver. J'ai cherché longtemps, à Paris, deux camarades du même goût que moi
qui voulussent consacrer chacun cinquante louis de sa
bourse et un an de son temps à faire ensemble, à pied,
le tour de l'Italie, sans autre équipage ★ qu'un garçon
qui portât avec nous un sac de nuit. Beaucoup de gens
se sont présentés, enchantés de ce projet en apparence,
mais au fond le prenant tous pour un pur château en
Espagne, dont on cause en conversation sans vouloir
l'exécuter en effet. Je me souviens que, parlant avec
passion de ce projet avec Diderot et Grimm, je leur en
donnai enfin la fantaisie. Je crus une fois l'affaire faite ;
mais le tout se réduisit à vouloir faire un voyage par
écrit, dans lequel Grimm ne trouvait rien de si plaisant
que de faire faire à Diderot beaucoup d'impiétés, et de
me faire fourrer à l'Inquisition à sa place [43].

Mon regret d'arriver si vite à Turin fut tempéré par le
plaisir de voir une grande ville, et par l'espoir d'y faire

bientôt une figure digne de moi, car déjà les fumées de l'ambition me montaient à la tête ; déjà je me regardais comme infiniment au-dessus de mon ancien état d'apprenti ; j'étais bien loin de prévoir que dans peu j'allais être fort au-dessous.

Avant que d'aller plus loin, je dois au lecteur mon excuse ou ma justification, tant sur les menus détails où je viens d'entrer que sur ceux où j'entrerai dans la suite, et qui n'ont rien d'intéressant à ses yeux. Dans l'entreprise que j'ai faite de me montrer tout entier au public, il faut que rien de moi ne lui reste obscur ou caché ; il faut que je me tienne incessamment sous ses yeux ; qu'il me suive dans tous les égarements de mon cœur, dans tous les recoins de ma vie ; qu'il ne me perde pas de vue un seul instant, de peur que, trouvant dans mon récit la moindre lacune, le moindre vide, et se demandant : Qu'a-t-il fait durant ce temps-là ? il ne m'accuse de n'avoir pas voulu tout dire. Je donne assez de prise à la malignité des hommes par mes récits, sans lui en donner encore par mon silence.

Mon petit pécule était parti : j'avais jasé, et mon indiscrétion [44] ne fut pas pour mes conducteurs à pure perte. Mme Sabran trouva le moyen de m'arracher jusqu'à un petit ruban glacé d'argent que Mme de Warens m'avait donné pour ma petite épée, et que je regrettai plus que tout le reste ; l'épée même eût resté dans leurs mains si je m'étais moins obstiné [45]. Ils m'avaient fidèlement défrayé dans la route, mais ils ne m'avaient rien laissé. J'arrive à Turin sans habits, sans argent, sans linge, et laissant très exactement à mon seul mérite tout l'honneur de la fortune que j'allais faire [46].

J'avais des lettres, je les portai ; et tout de suite je fus mené à l'Hospice des catéchumènes [47], pour y être instruit dans la religion pour laquelle on me vendait ma subsistance. En entrant je vis une grosse porte à barreaux de fer, qui dès que je fus passé fut fermée à double tour sur mes talons. Ce début me parut plus imposant qu'agréable, et commençait à me donner à penser, quand on me fit entrer dans une assez grande pièce. J'y vis pour tout meuble un autel de bois sur-

monté d'un grand crucifix au fond de la chambre, et
autour quatre ou cinq chaises aussi de bois, qui paraissaient avoir été cirées, mais qui seulement étaient lui-
santes à force de s'en servir et de les frotter. Dans cette
salle d'assemblée étaient quatre ou cinq affreux
bandits [48], mes camarades d'instruction, et qui semblaient plutôt des archers du diable que des aspirants à
se faire enfants de Dieu. Deux de ces coquins étaient
des Esclavons [49], qui se disaient Juifs et Maures, et qui,
comme ils me l'avouèrent, passaient leur vie à courir
l'Espagne et l'Italie, embrassant le christianisme et se
faisant baptiser partout où le produit en valait la peine.
On ouvrit une autre porte de fer qui partageait en deux
un grand balcon régnant sur la cour. Par cette porte
entrèrent nos sœurs les catéchumènes, qui comme moi
s'allaient régénérer, non par le baptême, mais par une
solennelle abjuration. C'étaient bien les plus grandes
salopes et les plus vilaines coureuses qui jamais aient
empuanti le bercail du Seigneur. Une seule me parut
jolie et assez intéressante [50]. Elle était à peu près de mon
âge, peut-être un an ou deux de plus. Elle avait des
yeux fripons qui rencontraient quelquefois les miens.
Cela m'inspira quelque désir de faire connaissance avec
elle ; mais, pendant près de deux mois qu'elle demeura
encore dans cette maison, où elle était depuis trois, il
me fut absolument impossible de l'accoster, tant elle
était recommandée à notre vieille geôlière, et obsédée
par le saint missionnaire, qui travaillait à sa conversion
avec plus de zèle que de diligence. Il fallait qu'elle fût
extrêmement stupide, quoiqu'elle n'en eût pas l'air, car
jamais instruction ne fut plus longue. Le saint homme
ne la trouvait toujours point en état d'abjurer. Mais elle
s'ennuya de sa clôture, et dit qu'elle voulait sortir, chrétienne ou non. Il fallut la prendre au mot, tandis qu'elle
consentait encore à l'être, de peur qu'elle ne se mutinât
et qu'elle ne le voulût plus.

La petite communauté fut assemblée en l'honneur
du nouveau venu. On nous fit une courte exhortation ;
à moi, pour m'engager à répondre à la grâce que Dieu
me faisait ; aux autres, pour les inviter à m'accorder

leurs prières et à m'édifier par leurs exemples. Après quoi, nos vierges étant rentrées dans leur clôture, j'eus le temps de m'étonner ★ tout à mon aise de celle où je me trouvais.

Le lendemain matin on nous assembla de nouveau pour l'instruction, et ce fut alors que je commençai à réfléchir pour la première fois sur le pas que j'allais faire et sur les démarches qui m'y avaient entraîné.

J'ai dit, je répète et je répéterai peut-être une chose dont je suis tous les jours plus pénétré ; c'est que si jamais enfant reçut une éducation raisonnable et saine, ç'a été moi. Né dans une famille que ses mœurs distinguaient du peuple, je n'avais reçu que des leçons de sagesse et des exemples d'honneur de tous mes parents. Mon père, quoique homme de plaisir, avait non seulement une probité sûre, mais beaucoup de religion. Galant homme dans le monde et chrétien dans l'intérieur, il m'avait inspiré de bonne heure les sentiments dont il était pénétré. De mes trois tantes, toutes sages et vertueuses, les deux aînées étaient dévotes, et la troisième, fille à la fois pleine de grâces, d'esprit et de sens, l'était peut-être encore plus qu'elles, quoique avec moins d'ostentation. Du sein de cette estimable famille, je passai chez M. Lambercier, qui, bien qu'homme d'Église et prédicateur, était croyant en dedans et faisait presque aussi bien qu'il disait. Sa sœur et lui cultivèrent, par des instructions douces et judicieuses, les principes de piété qu'ils trouvèrent dans mon cœur. Ces dignes gens employèrent pour cela des moyens si vrais, si discrets, si raisonnables, que, loin de m'ennuyer au sermon, je n'en sortais jamais sans être intérieurement touché et sans faire des résolutions de bien vivre, auxquelles je manquais rarement en y pensant. Chez ma tante Bernard la dévotion m'ennuyait un peu plus, parce qu'elle en faisait un métier. Chez mon maître je n'y pensais plus guère, sans pourtant penser différemment. Je ne trouvai point de jeunes gens qui me pervertissent. Je devins polisson, mais non libertin.

J'avais donc de la religion tout ce qu'un enfant à l'âge où j'étais en pouvait avoir. J'en avais même davantage, car pourquoi déguiser ici ma pensée ? Mon enfance ne fut point d'un enfant [51] ; je sentis, je pensai toujours en homme. Ce n'est qu'en grandissant que je suis rentré dans la classe ordinaire ; en naissant, j'en étais sorti. L'on rira de me voir me donner modestement pour un prodige. Soit : mais quand on aura bien ri, qu'on trouve un enfant qu'à six ans les romans attachent, intéressent, transportent au point d'en pleurer à chaudes larmes ; alors je sentirai ma vanité ridicule, et je conviendrai que j'ai tort.

Ainsi, quand j'ai dit qu'il ne fallait point parler aux enfants de religion si l'on voulait qu'un jour ils en eussent, et qu'ils étaient incapables de connaître Dieu, même à notre manière [52], j'ai tiré mon sentiment de mes observations, non de ma propre expérience : je savais qu'elle ne concluait rien pour les autres. Trouvez des J.-J. Rousseau à six ans, et parlez-leur de Dieu à sept, je vous réponds que vous ne courez aucun risque.

On sent, je crois, qu'avoir de la religion, pour un enfant, et même pour un homme, c'est suivre celle où il est né. Quelquefois on en ôte ; rarement on y ajoute ; la foi dogmatique est un fruit de l'éducation. Outre ce principe commun qui m'attachait au culte de mes pères, j'avais l'aversion particulière à notre ville pour le catholicisme, qu'on nous donnait pour une affreuse idolâtrie, et dont on nous peignait le clergé sous les plus noires couleurs. Ce sentiment allait si loin chez moi, qu'au commencement je n'entrevoyais jamais le dedans d'une église, je ne rencontrais jamais un prêtre en surplis, je n'entendais jamais la sonnette d'une procession sans un frémissement de terreur et d'effroi, qui me quitta bientôt dans les villes, mais qui souvent m'a repris dans les paroisses de campagne, plus semblables à celles où je l'avais d'abord éprouvé. Il est vrai que cette impression était singulièrement contrastée par le souvenir des caresses * que les curés des environs de Genève font volontiers aux enfants de la ville [53]. En même temps que la sonnette du viatique me faisait peur, la cloche de la messe ou de vêpres me rappelait un déjeuner, un goûter, du beurre frais, des fruits, du

laitage. Le bon dîner de M. de Pontverre avait produit
encore un grand effet. Ainsi je m'étais aisément étourdi
sur tout cela. N'envisageant le papisme que par ses
liaisons avec les amusements et la gourmandise, je
m'étais apprivoisé sans peine avec l'idée d'y vivre ; mais
celle d'y entrer solennellement ne s'était présentée à
moi qu'en fuyant, et dans un avenir éloigné. Dans ce
moment il n'y eut plus moyen de prendre le change : je
vis avec l'horreur la plus vive l'espèce d'engagement
que j'avais pris et sa suite inévitable. Les futurs néo-
phytes que j'avais autour de moi n'étaient pas propres
à soutenir mon courage par leur exemple, et je ne pus
me dissimuler que la sainte œuvre que j'allais faire
n'était au fond que l'action d'un bandit. Tout jeune
encore, je sentis que, quelque religion qui fût la vraie,
j'allais vendre la mienne, et que, quand même je choi-
sirais bien, j'allais au fond de mon cœur mentir au
Saint-Esprit et mériter le mépris des hommes. Plus j'y
pensais, plus je m'indignais contre moi-même ; et je
gémissais du sort qui m'avait amené là, comme si ce
sort n'eût pas été mon ouvrage. Il y eut des moments
où ces réflexions devinrent si fortes, que si j'avais un
instant trouvé la porte ouverte, je me serais certainement évadé ; mais il ne me fut pas possible, et cette
résolution ne tint pas non plus bien fortement.

Trop de désirs secrets la combattaient pour ne la pas
vaincre. D'ailleurs, l'obstination du dessein formé de
ne pas retourner à Genève, la honte, la difficulté même
de repasser les monts, l'embarras de me voir loin de
mon pays, sans amis, sans ressources, tout cela concou-
rait à me faire regarder comme un repentir tardif les
remords de ma conscience ; j'affectais de me reprocher
ce que j'avais fait, pour excuser ce que j'allais faire. En
aggravant les torts du passé, j'en regardais l'avenir
comme une suite nécessaire. Je ne me disais pas : rien
n'est fait encore, et tu peux être innocent si tu veux ;
mais je me disais : gémis du crime dont tu t'es rendu
coupable et que tu t'es mis dans la nécessité d'achever.

En effet, quelle rare force d'âme ne me fallait-il point
à mon âge pour révoquer tout ce que jusque-là j'avais

pu promettre ou laisser espérer, pour rompre les chaînes que je m'étais données, pour déclarer avec intrépidité que je voulais rester dans la religion de mes pères, au risque de tout ce qui en pouvait arriver ! Cette vigueur n'était pas de mon âge, et il est peu probable qu'elle eût eu un heureux succès. Les choses étaient trop avancées pour qu'on voulût en avoir le démenti, et plus ma résistance eût été grande, plus, de manière ou d'autre, on se fût fait une loi de la surmonter.

Le sophisme qui me perdit est celui de la plupart des hommes, qui se plaignent de manquer de force quand il est déjà trop tard pour en user. La vertu ne nous coûte que par notre faute, et si nous voulions être toujours sages, rarement aurions-nous besoin d'être vertueux. Mais des penchants faciles à surmonter nous entraînent sans résistance ; nous cédons à des tentations légères dont nous méprisons le danger. Insensiblement nous tombons dans des situations périlleuses, dont nous pouvions aisément nous garantir, mais dont nous ne pouvons plus nous tirer sans des efforts héroïques qui nous effrayent, et nous tombons enfin dans l'abîme en disant à Dieu : « Pourquoi m'as-tu fait si faible ? » Mais malgré nous il répond à nos consciences : « Je t'ai fait trop faible pour sortir du gouffre, parce que je t'ai fait assez fort pour n'y pas tomber. »

Je ne pris pas précisément la résolution de me faire catholique ; mais, voyant le terme encore éloigné, je pris le temps de m'apprivoiser à cette idée, et en attendant je me figurais quelque événement imprévu qui me tirerait d'embarras. Je résolus, pour gagner du temps, de faire la plus belle défense qu'il me serait possible. Bientôt ma vanité me dispensa de songer à ma résolution, et dès que je m'aperçus que j'embarrassais quelquefois ceux qui voulaient m'instruire, il ne m'en fallut pas davantage pour chercher à les terrasser tout à fait. Je mis même à cette entreprise un zèle bien ridicule ; car tandis qu'ils travaillaient sur moi, je voulus travailler sur eux. Je croyais bonnement qu'il ne fallait que les convaincre pour les engager à se faire protestants.

Ils ne trouvèrent donc pas en moi tout à fait autant de facilité qu'ils en attendaient, ni du côté des lumières ni du côté de la volonté. Les protestants sont généralement mieux instruits que les catholiques. Cela doit être : la doctrine des uns exige la discussion, celle des autres la soumission. Le catholique doit adopter la décision qu'on lui donne ; le protestant doit apprendre à se décider. On savait cela ; mais on n'attendait ni de mon état ni de mon âge de grandes difficultés pour des gens exercés. D'ailleurs je n'avais point fait encore ma première communion ni reçu les instructions qui s'y rapportent : on le savait encore, mais on ne savait pas qu'en revanche j'avais été bien instruit chez M. Lambercier, et que de plus j'avais par-devers moi un petit magasin fort incommode à ces messieurs, dans l'*Histoire de l'Église et de l'Empire* [54] que j'avais apprise presque par cœur chez mon père, et depuis à peu près oubliée, mais qui me revint à mesure que la dispute s'échauffait.

Un vieux prêtre, petit, mais assez vénérable, nous fit en commun la première conférence. Cette conférence était pour mes camarades un catéchisme plutôt qu'une controverse, et il avait plus à faire à les instruire qu'à résoudre leurs objections. Il n'en fut pas de même avec moi. Quand mon tour vint, je l'arrêtai sur tout ; je ne lui sauvai * pas une des difficultés que je pus lui faire. Cela rendit la conférence fort longue et fort ennuyeuse pour les assistants. Mon vieux prêtre parlait beaucoup, s'échauffait, battait la campagne, et se tirait d'affaire en disant qu'il n'entendait pas bien le français. Le lendemain, de peur que mes indiscrètes objections ne scandalisassent mes camarades, on me mit à part dans une autre chambre avec un autre prêtre, plus jeune, beau parleur, c'est-à-dire faiseur de longues phrases, et content de lui si jamais docteur le fut. Je ne me laissai pourtant pas trop subjuguer à sa mine imposante, et, sentant qu'après tout je faisais ma tâche, je me mis à lui répondre avec assez d'assurance et à le bourrer [55] par-ci par-là du mieux que je pus. Il croyait m'assommer avec saint Augustin, saint Grégoire et les autres Pères,

et il trouvait, avec une surprise incroyable, que je
maniais tous ces Pères-là presque aussi légèrement que
lui : ce n'était pas que je les eusse jamais lus, ni lui peut-
être ; mais j'en avais retenu beaucoup de passages tirés
de mon Le Sueur ; et sitôt qu'il m'en citait un, sans disputer sur sa citation, je lui ripostais par une autre du
même Père, et qui souvent l'embarrassait beaucoup. Il
l'emportait pourtant à la fin par deux raisons : l'une,
qu'il était le plus fort, et que, me sentant pour ainsi dire
à sa merci, je jugeais très bien, quelque jeune que je
fusse, qu'il ne fallait pas le pousser à bout ; car je voyais
assez que le vieux petit prêtre n'avait pris en amitié ni
mon érudition ni moi ; l'autre raison était que le
jeune avait de l'étude, et que je n'en avais point. Cela
faisait qu'il mettait dans sa manière d'argumenter une
méthode que je ne pouvais pas suivre, et que, sitôt qu'il
se sentait pressé d'une objection imprévue, il la remettait au lendemain, disant que je sortais du sujet présent.
Il rejetait même quelquefois toutes mes citations, sou-
tenant qu'elles étaient fausses, et, s'offrant à m'aller
chercher le livre, me défiait de les y trouver. Il sentait
qu'il ne risquait pas grand-chose, et qu'avec toute mon
érudition d'emprunt j'étais trop peu exercé à manier les
livres, et trop peu latiniste pour trouver un passage
dans un gros volume, quand même je serais assuré qu'il
y est. Je le soupçonne même d'avoir usé de l'infidélité
dont il accusait les ministres, et d'avoir fabriqué quelquefois des passages pour se tirer d'une objection qui
l'incommodait.

Tandis que duraient ces petites ergoteries, et que les
jours se passaient à disputer, à marmotter des prières et
à faire le vaurien, il m'arriva une petite vilaine aventure
assez dégoûtante, et qui faillit même à finir fort mal
pour moi.

Il n'y a point d'âme si vile et de cœur si barbare qui
ne soit susceptible de quelque sorte d'attachement.
L'un de ces deux bandits [56] qui se disaient Maures me
prit en affection. Il m'accostait volontiers, causait avec
moi dans son baragouin franc [57], me rendait de petits
services, me faisait part quelquefois de sa portion à

table, et me donnait surtout de fréquents baisers avec
une ardeur qui m'était fort incommode. Quelque effroi
que j'eusse naturellement de ce visage de pain d'épice,
orné d'une longue balafre, et de ce regard allumé qui
semblait plutôt furieux que tendre, j'endurais ces baisers en me disant en moi-même : le pauvre homme a
conçu pour moi une amitié bien vive ; j'aurais tort de
le rebuter ⋆. Il passait par degrés à des manières plus
libres, et me tenait de si singuliers propos, que je
croyais quelquefois que la tête lui avait tourné. Un soir,
il voulut venir coucher avec moi ; je m'y opposai, disant
que mon lit était trop petit. Il me pressa d'aller dans le
sien ; je le refusai encore ; car ce misérable était si mal-
propre et puait si fort le tabac mâché, qu'il me faisait
mal au cœur.

Le lendemain, d'assez bon matin, nous étions tous
deux seuls dans la salle d'assemblée : il recommença ses
caresses, mais avec des mouvements si violents qu'il en
était effrayant. Enfin, il voulut passer par degrés aux
privautés les plus malpropres et me forcer, en dispo-
sant de ma main, d'en faire autant. Je me dégageai
impétueusement en poussant un cri et faisant un saut
en arrière, et, sans marquer ni indignation ni colère, car
je n'avais pas la moindre idée de ce dont il s'agissait,
j'exprimai ma surprise et mon dégoût avec tant d'énergie, qu'il me laissa là : mais tandis qu'il achevait de se
démener [58], je vis partir vers la cheminée et tomber à
terre je ne sais quoi de gluant et de blanchâtre qui me fit
soulever le cœur. Je m'élançai sur le balcon, plus ému,
plus troublé, plus effrayé même que je ne l'avais été de
ma vie, et prêt à me trouver mal.

Je ne pouvais comprendre ce qu'avait ce malheureux ; je le crus saisi du haut mal [59], ou de quelque fré-
nésie encore plus terrible, et véritablement je ne sache
rien de plus hideux à voir pour quelqu'un de sang-froid
que cet obscène et sale maintien, et ce visage affreux
enflammé de la plus brutale concupiscence. Je n'ai
jamais vu d'autre homme en pareil état ; mais si nous
sommes ainsi dans nos transports près des femmes, il

faut qu'elles aient les yeux bien fascinés * pour ne pas nous prendre en horreur.

Je n'eus rien de plus pressé que d'aller conter à tout le monde ce qui venait de m'arriver. Notre vieille intendante me dit de me taire, mais je vis que cette histoire l'avait fort affectée, et je l'entendais grommeler entre ses dents : *Can maledet ! brutta bestia !* [60] Comme je ne comprenais pas pourquoi je devais me taire, j'allai toujours mon train, malgré la défense, et je bavardai si bien que le lendemain un des administrateurs vint de bon matin m'adresser une assez vive mercuriale [61], m'accusant de faire beaucoup de bruit pour peu de mal et de commettre [62] l'honneur d'une maison sainte.

Il prolongea sa censure * en m'expliquant beaucoup de choses que j'ignorais, mais qu'il ne croyait pas m'apprendre, persuadé que je m'étais défendu sachant ce qu'on me voulait, et n'y voulant pas consentir. Il me dit gravement que c'était une œuvre défendue, ainsi que la paillardise, mais dont au reste l'intention n'était pas plus offensante pour la personne qui en était l'objet, et qu'il n'y avait pas de quoi s'irriter si fort pour avoir été trouvé aimable. Il me dit sans détour que lui-même, dans sa jeunesse, avait eu le même honneur, et qu'ayant été surpris hors d'état de faire résistance, il n'avait rien trouvé là de si cruel. Il poussa l'impudence jusqu'à se servir des propres termes, et s'imaginant que la cause de ma résistance était la crainte de la douleur, il m'assura que cette crainte était vaine, et qu'il ne fallait pas s'alarmer de rien.

J'écoutais cet infâme [63] avec un étonnement d'autant plus grand qu'il ne parlait point pour lui-même ; il semblait ne m'instruire que pour mon bien. Son discours lui paraissait si simple, qu'il n'avait pas même cherché le secret du tête à tête ; et nous avions en tiers un ecclésiastique que tout cela n'effarouchait pas plus que lui. Cet air naturel m'en imposa tellement, que j'en vins à croire que c'était sans doute un usage admis dans le monde, et dont je n'avais pas eu plus tôt occasion d'être instruit. Cela fit que je l'écoutai sans colère, mais non sans dégoût. L'image de ce qui m'était arrivé, mais sur-

tout de ce que j'avais vu, restait si fortement empreinte
dans ma mémoire, qu'en y pensant, le cœur me soulevait encore. Sans que j'en susse davantage, l'aversion
de la chose s'étendit à l'apologiste, et je ne pus me
contraindre assez pour qu'il ne vît pas le mauvais effet
de ses leçons. Il me lança un regard peu caressant, et
dès lors il n'épargna rien pour me rendre le séjour de
l'hospice désagréable. Il y parvint si bien que, n'apercevant pour en sortir qu'une seule voie, je m'empressai de
la prendre, autant que jusque-là je m'étais efforcé de
l'éloigner [64].

Cette aventure me mit pour l'avenir à couvert des
entreprises des chevaliers de la manchette [65], et la vue
des gens qui passaient pour en être, me rappelant l'air
et les gestes de mon effroyable Maure, m'a toujours
inspiré tant d'horreur que j'avais peine à le cacher. Au
contraire, les femmes gagnèrent beaucoup dans mon
esprit à cette comparaison [66] : il me semblait que je leur
devais en tendresse de sentiments, en hommage de ma
personne, la réparation des offenses de mon sexe, et la
plus laide guenon devenait à mes yeux un objet adorable, par le souvenir de ce faux Africain.

Pour lui, je ne sais ce qu'on put lui dire ; il ne me
parut pas que, excepté la dame Lorenza, personne le
vît de plus mauvais œil qu'auparavant. Cependant il ne
m'accosta ni ne me parla plus. Huit jours après, il fut
baptisé en grande cérémonie, et habillé de blanc de la
tête aux pieds, pour représenter la candeur de son âme
régénérée. Le lendemain il sortit de l'hospice et je ne
l'ai jamais revu [67].

Mon tour vint un mois après [68] ; car il fallut tout ce
temps-là pour donner à mes directeurs l'honneur d'une
conversion difficile, et l'on me fit passer en revue tous
les dogmes pour triompher de ma nouvelle docilité.

Enfin, suffisamment instruit et suffisamment disposé
au gré de mes maîtres, je fus mené processionnellement
à l'église métropolitaine de Saint-Jean pour y faire une
abjuration solennelle, et recevoir les accessoires du
baptême, quoiqu'on ne me baptisât pas réellement [69] :
mais comme ce sont à peu près les mêmes cérémonies,

cela sert à persuader au peuple que les protestants ne
sont pas chrétiens. J'étais revêtu d'une certaine robe
grise, garnie de brandebourgs blancs, et destinée pour
ces sortes d'occasions. Deux hommes portaient,
devant et derrière moi, des bassins de cuivre, sur lesquels ils frappaient avec une clef, et où chacun mettait
son aumône, au gré de sa dévotion ou de l'intérêt qu'il
prenait au nouveau converti. Enfin, rien du faste catholique ne fut omis pour rendre la solennité plus édifiante
pour le public, et plus humiliante pour moi. Il n'y eut
que l'habit blanc, qui m'eût été fort utile, et qu'on ne
me donna pas comme au Maure, attendu que je n'avais
pas l'honneur d'être Juif [70].

Ce ne fut pas tout. Il fallut ensuite aller à l'Inquisition [71] recevoir l'absolution du crime d'hérésie, et
rentrer dans le sein de l'Église avec la même cérémonie
à laquelle Henri IV fut soumis par son ambassadeur.
L'air et les manières du très révérend père inquisiteur
n'étaient pas propres à dissiper la terreur secrète qui
m'avait saisi en entrant dans cette maison. Après plusieurs questions sur ma foi, sur mon état, sur ma
famille, il me demanda brusquement si ma mère était
damnée. L'effroi me fit réprimer le premier mouvement de mon indignation ; je me contentai de répondre
que je voulais espérer qu'elle ne l'était pas, et que Dieu
avait pu l'éclairer à sa dernière heure. Le moine se tut,
mais il fit une grimace qui ne me parut point du tout un
signe d'approbation.

Tout cela fait, au moment où je pensais être enfin
placé selon mes espérances, on me mit à la porte avec
un peu plus de vingt francs en petite monnaie qu'avait
produits ma quête. On me recommanda de vivre en
bon chrétien, d'être fidèle à la grâce ; on me souhaita
bonne fortune, on ferma sur moi la porte, et tout
disparut [72].

Ainsi s'éclipsèrent en un instant toutes mes grandes
espérances, et il ne me resta de la démarche intéressée
que je venais de faire que le souvenir d'avoir été apostat
et dupe tout à la fois. Il est aisé de juger quelle brusque
révolution dut se faire dans mes idées, lorsque de

mes brillants projets de fortune je me vis tomber dans
la plus complète misère, et qu'après avoir délibéré le
matin sur le choix du palais que j'habiterais, je me vis le
soir réduit à coucher dans la rue. On croira que je commençai par me livrer à un désespoir d'autant plus cruel
que le regret de mes fautes devait s'irriter, en me reprochant que tout mon malheur était mon ouvrage. Rien
de tout cela. Je venais pour la première fois de ma vie
d'être enfermé pendant plus de deux mois [73] ; le premier sentiment que je goûtai fut celui de la liberté que
j'avais recouvrée. Après un long esclavage, redevenu
maître de moi-même et de mes actions, je me voyais au
milieu d'une grande ville abondante en ressources,
pleine de gens de condition dont mes talents et mon
mérite ne pouvaient manquer de me faire accueillir
sitôt que j'en serais connu. J'avais de plus tout le temps
d'attendre, et vingt francs que j'avais dans ma poche
me semblaient un trésor qui ne pouvait s'épuiser. J'en
pouvais disposer à mon gré sans rendre compte à personne. C'était la première fois que je m'étais vu si riche.
Loin de me livrer au découragement et aux larmes, je
ne fis que changer d'espérances, et l'amour-propre n'y
perdit rien. Jamais je ne me sentis tant de confiance et
de sécurité ; je croyais déjà ma fortune faite, et je trouvais beau de n'en avoir l'obligation qu'à moi seul.

La première chose que je fis fut de satisfaire ma
curiosité en parcourant toute la ville, quand ce n'eût été
que pour faire un acte de ma liberté. J'allai voir monter
la garde ; les instruments militaires me plaisaient beaucoup. Je suivis des processions ; j'aimais le faux-
bourdon [74] des prêtres ; j'allai voir le palais du roi ; j'en
approchais avec crainte ; mais voyant d'autres gens
entrer, je fis comme eux ; on me laissa faire. Peut-être
dus-je cette grâce au petit paquet que j'avais sous le
bras. Quoi qu'il en soit, je conçus une grande opinion
de moi-même, en me trouvant dans ce palais ; déjà je
m'en regardais presque comme un habitant. Enfin, à
force d'aller et venir, je me lassai ; j'avais faim, il faisait
chaud : j'entrai chez une marchande de laitage ; on me
donna de la giunca, du lait caillé, et avec deux grisses [75]

de cet excellent pain de Piémont, que j'aime plus qu'aucun autre, je fis pour mes cinq ou six sols un des bons dîners que j'aie faits de mes jours.

Il fallut chercher un gîte. Comme je savais déjà assez de piémontais pour me faire entendre, il ne me fut pas difficile à trouver, et j'eus la prudence de le choisir plus selon ma bourse que selon mon goût. On m'enseigna dans la rue du Pô la femme d'un soldat qui retirait [76] à un sol par nuit des domestiques hors de service. Je trouvai chez elle un grabat vide, et je m'y établis. Elle était jeune et nouvellement mariée, quoiqu'elle eût déjà cinq ou six enfants. Nous couchâmes tous dans la même chambre, la mère, les enfants, les hôtes ; et cela dura de cette façon tant que je restai chez elle. Au demeurant c'était une bonne femme, jurant comme un charretier, toujours débraillée et décoiffée, mais douce de cœur, officieuse, qui me prit en amitié, et qui même me fut utile.

Je passai plusieurs jours à me livrer uniquement au plaisir de l'indépendance et de la curiosité. J'allais errant dedans et dehors la ville, furetant, visitant tout ce qui me paraissait curieux et nouveau ; et tout l'était pour un jeune homme sortant de sa niche, qui n'avait jamais vu de capitale. J'étais surtout fort exact à faire ma cour, et j'assistais régulièrement tous les matins à la messe du roi. Je trouvais beau de me voir dans la même chapelle avec ce prince et sa suite : mais ma passion pour la musique, qui commençait à se déclarer, avait plus de part à mon assiduité que la pompe de la cour, qui, bientôt vue et toujours la même, ne frappe pas longtemps. Le roi de Sardaigne avait alors la meilleure symphonie de l'Europe. Somis, Desjardins, les Bezozzi y brillaient alternativement [77]. Il n'en fallait pas tant pour attirer un jeune homme que le jeu du moindre instrument, pourvu qu'il fût juste, transportait d'aise. Du reste, je n'avais pour la magnificence qui frappait mes yeux qu'une admiration stupide * et sans convoitise. La seule chose qui m'intéressât dans tout l'éclat de la cour était de voir s'il n'y aurait point là quelque jeune prin-

cesse qui méritât mon hommage, et avec laquelle je
pusse faire un roman.

Je faillis en commencer un dans un état moins
brillant, mais où, si je l'eusse mis à fin, j'aurais trouvé
des plaisirs mille fois plus délicieux.

Quoique je vécusse avec beaucoup d'économie, ma
bourse insensiblement s'épuisait. Cette économie, au
reste, était moins l'effet de la prudence que d'une simplicité de goût que même aujourd'hui l'usage des
grandes tables n'a point altéré. Je ne connaissais pas et
je ne connais pas encore de meilleure chère que celle
d'un repas rustique. Avec du laitage, des œufs, des
herbes, du fromage, du pain bis et du vin passable, on
est toujours sûr de me bien régaler ; mon bon appétit
fera le reste, quand un maître d'hôtel et des laquais
autour de moi ne me rassasieront pas de leur importun
aspect. Je faisais alors de beaucoup meilleurs repas,
avec six ou sept sols de dépense, que je ne les ai faits
depuis à six ou sept francs. J'étais donc sobre, faute
d'être tenté de ne pas l'être : encore ai-je tort d'appeler
tout cela sobriété, car j'y mettais toute la sensualité possible. Mes poires, ma giunca, mon fromage, mes
grisses, et quelques verres d'un gros vin de Montferrat
à couper par tranches, me rendaient le plus heureux
des gourmands [78]. Mais encore avec tout cela pouvait-
on voir la fin de vingt livres. C'était ce que j'apercevais
plus sensiblement de jour en jour, et, malgré l'étourderie de mon âge, mon inquiétude sur l'avenir alla
bientôt jusqu'à l'effroi. De tous mes châteaux en
Espagne, il ne me resta que celui de chercher une occupation qui me fît vivre, encore n'était-il pas facile à réaliser. Je songeai à mon ancien métier ; mais je ne le
savais pas assez pour aller travailler chez un maître, et
les maîtres mêmes n'abondaient pas à Turin. Je pris
donc, en attendant mieux, le parti d'aller m'offrir de
boutique en boutique pour graver un chiffre ou des
armes sur de la vaisselle, espérant tenter les gens par le
bon marché en me mettant à leur discrétion *. Cet
expédient ne fut pas fort heureux. Je fus presque partout éconduit, et ce que je trouvais à faire était si peu de

chose, qu'à peine y gagnai-je quelques repas. Un jour, cependant, passant d'assez bon matin dans la Contra nova [79], je vis, à travers les vitres d'un comptoir, une jeune marchande de si bonne grâce et d'un air si attirant, que, malgré ma timidité près des dames, je n'hésitai pas d'entrer et de lui offrir mon petit talent [80]. Elle ne me rebuta point, me fit asseoir, conter ma petite histoire, me plaignit, me dit d'avoir bon courage, et que les bons chrétiens ne m'abandonneraient pas ; puis, tandis qu'elle envoyait chercher chez un orfèvre du voisinage, les outils dont j'avais dit avoir besoin, elle monta dans sa cuisine et m'apporta elle-même à déjeuner. Ce début me parut de bon augure ; la suite ne le démentit pas. Elle parut contente de mon petit travail, encore plus de mon petit babil * quand je me fus un peu rassuré ; car elle était brillante et parée, et, malgré son air gracieux, cet éclat m'en avait imposé. Mais son accueil plein de bonté, son ton compatissant, ses manières douces et caressantes me mirent bientôt à mon aise. Je vis que je réussissais, et cela me fit réussir davantage. Mais quoique Italienne, et trop jolie pour n'être pas un peu coquette, elle était pourtant si modeste *, et moi si timide, qu'il était difficile que cela vînt sitôt à bien. On ne nous laissa pas le temps d'achever l'aventure. Je ne m'en rappelle qu'avec plus de charmes les courts moments que j'ai passés auprès d'elle, et je puis dire y avoir goûté dans leurs prémices les plus doux ainsi que les plus purs plaisirs de l'amour.

C'était une brune extrêmement piquante, mais dont le bon naturel peint sur son joli visage rendait la vivacité touchante. Elle s'appelait Mme Basile [81]. Son mari, plus âgé qu'elle et passablement jaloux, la laissait, durant ses voyages, sous la garde d'un commis trop maussade pour être séduisant, et qui ne laissait pas d'avoir des prétentions pour son compte, qu'il ne montrait guère que par sa mauvaise humeur. Il en prit beaucoup contre moi, quoique j'aimasse à l'entendre jouer de la flûte, dont il jouait assez bien. Ce nouvel Égisthe [82] grognait toujours quand il me voyait entrer chez sa dame : il me traitait avec un dédain qu'elle lui rendait bien. Il

semblait même qu'elle se plût, pour le tourmenter, à me
caresser en sa présence, et cette sorte de vengeance,
quoique fort de mon goût, l'eût été bien plus dans le
tête-à-tête. Mais elle ne la poussait pas jusque-là, ou du
moins ce n'était pas de la même manière. Soit qu'elle
me trouvât trop jeune, soit qu'elle ne sût point faire les
avances, soit qu'elle voulût sérieusement être sage, elle
avait alors une sorte de réserve qui n'était pas repous-
sante, mais qui m'intimidait sans que je susse pourquoi.
Quoique je ne me sentisse pas pour elle ce respect aussi
vrai que tendre que j'avais pour Mme de Warens, je me
sentais plus de crainte et bien moins de familiarité.
J'étais embarrassé, tremblant ; je n'osais la regarder, je
n'osais respirer auprès d'elle ; cependant je craignais
plus que la mort de m'en éloigner. Je dévorais d'un œil
avide tout ce que je pouvais regarder sans être aperçu :
les fleurs de sa robe, le bout de son joli pied, l'intervalle
d'un bras ferme et blanc qui paraissait entre son gant et
sa manchette, et celui qui se faisait quelquefois entre
son tour de gorge et son mouchoir. Chaque objet ajoutait à l'impression des autres. À force de regarder ce
que je pouvais voir, et même au-delà, mes yeux se trou-
blaient, ma poitrine s'oppressait, ma respiration, d'instant en instant plus embarrassée, me donnait beaucoup
de peine à gouverner, et tout ce que je pouvais faire
était de filer sans bruit des soupirs fort incommodes
dans le silence où nous étions assez souvent. Heureusement, Mme Basile, occupée à son ouvrage, ne s'en apercevait pas, à ce qu'il me semblait. Cependant je voyais
quelquefois, par une sorte de sympathie, son fichu se
renfler assez fréquemment. Ce dangereux spectacle
achevait de me perdre, et quand j'étais prêt à céder à
mon transport, elle m'adressait quelque mot d'un ton
tranquille qui me faisait rentrer en moi-même à l'instant.

Je la vis plusieurs fois seule de cette manière, sans
que jamais un mot, un geste, un regard, même trop
expressif, marquât entre nous la moindre intelligence.
Cet état, très tourmentant pour moi, faisait cependant
mes délices, et à peine dans la simplicité de mon cœur

pouvais-je imaginer pourquoi j'étais si tourmenté. Il
paraissait que ces petits tête-à-tête ne lui déplaisaient
pas non plus, du moins elle en rendait les occasions
assez fréquentes ; soin bien gratuit assurément de sa
part pour l'usage qu'elle en faisait et qu'elle m'en laissait faire.

Un jour qu'ennuyée des sots colloques du commis,
elle avait monté [83] dans sa chambre, je me hâtai, dans
l'arrière-boutique où j'étais, d'achever ma petite tâche
et je la suivis. Sa chambre était entrouverte ; j'y entrai
sans être aperçu. Elle brodait près d'une fenêtre [84],
ayant, en face, le côté de la chambre opposé à la porte.
Elle ne pouvait me voir entrer, ni m'entendre, à cause
du bruit que des chariots faisaient dans la rue. Elle se
mettait toujours bien : ce jour-là sa parure approchait
de la coquetterie. Son attitude était gracieuse, sa tête un
peu baissée laissait voir la blancheur de son cou ; ses
cheveux relevés avec élégance étaient ornés de fleurs. Il
régnait dans toute sa figure un charme que j'eus le
temps de considérer, et qui me mit hors de moi. Je me
jetai à genoux à l'entrée de la chambre, en tendant les
bras vers elle d'un mouvement passionné, bien sûr
qu'elle ne pouvait m'entendre, et ne pensant pas qu'elle
pût me voir [85] : mais il y avait à la cheminée une glace
qui me trahit. Je ne sais quel effet ce transport fit sur
elle ; elle ne me regarda point, ne me parla point ; mais,
tournant à demi la tête, d'un simple mouvement de
doigt, elle me montra la natte à ses pieds. Tressaillir,
pousser un cri, m'élancer à la place qu'elle m'avait marquée, ne fut pour moi qu'une même chose : mais ce
qu'on aurait peine à croire est que dans cet état je n'osai
rien entreprendre au-delà, ni dire un seul mot, ni lever
les yeux sur elle, ni la toucher même, dans une attitude
aussi contrainte, pour m'appuyer un instant sur ses
genoux. J'étais muet, immobile, mais non pas tranquille
assurément : tout marquait en moi l'agitation, la joie, la
reconnaissance, les ardents désirs incertains dans leur
objet et contenus par la frayeur de déplaire sur laquelle
mon jeune cœur ne pouvait se rassurer.

Elle ne paraissait ni plus tranquille ni moins timide que moi. Troublée de me voir là, interdite de m'y avoir attiré, et commençant à sentir toute la conséquence d'un signe parti sans doute avant la réflexion, elle ne m'accueillait ni ne me repoussait, elle n'ôtait pas les yeux de dessus son ouvrage, elle tâchait de faire comme si elle ne m'eût pas vu à ses pieds : mais toute ma bêtise ne m'empêchait pas de juger qu'elle partageait mon embarras, peut-être mes désirs, et qu'elle était retenue par une honte semblable à la mienne, sans que cela me donnât la force de la surmonter. Cinq ou six ans qu'elle avait de plus que moi devaient, selon moi, mettre de son côté toute la hardiesse, et je me disais que, puisqu'elle ne faisait rien pour exciter la mienne, elle ne voulait pas que j'en eusse. Même encore aujourd'hui je trouve que je pensais juste, et sûrement elle avait trop d'esprit pour ne pas voir qu'un novice tel que moi avait besoin non seulement d'être encouragé, mais d'être instruit.

Je ne sais comment eût fini cette scène vive et muette, ni combien de temps j'aurais demeuré immobile dans cet état ridicule et délicieux, si nous n'eussions été interrompus. Au plus fort de mes agitations, j'entendis ouvrir la porte de la cuisine, qui touchait la chambre où nous étions, et Mme Basile alarmée me dit vivement de la voix et du geste : « Levez-vous, voici Rosina. » En me levant en hâte, je saisis une main qu'elle me tendait, et j'y appliquai deux baisers brûlants, au second desquels je sentis cette charmante main se presser un peu contre mes lèvres. De mes jours je n'eus un si doux moment : mais l'occasion que j'avais perdue ne revint plus, et nos jeunes amours en restèrent là.

C'est peut-être pour cela même que l'image de cette aimable femme est restée empreinte au fond de mon cœur en traits si charmants. Elle s'y est même embellie à mesure que j'ai mieux connu le monde et les femmes. Pour peu qu'elle eût eu d'expérience, elle s'y fût prise autrement pour animer un petit garçon : mais si son cœur était faible, il était honnête ; elle cédait involontairement au penchant qui l'entraînait : c'était, selon toute apparence, sa première infidélité, et j'aurais peut-être eu plus à faire à vaincre sa honte que la mienne. Sans être venu là, j'ai goûté près d'elle des douceurs inexprimables. Rien de tout ce que m'a fait sentir la possession des femmes ne vaut les deux minutes que j'ai passées à ses pieds sans même oser toucher à sa robe. Non, il n'y a point de jouissances pareilles à celles que peut donner une honnête femme qu'on aime ; tout est faveur auprès d'elle. Un petit signe du doigt, une main légèrement pressée contre ma bouche sont les seules faveurs que je reçus jamais de Mme Basile, et le souvenir de ces faveurs si légères me transporte encore en y pensant.

Les deux jours suivants, j'eus beau guetter un nouveau tête-à-tête, il me fut impossible d'en trouver le moment, et je n'aperçus de sa part aucun soin pour le ménager. Elle eut même le maintien non plus froid, mais plus retenu qu'à l'ordinaire, et je crois qu'elle évitait mes regards, de peur de ne pouvoir assez gouverner les siens. Son maudit commis fut plus désolant que jamais : il devint même railleur, goguenard ; il me dit que je ferais mon chemin près des dames. Je tremblais d'avoir commis quelque indiscrétion, et, me regardant déjà comme d'intelligence avec elle, je voulus couvrir du mystère un goût qui jusqu'alors n'en avait pas grand besoin. Cela me rendit plus circonspect à saisir les occasions de le satisfaire, et, à force de les vouloir sûres, je n'en trouvai plus du tout.

Voici encore une autre folie romanesque dont jamais je n'ai pu me guérir, et qui, jointe à ma timidité naturelle, a beaucoup démenti les prédictions du commis. J'aimais trop sincèrement, trop parfaitement, j'ose dire, pour pouvoir aisément être heureux. Jamais passions ne furent en même temps plus vives et plus pures que les miennes, jamais amour ne fut plus tendre, plus vrai, plus désintéressé. J'aurais mille fois sacrifié mon bonheur à celui de la personne que j'aimais ; sa réputation m'était plus chère que ma vie, et jamais pour tous les plaisirs de la jouissance je n'aurais voulu compromettre un moment son repos. Cela m'a fait apporter tant de soins, tant de secret, tant de précaution dans mes entreprises, que jamais aucune n'a pu réussir. Mon peu de succès près des femmes est toujours venu de les trop aimer.

Pour revenir au flûteur Égisthe, ce qu'il y avait de singulier était qu'en devenant plus insupportable, le traître semblait devenir plus complaisant. Dès le premier jour que sa dame m'avait pris en affection, elle avait songé à me rendre utile dans le magasin. Je savais passablement l'arithmétique ; elle lui avait proposé de m'apprendre à tenir les livres ; mais mon bourru reçut très mal la proposition, craignant peut-être d'être supplanté. Ainsi tout mon travail après mon burin était de transcrire quelques comptes et mémoires, de mettre au net quelques livres, et de traduire quelques lettres de commerce d'italien en français. Tout d'un coup mon homme s'avisa de revenir à la proposition faite et rejetée, et dit qu'il m'apprendrait les comptes à parties doubles [86], et qu'il voulait me mettre en état d'offrir mes services à M. Basile quand il serait de retour. Il y avait dans son ton, dans son air, je ne sais quoi de faux, de malin ⋆, d'ironique, qui ne me donnait pas de la confiance. Mᵐᵉ Basile, sans attendre ma réponse, lui dit sèchement que je lui étais obligé de ses offres, qu'elle espérait que la fortune favoriserait enfin mon mérite, et que ce serait grand dommage qu'avec tant d'esprit je ne fusse qu'un commis.

Elle m'avait dit plusieurs fois qu'elle voulait me faire faire une connaissance qui pourrait m'être utile. Elle pensait assez sagement pour sentir qu'il était temps de me détacher d'elle. Nos muettes déclarations s'étaient faites le jeudi. Le dimanche elle donna un dîner, où je me trouvai et où se trouva aussi un jacobin [87] de bonne mine auquel elle me présenta. Le moine me traita très affectueusement, me félicita sur ma conversion, et me dit plusieurs choses sur mon histoire qui m'apprirent qu'elle la lui avait détaillée ; puis, me donnant deux petits coups d'un revers de main sur la joue, il me dit d'être sage, d'avoir bon courage, et de l'aller voir, que nous causerions plus à loisir ensemble. Je jugeai, par les égards que tout le monde avait pour lui, que c'était un homme de considération, et par le ton paternel qu'il prenait avec Mme Basile, qu'il était son confesseur. Je me rappelle bien aussi que sa décente familiarité était mêlée de marques d'estime et même de respect pour sa pénitente, qui me firent alors moins d'impression qu'elles ne m'en font aujourd'hui. Si j'avais eu plus d'intelligence, combien j'eusse été touché d'avoir pu rendre sensible une jeune femme respectée par son confesseur !

La table ne se trouva pas assez grande pour le nombre que nous étions ; il en fallut une petite, où j'eus l'agréable tête-à-tête de M. le commis. Je n'y perdis rien du côté des attentions et de la bonne chère ; il y eut bien des assiettes envoyées à la petite table dont l'intention n'était sûrement pas pour lui. Tout allait très bien jusque-là : les femmes étaient fort gaies, les hommes fort galants ; Mme Basile faisait ses honneurs avec une grâce charmante. Au milieu du dîner, l'on entend arrêter une chaise * à la porte ; quelqu'un monte, c'est M. Basile. Je le vois comme s'il entrait actuellement, en habit d'écarlate à boutons d'or, couleur que j'ai prise en aversion depuis ce jour-là. M. Basile était un grand et bel homme qui se présentait très bien. Il entre avec fracas, et de l'air de quelqu'un qui surprend son monde, quoiqu'il n'y eût là que de ses amis. Sa femme lui saute au cou, lui prend les mains, lui fait mille caresses qu'il reçoit sans les lui rendre. Il salue la compagnie, on lui donne un couvert, il mange. À peine avait-on commencé de parler de son voyage, que, jetant les yeux sur la petite table, il demande d'un ton sévère ce que c'est que ce petit garçon qu'il aperçoit là. Mme Basile le lui dit tout naïvement. Il demande si je loge dans la maison. On lui dit que non. « Pourquoi non ? reprend-il grossièrement : puisqu'il s'y tient le jour, il peut bien y rester la nuit. » Le moine prit la parole, et après un éloge grave et vrai de Mme Basile, il fit le mien en peu de mots, ajoutant que, loin de blâmer la pieuse charité de sa femme, il devait s'empresser d'y prendre part, puisque rien n'y passait les bornes de la discrétion. Le mari répliqua d'un ton d'humeur, dont il cachait la moitié, contenu par la présence du moine, mais qui suffit pour me faire sentir qu'il avait des instructions sur mon compte, et que le commis m'avait servi à sa façon.

À peine était-on hors de table, que celui-ci, dépêché par son bourgeois [88], vint en triomphe me signifier de sa part de sortir à l'instant de chez lui, et de n'y remettre les pieds de ma vie. Il assaisonna sa commission de tout ce qui pouvait la rendre insultante et cruelle. Je partis sans rien dire, mais le cœur navré, moins de quitter cette aimable femme que de la laisser en proie à la brutalité de son mari. Il avait raison, sans doute, de ne vouloir pas qu'elle fût infidèle ; mais, quoique sage et bien née, elle était Italienne, c'est-à-dire sensible et vindicative, et il avait tort, ce me semble, de prendre avec elle les moyens les plus propres à s'attirer le malheur qu'il craignait.

Tel fut le succès de ma première aventure. Je voulus essayer de repasser deux ou trois fois dans la rue, pour revoir au moins celle que mon cœur regrettait sans cesse ; mais au lieu d'elle je ne vis que son mari et le vigilant commis qui, m'ayant aperçu, me fit, avec l'aune [89] de la boutique, un geste plus expressif qu'attirant. Me voyant si bien guetté, je perdis courage et n'y passai plus. Je voulus aller voir au moins le patron qu'elle m'avait ménagé. Malheureusement je ne savais pas son nom. Je rôdai plusieurs fois inutilement autour du couvent, pour tâcher de le rencontrer. Enfin d'autres événements m'ôtèrent les charmants souvenirs de Mme Basile, et dans peu je l'oubliai si bien, qu'aussi simple et aussi novice qu'auparavant je ne restai pas même affriandé [90] de jolies femmes.

Cependant ses libéralités avaient un peu remonté mon petit équipage, très modestement toutefois, et avec la précaution d'une femme prudente, qui regardait plus à la propreté * qu'à la parure, et qui voulait m'empêcher de souffrir, et non pas me faire briller. Mon habit, que j'avais apporté de Genève, était bon et portable encore ; elle y ajouta seulement un chapeau et quelque linge. Je n'avais point de manchettes ; elle ne

voulut point m'en donner, quoique j'en eusse bonne
envie. Elle se contenta de me mettre en état de me tenir
propre, et c'est un soin qu'il ne fallut pas me recommander tant que je parus devant elle.

Peu de jours après ma catastrophe, mon hôtesse, qui,
comme je l'ai dit, m'avait pris en amitié, me dit qu'elle
m'avait peut-être trouvé une place, et qu'une dame de
condition voulait me voir. À ce mot, je me crus tout de
bon dans les hautes aventures : car j'en revenais toujours là. Celle-ci ne se trouva pas aussi brillante que je
me l'étais figuré. Je fus chez cette dame avec le domestique qui lui avait parlé de moi. Elle m'interrogea,
m'examina : je ne lui déplus pas ; et tout de suite
j'entrai à son service, non pas tout à fait en qualité de
favori, mais en qualité de laquais. Je fus vêtu de la couleur de ses gens ; la seule distinction fut qu'ils portaient
l'aiguillette [91], et qu'on ne me la donna pas : comme il
n'y avait point de galons à sa livrée, cela faisait à peu
près un habit bourgeois. Voilà le terme inattendu auquel
aboutirent enfin toutes mes grandes espérances.

Mme la comtesse de Vercellis [92], chez qui j'entrai, était
veuve et sans enfants : son mari était Piémontais ; pour
elle, je l'ai toujours crue Savoyarde, ne pouvant imaginer qu'une Piémontaise parlât si bien le français et eût
un accent si pur [93]. Elle était entre deux âges, d'une
figure fort noble, d'un esprit orné, aimant la littérature
française, et s'y connaissant. Elle écrivait beaucoup et
toujours en français. Ses lettres avaient le tour et
presque la grâce de celles de Mme de Sévigné ; on aurait
pu s'y tromper à quelques-unes. Mon principal emploi,
et qui ne me déplaisait pas, était de les écrire sous sa
dictée, un cancer au sein, qui la faisait beaucoup souffrir, ne lui permettant plus d'écrire elle-même.

Mme de Vercellis avait non seulement beaucoup
d'esprit, mais une âme élevée et forte. J'ai suivi sa dernière maladie ; je l'ai vue souffrir et mourir sans jamais
marquer un instant de faiblesse, sans faire le moindre
effort pour se contraindre, sans sortir de son rôle de
femme, et sans se douter qu'il y eût à cela de la philosophie, mot qui n'était pas encore à la mode [94], et

qu'elle ne connaissait même pas dans le sens qu'il porte aujourd'hui. Cette force de caractère allait quelquefois jusqu'à la sécheresse. Elle m'a toujours paru aussi peu sensible pour autrui que pour elle-même : et quand elle faisait du bien aux malheureux, c'était pour faire ce qui était bien en soi, plutôt que par une véritable commisération. J'ai un peu éprouvé de cette insensibilité pendant les trois mois que j'ai passés auprès d'elle. Il était naturel qu'elle prît en affection un jeune homme de quelque espérance, qu'elle avait incessamment sous les yeux, et qu'elle songeât, se sentant mourir, qu'après elle il aurait besoin de secours et d'appui : cependant, soit qu'elle ne me jugeât pas digne d'une attention particulière, soit que les gens qui l'obsédaient ne lui aient permis de songer qu'à eux, elle ne fit rien pour moi.

Je me rappelle pourtant fort bien qu'elle avait marqué quelque curiosité de me connaître. Elle m'interrogeait quelquefois : elle était bien aise que je lui montrasse les lettres que j'écrivais à Mme de Warens, que je lui rendisse compte de mes sentiments. Mais elle ne s'y prenait assurément pas bien pour les connaître, en ne me montrant jamais les siens. Mon cœur aimait à s'épancher, pourvu qu'il sentît que c'était dans un autre. Des interrogations sèches et froides, sans aucun signe d'approbation ni de blâme sur mes réponses, ne me donnaient aucune confiance. Quand rien ne m'apprenait si mon babil plaisait ou déplaisait, j'étais toujours en crainte, et je cherchais moins à montrer ce que je pensais qu'à ne rien dire qui pût me nuire. J'ai remarqué depuis que cette manière sèche d'interroger les gens pour les connaître est un tic assez commun chez les femmes qui se piquent d'esprit. Elles s'imaginent qu'en ne laissant point paraître leur sentiment, elles parviendront à mieux pénétrer le vôtre : mais elles ne voient pas qu'elles ôtent par là le courage de le montrer. Un homme qu'on interroge commence par cela seul à se mettre en garde, et s'il croit que, sans prendre à lui un véritable intérêt, on ne veut que le faire jaser *, il ment, ou se tait, ou redouble d'attention sur lui-même, et aime encore mieux passer pour un sot que d'être dupe de votre curiosité. Enfin c'est toujours un mauvais moyen de lire dans le cœur des autres que d'affecter de cacher le sien.

Mme de Vercellis ne m'a jamais dit un mot qui sentît l'affection, la pitié, la bienveillance. Elle m'interrogeait froidement ; je répondais avec réserve. Mes réponses étaient si timides qu'elle dut les trouver basses et s'en ennuya. Sur la fin elle ne me questionnait plus, ne me parlait plus que pour son service. Elle me jugea moins sur ce que j'étais que sur ce qu'elle m'avait fait, et à force de ne voir en moi qu'un laquais, elle m'empêcha de lui paraître autre chose.

Je crois que j'éprouvai dès lors ce jeu malin des intérêts cachés qui m'a traversé * toute ma vie, et qui m'a donné une aversion bien naturelle pour l'ordre apparent qui les produit. Mme de Vercellis, n'ayant point d'enfants, avait pour héritier son neveu le comte de la Roque [95], qui lui faisait assidûment sa cour. Outre cela, ses principaux domestiques, qui la voyaient tirer à sa fin, ne s'oubliaient pas, et il y avait tant d'empressés autour d'elle, qu'il était difficile qu'elle eût du temps pour penser à moi. À la tête de sa maison était un nommé M. Lorenzi [96], homme adroit, dont la femme, encore plus adroite, s'était tellement insinuée dans les bonnes grâces de sa maîtresse, qu'elle était plutôt chez elle sur le pied d'une amie que d'une femme à ses gages. Elle lui avait donné pour femme de chambre une nièce à elle appelée Mlle Pontal, fine mouche, qui se donnait des airs de demoiselle suivante, et aidait sa tante à obséder si bien leur maîtresse, qu'elle ne voyait que par leurs yeux et n'agissait que par leurs mains. Je n'eus pas le bonheur d'agréer à ces trois personnes : je leur obéissais, mais je ne les servais pas ; je n'imaginais pas qu'outre le service de notre commune maîtresse, je dusse être encore le valet de ses valets. J'étais d'ailleurs une espèce de personnage inquiétant pour eux. Ils voyaient bien que je n'étais pas à ma place ; ils craignaient que madame ne le vît aussi, et que ce qu'elle ferait pour m'y mettre ne diminuât leurs portions : car ces sortes de gens, trop avides pour être justes, regardent tous les legs qui sont pour d'autres comme pris sur leur propre bien. Ils se réunirent donc pour m'écarter de ses yeux. Elle aimait à écrire des lettres ; c'était un amusement pour elle dans son état : ils l'en dégoûtèrent et l'en firent détourner par le médecin, en la persuadant que cela la fatiguait. Sous prétexte que je n'entendais pas le service, on employait au lieu de moi deux gros manants de porteurs de chaise autour d'elle ; enfin l'on fit si bien, que, quand elle fit son testament, il y avait huit jours que je n'étais entré dans sa chambre [97]. Il est vrai qu'après cela j'y entrai comme auparavant, et j'y fus même plus assidu que personne, car les douleurs de cette pauvre femme me déchiraient ; la constance avec laquelle elle les souffrait me la rendait extrêmement respectable et chère, et j'ai bien versé dans sa chambre des larmes sincères, sans qu'elle ni personne s'en aperçût.

Nous la perdîmes enfin. Je la vis expirer. Sa vie avait été celle d'une femme d'esprit et de sens ; sa mort fut celle d'un sage. Je puis dire qu'elle me rendit la religion catholique aimable par la sérénité d'âme avec laquelle elle en remplit les devoirs sans négligence et sans affectation. Elle était naturellement sérieuse. Sur la fin de sa maladie, elle prit une sorte de gaieté trop égale pour être jouée, et qui n'était qu'un contrepoids donné par la raison même contre la tristesse de son état. Elle ne garda le lit que les deux derniers jours, et ne cessa de s'entretenir paisiblement avec tout le monde. Enfin, ne parlant plus, et déjà dans les combats de l'agonie, elle fit un gros pet. « Bon ! dit-elle en se retournant, femme qui pète n'est pas morte. » Ce furent les derniers mots qu'elle prononça.

Elle avait légué un an de leurs gages à ses bas domestiques ; mais n'étant point couché sur l'état de sa maison, je n'eus rien [98]. Cependant le comte de la Roque me fit donner trente livres, et me laissa l'habit neuf que j'avais sur le corps, et que M. Lorenzi voulait m'ôter. Il promit même de chercher à me placer et me permit de l'aller voir. J'y fus deux ou trois fois sans pouvoir lui parler. J'étais facile à rebuter, je n'y retournai plus. On verra bientôt que j'eus tort.

Que n'ai-je achevé tout ce que j'avais à dire de mon séjour chez Mme de Vercellis ! Mais, bien que mon apparente situation demeurât la même, je ne sortis pas de sa maison comme j'y étais entré. J'en emportai les longs souvenirs du crime et l'insupportable poids des remords dont au bout de quarante ans ma conscience est encore chargée, et dont l'amer sentiment, loin de s'affaiblir, s'irrite à mesure que je vieillis. Qui croirait que la faute d'un enfant pût avoir des suites aussi cruelles ? C'est de ces suites plus que probables que mon cœur ne saurait se consoler. J'ai peut-être fait périr dans l'opprobre et dans la misère une fille aimable, honnête, estimable, et qui sûrement valait beaucoup mieux que moi.

Il est bien difficile que la dissolution d'un ménage n'entraîne un peu de confusion dans la maison, et qu'il ne s'égare bien des choses : cependant, telle était la fidélité des domestiques et la vigilance de M. et Mme Lorenzi, que rien ne se trouva de manque [99] sur l'inventaire. La seule Mlle Pontal perdit un petit ruban couleur de rose et argent, déjà vieux. Beaucoup d'autres meilleures choses étaient à ma portée ; ce ruban seul me tenta, je le volai, et comme je ne le cachais guère, on me le trouva bientôt. On voulut savoir où je l'avais pris. Je me trouble, je balbutie, et enfin je dis, en rougissant [100], que c'est Marion qui me l'a donné. Marion était une jeune Mauriennoise dont Mme de Vercellis avait fait sa cuisinière, quand, cessant de donner à manger [101], elle avait renvoyé la sienne, ayant plus besoin de bons bouillons que de ragoûts fins. Non seulement Marion était jolie, mais elle avait une fraîcheur de coloris qu'on ne trouve que dans les montagnes, et surtout un air de modestie et de douceur qui faisait qu'on ne pouvait la voir sans l'aimer ; d'ailleurs bonne fille, sage et d'une fidélité à toute épreuve. C'est ce qui surprit quand je la nommai. L'on n'avait guère moins de confiance en moi qu'en elle, et l'on jugea qu'il importait de vérifier lequel était le fripon des deux. On la fit venir ; l'assemblée était nombreuse, le comte de la Roque y était. Elle arrive, on lui montre le ruban, je la charge effrontément ; elle reste interdite, se

tait, me jette un regard qui aurait désarmé les démons,
et auquel mon barbare cœur résiste. Elle nie enfin
avec assurance, mais sans emportement, m'apostrophe,
m'exhorte à rentrer en moi-même, à ne pas déshonorer
une fille innocente qui ne m'a jamais fait de mal ; et moi,
avec une impudence infernale, je confirme ma déclaration, et lui soutiens en face qu'elle m'a donné le ruban.
La pauvre fille se mit à pleurer, et ne me dit que ces
mots : « Ah ! Rousseau, je vous croyais un bon caractère.
Vous me rendez bien malheureuse ; mais je ne voudrais
pas être à votre place. » Voilà tout. Elle continua de se
défendre avec autant de simplicité que de fermeté, mais
sans se permettre jamais contre moi la moindre invec-
tive. Cette modération, comparée à mon ton décidé, lui
fit tort. Il ne semblait pas naturel de supposer d'un côté
une audace aussi diabolique, et de l'autre une aussi angélique douceur. On ne parut pas se décider absolument,
mais les préjugés étaient pour moi. Dans le tracas où l'on
était, on ne se donna pas le temps d'approfondir la
chose ; et le comte de la Roque, en nous renvoyant tous
deux, se contenta de dire que la conscience du coupable
vengerait assez l'innocent. Sa prédiction n'a pas été
vaine ; elle ne cesse pas un seul jour de s'accomplir [102].

J'ignore ce que devint cette victime de ma calomnie
mais il n'y a pas d'apparence qu'elle ait après cela
trouvé facilement à se bien placer. Elle emportait une
imputation cruelle à son honneur de toutes manières.
Le vol n'était qu'une bagatelle, mais enfin c'était un vol,
et, qui pis est, employé à séduire un jeune garçon :
enfin le mensonge et l'obstination ne laissaient rien à
espérer de celle en qui tant de vices étaient réunis. Je ne
regarde pas même la misère et l'abandon comme le
plus grand danger auquel je l'aie exposée. Qui sait, à
son âge, où le découragement de l'innocence avilie a pu
la porter ? Eh ! si le remords d'avoir pu la rendre malheureuse est insupportable, qu'on juge de celui d'avoir
pu la rendre pire que moi [103] !

Ce souvenir cruel me trouble quelquefois, et me
bouleverse au point de voir dans mes insomnies cette
pauvre fille venir me reprocher mon crime, comme s'il

n'était commis que d'hier [104]. Tant que j'ai vécu tranquille, il m'a moins tourmenté ; mais au milieu d'une vie orageuse il m'ôte la plus douce consolation des innocents persécutés : il me fait bien sentir ce que je crois avoir dit dans quelque ouvrage, que le remords s'endort durant un destin prospère, et s'aigrit dans l'adversité. Cependant je n'ai jamais pu prendre sur moi de décharger mon cœur de cet aveu dans le sein d'un ami. La plus étroite intimité ne me l'a jamais fait faire à personne, pas même à Mme de Warens. Tout ce que j'ai pu faire a été d'avouer que j'avais à me reprocher une action atroce, mais jamais je n'ai dit en quoi elle consistait [105]. Ce poids est donc resté jusqu'à ce jour sans allègement sur ma conscience, et je puis dire que le désir de m'en délivrer en quelque sorte a beaucoup contribué à la résolution que j'ai prise d'écrire mes confessions.

J'ai procédé rondement dans celle que je viens de faire, et l'on ne trouvera sûrement pas que j'aie ici pallié la noirceur de mon forfait. Mais je ne remplirais pas le but de ce livre, si je n'exposais en même temps mes dispositions intérieures, et que je craignisse de m'excuser en ce qui est conforme à la vérité. Jamais la méchanceté ne fut plus loin de moi que dans ce cruel moment, et lorsque je chargeai cette malheureuse fille, il est bizarre, mais il est vrai que mon amitié pour elle en fut la cause. Elle était présente à ma pensée, je m'excusai sur le premier objet qui s'offrit. Je l'accusai d'avoir fait ce que je voulais faire, et de m'avoir donné le ruban, parce que mon intention était de le lui donner. Quand je la vis paraître ensuite, mon cœur fut déchiré, mais la présence de tant de monde fut plus forte que mon repentir. Je craignais peu la punition, je ne craignais que la honte ; mais je la craignais plus que la mort, plus que le crime, plus que tout au monde. J'aurais voulu m'enfoncer, m'étouffer dans le centre de la terre ; l'invincible honte l'emporta sur tout, la honte seule fit mon impudence ; et plus je devenais criminel, plus l'effroi d'en convenir me rendait intrépide. Je ne voyais que l'horreur d'être reconnu, déclaré publiquement, moi

présent, voleur, menteur, calomniateur. Un trouble
universel m'ôtait tout autre sentiment. Si l'on m'eût
laissé revenir à moi-même, j'aurais infailliblement tout
déclaré. Si M. de La Roque m'eût pris à part, qu'il
m'eût dit : « Ne perdez pas cette pauvre fille ; si vous
êtes coupable, avouez-le-moi », je me serais jeté à ses
pieds dans l'instant, j'en suis parfaitement sûr [106]. Mais
on ne fit que m'intimider quand il fallait me donner du
courage. L'âge est encore une attention qu'il est juste de
faire ; à peine étais-je sorti de l'enfance, ou plutôt j'y
étais encore. Dans la jeunesse, les véritables noirceurs
sont plus criminelles encore que dans l'âge mûr : mais
ce qui n'est que faiblesse l'est beaucoup moins, et ma
faute au fond n'était guère autre chose. Aussi son souvenir m'afflige-t-il moins à cause du mal en lui-même
qu'à cause de celui qu'il a dû causer. Il m'a même fait
ce bien de me garantir pour le reste de ma vie de tout
acte tendant au crime, par l'impression terrible qui
m'est restée du seul que j'aie jamais commis ; et je crois
sentir que mon aversion pour le mensonge me vient en
grande partie du regret d'en avoir pu faire un aussi
noir. Si c'est un crime qui puisse être expié, comme
j'ose le croire, il doit l'être par tant de malheurs dont la
fin de ma vie est accablée, par quarante ans de droiture
et d'honneur dans des occasions difficiles et la pauvre
Marion trouve tant de vengeurs en ce monde, que,
quelque grande qu'ait été mon offense envers elle, je
crains peu d'en emporter la coulpe [107] avec moi. Voilà ce
que j'avais à dire sur cet article. Qu'il me soit permis de
n'en reparler jamais [108].

LIVRE III

Sorti de chez Mme de Vercellis à peu près comme j'y étais entré, je retournai chez mon ancienne hôtesse, et j'y restai cinq ou six semaines, durant lesquelles la santé, la jeunesse et l'oisiveté me rendirent souvent mon tempérament importun. J'étais inquiet, distrait, rêveur ; je pleurais, je soupirais, je désirais un bonheur dont je n'avais pas l'idée, et dont je sentais pourtant la privation. Cet état ne peut se décrire ; et peu d'hommes même le peuvent imaginer, parce que la plupart ont prévenu cette plénitude de vie, à la fois tourmentante et délicieuse, qui, dans l'ivresse du désir, donne un avant-goût de la jouissance. Mon sang allumé remplissait incessamment mon cerveau de filles et de femmes : mais, n'en sentant pas le véritable usage, je les occupais bizarrement en idée à mes fantaisies sans en savoir rien faire de plus ; et ces idées tenaient mes sens dans une activité très incommode [1], dont, par bonheur, elles ne m'apprenaient point à me délivrer. J'aurais donné ma vie pour retrouver un quart d'heure une demoiselle Goton. Mais ce n'était plus le temps où les jeux de l'enfance allaient là comme d'eux-mêmes. La honte, compagne de la conscience du mal, était venue avec les années ; elle avait accru ma timidité naturelle au point de la rendre invincible ; et jamais, ni dans ce temps-là ni depuis, je n'ai pu parvenir à faire une proposition lascive, que celle à qui je la faisais ne m'y ait en quelque sorte contraint par ses avances, quoique sachant qu'elle n'était pas scrupuleuse, et presque assuré d'être pris au mot.

Mon agitation crût au point que, ne pouvant contenter mes désirs, je les attisais par les plus extravagantes manœuvres. J'allais chercher des allées sombres, des réduits cachés, où je pusse m'exposer de loin aux personnes du sexe dans l'état où j'aurais voulu pouvoir être auprès d'elles. Ce qu'elles voyaient n'était pas l'objet obscène, je n'y songeais même pas ; c'était l'objet ridicule. Le sot plaisir que j'avais de l'étaler à leurs yeux ne peut se décrire. Il n'y avait de là plus qu'un pas à faire pour sentir le traitement désiré, et je ne doute pas que quelque résolue, en passant, ne m'en eût donné l'amusement, si j'eusse eu l'audace d'attendre. Cette folie eut une catastrophe à peu près aussi comique, mais un peu moins plaisante pour moi.

Un jour j'allai m'établir au fond d'une cour, dans laquelle était un puits où les filles de la maison venaient souvent chercher de l'eau. Dans ce fond il y avait une petite descente qui menait à des caves par plusieurs communications. Je sondai dans l'obscurité ces allées souterraines, et, les trouvant longues et obscures, je jugeai qu'elles ne finissaient point, et que, si j'étais vu et surpris, j'y trouverais un refuge assuré. Dans cette confiance, j'offrais aux filles qui venaient au puits un spectacle plus risible que séducteur. Les plus sages feignirent de ne rien voir ; d'autres se mirent à rire ; d'autres se crurent insultées et firent du bruit. Je me sauvai dans ma retraite : j'y fus suivi. J'entendis une voix d'homme sur laquelle je n'avais pas compté, et qui m'alarma. Je m'enfonçai dans les souterrains, au risque de m'y perdre : le bruit, les voix, la voix d'homme me suivaient toujours. J'avais compté sur l'obscurité, je vis de la lumière. Je frémis, je m'enfonçai davantage. Un mur m'arrêta, et, ne pouvant aller plus loin, il fallut attendre là ma destinée. En un moment je fus atteint et saisi par un grand homme portant une grande moustache, un grand chapeau, un grand sabre, escorté de quatre ou cinq vieilles femmes armées chacune d'un manche à balai, parmi lesquelles j'aperçus la petite coquine qui m'avait décelé, et qui voulait sans doute me voir au visage.

L'homme au sabre, en me prenant par le bras, me demanda rudement ce que je faisais là. On conçoit que ma réponse n'était pas prête. Je me remis cependant ; et, m'évertuant dans ce moment critique, je tirai de ma tête un expédient romanesque qui me réussit. Je lui dis, d'un ton suppliant, d'avoir pitié de mon âge et de mon état ; que j'étais un jeune étranger de grande naissance, dont le cerveau s'était dérangé ; que je m'étais échappé de la maison paternelle parce qu'on voulait m'enfermer ; que j'étais perdu s'il me faisait connaître [2] ; mais que, s'il voulait bien me laisser aller, je pourrais peut-être un jour reconnaître cette grâce. Contre toute attente, mon discours et mon air firent effet : l'homme terrible en fut touché ; et après une réprimande assez courte, il me laissa doucement aller sans me questionner davantage. À l'air dont la jeune et les vieilles me virent partir, je jugeai que l'homme que j'avais tant craint m'était fort utile, et qu'avec elles seules je n'en aurais pas été quitte à si bon marché. Je les entendis murmurer je ne sais quoi dont je ne me souciais guère ; car, pourvu que le sabre et l'homme ne s'en mêlassent pas, j'étais bien sûr, leste et vigoureux comme j'étais, de me délivrer bientôt et de leurs tricots [3] et d'elles.

Quelques jours après, passant dans une rue avec un jeune abbé, mon voisin, j'allai donner du nez contre l'homme au sabre. Il me reconnut, et me contrefaisant d'un ton railleur : « Je suis prince, me dit-il, je suis prince ; et moi je suis un coyon [4] : mais que Son Altesse n'y revienne pas. » Il n'ajouta rien de plus, et je m'esquivai en baissant la tête et le remerciant, dans mon cœur, de sa discrétion. J'ai jugé que ces maudites vieilles lui avaient fait honte de sa crédulité. Quoi qu'il en soit, tout Piémontais qu'il était, c'était un bon homme, et jamais je ne pense à lui, sans un mouvement de reconnaissance : car l'histoire était si plaisante, que, par le seul désir de faire rire, tout autre à sa place m'eût déshonoré. Cette aventure, sans avoir les suites que j'en pouvais craindre, ne laissa pas de me rendre sage pour longtemps.

Mon séjour chez Mme de Vercellis m'avait procuré quelques connaissances, que j'entretenais dans l'espoir qu'elles pourraient m'être utiles. J'allais voir quelquefois entre autres un abbé savoyard appelé M. Gaime [5], précepteur des enfants du comte de Mellarède. Il était jeune encore et peu répandu [6], mais plein de bon sens, de probité, de lumières, et l'un des plus honnêtes hommes que j'aie connus. Il ne me fut d'aucune ressource pour l'objet qui m'attirait chez lui : il n'avait pas assez de crédit pour me placer ; mais je trouvai près de lui des avantages plus précieux qui m'ont profité toute ma vie, les leçons de la saine morale et les maximes de la droite raison. Dans l'ordre successif de mes goûts et de mes idées, j'avais toujours été trop haut ou trop bas ; Achille ou Thersite, tantôt héros et tantôt vaurien [7]. M. Gaime prit le soin de me mettre à ma place et de me montrer à moi-même, sans m'épargner ni me décourager. Il me parla très honorablement de mon naturel et de mes talents ; mais il ajouta qu'il en voyait naître les obstacles qui m'empêcheraient d'en tirer parti ; de sorte qu'ils devaient, selon lui, bien moins me servir de degrés pour monter à la fortune que de ressources pour m'en passer. Il me fit un tableau vrai de la vie humaine, dont je n'avais que de fausses idées ; il me montra comment, dans un destin contraire, l'homme sage peut toujours tendre au bonheur et courir au plus près du vent pour y parvenir ; comment il n'y a point de vrai bonheur sans sagesse, et comment la sagesse est de tous les états. Il amortit beaucoup mon admiration pour la grandeur en me prouvant que ceux qui dominaient les autres n'étaient ni plus sages ni plus heureux qu'eux. Il me dit une chose qui m'est souvent revenue à la mémoire, c'est que si chaque homme pouvait lire dans les cœurs de tous les autres, il y aurait plus de gens qui voudraient descendre que de ceux qui voudraient monter. Cette réflexion, dont la vérité frappe, et qui n'a rien d'outré, m'a été d'un grand usage dans le cours de ma vie pour me faire tenir à ma place paisiblement. Il

me donna les premières vraies idées de l'honnête, que
mon génie ampoulé n'avait saisi que dans ses excès. Il
me fit sentir que l'enthousiasme * des vertus sublimes
était peu d'usage dans la société, qu'en s'élançant trop
haut on était sujet aux chutes ; que la continuité des
petits devoirs toujours bien remplis ne demandait pas
moins de force que les actions héroïques ; qu'on en
tirait meilleur parti pour l'honneur et pour le bonheur ;
et qu'il valait infiniment mieux avoir toujours l'estime
des hommes que quelquefois leur admiration.

Pour établir les devoirs de l'homme il fallait bien
remonter à leur principe. D'ailleurs, le pas que je venais
de faire, et dont mon état présent était la suite, nous
conduisait à parler de religion. L'on conçoit déjà que
l'honnête M. Gaime est, du moins en grande partie,
l'original du Vicaire savoyard [8]. Seulement, la prudence
l'obligeant à parler avec plus de réserve, il s'expliqua
moins ouvertement sur certains points ; mais au reste
ses maximes, ses sentiments, ses avis furent les mêmes,
et, jusqu'au conseil de retourner dans ma patrie, tout
fut comme je l'ai rendu depuis au public. Ainsi, sans
m'étendre sur des entretiens dont chacun peut voir la
substance, je dirai que ses leçons, sages, mais d'abord
sans effet, furent dans mon cœur un germe de vertu et
de religion qui ne s'y étouffa jamais, et qui n'attendait,
pour fructifier, que les soins d'une main plus chérie [9].

Quoique alors ma conversion fût peu solide, je ne
laissais pas d'être ému. Loin de m'ennuyer de ses entretiens, j'y pris goût à cause de leur clarté, de leur simplicité, et surtout d'un certain intérêt de cœur dont je sentais qu'ils étaient pleins. J'ai l'âme aimante et je me suis
toujours attaché aux gens moins à proportion du bien
qu'ils m'ont fait que de celui qu'ils m'ont voulu, et c'est
sur quoi mon tact * ne me trompe guère. Aussi je m'affectionnais véritablement à M. Gaime ; j'étais pour
ainsi dire son second disciple ; et cela me fit pour le
moment même l'inestimable bien de me détourner de
la pente du vice où m'entraînait mon oisiveté.

Un jour que je ne pensais à rien moins, on vint me
chercher de la part du comte de la Roque. À force d'y

aller et de ne pouvoir lui parler, je m'étais ennuyé, je n'y allais plus : je crus qu'il m'avait oublié, ou qu'il lui était resté de mauvaises impressions de moi. Je me trompais. Il avait été témoin plus d'une fois du plaisir avec lequel je remplissais mon devoir auprès de sa tante ; il le lui avait même dit, et il m'en reparla quand moi-même je n'y songeais plus. Il me reçut bien, me dit que, sans m'amuser de promesses vagues, il avait cherché à me placer, qu'il avait réussi, qu'il me mettait en chemin de devenir quelque chose, que c'était à moi de faire le reste ; que la maison où il me faisait entrer était puissante et considérée, que je n'avais pas besoin d'autres protecteurs pour m'avancer, et que quoique traité d'abord en simple domestique, comme je venais de l'être, je pouvais être assuré que si l'on me jugeait par mes sentiments et par ma conduite au-dessus de cet état, on était disposé à ne m'y pas laisser. La fin de ce discours démentit cruellement les brillantes espérances que le commencement m'avait données. Quoi ! toujours laquais ! me dis-je en moi-même avec un dépit amer que la confiance effaça bientôt. Je me sentais trop peu fait pour cette place pour craindre qu'on m'y laissât.

Il me mena chez le comte de Gouvon, premier écuyer de la reine, et chef de l'illustre maison de Solar [10]. L'air de dignité de ce respectable vieillard me rendit plus touchante l'affabilité de son accueil. Il m'interrogea avec intérêt, et je lui répondis avec sincérité. Il dit au comte de la Roque que j'avais une physionomie agréable et qui promettait de l'esprit * ; qu'il lui paraissait qu'en effet je n'en manquais pas, mais que ce n'était pas là tout, et qu'il fallait voir le reste ; puis, se tournant vers moi : « Mon enfant, me dit-il, presque en toutes choses les commencements sont rudes ; les vôtres ne le seront pourtant pas beaucoup. Soyez sage et cherchez à plaire ici à tout le monde ; voilà, quant à présent, votre unique emploi : du reste, ayez bon courage ; on veut prendre soin de vous. » Tout de suite il passa chez la marquise de Breil [11], sa belle-fille, et me présenta à elle, puis à l'abbé de Gouvon, son fils. Ce début me parut de bon augure. J'en savais assez déjà pour juger qu'on ne fait pas tant de façon à la réception d'un laquais. En effet, on ne me traita pas comme tel. J'eus la table de l'office ; on ne me donna point d'habit de livrée, et le comte de Favria [12], jeune étourdi *, m'ayant voulu faire monter derrière son carrosse, son grand-père défendit que je montasse derrière aucun carrosse, et que je suivisse personne hors de la maison. Cependant, je servais à table, et je faisais à peu près au-dedans le service d'un laquais ; mais je le faisais en quelque façon librement, sans être attaché nommément à personne. Hors quelques lettres qu'on me dictait, et des images que le comte de Favria me faisait découper, j'étais presque le maître de tout mon temps dans la journée. Cette épreuve dont je ne m'apercevais pas, était assurément très dangereuse ; elle n'était pas même fort humaine ; car cette grande oisiveté pouvait me faire contracter des vices que je n'aurais pas eus sans cela.

Mais c'est ce qui très heureusement n'arriva point. Les leçons de M. Gaime avaient fait impression sur mon cœur, et j'y pris tant de goût que je m'échappais quelquefois pour aller les entendre encore. Je crois que ceux qui me voyaient sortir ainsi furtivement ne devinaient guère où j'allais. Il ne se peut rien de plus sensé que les avis qu'il me donna sur ma conduite. Mes commencements furent admirables ; j'étais d'une assiduité, d'une attention, d'un zèle, qui charmaient tout le monde. L'abbé Gaime m'avait sagement averti de modérer cette première ferveur, de peur qu'elle ne vînt à se relâcher et qu'on n'y prît garde. Votre début, me dit-il, est la règle de ce qu'on exigera de vous : tâchez de vous ménager de quoi faire plus dans la suite, mais gardez-vous de faire jamais moins.

Comme on ne m'avait guère examiné sur mes petits talents, et qu'on ne me supposait que ceux que m'avait donnés la nature, il ne paraissait pas, malgré ce que le comte de Gouvon m'avait pu dire, qu'on songeât à tirer parti de moi. Des affaires vinrent à la traverse *, et je fus à peu près oublié. Le marquis de Breil, fils du comte de Gouvon, était alors ambassadeur à Vienne. Il survint des mouvements à la cour [13] qui se firent sentir dans la famille, et l'on y fut quelques semaines dans une agitation qui ne laissait guère le temps de penser à moi. Cependant jusque-là je m'étais peu relâché. Une chose me fit du bien et du mal, en m'éloignant de toute dissipation extérieure, mais en me rendant un peu plus distrait sur mes devoirs.

Mlle de Breil [14] était une jeune personne à peu près de mon âge, bien faite, assez belle, très blanche, avec des cheveux très noirs, et, quoique brune, portant sur son visage cet air de douceur des blondes auquel mon cœur n'a jamais résisté. L'habit de cour, si favorable aux jeunes personnes, marquait sa jolie taille, dégageait sa poitrine et ses épaules, et rendait son teint encore plus éblouissant par le deuil qu'on portait alors [15]. On dira que ce n'est pas à un domestique de s'apercevoir de ces choses-là. J'avais tort, sans doute ; mais je m'en apercevais toutefois, et même je n'étais pas le seul. Le maître d'hôtel et les valets de chambre en parlaient quelquefois à table avec une grossièreté qui me faisait cruellement souffrir. La tête ne me tournait pourtant pas au point d'être amoureux tout de bon. Je ne m'oubliais point ; je me tenais à ma place, et mes désirs même ne s'émancipaient pas. J'aimais à voir Mlle de Breil, à lui entendre dire quelques mots qui marquaient de l'esprit, du sens, de l'honnêteté : mon ambition, bornée au plaisir de la servir, n'allait point au-delà de mes droits [16]. À table j'étais attentif à chercher l'occasion de les faire valoir. Si son laquais quittait un moment sa chaise, à l'instant on m'y voyait établi : hors de là je me tenais vis-à-vis d'elle ; je cherchais dans ses yeux ce qu'elle allait demander, j'épiais le moment de changer son assiette. Que n'aurais-je point fait pour qu'elle daignât m'ordonner quelque chose, me regarder, me dire un seul mot ! Mais point : j'avais la mortification d'être nul pour elle ; elle ne s'apercevait pas même que j'étais là. Cependant, son frère, qui m'adressait quelquefois la parole à table, m'ayant dit je ne sais quoi de peu obligeant, je lui fis une réponse si fine et si bien tournée, qu'elle y fit attention, et jeta les yeux

sur moi. Ce coup d'œil, qui fut court, ne laissa pas de
me transporter. Le lendemain, l'occasion se présenta
d'en obtenir un second, et j'en profitai. On donnait ce
jour-là un grand dîner, où, pour la première fois, je vis
avec beaucoup d'étonnement le maître d'hôtel servir
l'épée au côté et le chapeau sur la tête. Par hasard on
vint à parler de la devise de la maison de Solar, qui était
sur la tapisserie avec les armoiries : *Tel fiert qui ne tue
pas.* Comme les Piémontais ne sont pas pour l'ordinaire
consommés dans la langue française [17], quelqu'un
trouva dans cette devise une faute d'orthographe, et dit
qu'au mot *fiert* il ne fallait point de *t.*

Le vieux comte de Gouvon allait répondre ; mais
ayant jeté les yeux sur moi, il vit que je souriais sans
oser rien dire : il m'ordonna de parler. Alors je dis que
je ne croyais pas que le *t* fût de trop, que *fiert* était un
vieux mot français qui ne venait pas du nom *ferus*, fier,
menaçant, mais du verbe *ferit*, il frappe, il blesse ;
qu'ainsi la devise ne me paraissait pas dire : Tel menace,
mais *tel frappe qui ne tue pas.*

Tout le monde me regardait et se regardait sans rien
dire. On ne vit de la vie un pareil étonnement ⋆. Mais
ce qui me flatta davantage fut de voir clairement sur le
visage de Mlle de Breil un air de satisfaction. Cette personne si dédaigneuse daigna me jeter un second regard
qui valait tout au moins le premier ; puis, tournant les
yeux vers son grand-papa, elle semblait attendre avec
une sorte d'impatience la louange qu'il me devait, et
qu'il me donna en effet si pleine et entière et d'un air si
content, que toute la table s'empressa de faire chorus.
Ce moment fut court, mais délicieux à tous égards. Ce
fut un de ces moments trop rares qui replacent les
choses dans leur ordre naturel, et vengent le mérite avili
des outrages de la fortune. Quelques minutes après [18],
Mlle de Breil, levant derechef les yeux sur moi, me pria,
d'un ton de voix aussi timide qu'affable, de lui donner
à boire. On juge que je ne la fis pas attendre ; mais en
approchant je fus saisi d'un tel tremblement, qu'ayant
trop rempli le verre, je répandis une partie de l'eau sur
l'assiette et même sur elle. Son frère me demanda

étourdiment pourquoi je tremblais si fort. Cette question ne servit pas à me rassurer, et Mlle de Breil rougit jusqu'au blanc des yeux.

Ici finit le roman où l'on remarquera, comme avec Mme Basile, et dans toute la suite de ma vie, que je ne suis pas heureux dans la conclusion de mes amours [19]. Je m'affectionnai * inutilement à l'antichambre de Mme de Breil : je n'obtins plus une seule marque d'attention de la part de sa fille. Elle sortait et rentrait sans me regarder, et moi, j'osais à peine jeter les yeux sur elle. J'étais même si bête et si maladroit, qu'un jour qu'elle avait en passant laissé tomber son gant, au lieu de m'élancer sur ce gant que j'aurais voulu couvrir de baisers, je n'osai sortir de ma place, et je laissai ramasser le gant par un gros butor de valet que j'aurais volontiers écrasé. Pour achever de m'intimider, je m'aperçus que je n'avais pas le bonheur d'agréer à Mme de Breil. Non seulement elle ne m'ordonnait rien, mais elle n'acceptait jamais mon service ; et deux fois, me trouvant dans son antichambre, elle me demanda d'un ton fort sec si je n'avais rien à faire. Il fallut renoncer à cette chère antichambre. J'en eus d'abord du regret, mais les distractions vinrent à la traverse, et bientôt je n'y pensai plus.

J'eus de quoi me consoler du dédain de Mme de Breil par les bontés de son beau-père, qui s'aperçut enfin que j'étais là. Le soir du dîner dont j'ai parlé, il eut avec moi un entretien d'une demi-heure, dont il parut content et dont je fus enchanté. Ce bon vieillard, quoique homme d'esprit, en avait moins que Mme de Vercellis, mais il avait plus d'entrailles *, et je réussis mieux auprès de lui. Il me dit de m'attacher à l'abbé de Gouvon son fils, qui m'avait pris en affection ; que cette affection, si j'en profitais, pouvait m'être utile, et me faire acquérir ce qui me manquait pour les vues qu'on avait sur moi. Dès le lendemain matin je volai chez M. l'abbé. Il ne me reçut point en domestique ; il me fit asseoir au coin de son feu, et, m'interrogeant avec la plus grande douceur, il vit bientôt que mon éducation, commencée sur tant de choses, n'était achevée sur aucune. Trouvant surtout que j'avais peu de latin, il entreprit de m'en enseigner davantage. Nous convînmes que je me rendrais chez lui tous les matins, et je commençai dès le lendemain. Ainsi, par une de ces bizarreries qu'on trouvera souvent dans le cours de ma vie, en même temps au-dessus et au-dessous de mon état, j'étais disciple et valet dans la même maison, et dans ma servitude j'avais cependant un précepteur d'une naissance à ne l'être que des enfants des rois.

M. l'abbé de Gouvon était un cadet destiné par sa famille à l'épiscopat, et dont par cette raison l'on avait poussé les études plus qu'il n'est ordinaire aux enfants de qualité. On l'avait envoyé à l'Université de Sienne, où il avait resté plusieurs années et dont il avait rapporté une assez forte dose de cruscantisme [20] pour être à peu près à Turin ce qu'était jadis à Paris l'abbé de Dangeau [21]. Le dégoût de la théologie l'avait jeté dans les belles-lettres, ce qui est très ordinaire en Italie à ceux qui courent la carrière de la prélature. Il avait bien lu les poètes ; il faisait passablement des vers latins et italiens. En un mot il avait le goût qu'il fallait pour former le mien et mettre quelque choix dans le fatras dont je m'étais farci la tête. Mais, soit que mon babil lui eût fait quelque illusion sur mon savoir, soit qu'il ne pût supporter l'ennui du latin élémentaire, il me mit d'abord beaucoup trop haut ; et à peine m'eut-il fait traduire quelques fables de Phèdre, qu'il me jeta dans Virgile, où je n'entendais presque rien. J'étais destiné, comme on verra dans la suite, à rapprendre souvent le latin et à ne le savoir jamais [22]. Cependant je travaillais avec assez de zèle, et M. l'abbé me prodiguait ses soins avec une bonté dont le souvenir m'attendrit encore. Je passais avec lui une bonne partie de la matinée, tant pour mon instruction que pour son service ; non pour celui de sa personne, car il ne souffrit jamais que je lui en rendisse aucun, mais pour écrire sous sa dictée et pour copier, et ma fonction de secrétaire me fut plus utile que celle d'écolier. Non seulement j'appris ainsi l'italien dans sa pureté, mais je pris du goût pour la littérature et quelque discernement des bons livres qui ne s'acquérait pas chez la Tribu, et qui me servit beaucoup dans la suite, quand je me mis à travailler seul.

Ce temps fut celui de ma vie où, sans projets romanesques, je pouvais le plus raisonnablement me livrer à l'espoir de parvenir. M. l'abbé, très content de moi, le disait à tout le monde, et son père m'avait pris dans une affection si singulière, que le comte de Favria m'apprit qu'il avait parlé de moi au roi. Mme de Breil elle-même avait quitté pour moi son air méprisant. Enfin je devins une espèce de favori dans la maison, à la grande jalousie des autres domestiques, qui, me voyant honoré des instructions du fils de leur maître, sentaient bien que ce n'était pas pour rester longtemps leur égal.

Autant que j'aie pu juger des vues qu'on avait sur moi par quelques mots lâchés à la volée, et auxquels je n'ai réfléchi qu'après coup, il m'a paru que la maison de Solar, voulant courir la carrière des ambassades, et peut-être s'ouvrir de loin celle du ministère, aurait été bien aise de se former d'avance un sujet qui eût du mérite et des talents, et qui, dépendant uniquement d'elle, eût pu dans la suite obtenir sa confiance et la servir utilement. Ce projet du comte de Gouvon était noble, judicieux, magnanime, et vraiment digne d'un grand seigneur bienfaisant et prévoyant : mais, outre que je n'en voyais pas alors toute l'étendue, il était trop sensé pour ma tête, et demandait un trop long assujettissement. Ma folle ambition ne cherchait la fortune qu'à travers les aventures, et ne voyant point de femme à tout cela, cette manière de parvenir me paraissait lente, pénible et triste ; tandis que j'aurais dû la trouver d'autant plus honorable et sûre que les femmes ne s'en mêlaient pas, l'espèce de mérite qu'elles protègent ne valant assurément pas celui qu'on me supposait.

Tout allait à merveille. J'avais obtenu, presque arraché l'estime de tout le monde : les épreuves étaient finies ; et l'on me regardait généralement dans la maison comme un jeune homme de la plus grande espérance, qui n'était pas à sa place et qu'on s'attendait d'y voir arriver. Mais ma place n'était pas celle qui m'était assignée par les hommes, et j'y devais parvenir par des

chemins bien différents. Je touche à un de ces traits
caractéristiques qui me sont propres, et qu'il suffit de
présenter au lecteur sans y ajouter de réflexion.

Quoiqu'il y eût à Turin beaucoup de nouveaux
convertis de mon espèce, je ne les aimais pas et n'en
avais jamais voulu voir aucun. Mais j'avais vu quelques
Genevois qui ne l'étaient pas, entre autres un
M. Mussard [23], surnommé Tord-Gueule, peintre en
miniature, et un peu mon parent. Ce M. Mussard
déterra ma demeure chez le comte de Gouvon, et vint
m'y voir avec un autre Genevois appelé Bâcle [24], dont
j'avais été camarade durant mon apprentissage. Ce
Bâcle était un garçon très amusant, très gai, plein de
saillies bouffonnes que son âge rendait agréables. Me
voilà tout d'un coup engoué de M. Bâcle, mais engoué
au point de ne pouvoir le quitter. Il allait partir bientôt
pour s'en retourner à Genève. Quelle perte j'allais
faire ! J'en sentais bien toute la grandeur. Pour mettre
du moins à profit le temps qui m'était laissé, je ne le
quittais plus, ou plutôt il ne me quittait pas lui-même ;
car la tête ne me tourna pas d'abord au point d'aller
hors de l'hôtel passer la journée avec lui sans congé ;
mais bientôt, voyant qu'il m'obsédait entièrement, on
lui défendit la porte, et je m'échauffai si bien, qu'oubliant tout, hors mon ami Bâcle, je n'allais ni chez
M. l'abbé, ni chez M. le comte, et l'on ne me voyait plus
dans la maison. On me fit des réprimandes que je
n'écoutai pas. On me menaça de me congédier. Cette
menace fut ma perte : elle me fit entrevoir qu'il était
possible que Bâcle ne s'en allât pas seul. Dès lors, je ne
vis plus d'autre plaisir, d'autre sort, d'autre bonheur,
que celui de faire un pareil voyage, et je ne voyais à cela
que l'ineffable félicité du voyage, au bout duquel, pour
surcroît, j'entrevoyais Mme de Warens, mais dans un
éloignement immense ; car pour retourner à Genève,
c'est à quoi je ne pensai jamais. Les monts, les prés, les
bois, les ruisseaux, les villages se succédaient sans fin et
sans cesse avec de nouveaux charmes ; ce bienheureux
trajet semblait devoir absorber ma vie entière. Je me
rappelais avec délices combien ce même voyage m'avait

paru charmant en venant. Que devait-ce être lorsqu'à
tout l'attrait de l'indépendance se joindrait celui de faire
route avec un camarade de mon âge, de mon goût et de
bonne humeur, sans gêne, sans devoir, sans contrainte,
sans obligation d'aller ou rester que comme il nous plairait. Il fallait être fou pour sacrifier une pareille fortune
à des projets d'ambition d'une exécution lente, difficile,
incertaine, et qui, les supposant réalisés un jour, ne
valaient pas dans tout leur éclat un quart d'heure de
vrai plaisir et de liberté dans la jeunesse.

Plein de cette sage fantaisie, je me conduisis si bien
que je vins à bout de me faire chasser, et en vérité ce ne
fut pas sans peine. Un soir, comme je rentrais, le maître
d'hôtel me signifia mon congé de la part de M. le
comte. C'était précisément ce que je demandais ; car,
sentant malgré moi l'extravagance de ma conduite, j'y
ajoutais, pour m'excuser, l'injustice et l'ingratitude,
croyant mettre ainsi les gens dans leur tort, et me justi-
fier à moi-même un parti pris par nécessité. On me dit
de la part du comte de Favria d'aller lui parler le lendemain matin avant mon départ ; et comme on voyait
que, la tête m'ayant tourné, j'étais capable de n'en rien
faire, le maître d'hôtel remit après cette visite à me
donner quelque argent qu'on m'avait destiné, et
qu'assurément j'avais fort mal gagné ; car ne voulant
pas me laisser dans l'état de valet, on ne m'avait pas fixé
de gages.

Le comte de Favria, tout jeune et tout étourdi qu'il
était, me tint en cette occasion les discours les plus
sensés, et j'oserais presque dire les plus tendres, tant il
m'exposa d'une manière flatteuse et touchante les soins
de son oncle et les intentions de son grand-père. Enfin,
après m'avoir mis vivement devant les yeux tout ce que
je sacrifiais pour courir à ma perte, il m'offrit de faire
ma paix, exigeant pour toute condition que je ne visse
plus ce petit malheureux qui m'avait séduit.

Il était si clair qu'il ne disait pas tout cela de lui-
même, que, malgré mon stupide aveuglement, je sentis
toute la bonté de mon vieux maître, et j'en fus touché :
mais ce cher voyage était trop empreint dans mon ima-

gination pour que rien pût en balancer le charme.
J'étais tout à fait hors de sens : je me raffermis, je
m'endurcis, je fis le fier, et je répondis arrogamment
que, puisqu'on m'avait donné mon congé, je l'avais
pris, qu'il n'était plus temps de s'en dédire, et que quoi
qu'il pût m'arriver en ma vie, j'étais bien résolu de ne
jamais me faire chasser deux fois d'une maison. Alors
ce jeune homme, justement irrité, me donna les noms
que je méritais, me mit hors de sa chambre par les
épaules, et me ferma la porte aux talons. Moi, je sortis
triomphant, comme si je venais d'emporter la plus
grande victoire, et de peur d'avoir un second combat à
soutenir, j'eus l'indignité de partir sans aller remercier
M. l'abbé de ses bontés.

Pour concevoir jusqu'où mon délire allait dans ce
moment, il faudrait connaître à quel point mon cœur
est sujet à s'échauffer sur les moindres choses, et avec
quelle force il se plonge dans l'imagination de l'objet
qui l'attire, quelque vain que soit quelquefois cet objet.
Les plans les plus bizarres, les plus enfantins, les plus
fous, viennent caresser mon idée favorite, et me montrer de la vraisemblance à m'y livrer. Croirait-on qu'à
près de dix-neuf ans on puisse fonder sur une fiole vide
la subsistance du reste de ses jours ? Or, écoutez.

L'abbé de Gouvon m'avait fait présent, il y avait
quelques semaines, d'une petite fontaine de Héron [25],
fort jolie, et dont j'étais transporté. À force de faire
jouer cette fontaine et de parler de notre voyage, nous
pensâmes, le sage Bâcle et moi, que l'une pourrait bien
servir à l'autre et le prolonger. Qu'y avait-il dans le
monde d'aussi curieux qu'une fontaine de Héron ? Ce
principe fut le fondement sur lequel nous bâtîmes l'édifice de notre fortune. Nous devions, dans chaque village, assembler les paysans autour de notre fontaine, et
là les repas et la bonne chère devaient nous tomber avec
d'autant plus d'abondance que nous étions persuadés
l'un et l'autre que les vivres ne coûtent rien à ceux qui
les recueillent, et que quand ils n'en gorgent pas les passants, c'est pure mauvaise volonté de leur part. Nous
n'imaginions partout que festins et noces, comptant

que, sans rien débourser que le vent de nos poumons, et l'eau de notre fontaine, elle pouvait nous défrayer en Piémont, en Savoie, en France, et par tout le monde. Nous faisions des projets de voyage qui ne finissaient point, et nous dirigions d'abord notre course au nord, plutôt pour le plaisir de passer les Alpes que pour la nécessité supposée de nous arrêter enfin quelque part.

Tel fut le plan sur lequel je me mis en campagne, abandonnant sans regret mon protecteur, mon précepteur, mes études, mes espérances, et l'attente d'une fortune presque assurée, pour commencer la vie d'un vrai vagabond. Adieu la capitale ; adieu la cour, l'ambition, la vanité, l'amour, les belles, et toutes les grandes aventures dont l'espoir m'avait amené l'année précédente. Je pars avec ma fontaine et mon ami Bâcle, la bourse légèrement garnie, mais le cœur saturé de joie, et ne songeant qu'à jouir de cette ambulante félicité à laquelle j'avais tout à coup borné mes brillants projets [26].

Je fis cet extravagant voyage presque aussi agréablement toutefois que je m'y étais attendu, mais non pas tout à fait de la même manière ; car bien que notre fontaine amusât quelques moments dans les cabarets les hôtesses et leurs servantes, il n'en fallait pas moins payer en sortant. Mais cela ne nous troublait guère, et nous ne songions à tirer parti tout de bon de cette ressource que quand l'argent viendrait à nous manquer. Un accident nous en évita la peine : la fontaine se cassa près de Bramant [27], et il en était temps, car nous sentions, sans oser nous le dire, qu'elle commençait à nous ennuyer. Ce malheur nous rendit plus gais qu'auparavant, et nous rîmes beaucoup de notre étourderie, d'avoir oublié que nos habits et nos souliers s'useraient, ou d'avoir cru les renouveler avec le jeu de notre fontaine. Nous continuâmes notre voyage aussi allègrement que nous l'avions commencé, mais filant un peu plus droit vers le terme où notre bourse tarissante nous faisait une nécessité d'arriver.

À Chambéry je devins pensif, non sur la sottise que je venais de faire, jamais homme ne prit si tôt ni si bien son parti sur le passé, mais sur l'accueil qui m'attendait chez Mme de Warens ; car j'envisageais exactement sa maison comme ma maison paternelle. Je lui avais écrit mon entrée chez le comte de Gouvon ; elle savait sur quel pied j'y étais, et en m'en félicitant, elle m'avait donné des leçons très sages sur la manière dont je devais correspondre [28] aux bontés qu'on avait pour moi. Elle regardait ma fortune comme assurée, si je ne la détruisais pas par ma faute. Qu'allait-elle dire en me voyant arriver ? Il ne me vint pas même à l'esprit qu'elle pût me fermer sa porte : mais je craignais le chagrin que j'allais lui donner ; je craignais ses reproches plus durs pour moi que la misère. Je résolus de tout endurer en silence et de tout faire pour l'apaiser. Je ne voyais plus dans l'univers qu'elle seule : vivre dans sa disgrâce était une chose qui ne se pouvait pas.

Ce qui m'inquiétait le plus était mon compagnon de voyage, dont je ne voulais pas lui donner le surcroît, et dont je craignais de ne pouvoir me débarrasser aisément. Je préparai cette séparation en vivant assez froidement avec lui la dernière journée. Le drôle me comprit : il était plus fou que sot. Je crus qu'il s'affecterait de mon inconstance ; j'eus tort ; mon ami Bâcle ne s'affectait de rien. À peine, en entrant à Annecy, avions-nous mis le pied dans la ville, qu'il me dit : « Te voilà chez toi », m'embrassa, me dit adieu, fit une pirouette et disparut. Je n'ai jamais plus entendu parler de lui. Notre connaissance et notre amitié durèrent en tout environ six semaines, mais les suites en dureront autant que moi.

Que le cœur me battit en approchant de la maison de Mme de Warens ! Mes jambes tremblaient sous moi, mes yeux se couvraient d'un voile, je ne voyais rien, je n'entendais rien, je n'aurais reconnu personne ; je fus contraint de m'arrêter plusieurs fois pour respirer et reprendre mes sens. Était-ce la crainte de ne pas obtenir les secours dont j'avais besoin qui me troublait à ce point ? À l'âge où j'étais, la peur de mourir de faim donne-t-elle de pareilles alarmes ? Non, non ; je le dis avec autant de vérité que de fierté, jamais en aucun temps de ma vie il n'appartint à l'intérêt ni à l'indigence de m'épanouir ou de me serrer le cœur. Dans le cours d'une vie inégale et mémorable par ses vicissitudes, souvent sans asile et sans pain, j'ai toujours vu du même œil l'opulence et la misère. Au besoin, j'aurais pu mendier ou voler comme un autre, mais non pas me troubler pour en être réduit là. Peu d'hommes ont autant gémi que moi, peu ont autant versé de pleurs dans leur vie ; mais jamais la pauvreté ni la crainte d'y tomber ne m'ont fait pousser un soupir ni répandre une larme. Mon âme, à l'épreuve de la fortune, n'a connu de vrais biens ni de vrais maux que ceux qui ne dépendent pas d'elle, et c'est quand rien ne m'a manqué pour le nécessaire que je me suis senti le plus malheureux des mortels.

À peine parus-je aux yeux de Mme de Warens que son air me rassura. Je tressaillis au premier son de sa voix ; je me précipite à ses pieds, et, dans les transports de la plus vive joie, je colle ma bouche sur sa main. Pour elle, j'ignore si elle avait su de mes nouvelles ; mais je vis peu de surprise sur son visage, et je n'y vis aucun chagrin. « Pauvre petit, me dit-elle d'un ton caressant, te revoilà donc ? Je savais bien que tu étais trop jeune pour ce voyage ; je suis bien aise au moins qu'il n'ait pas aussi mal tourné que j'avais craint. » Ensuite elle me fit conter mon histoire, qui ne fut pas longue, et que je lui fis très fidèlement, en supprimant cependant quelques articles, mais au reste sans m'épargner ni m'excuser.

Il fut question de mon gîte. Elle consulta sa femme de chambre. Je n'osais respirer durant cette délibération ; mais quand j'entendis que je coucherais dans la maison, j'eus peine à me contenir, et je vis porter mon petit paquet dans la chambre qui m'était destinée, à peu près comme Saint-Preux vit remiser sa chaise chez Mme de Wolmar [29]. J'eus pour surcroît le plaisir d'apprendre que cette faveur ne serait point passagère ; et dans un moment où l'on me croyait attentif à tout autre chose, j'entendis qu'elle disait : « On dira ce qu'on voudra ; mais puisque la Providence me le renvoie, je suis déterminée à ne pas l'abandonner. »

Me voilà donc enfin établi chez elle. Cet établissement ne fut pourtant pas encore celui dont je date les
jours heureux de ma vie, mais il servit à le préparer.
Quoique cette sensibilité de cœur, qui nous fait vraiment jouir de nous, soit l'ouvrage de la nature, et peut-
être un produit de l'organisation [30], elle a besoin de
situations qui la développent. Sans ces causes occasionnelles, un homme né très sensible ne sentirait rien, et
mourrait sans avoir connu son être. Tel à peu près
j'avais été jusqu'alors, et tel j'aurais toujours été peut-
être, si je n'avais jamais connu Mme de Warens, ou si
même, l'ayant connue, je n'avais pas vécu assez longtemps auprès d'elle pour contracter la douce habitude
des sentiments affectueux qu'elle m'inspira. J'oserai le
dire, qui ne sent que l'amour ne sent pas ce qu'il y a de
plus doux dans la vie. Je connais un autre sentiment,
moins impétueux peut-être, mais plus délicieux mille
fois, qui quelquefois est joint à l'amour, et qui souvent
en est séparé. Ce sentiment n'est pas non plus l'amitié
seule ; il est plus voluptueux, plus tendre : je n'imagine
pas qu'il puisse agir pour quelqu'un du même sexe ; du
moins je fus ami si jamais homme le fut, et je ne
l'éprouvai jamais près d'aucun de mes amis. Ceci n'est
pas clair, mais il le deviendra dans la suite ; les sentiments ne se décrivent bien que par leurs effets.

Elle habitait une vieille maison [31], mais assez grande
pour avoir une belle pièce de réserve, dont elle fit sa
chambre de parade, et qui fut celle où l'on me logea.
Cette chambre était sur le passage dont j'ai parlé, où se
fit notre première entrevue, et au-delà du ruisseau et
des jardins on découvrait la campagne. Cet aspect
n'était pas pour le jeune habitant une chose indiffé-
rente. C'était, depuis Bossey, la première fois que
j'avais du vert devant mes fenêtres. Toujours masqué
par des murs, je n'avais eu sous les yeux que des toits
ou le gris des rues. Combien cette nouveauté me fut
sensible et douce ! Elle augmenta beaucoup mes dispositions à l'attendrissement. Je faisais de ce charmant
paysage encore un des bienfaits de ma chère patronne :
il me semblait qu'elle l'avait mis là tout exprès pour

moi ; je m'y plaçais paisiblement auprès d'elle ; je la voyais partout entre les fleurs et la verdure ; ses charmes et ceux du printemps se confondaient à mes yeux. Mon cœur, jusqu'alors comprimé, se trouvait plus au large dans cet espace, et mes soupirs s'exhalaient plus librement parmi ces vergers.

On ne trouvait pas chez Mme de Warens la magnificence que j'avais vue à Turin ; mais on y trouvait la propreté, la décence et une abondance patriarcale avec laquelle le faste ne s'allie jamais. Elle avait peu de vaisselle d'argent, point de porcelaine, point de gibier dans sa cuisine, ni dans sa cave de vins étrangers ; mais l'une et l'autre étaient bien garnies au service de tout le monde, et dans des tasses de faïence elle donnait d'excellent café. Quiconque la venait voir était invité à dîner avec elle ou chez elle ; et jamais ouvrier messager ou passant ne sortait sans manger ou boire. Son domestique [32] était composé d'une femme de chambre fribourgeoise assez jolie, appelée Merceret [33], d'un valet de son pays appelé Claude Anet [34], dont il sera question dans la suite, d'une cuisinière et de deux porteurs de louage quand elle allait en visite, ce qu'elle faisait rarement. Voilà bien des choses pour deux mille livres de rente ; cependant son petit revenu bien ménagé eût pu suffire à tout cela dans un pays où la terre est très bonne et l'argent très rare. Malheureusement l'économie ne fut jamais sa vertu favorite : elle s'endettait, elle payait, l'argent faisait la navette et tout allait.

La manière dont son ménage était monté était précisément celle que j'aurais choisie : on peut croire que j'en profitais avec plaisir. Ce qui m'en plaisait moins était qu'il fallait rester très longtemps à table. Elle supportait avec peine la première odeur du potage et des mets ; cette odeur la faisait presque tomber en défaillance, et ce dégoût durait longtemps. Elle se remettait peu à peu, causait et ne mangeait point. Ce n'était qu'au bout d'une demi-heure qu'elle essayait le premier morceau. J'aurais dîné trois fois dans cet intervalle ; mon repas était fait longtemps avant qu'elle

eût commencé le sien. Je recommençais de compagnie ;
ainsi je mangeais pour deux, et ne m'en trouvais pas
plus mal. Enfin je me livrais d'autant plus au doux sentiment du bien-être que j'éprouvais auprès d'elle, que
ce bien-être dont je jouissais n'était mêlé d'aucune
inquiétude sur les moyens de le soutenir. N'étant point
encore dans l'étroite confidence de ses affaires, je les
supposais en état d'aller toujours sur le même pied. J'ai
retrouvé les mêmes agréments dans sa maison par la
suite ; mais, plus instruit de sa situation réelle, et voyant
qu'ils anticipaient sur ses rentes, je ne les ai plus goûtés
si tranquillement. La prévoyance a toujours gâté chez
moi la jouissance. J'ai vu l'avenir à pure perte : je n'ai
jamais pu l'éviter.

Dès le premier jour, la familiarité la plus douce s'établit entre nous au même degré où elle a continué tout le
reste de sa vie. *Petit* fut mon nom, *Maman* [35] fut le
sien ; et toujours nous demeurâmes *Petit* et *Maman*,
même quand le nombre des années en eut presque
effacé la différence entre nous. Je trouve que ces deux
noms rendent à merveille l'idée de notre ton, la simplicité de nos manières, et surtout la relation de nos
cœurs. Elle fut pour moi la plus tendre des mères, qui
jamais ne chercha son plaisir, mais toujours mon bien ;
et si les sens entrèrent dans mon attachement pour elle,
ce n'était pas pour en changer la nature, mais pour le
rendre seulement plus exquis, pour m'enivrer du
charme d'avoir une maman jeune et jolie qu'il m'était
délicieux de caresser : je dis caresser au pied de la lettre,
car jamais elle n'imagina de m'épargner les baisers ni
les plus tendres caresses maternelles, et jamais il n'entra
dans mon cœur d'en abuser. On dira que nous avons
pourtant eu à la fin des relations d'une autre espèce ;
j'en conviens ; mais il faut attendre, je ne puis tout dire
à la fois.

Le coup d'œil de notre première entrevue fut le seul
moment vraiment passionné qu'elle m'ait jamais fait
sentir ; encore ce moment fut-il l'ouvrage de la surprise. Mes regards indiscrets n'allaient jamais fureter
sous son mouchoir [36], quoiqu'un embonpoint mal

caché dans cette place eût bien pu les y attirer. Je n'avais ni transports ni désirs auprès d'elle ; j'étais dans un calme ravissant, jouissant sans savoir de quoi. J'aurais ainsi passé ma vie et l'éternité même sans m'ennuyer un instant. Elle est la seule personne avec qui je n'ai jamais senti cette sécheresse de conversation qui me fait un supplice du devoir de la soutenir. Nos tête-à-tête étaient moins des entretiens qu'un babil intarissable, qui pour finir avait besoin d'être interrompu. Loin de me faire une loi de parler, il fallait plutôt m'en faire une de me taire. À force de méditer ses projets, elle tombait souvent dans la rêverie. Hé bien ! je la laissais rêver, je me taisais, je la contemplais, et j'étais le plus heureux des hommes. J'avais encore un tic fort singulier. Sans prétendre aux faveurs du tête-à-tête, je le recherchais sans cesse, et j'en jouissais avec une passion qui dégénérait en fureur quand des importuns venaient le troubler. Sitôt que quelqu'un arrivait, homme ou femme, il n'importait pas, je sortais en murmurant, ne pouvant souffrir de rester en tiers auprès d'elle. J'allais compter les minutes dans son antichambre, maudissant mille fois ces éternels visiteurs, et ne pouvant concevoir ce qu'ils avaient tant à dire, parce que j'avais à dire encore plus.

Je ne sentais toute la force de mon attachement pour elle que quand je ne la voyais pas. Quand je la voyais, je n'étais que content ; mais mon inquiétude * en son absence allait au point d'être douloureuse. Le besoin de vivre avec elle me donnait des élans d'attendrissement qui souvent allaient jusqu'aux larmes. Je me souviendrai toujours qu'un jour de grande fête, tandis qu'elle était à vêpres, j'allai me promener hors de la ville, le cœur plein de son image et du désir ardent de passer mes jours auprès d'elle. J'avais assez de sens pour voir que quant à présent cela n'était pas possible, et qu'un bonheur que je goûtais si bien serait court. Cela donnait à ma rêverie une tristesse qui n'avait pourtant rien de sombre, et qu'un espoir flatteur tempérait. Le son des cloches, qui m'a toujours singulièrement affecté [37], le chant des oiseaux, la beauté du jour, la douceur du paysage, les maisons éparses et champêtres dans lesquelles je plaçais en idée notre commune demeure, tout cela me frappait tellement d'une impression vive, tendre, triste et touchante, que je me vis comme en extase transporté dans cet heureux temps et dans cet heureux séjour où mon cœur, possédant toute la félicité qui pouvait lui plaire, la goûtait dans des ravissements inexprimables, sans songer même à la volupté des sens. Je ne me souviens pas de m'être élancé jamais dans l'avenir avec plus de force et d'illusion que je fis alors ; et ce qui m'a frappé le plus dans le souvenir de cette rêverie, quand elle s'est réalisée [38], c'est d'avoir retrouvé des objets tels exactement que je les avais imaginés. Si jamais rêve d'un homme éveillé eut l'air d'une vision prophétique, ce fut assurément celui-là. Je n'ai été déçu que dans sa durée imaginaire ; car les jours et les ans, et la vie entière, s'y passaient dans une inaltérable tranquillité ; au lieu qu'en effet tout cela n'a duré qu'un moment. Hélas ! mon plus constant bonheur fut en songe ; son accomplissement fut presque à l'instant suivi du réveil.

Je ne finirais pas si j'entrais dans le détail de toutes les folies que le souvenir de cette chère Maman me faisait faire quand je n'étais plus sous ses yeux. Combien de fois j'ai baisé mon lit en songeant qu'elle y avait couché ; mes rideaux, tous les meubles de ma chambre, en songeant qu'ils étaient à elle, que sa belle main les avait touchés ; le plancher même sur lequel je me prosternais en songeant qu'elle y avait marché ! Quelquefois même en sa présence il m'échappait des extravagances que le plus violent amour seul semblait pouvoir inspirer. Un jour, à table, au moment qu'elle avait mis un morceau dans sa bouche, je m'écrie que j'y vois un cheveu ; elle rejette le morceau sur son assiette ; je m'en saisis avidement et l'avale. En un mot, de moi à l'amant le plus passionné il n'y avait qu'une différence unique, mais essentielle, et qui rend mon état presque inconcevable à la raison [39].

J'étais revenu d'Italie, non tout à fait comme j'y étais allé, mais comme peut-être jamais à mon âge on n'en est revenu. J'en avais rapporté non ma virginité, mais mon pucelage [40]. J'avais senti le progrès des ans ; mon tempérament inquiet s'était enfin déclaré, et sa première éruption, très involontaire, m'avait donné sur ma santé des alarmes qui peignent mieux que toute autre chose l'innocence dans laquelle j'avais vécu jusqu'alors. Bientôt rassuré, j'appris ce dangereux supplément ★ [41] qui trompe la nature, et sauve aux jeunes gens de mon humeur beaucoup de désordres aux dépens de leur santé, de leur vigueur, et quelquefois de leur vie. Ce vice que la honte et la timidité trouvent si commode, a de plus un grand attrait pour les imaginations vives : c'est de disposer, pour ainsi dire, à leur gré, de tout le sexe, et de faire servir à leurs plaisirs la beauté qui les tente, sans avoir besoin d'obtenir son aveu. Séduit par ce funeste avantage, je travaillais à détruire la bonne constitution qu'avait rétablie en moi la nature, et à qui j'avais donné le temps de se bien former. Qu'on ajoute à cette disposition le local [42] de ma situation présente ; logé chez une jolie femme, caressant son image au fond de mon cœur, la voyant sans cesse dans la journée ; le soir entouré d'objets qui me la rappellent, couché dans un lit où je sais qu'elle a couché. Que de stimulants ! Tel lecteur qui se les représente me regarde déjà comme à demi mort. Tout au contraire, ce qui devait me perdre fut précisément ce qui me sauva, du moins pour un temps. Enivré du charme de vivre auprès d'elle, du désir ardent d'y passer mes jours, absente ou présente, je voyais toujours en elle une tendre mère, une sœur chérie, une délicieuse amie, et rien de plus. Je la voyais toujours ainsi, toujours la même, et ne voyais jamais qu'elle. Son image, toujours présente à mon cœur, n'y laissait place à nulle autre ; elle était pour moi la seule femme qui fût au monde ; et l'extrême douceur des sentiments qu'elle m'inspirait, ne laissant pas à mes sens le temps de s'éveiller pour d'autres, me garantissait d'elle et de tout son sexe. En un mot, j'étais sage parce que je l'aimais [43]. Sur ces effets, que je rends mal, dise qui pourra de quelle espèce était mon attachement pour elle. Pour moi, tout ce que j'en puis dire, est que s'il paraît déjà fort extraordinaire, dans la suite il le paraîtra beaucoup plus.

Je passais mon temps le plus agréablement du monde, occupé des choses qui me plaisaient le moins. C'étaient des projets à rédiger, des mémoires à mettre au net, des recettes à transcrire [44] ; c'étaient des herbes à trier, des drogues à piler, des alambics à gouverner [45]. Tout à travers tout cela venaient des foules de passants, de mendiants, de visites de toute espèce. Il fallait entretenir tout à la fois un soldat, un apothicaire, un chanoine, une belle dame, un frère lai [46]. Je pestais, je grommelais, je jurais, je donnais au diable toute cette maudite cohue. Pour elle, qui prenait tout en gaieté, mes fureurs la faisaient rire aux larmes ; et ce qui la faisait rire encore plus était de me voir d'autant plus furieux que je ne pouvais moi-même m'empêcher de rire. Ces petits intervalles où j'avais le plaisir de grogner étaient charmants ; et s'il survenait un nouvel importun durant la querelle, elle en savait encore tirer parti pour l'amusement en prolongeant malicieusement la visite, et me jetant des coups d'œil pour lesquels je l'aurais volontiers battue. Elle avait peine à s'abstenir d'éclater en me voyant, contraint et retenu par la bienséance, lui faire des yeux de possédé, tandis qu'au fond de mon cœur, et même en dépit de moi, je trouvais tout cela très comique.

Tout cela, sans me plaire en soi, m'amusait pourtant parce qu'il faisait partie d'une manière d'être qui m'était charmante. Rien de ce qui se faisait autour de moi, rien de tout ce qu'on me faisait faire n'était selon mon goût, mais tout était selon mon cœur. Je crois que je serais parvenu à aimer la médecine, si mon dégoût pour elle n'eût fourni des scènes folâtres qui nous égayaient sans cesse : c'est peut-être la première fois que cet art [47] a produit un pareil effet. Je prétendais connaître à l'odeur un livre de médecine et ce qu'il y a de plaisant est que je m'y trompais rarement. Elle me faisait goûter des plus détestables drogues. J'avais beau fuir ou vouloir me défendre ; malgré ma résistance et mes horribles grimaces, malgré moi et mes dents [48], quand je voyais ses jolis doigts barbouillés s'approcher de ma bouche, il fallait finir par l'ouvrir et sucer. Quand tout son petit ménage était rassemblé dans la même chambre, à nous entendre courir et crier au milieu des éclats de rire, on eût cru qu'on y jouait quelque farce, et non pas qu'on y faisait de l'opiat [49] ou de l'élixir.

Mon temps ne se passait pourtant pas tout entier à ces polissonneries. J'avais trouvé quelques livres dans la chambre que j'occupais : *Le Spectateur* [50], Pufendorf [51], Saint-Évremond [52], *La Henriade* [53]. Quoique je n'eusse plus mon ancienne fureur de lecture, par désœuvrement je lisais un peu de tout cela. *Le Spectateur* surtout me plut beaucoup, et me fit du bien. M. l'abbé de Gouvon m'avait appris à lire moins avidement et avec plus de réflexion ; la lecture me profitait mieux. Je m'accoutumais à réfléchir sur l'élocution [54], sur les constructions élégantes ; je m'exerçais à discerner le français pur de mes idiomes provinciaux. Par exemple, je fus corrigé d'une faute d'orthographe, que je faisais avec tous nos Genevois, par ces deux vers de *La Henriade* :

> Soit qu'un ancien respect pour le sang de leurs maîtres
> Parlât encor pour lui dans le cœur de ces traîtres [55].

Ce mot *parlât*, qui me frappa, m'apprit qu'il fallait un *t* à la troisième personne du subjonctif, au lieu qu'auparavant je l'écrivais et prononçais *parla*, comme le présent [56] de l'indicatif.

Quelquefois je causais avec Maman de mes lectures ; quelquefois je lisais auprès d'elle ; j'y prenais grand plaisir : je m'exerçais à bien lire, et cela me fut utile aussi [57]. J'ai dit qu'elle avait l'esprit orné : il était alors dans toute sa fleur. Plusieurs gens de lettres s'étaient empressés à lui plaire, et lui avaient appris à juger des ouvrages d'esprit. Elle avait, si je puis parler ainsi, le goût un peu protestant ; elle ne parlait que de Bayle [58], et faisait grand cas de Saint-Évremond, qui depuis longtemps était mort en France. Mais cela n'empêchait pas qu'elle connût la bonne littérature et qu'elle n'en parlât fort bien. Elle avait été élevée dans des sociétés

choisies : et, venue en Savoie encore jeune, elle avait
perdu dans le commerce charmant de la noblesse du
pays ce ton maniéré du pays de Vaud, où les femmes
prennent le bel esprit pour l'esprit du monde, et ne
savent parler que par épigrammes.

Quoiqu'elle n'eût vu la cour qu'en passant, elle y
avait jeté un coup d'œil rapide qui lui avait suffi pour la
connaître [59]. Elle s'y conserva toujours des amis, et
malgré de secrètes jalousies, malgré les murmures
qu'excitaient sa conduite et ses dettes, elle n'a jamais
perdu sa pension. Elle avait l'expérience du monde et
l'esprit de réflexion qui fait tirer parti de cette expérience. C'était le sujet favori de ses conversations, et
c'était précisément, vu mes idées chimériques, la sorte
d'instruction dont j'avais le plus grand besoin. Nous
lisions ensemble La Bruyère [60] : il lui plaisait plus que
La Rochefoucauld, livre triste et désolant, principalement dans la jeunesse, où l'on n'aime pas à voir
l'homme comme il est [61]. Quand elle moralisait, elle se
perdait quelquefois un peu dans les espaces ; mais, en
lui baisant de temps en temps la bouche ou les mains,
je prenais patience, et ses longueurs ne m'ennuyaient
pas.

Cette vie était trop douce pour pouvoir durer. Je le
sentais, et l'inquiétude de la voir finir était la seule chose
qui en troublait la jouissance. Tout en folâtrant, Maman
m'étudiait, m'observait, m'interrogeait, et bâtissait
pour ma fortune force projets dont je me serais bien
passé. Heureusement que ce n'était pas le tout de
connaître mes penchants, mes goûts, mes petits
talents : il fallait trouver ou faire naître les occasions
d'en tirer parti, et tout cela n'était pas l'affaire d'un
jour. Les préjugés mêmes qu'avait conçus la pauvre
femme en faveur de mon mérite reculaient les moments de le mettre en œuvre, en la rendant plus difficile sur le choix des moyens. Enfin, tout allait au gré
de mes désirs, grâce à la bonne opinion qu'elle avait
de moi ; mais, il en fallut rabattre, et dès lors adieu la
tranquillité.

Un de ses parents, appelé M. d'Aubonne [62], la vint voir. C'était un homme de beaucoup d'esprit, intrigant, génie à projets comme elle, mais qui ne s'y ruinait pas, une espèce d'aventurier. Il venait de proposer au cardinal de Fleury un plan de loterie très composée, qui n'avait pas été goûté. Il allait le proposer à la cour de Turin, où il fut adopté et mis en exécution. Il s'arrêta quelque temps à Annecy, et y devint amoureux de Mme l'Intendante [63], qui était une personne fort aimable, fort de mon goût, et la seule que je visse avec plaisir chez Maman. M. d'Aubonne me vit ; sa parente lui parla de moi : il se chargea de m'examiner, de voir à quoi j'étais propre, et, s'il me trouvait de l'étoffe, de chercher à me placer.

Mme de Warens m'envoya chez lui deux ou trois matins de suite, sous prétexte de quelque commission, et sans me prévenir de rien. Il s'y prit très bien pour me faire jaser, se familiarisa avec moi, me mit à mon aise autant qu'il était possible, me parla de niaiseries et de toutes sortes de sujets, le tout sans paraître m'observer, sans la moindre affectation, et comme si, se plaisant avec moi, il eût voulu converser sans gêne. J'étais enchanté de lui. Le résultat de ses observations fut que, malgré ce que promettaient mon extérieur et ma physionomie animée, j'étais sinon tout à fait inepte ★, au moins un garçon de peu d'esprit, sans idées, presque sans acquis, très borné en un mot à tous égards, et que l'honneur de devenir quelque jour curé de village était la plus haute fortune à laquelle je dusse aspirer. Tel fut le compte qu'il rendit de moi à Mme de Warens. Ce fut la seconde ou troisième fois que je fus ainsi jugé : ce ne fut pas la dernière, et l'arrêt de M. Masseron a souvent été confirmé.

La cause de ces jugements tient trop à mon caractère pour n'avoir pas ici besoin d'explication ; car en conscience on sent bien que je ne puis sincèrement y souscrire, et qu'avec toute l'impartialité possible, quoi qu'aient pu dire MM. Masseron, d'Aubonne et beaucoup d'autres, je ne les saurais prendre au mot.

Deux choses presque inalliables s'unissent en moi sans que j'en puisse concevoir la manière : un tempérament très ardent, des passions vives, impétueuses, et des idées lentes à naître, embarrassées et qui ne se présentent jamais qu'après coup. On dirait que mon cœur et mon esprit n'appartiennent pas au même individu. Le sentiment, plus prompt que l'éclair, vient remplir mon âme ; mais au lieu de m'éclairer, il me brûle et m'éblouit. Je sens tout et je ne vois rien. Je suis emporté, mais stupide ; il faut que je sois de sang-froid pour penser. Ce qu'il y a d'étonnant est que j'ai cependant le tact assez sûr, de la pénétration, de la finesse même, pourvu qu'on m'attende : je fais d'excellents impromptus à loisir, mais sur le temps je n'ai jamais rien fait ni dit qui vaille. Je ferais une fort jolie conversation par la poste, comme on dit que les Espagnols jouent aux échecs. Quand je lus le trait d'un duc de Savoie qui se retourna, faisant route, pour crier : *À votre gorge, marchand de Paris*, je dis : « Me voilà [64]. »

Cette lenteur de penser, jointe à cette vivacité de sentir, je ne l'ai pas seulement dans la conversation, je l'ai même seul et quand je travaille. Mes idées s'arrangent dans ma tête avec la plus incroyable difficulté : elles y circulent sourdement, elles y fermentent jusqu'à m'émouvoir, m'échauffer, me donner des palpitations ; et, au milieu de toute cette émotion, je ne vois rien nettement, je ne saurais écrire un seul mot, il faut que j'attende. Insensiblement ce grand mouvement s'apaise, ce chaos se débrouille, chaque chose vient se mettre à sa place, mais lentement, et après une longue et confuse agitation. N'avez-vous point vu quelquefois l'opéra en Italie [65] ? Dans les changements de scènes il règne sur ces grands théâtres un désordre désagréable et qui dure assez longtemps ; toutes les décorations sont entremêlées ; on voit de toutes parts un tiraillement qui fait peine, on croit que tout va renverser : cependant, peu à peu tout s'arrange, rien ne manque, et l'on est tout surpris de voir succéder à ce long tumulte un spectacle ravissant. Cette manœuvre est à peu près celle qui se fait dans mon cerveau quand je veux écrire. Si j'avais su premièrement attendre, et puis rendre dans leur beauté les

choses qui s'y sont ainsi peintes, peu d'auteurs m'auraient surpassé.

De là vient l'extrême difficulté que je trouve à écrire.
Mes manuscrits raturés, barbouillés, mêlés, indéchiffrables attestent la peine qu'ils m'ont coûtée. Il n'y en a
pas un qu'il ne m'ait fallu transcrire quatre ou cinq fois
avant de le donner à la presse. Je n'ai jamais pu rien
faire la plume à la main, vis-à-vis d'une table et de mon
papier : c'est à la promenade, au milieu des rochers et
des bois, c'est la nuit dans mon lit et durant mes insomnies, que j'écris dans mon cerveau ; l'on peut juger avec
quelle lenteur, surtout pour un homme absolument
dépourvu de mémoire verbale, et qui de la vie n'a pu
retenir six vers par cœur. Il y a telle de mes périodes que
j'ai tournée et retournée cinq ou six nuits dans ma tête
avant qu'elle fût en état d'être mise sur le papier [66]. De
là vient encore que je réussis mieux aux ouvrages qui
demandent du travail qu'à ceux qui veulent être faits
avec une certaine légèreté, comme les lettres, genre
dont je n'ai jamais pu prendre le ton, et dont l'occupation me met au supplice. Je n'écris point de lettres sur
les moindres sujets qui ne me coûtent des heures de
fatigue, ou, si je veux écrire de suite ce qui me vient, je
ne sais ni commencer ni finir ; ma lettre est un long et
confus verbiage ; à peine m'entend-on quand on la lit.

Non seulement les idées me coûtent à rendre, elles
me coûtent même à recevoir. J'ai étudié les hommes, et
je me crois assez bon observateur : cependant je ne sais
rien voir de ce que je vois ; je ne vois bien que ce que je
me rappelle, et je n'ai de l'esprit que dans mes souvenirs. De tout ce qu'on dit, de tout ce qu'on fait, de tout
ce qui se passe en ma présence, je ne sens rien, je ne
pénètre rien. Le signe extérieur est tout ce qui me
frappe. Mais ensuite tout cela me revient : je me rappelle le lieu, le temps, le ton, le regard, le geste, la
circonstance ; rien ne m'échappe. Alors, sur ce qu'on a
fait ou dit, je trouve ce qu'on a pensé, et il est rare que
je me trompe.

Si peu maître de mon esprit, seul avec moi-même,
qu'on juge de ce que je dois être dans la conversation,

où, pour parler à propos, il faut penser à la fois et sur-le-champ à mille choses. La seule idée de tant de convenances, dont je suis sûr d'oublier au moins quelqu'une, suffit pour m'intimider. Je ne comprends pas même comment on ose parler dans un cercle : car à chaque mot il faudrait passer en revue tous les gens qui sont là ; il faudrait connaître tous leurs caractères, savoir leurs histoires, pour être sûr de ne rien dire qui puisse offenser quelqu'un. Là-dessus, ceux qui vivent dans le monde ont un grand avantage : sachant mieux ce qu'il faut taire, ils sont plus sûrs de ce qu'ils disent ; encore leur échappe-t-il souvent des balourdises. Qu'on juge de celui qui tombe là des nues : il lui est presque impossible de parler une minute impunément. Dans le tête-à-tête, il y a un autre inconvénient que je trouve pire ; la nécessité de parler toujours : quand on vous parle il faut répondre, et si l'on ne dit mot il faut relever la conversation. Cette insupportable contrainte m'eût seule dégoûté de la société. Je ne trouve point de gêne plus terrible que l'obligation de parler sur-le-champ et toujours [67]. Je ne sais si ceci tient à ma mortelle aversion pour tout assujettissement ; mais c'est assez qu'il faille absolument que je parle pour que je dise une sottise infailliblement.

Ce qu'il y a de plus fatal est qu'au lieu de savoir me taire quand je n'ai rien à dire, c'est alors que pour payer plus tôt ma dette, j'ai la fureur * de vouloir parler. Je me hâte de balbutier promptement des paroles sans idées, trop heureux quand elles ne signifient rien du tout. En voulant vaincre ou cacher mon ineptie, je manque rarement de la montrer. Entre mille exemples que j'en pourrais citer, j'en prends un qui n'est pas de ma jeunesse, mais d'un temps où, ayant vécu plusieurs années dans le monde, j'en aurais pris l'aisance et le ton, si la chose eût été possible. J'étais un soir avec deux grandes dames [68] et un homme qu'on peut nommer ; c'était M. le duc de Gontaut. Il n'y avait personne autre dans la chambre et je m'efforçais de fournir quelques mots, Dieu sait quels ! à une conversation entre quatre personnes, dont trois n'avaient assurément pas besoin de

mon supplément [69]. La maîtresse de la maison se fit
apporter un opiate [70] dont elle prenait tous les jours
deux fois pour son estomac. L'autre dame, lui voyant
faire la grimace, dit en riant : « Est-ce de l'opiate de
M. Tronchin [71] ? – Je ne crois pas, répondit sur le même
ton la première. – Je crois qu'elle [72] ne vaut guère
mieux », ajouta galamment le spirituel Rousseau. Tout
le monde resta interdit ; il n'échappa ni le moindre mot
ni le moindre sourire, et, à l'instant d'après, la conversation prit un autre tour. Vis-à-vis d'une autre, la
balourdise eût pu n'être que plaisante ; mais adressée à
une femme trop aimable pour n'avoir pas un peu fait
parler d'elle, et qu'assurément je n'avais pas dessein
d'offenser, elle était terrible [73] ; et je crois que les deux
témoins, homme et femme, eurent bien de la peine à
s'abstenir d'éclater [74]. Voilà de ces traits d'esprit qui
m'échappent pour vouloir parler sans avoir rien à dire.
J'oublierai difficilement celui-là ; car, outre qu'il est par
lui-même très mémorable, j'ai dans la tête qu'il a eu des
suites qui ne me le rappellent que trop souvent [75].

Je crois que voilà de quoi faire assez comprendre
comment, n'étant pas un sot, j'ai cependant souvent
passé pour l'être, même chez des gens en état de bien
juger : d'autant plus malheureux que ma physionomie
et mes yeux promettent davantage, et que cette attente
frustrée rend plus choquante aux autres ma stupidité.
Ce détail [76], qu'une occasion particulière a fait naître,
n'est pas inutile à ce qui doit suivre. Il contient la clef de
bien des choses extraordinaires qu'on m'a vu faire et
qu'on attribue à une humeur sauvage que je n'ai point.
J'aimerais la société comme un autre, si je n'étais sûr de
m'y montrer non seulement à mon désavantage, mais
tout autre que je ne suis. Le parti que j'ai pris d'écrire
et de me cacher est précisément celui qui me convenait.
Moi présent, on n'aurait jamais su ce que je valais, on
ne l'aurait pas soupçonné même ; et c'est ce qui est
arrivé à Mme Dupin [77], quoique femme d'esprit, et
quoique j'aie vécu dans sa maison plusieurs années ;
elle me l'a dit bien des fois elle-même depuis ce temps-

là. Au reste, tout ceci souffre de certaines exceptions, et
j'y reviendrai dans la suite.

La mesure de mes talents ainsi fixée, l'état qui me
convenait ainsi désigné, il ne fut plus question, pour la
seconde fois, que de remplir ma vocation [78]. La difficulté fut que je n'avais pas fait mes études, et que je
ne savais pas même assez de latin pour être prêtre.
Mme de Warens imagina de me faire instruire au séminaire pendant quelque temps. Elle en parla au supérieur. C'était un lazariste appelé M. Gros [79], bon petit
homme, à moitié borgne, maigre, grison, le plus spirituel et le moins pédant lazariste que j'aie connu, ce qui
n'est pas beaucoup dire, à la vérité.

Il venait quelquefois chez Maman, qui l'accueillait, le
caressait, l'agaçait même, et se faisait quelquefois lacer
par lui, emploi dont il se chargeait assez volontiers.
Tandis qu'il était en fonction, elle courait par la
chambre de côté et d'autre, faisant tantôt ceci, tantôt
cela. Tiré par le lacet, M. le supérieur suivait en grondant, et disant à tout moment : « Mais, Madame, tenez-
vous donc. » Cela faisait un sujet assez pittoresque [80].

M. Gros se prêta de bon cœur au projet de Maman.
Il se contenta d'une pension très modique, et se chargea
de l'instruction. Il ne fut question que du consentement
de l'évêque, qui non seulement l'accorda, mais qui
voulut payer la pension. Il permit aussi que je restasse
en habit laïque jusqu'à ce qu'on pût juger, par un essai,
du succès qu'on devait espérer.

Quel changement ! Il fallut m'y soumettre. J'allai au
séminaire comme j'aurais été au supplice. La triste
maison qu'un séminaire, surtout pour qui sort de celle
d'une aimable femme ! J'y portai un seul livre, que
j'avais prié Maman de me prêter, et qui me fut d'une
grande ressource. On ne devinera pas quelle sorte de
livre c'était : un livre de musique. Parmi les talents
qu'elle avait cultivés, la musique n'avait pas été oubliée.
Elle avait de la voix, chantait passablement, et jouait un
peu du clavecin : elle avait eu la complaisance de me
donner quelques leçons de chant, et il fallut commencer de loin, car à peine savais-je la musique de nos

psaumes. Huit ou dix leçons de femme, et fort interrompues, loin de me mettre en état de solfier, ne m'apprirent pas le quart des signes de la musique. Cependant j'avais une telle passion pour cet art, que je voulus essayer de m'exercer seul. Le livre que j'emportai n'était pas même des plus faciles ; c'étaient les cantates de Clérambault [81]. On concevra quelle fut mon application et mon obstination, quand je dirai que, sans connaître ni transposition, ni quantité [82], je parvins à déchiffrer et chanter sans faute le premier récitatif [83] et le premier air de la cantate d'*Alphée et Aréthuse* ; et il est vrai que cet air est scandé si juste, qu'il ne faut que réciter les vers avec leur mesure pour y mettre celle de l'air.

Il y avait au séminaire un maudit lazariste qui m'entreprit, et qui me fit prendre en horreur le latin, qu'il voulait m'enseigner. Il avait des cheveux plats, gras et noirs, un visage de pain d'épice [84], une voix de buffle, un regard de chat-huant, des crins de sanglier au lieu de barbe ; son sourire était sardonique ; ses membres jouaient comme les poulies d'un mannequin ; j'ai oublié son odieux nom ; mais sa figure effrayante et doucereuse m'est bien restée, et j'ai peine à me la rappeler sans frémir. Je crois le rencontrer encore dans les corridors, avançant gracieusement son crasseux bonnet carré pour me faire signe d'entrer dans sa chambre, plus affreuse pour moi qu'un cachot. Qu'on juge du contraste d'un pareil maître pour le disciple d'un abbé de cour [85] !

Si j'étais resté deux mois à la merci de ce monstre, je suis persuadé que ma tête n'y aurait pas résisté. Mais le bon M. Gros, qui s'aperçut que j'étais triste, que je ne mangeais pas, que je maigrissais, devina le sujet de mon chagrin ; cela n'était pas difficile. Il m'ôta des griffes de ma bête, et, par un autre contraste encore plus marqué, me remit au plus doux des hommes : c'était un jeune abbé faucigneran, appelé M. Gâtier [86], qui faisait son séminaire, et qui, par complaisance pour M. Gros et je crois par humanité, voulait bien prendre sur ses études le temps qu'il donnait à diriger les miennes ; je n'ai jamais vu de physionomie plus touchante que celle de

M. Gâtier. Il était blond, et sa barbe tirait sur le roux.
Il avait le maintien ordinaire aux gens de sa province,
qui, sous une figure épaisse, cachent tous beaucoup
d'esprit ; mais ce qui se marquait vraiment en lui était
une âme sensible, affectueuse, aimante. Il y avait dans
ses grands yeux bleus un mélange de douceur, de tendresse et de tristesse, qui faisait qu'on ne pouvait le voir
sans s'intéresser à lui. Aux regards, au ton de ce pauvre
jeune homme, on eût dit qu'il prévoyait sa destinée, et
qu'il se sentait né pour être malheureux.

Son caractère ne démentait point sa physionomie ;
plein de patience et de complaisance, il semblait plutôt
étudier avec moi que m'instruire. Il n'en fallait pas tant
pour me le faire aimer : son prédécesseur avait rendu
cela très facile. Cependant, malgré tout le temps qu'il
me donnait, malgré toute la bonne volonté que nous y
mettions l'un et l'autre, et quoiqu'il s'y prît très bien,
j'avançai peu en travaillant beaucoup. Il est singulier
qu'avec assez de conception [87], je n'ai jamais pu rien
apprendre avec des maîtres, excepté mon père et
M. Lambercier. Le peu que je sais de plus, je l'ai appris
seul, comme on verra ci-après. Mon esprit impatient
de toute espèce de joug ne peut s'asservir à la loi du
moment ; la crainte même de ne pas apprendre
m'empêche d'être attentif ; de peur d'impatienter celui
qui me parle, je feins d'entendre, il va en avant, et je
n'entends rien. Mon esprit veut marcher à son heure, il
ne peut se soumettre à celle d'autrui.

Le temps des ordinations étant venu, M. Gâtier s'en
retourna diacre [88] dans sa province. Il emporta mes
regrets, mon attachement, ma reconnaissance. Je fis
pour lui des vœux qui n'ont pas été plus exaucés que
ceux que j'ai faits pour moi-même. Quelques années
après j'appris qu'étant vicaire dans une paroisse, il avait
fait un enfant à une fille, la seule dont, avec un cœur
très tendre, il eût jamais été amoureux. Ce fut un scandale effroyable dans un diocèse administré très sévèrement. Les prêtres, en bonne règle, ne doivent faire des
enfants qu'à des femmes mariées. Pour avoir manqué à
cette loi de convenance, il fut mis en prison, diffamé,

chassé. Je ne sais s'il aura pu dans la suite rétablir ses affaires [89] ; mais le sentiment de son infortune, profondément gravé dans mon cœur, me revint quand j'écrivis l'*Émile*, et réunissant M. Gâtier avec M. Gaime je fis de ces deux dignes prêtres l'original du Vicaire savoyard. Je me flatte que l'imitation n'a pas déshonoré mes modèles.

Pendant que j'étais au séminaire, M. d'Aubonne fut obligé de quitter Annecy. M. l'Intendant s'avisa de trouver mauvais qu'il fît l'amour à sa femme. C'était faire comme le chien du jardinier [90] ; car, quoique Mme Corvesi fût aimable, il vivait fort mal avec elle ; des goûts ultramontains [91] la lui rendaient inutile, et il la traitait si brutalement qu'il fut question de séparation. M. Corvesi était un vilain homme, noir comme une taupe, fripon comme une chouette, et qui à force de vexations finit par se faire chasser lui-même. On dit que les Provençaux se vengent de leurs ennemis par des chansons [92] : M. d'Aubonne se vengea du sien par une comédie ; il envoya cette pièce à Mme de Warens, qui me la fit voir. Elle me plut, et me fit naître la fantaisie d'en faire une pour essayer si j'étais en effet aussi bête que l'auteur l'avait prononcé : mais ce ne fut qu'à Chambéry que j'exécutai ce projet en écrivant *L'Amant de lui-même*. Ainsi, quand j'ai dit dans la préface de cette pièce que je l'avais écrite à dix-huit ans, j'ai menti de quelques années [93].

C'est à peu près à ce temps-ci que se rapporte un événement peu important en lui-même, mais qui a eu pour moi des suites, et qui a fait du bruit dans le monde quand je l'avais oublié. Toutes les semaines j'avais une fois la permission de sortir ; je n'ai pas besoin de dire quel usage j'en faisais. Un dimanche [94] que j'étais chez Maman, le feu prit à un bâtiment des Cordeliers attenant à la maison qu'elle occupait. Ce bâtiment, où était leur four, était plein jusqu'au comble de fascines [95] sèches. Tout fut embrasé en très peu de temps : la maison était en grand péril et couverte par les flammes que le vent y portait. On se mit en devoir de déménager en hâte et de porter les meubles dans le jardin, qui était

vis-à-vis mes anciennes fenêtres et au-delà du ruisseau
dont j'ai parlé. J'étais si troublé, que je jetais indifféremment par la fenêtre tout ce qui me tombait sous la main,
jusqu'à un gros mortier de pierre qu'en tout autre
temps j'aurais eu peine à soulever. J'étais prêt à y jeter
de même une grande glace si quelqu'un ne m'eût
retenu. Le bon évêque, qui était venu voir Maman ce
jour-là, ne resta pas non plus oisif : il l'emmena dans le
jardin, où il se mit en prières avec elle et tous ceux qui
étaient là ; en sorte qu'arrivant quelque temps après, je
vis tout le monde à genoux, et m'y mis comme les
autres. Durant la prière du saint homme, le vent changea, mais si brusquement et si à propos, que les flammes
qui couvraient la maison et entraient déjà par les
fenêtres furent portées de l'autre côté de la cour, et la
maison n'eut aucun mal. Deux ans après, M. de Bernex
étant mort, les Antonins [96], ses anciens confrères, commencèrent à recueillir les pièces qui pouvaient servir à
sa béatification. À la prière du père Boudet, je joignis à
ces pièces une attestation du fait que je viens de rapporter, en quoi je fis bien ; mais en quoi je fis mal, ce fut
de donner ce fait pour un miracle [97]. J'avais vu l'évêque
en prière, et durant sa prière j'avais vu le vent changer
et même très à propos ; voilà ce que je pouvais dire et
certifier ; mais qu'une de ces deux choses fût la cause
de l'autre, voilà ce que je ne devais pas attester, parce
que je ne pouvais le savoir. Cependant, autant que je
puis me rappeler mes idées, alors sincèrement catholique, j'étais de bonne foi. L'amour du merveilleux, si
naturel au cœur humain, ma vénération pour ce vertueux prélat, l'orgueil secret d'avoir peut-être contribué
moi-même au miracle, aidèrent à me séduire ; et ce
qu'il y a de sûr est que si ce miracle eût été l'effet des
plus ardentes prières, j'aurais bien pu m'en attribuer
ma part.

Plus de trente ans après, lorsque j'eus publié les *Lettres de la Montagne*, M. Fréron déterra ce certificat, je
ne sais comment, et en fit usage dans ses feuilles [98]. Il
faut avouer que la découverte était heureuse, et l'à-
propos me parut à moi-même très plaisant.

J'étais destiné à être le rebut de tous les états. Quoique M. Gâtier eût rendu de mes progrès le compte le moins défavorable qui lui fût possible, on voyait qu'ils n'étaient pas proportionnés à mon travail, et cela n'était pas encourageant pour me faire pousser mes études. Aussi l'évêque et le supérieur se rebutèrent-ils, et on me rendit à Mme de Warens comme un sujet qui n'était pas même bon pour être prêtre, au reste assez bon garçon, disait-on, et point vicieux : ce qui fit que, malgré tant de préjugés rebutants sur mon compte, elle ne m'abandonna pas.

Je rapportai chez elle en triomphe son livre de musique, dont j'avais tiré si bon parti. Mon air d'*Alphée et Aréthuse* était à peu près tout ce que j'avais appris au séminaire. Mon goût marqué pour cet art lui fit naître la pensée de me faire musicien : l'occasion était commode ; on faisait chez elle, au moins une fois la semaine, de la musique, et le maître de musique de la cathédrale, qui dirigeait ce petit concert, venait la voir très souvent. C'était un Parisien nommé M. Le Maître [99], bon compositeur, fort vif, fort gai, jeune encore, assez bien fait, peu d'esprit, mais au demeurant très bon homme. Maman me fit faire sa connaissance ; je m'attachais à lui, je ne lui déplaisais pas : on parla de pension, l'on en convint. Bref, j'entrai chez lui, et j'y passai l'hiver d'autant plus agréablement que, la maîtrise n'étant qu'à vingt pas de la maison de Maman, nous étions chez elle en un moment, et nous y soupions très souvent ensemble.

On jugera bien que la vie de la maîtrise, toujours chantante et gaie, avec les musiciens et les enfants de chœur, me plaisait plus que celle du séminaire avec les pères de Saint-Lazare. Cependant cette vie, pour être plus libre, n'en était pas moins égale et réglée. J'étais fait pour aimer l'indépendance et pour n'en abuser jamais. Durant six mois entiers, je ne sortis pas une seule fois que pour aller chez Maman ou à l'église, et je n'en fus pas même tenté. Cet intervalle est un de ceux où j'ai vécu dans le plus grand calme, et que je me suis rappelés avec le plus de plaisir. Dans les situations diverses

où je me suis trouvé, quelques-unes ont été marquées
par un tel sentiment de bien-être, qu'en les remémorant
j'en suis affecté comme si j'y étais encore. Non seulement je me rappelle les temps, les lieux, les personnes,
mais tous les objets environnants, la température de
l'air, son odeur, sa couleur, une certaine impression
locale qui ne s'est fait sentir que là, et dont le souvenir
vif m'y transporte de nouveau. Par exemple, tout ce
qu'on répétait à la maîtrise, tout ce qu'on chantait au
chœur, tout ce qu'on y faisait, le bel et noble habit des
chanoines, les chasubles des prêtres, les mitres des
chantres, la figure des musiciens, un vieux charpentier
boiteux qui jouait de la contrebasse, un petit abbé
blondin qui jouait du violon, le lambeau de soutane
qu'après avoir posé son épée, M. Le Maître endossait
par-dessus son habit laïque, et le beau surplis fin dont
il en couvrait les loques pour aller au chœur ; l'orgueil
avec lequel j'allais tenant ma petite flûte à bec, m'établir
dans l'orchestre à la tribune pour un petit bout de
récit [100] que M. Le Maître avait fait exprès pour moi, le
bon dîner qui nous attendait ensuite, le bon appétit
qu'on y portait, ce concours d'objets vivement retracé
m'a cent fois charmé dans ma mémoire, autant et plus
que dans la réalité. J'ai gardé toujours une affection
tendre pour un certain air du *Conditor alme Syderum* [101]
qui marche par ïambes, parce qu'un dimanche de
l'avent j'entendis de mon lit chanter cette hymne avant
le jour sur le perron de la cathédrale, selon un rite de
cette église-là. Mlle Merceret, femme de chambre de
Maman, savait un peu de musique ; je n'oublierai
jamais un petit motet *Afferte* [102] que M. Le Maître me fit
chanter avec elle, et que sa maîtresse écoutait avec tant
de plaisir. Enfin tout, jusqu'à la bonne servante Perrine,
qui était si bonne fille et que les enfants de chœur faisaient tant endêver [103], tout, dans les souvenirs de ces
temps de bonheur et d'innocence, revient souvent me
ravir et m'attrister.

Je vivais à Annecy depuis près d'un an sans le
moindre reproche : tout le monde était content de moi.
Depuis mon départ de Turin je n'avais point fait de sot-

tise, et je n'en fis point tant que je fus sous les yeux de
Maman. Elle me conduisait, et me conduisait toujours
bien ; mon attachement pour elle était devenu ma seule
passion ; et ce qui prouve que ce n'était pas une passion
folle, c'est que mon cœur formait ma raison. Il est vrai
qu'un seul sentiment, absorbant pour ainsi dire toutes
mes facultés, me mettait hors d'état de rien apprendre,
pas même la musique, bien que j'y fisse tous mes
efforts. Mais il n'y avait point de ma faute ; la
bonne volonté y était tout entière, l'assiduité y était. J'étais distrait, rêveur, je soupirais : qu'y pouvais-je faire ? Il ne
manquait à mes progrès rien qui dépendît de moi ;
mais pour que je fisse de nouvelles folies il ne fallait
qu'un sujet qui vînt me les inspirer. Ce sujet se présenta ; le hasard arrangea les choses, et, comme on
verra dans la suite, ma mauvaise tête en tira parti.

   Un soir du mois de février qu'il faisait bien froid,
comme nous étions tous autour du feu, nous entendîmes frapper à la porte de la rue. Perrine prend sa lan-
terne, descend, ouvre ; un jeune homme entre avec elle,
monte, se présente d'un air aisé, et fait à M. Le Maître
un compliment court et bien tourné, se donnant pour
un musicien français que le mauvais état de ses finances
forçait de vicarier [104] pour passer son chemin. À ce mot
de musicien français le cœur tressaillit au bon
Le Maître ; il aimait passionnément son pays et son art.
Il accueillit le jeune passager [105], lui offrit le gîte, dont il
paraissait avoir grand besoin, et qu'il accepta sans
beaucoup de façon. Je l'examinai tandis qu'il se chauf-
fait et qu'il jasait en attendant le souper. Il était court de
stature, mais large de carrure ; il avait je ne sais quoi de
contrefait dans sa taille sans aucune difformité particulière ; c'était pour ainsi dire un bossu à épaules
plates, mais je crois qu'il boitait un peu. Il avait un habit
noir plutôt usé que vieux, et qui tombait par pièces, une
chemise très fine et très sale, de belles manchettes
d'effilé [106], des guêtres dans chacune desquelles il aurait
mis ses deux jambes, et pour se garantir de la neige un
petit chapeau à porter sous le bras. Dans ce comique
équipage il y avait pourtant quelque chose de noble que

son maintien ne démentait pas ; sa physionomie avait
de la finesse et de l'agrément ; il parlait facilement et
bien, mais très peu modestement. Tout marquait en lui
un jeune débauché qui avait eu de l'éducation, et qui
n'allait pas gueusant [107] comme un gueux, mais comme
un fou. Il nous dit qu'il s'appelait Venture de Villeneuve [108], qu'il venait de Paris, qu'il s'était égaré dans sa
route ; et oubliant un peu son rôle de musicien, il ajouta
qu'il allait à Grenoble voir un parent qu'il avait dans le
parlement.

Pendant le souper on parla de musique, et il en parla
bien. Il connaissait tous les grands virtuoses, tous les
ouvrages célèbres, tous les acteurs, toutes les actrices,
toutes les jolies femmes, tous les grands seigneurs. Sur
tout ce qu'on disait il paraissait au fait ; mais à peine un
sujet était-il entamé qu'il brouillait l'entretien par
quelque polissonnerie qui faisait rire et oublier ce qu'on
avait dit. C'était un samedi ; il y avait le lendemain
musique à la cathédrale ; M. Le Maître lui propose d'y
chanter : *Très volontiers* ; lui demande quelle est sa
partie : *La haute-contre*... [109] et il parle d'autre chose.
Avant d'aller à l'église on lui offrit sa partie à prévoir [110] ; il n'y jeta pas les yeux. Cette gasconnade surprit Le Maître. « Vous verrez, me dit-il à l'oreille, qu'il
ne sait pas une note de musique. – J'en ai grand-peur »,
lui répondis-je. Je les suivis très inquiet. Quand on
commença, le cœur me battit d'une terrible force, car je
m'intéressais beaucoup à lui.

J'eus bientôt de quoi me rassurer. Il chanta ses deux
récits avec toute la justesse et tout le goût imaginables,
et, qui plus est, avec une très jolie voix. Je n'ai guère eu
de plus agréable surprise. Après la messe, M. Venture
reçut des compliments à perte de vue des chanoines et
des musiciens, auxquels il répondait en polissonnant,
mais toujours avec beaucoup de grâce. M. Le Maître
l'embrassa de bon cœur ; j'en fis autant : il vit que j'étais
bien aise, et cela parut lui faire plaisir.

On conviendra, je m'assure, qu'après m'être engoué
de M. Bâcle, qui tout compté n'était qu'un manant, je
pouvais m'engouer de M. Venture, qui avait de l'édu-

cation, des talents, de l'esprit, de l'usage du monde, et
qui pouvait passer pour un aimable débauché. C'est
aussi ce qui m'arriva, et ce qui serait arrivé, je pense, à
tout autre jeune homme à ma place, d'autant plus facilement encore qu'il aurait eu un meilleur tact pour
sentir le mérite, et un meilleur goût pour s'y attacher ;
car Venture en avait, sans contredit, et il en avait surtout
un bien rare à son âge, celui de n'être point pressé de
montrer son acquis. Il est vrai qu'il se vantait de beaucoup de choses qu'il ne savait point ; mais pour celles
qu'il savait et qui étaient en assez grand nombre, il n'en
disait rien : il attendait l'occasion de les montrer ; il s'en
prévalait alors sans empressement, et cela faisait le plus
grand effet. Comme il s'arrêtait après chaque chose
sans parler du reste, on ne savait plus quand il aurait
tout montré. Badin, folâtre, inépuisable, séduisant dans
la conversation, souriant toujours et ne riant jamais, il
disait du ton le plus élégant les choses les plus grossières, et les faisait passer. Les femmes même les plus
modestes s'étonnaient de ce qu'elles enduraient de lui.
Elles avaient beau sentir qu'il fallait se fâcher, elles n'en
avaient pas la force. Il ne lui fallait que des filles per-
dues, et je ne crois pas qu'il fût fait pour avoir des
bonnes fortunes, mais il était fait pour mettre un agrément infini dans la société des gens qui en avaient. Il
était difficile qu'avec tant de talents agréables, dans un
pays où l'on s'y connaît et où on les aime, il restât borné
longtemps à la sphère des musiciens.

Mon goût pour M. Venture, plus raisonnable dans sa
cause, fut aussi moins extravagant dans ses effets,
quoique plus vif et plus durable que celui que j'avais
pris pour M. Bâcle. J'aimais à le voir, à l'entendre ; tout
ce qu'il faisait me paraissait charmant ; tout ce qu'il
disait me semblait des oracles ; mais mon engouement
n'allait point jusqu'à ne pouvoir me séparer de lui.
J'avais à mon voisinage un bon préservatif contre cet
excès. D'ailleurs, trouvant ses maximes très bonnes
pour lui, je sentais qu'elles n'étaient pas à mon usage ;
il me fallait une autre sorte de volupté, dont il n'avait
pas l'idée, et dont je n'osais même lui parler, bien sûr

qu'il se serait moqué de moi. Cependant j'aurais voulu allier cet attachement avec celui qui me dominait. J'en parlais à Maman avec transport ; Le Maître lui en parlait avec éloges. Elle consentit qu'on le lui amenât. Mais cette entrevue ne réussit point du tout : il la trouva précieuse ; elle le trouva libertin ; et, s'alarmant pour moi d'une aussi mauvaise connaissance, non seulement elle me défendit de le lui ramener, mais elle me peignit si fortement les dangers que je courais avec ce jeune homme, que je devins un peu plus circonspect à m'y livrer, et, très heureusement pour mes mœurs et pour ma tête, nous fûmes bientôt séparés.

M. Le Maître avait les goûts de son art ; il aimait le vin. À table cependant il était sobre, mais en travaillant dans son cabinet il fallait qu'il bût. Sa servante le savait si bien que, sitôt qu'il préparait son papier pour composer, et qu'il prenait son violoncelle, son pot et son verre arrivaient l'instant d'après, et le pot se renouvelait de temps à autre. Sans jamais être absolument ivre, il était presque toujours pris de vin ; et en vérité c'était dommage, car c'était un garçon essentiellement bon, et si gai que Maman ne l'appelait que *petit chat*. Malheureusement il aimait son talent, travaillait beaucoup, et buvait de même. Cela prit sur sa santé et enfin sur son humeur : il était quelquefois ombrageux et facile à offenser. Incapable de grossièreté, incapable de manquer à qui que ce fût, il n'a jamais dit une mauvaise parole, même à un de ses enfants de chœur ; mais il ne fallait pas non plus lui manquer, et cela était juste. Le mal était qu'ayant peu d'esprit, il ne discernait pas les tons et les caractères, et prenait souvent la mouche sur rien.

L'ancien Chapitre [111] de Genève, où jadis tant de princes et d'évêques se faisaient un honneur d'entrer, a perdu dans son exil son ancienne splendeur, mais il a conservé sa fierté. Pour pouvoir y être admis, il faut toujours être gentilhomme ou docteur de Sorbonne, et s'il est un orgueil pardonnable, après celui qui se tire du mérite personnel, c'est celui qui se tire de la naissance. D'ailleurs tous les prêtres qui ont des laïques à leurs

gages les traitent d'ordinaire avec assez de hauteur.
C'est ainsi que les chanoines traitaient souvent le
pauvre Le Maître. Le chantre surtout, appelé M. l'abbé
de Vidonne [112], qui du reste était un très galant homme,
mais trop plein de sa noblesse, n'avait pas toujours
pour lui les égards que méritaient ses talents ; et l'autre
n'endurait pas volontiers ces dédains. Cette année ils
eurent, durant la semaine sainte, un démêlé plus vif
qu'à l'ordinaire dans un dîner de règle [113] que l'évêque
donnait aux chanoines, et où Le Maître était toujours
invité. Le chantre lui fit quelque passe-droit, et lui dit
quelque parole dure que celui-ci ne put digérer ; il
prit sur-le-champ la résolution de s'enfuir la nuit suivante, et rien ne put l'en faire démordre, quoique Mme
de Warens, à qui il alla faire ses adieux, n'épargnât rien
pour l'apaiser. Il ne put renoncer au plaisir de se venger
de ses tyrans, en les laissant dans l'embarras aux fêtes
de Pâques, temps où l'on avait le plus grand besoin de
lui. Mais ce qui l'embarrassait lui-même était sa
musique qu'il voulait emporter, ce qui n'était pas
facile [114] : elle formait une caisse assez grosse et fort
lourde, qui ne s'emportait pas sous le bras.

Maman fit ce que j'aurais fait, et ce que je ferais
encore à sa place. Après bien des efforts inutiles pour le
retenir, le voyant résolu de partir comme que ce fût, elle
prit le parti de l'aider en tout ce qui dépendait d'elle.
J'ose dire qu'elle le devait. Le Maître s'était consacré,
pour ainsi dire [115], à son service. Soit en ce qui tenait à
son art, soit en ce qui tenait à ses soins, il était entièrement à ses ordres, et le cœur avec lequel il les suivait
donnait à sa complaisance un nouveau prix. Elle ne faisait donc que rendre à un ami, dans une occasion
essentielle, ce qu'il faisait pour elle en détail depuis trois
ou quatre ans ; mais elle avait une âme qui, pour remplir de pareils devoirs, n'avait pas besoin de songer que
c'en étaient pour elle. Elle me fit venir, m'ordonna de
suivre M. Le Maître au moins jusqu'à Lyon, et de
m'attacher à lui aussi longtemps qu'il aurait besoin de
moi. Elle m'a depuis avoué que le désir de m'éloigner
de Venture était entré pour beaucoup dans cet arrange-

ment. Elle consulta Claude Anet, son fidèle domestique, pour le transport de la caisse. Il fut d'avis qu'au
lieu de prendre à Annecy une bête de somme, qui nous
ferait infailliblement découvrir, il fallait, quand il serait
nuit, porter la caisse à bras jusqu'à une certaine distance, et louer ensuite un âne dans un village pour la
transporter jusqu'à Seyssel [116], où, étant sur terres de
France, nous n'aurions plus rien à risquer. Cet avis fut
suivi ; nous partîmes le même soir à sept heures ; et
Maman, sous prétexte de payer ma dépense, grossit la
petite bourse du pauvre *petit chat* d'un surcroît qui ne
lui fut pas inutile. Claude Anet, le jardinier et moi, portâmes la caisse comme nous pûmes jusqu'au premier
village où un âne nous relaya, et la même nuit nous
nous rendîmes à Seyssel.

Je crois avoir déjà remarqué qu'il y a des temps où je
suis si peu semblable à moi-même qu'on me prendrait
pour un autre homme de caractère tout opposé. On en
va voir un exemple. M. Reydelet [117], curé de Seyssel,
était chanoine de Saint-Pierre, par conséquent de la
connaissance de M. Le Maître, et l'un des hommes
dont il devait le plus se cacher. Mon avis fut au
contraire d'aller nous présenter à lui, et lui demander
gîte sous quelque prétexte, comme si nous étions là du
consentement du Chapitre. Le Maître goûta cette idée
qui rendait sa vengeance moqueuse et plaisante. Nous
allâmes donc effrontément chez M. Reydelet, qui nous
reçut très bien. Le Maître lui dit qu'il allait à Belley, à la
prière de l'évêque, diriger sa musique aux fêtes de
Pâques ; qu'il comptait repasser dans peu de jours, et
moi, à l'appui de ce mensonge, j'en enfilai cent autres si
naturels, que M. Reydelet, me trouvant joli garçon, me
prit en amitié et me fit mille caresses. Nous fûmes bien
régalés, bien couchés. M. Reydelet ne savait quelle
chère nous faire ; et nous nous séparâmes les meilleurs
amis du monde, avec promesse de nous arrêter plus
longtemps au retour. À peine pûmes-nous attendre que
nous fussions seuls pour commencer nos éclats de rire,
et j'avoue qu'ils me reprennent encore en y pensant, car
on ne saurait imaginer une espièglerie mieux soutenue

ni plus heureuse. Elle nous eût égayés durant toute la route, si M. Le Maître, qui ne cessait de boire et de battre la campagne, n'eût été attaqué deux ou trois fois d'une atteinte à laquelle il devenait très sujet et qui ressemblait fort à l'épilepsie. Cela me jeta dans des embarras qui m'effrayèrent, et dont je pensai bientôt à me tirer comme je pourrais.

Nous allâmes à Belley passer les fêtes de Pâques comme nous l'avions dit à M. Reydelet ; et, quoique nous n'y fussions point attendus, nous fûmes reçus du maître de musique et accueillis de tout le monde avec grand plaisir. M. Le Maître avait de la considération dans son art, et la méritait. Le Maître de musique de Belley se fit honneur de ses meilleurs ouvrages et tâcha d'obtenir l'approbation d'un si bon juge : car outre que Le Maître était connaisseur, il était équitable, point jaloux et point flagorneur. Il était si supérieur à tous ces maîtres de musique de province, et ils le sentaient si bien eux-mêmes, qu'ils le regardaient moins comme leur confrère que comme leur chef.

Après avoir passé très agréablement quatre ou cinq jours à Belley, nous en repartîmes et continuâmes notre route sans autre incident que ceux dont je viens de parler. Arrivés à Lyon, nous fûmes loger à Notre-Dame-de-Pitié [118], et en attendant la caisse, qu'à la faveur d'un autre mensonge nous avions embarquée sur le Rhône par les soins de notre bon patron M. Reydelet, M. Le Maître alla voir ses connaissances, entre autres le P. Caton [119], cordelier, dont il sera parlé dans la suite, et l'abbé Dortan, comte de Lyon. L'un et l'autre le reçurent bien ; mais ils le trahirent comme on verra tout à l'heure ; son bonheur s'était épuisé chez M. Reydelet.

Deux jours après notre arrivée à Lyon, comme nous passions dans une petite rue, non loin de notre auberge, Le Maître fut surpris d'une de ses atteintes, et celle-là fut si violente que j'en fus saisi d'effroi. Je fis des cris, appelai au secours, nommai son auberge et suppliai qu'on l'y fît porter ; puis, tandis qu'on s'assemblait et s'empressait autour d'un homme tombé sans sentiment et écumant au milieu de la rue, il fut délaissé du seul ami sur lequel il eût dû compter. Je pris l'instant où personne ne songeait à moi ; je tournai le coin de la rue, et je disparus. Grâce au Ciel, j'ai fini ce troisième aveu pénible. S'il m'en restait beaucoup de pareils à faire, j'abandonnerais le travail que j'ai commencé [120].

De tout ce que j'ai dit jusqu'à présent, il en est resté quelques traces dans les lieux où j'ai vécu ; mais ce que j'ai à dire dans le livre suivant est presque entièrement ignoré. Ce sont les plus grandes extravagances de ma vie, et il est heureux qu'elles n'aient pas plus mal fini. Mais ma tête, montée au ton d'un instrument étranger, était hors de son diapason [121] : elle y revint d'elle-même ; et alors je cessai mes folies, ou du moins j'en fis de plus accordantes [122] à mon naturel. Cette époque de ma jeunesse est celle dont j'ai l'idée la plus confuse. Rien presque ne s'y est passé d'assez intéressant à mon cœur pour m'en retracer vivement le souvenir, et il est difficile que dans tant d'allées et venues, dans tant de déplacements successifs, je ne fasse pas quelques transpositions de temps ou de lieu. J'écris absolument de mémoire, sans monuments, sans matériaux qui puissent me la rappeler. Il y a des événements de ma vie qui me sont aussi présents que s'ils venaient d'arriver ; mais il y a des lacunes et des vides que je ne peux remplir qu'à l'aide de récits aussi confus que le souvenir qui m'en est resté. J'ai donc pu faire des erreurs quelquefois, et j'en pourrai faire encore sur des bagatelles, jusqu'au temps où j'ai de moi des renseignements plus sûrs ; mais en ce qui importe vraiment au sujet, je suis assuré d'être exact et fidèle, comme je tâcherai toujours de l'être en tout : voilà sur quoi l'on peut compter.

Sitôt que j'eus quitté M. Le Maître, ma résolution fut prise et je repartis pour Annecy. La cause et le mystère de notre départ m'avaient donné un grand intérêt pour la sûreté de notre retraite ; et cet intérêt, m'occupant tout entier, avait fait diversion durant quelques jours à celui qui me rappelait en arrière ; mais dès que la sécurité me laissa plus tranquille, le sentiment dominant reprit sa place. Rien ne me flattait, rien ne me tentait, je n'avais de désir pour rien que pour retourner auprès de

Maman. La tendresse et la vérité de mon attachement pour elle avaient déraciné de mon cœur tous les projets imaginaires, toutes les folies de l'ambition. Je ne voyais plus d'autre bonheur que celui de vivre auprès d'elle, et je ne faisais pas un pas sans sentir que je m'éloignais de ce bonheur. J'y revins donc aussitôt que cela me fut possible. Mon retour fut si prompt et mon esprit si distrait, que, quoique je me rappelle avec tant de plaisir tous mes autres voyages, je n'ai pas le moindre souvenir de celui-là ; je ne m'en rappelle rien du tout, sinon mon départ de Lyon et mon arrivée à Annecy. Qu'on juge surtout si cette dernière époque a dû sortir de ma mémoire ! En arrivant je ne trouvai plus de Mme de Warens : elle était partie pour Paris.

Je n'ai jamais bien su le secret de ce voyage. Elle me l'aurait dit, j'en suis très sûr, si je l'en avais pressée : mais jamais homme ne fut moins curieux que moi du secret de ses amis : mon cœur, uniquement occupé du présent, en remplit toute sa capacité, tout son espace, et, hors les plaisirs passés qui font désormais mes uniques jouissances, il n'y reste pas un coin vide pour ce qui n'est plus. Tout ce que j'ai cru d'entrevoir dans le peu qu'elle m'en a dit est que, dans la révolution causée à Turin par l'abdication du roi de Sardaigne [123], elle craignit d'être oubliée, et voulut, à la faveur des intrigues de M. d'Aubonne, chercher le même avantage à la cour de France, où elle m'a souvent dit qu'elle l'eût préféré, parce que la multitude des grandes affaires fait qu'on n'y est pas si désagréablement surveillé. Si cela est, il est bien étonnant qu'à son retour on ne lui ait pas fait plus mauvais visage, et qu'elle ait toujours joui de sa pension sans aucune interruption. Bien des gens ont cru qu'elle avait été chargée de quelque commission secrète, soit de la part de l'évêque, qui avait alors des affaires à la cour de France, où il fut lui-même obligé d'aller, soit de la part de quelqu'un plus puissant encore, qui sut lui ménager un heureux retour. Ce qu'il y a de sûr, si cela est, est que l'ambassadrice n'était pas mal choisie, et que, jeune et belle encore, elle avait tous les talents nécessaires pour se bien tirer d'une négociation.

LIVRE IV

J'arrive, et je ne la trouve plus. Qu'on juge de ma surprise et de ma douleur ! C'est alors que le regret d'avoir lâchement abandonné M. Le Maître commença de se faire sentir ; il fut plus vif encore quand j'appris le malheur qui lui était arrivé. Sa caisse de musique qui contenait toute sa fortune, cette précieuse caisse, sauvée avec tant de fatigue, avait été saisie en arrivant à Lyon, par les soins du comte Dortan, à qui le Chapitre avait fait écrire pour le prévenir de cet enlèvement furtif. Le Maître avait en vain réclamé son bien, son gagne-pain, le travail de toute sa vie. La propriété de cette caisse était tout au moins sujette à litige ; il n'y en eut point. L'affaire fut décidée à l'instant même par la loi du plus fort [1], et le pauvre Le Maître perdit ainsi le fruit de ses talents, l'ouvrage de sa jeunesse, et la ressource de ses vieux jours.

Il ne manqua rien au coup que je reçus pour le rendre accablant. Mais j'étais dans un âge où les grands chagrins ont peu de prise, et je me forgeai bientôt des consolations. Je comptais avoir dans peu des nouvelles de Mᵐᵉ de Warens, quoique je ne susse pas son adresse et qu'elle ignorât que j'étais de retour ; et quant à ma désertion, tout bien compté, je ne la trouvais pas si coupable. J'avais été utile à M. Le Maître dans sa retraite, c'était le seul service qui dépendît de moi. Si j'avais resté avec lui en France, je ne l'aurais pas guéri de son

mal, je n'aurais pas sauvé sa caisse, je n'aurais fait que
doubler sa dépense, sans lui pouvoir être bon à rien.
Voilà comment alors je voyais la chose ; je la vois autrement aujourd'hui. Ce n'est pas quand une vilaine
action vient d'être faite qu'elle nous tourmente, c'est
quand longtemps après on se la rappelle ; car le souvenir ne s'en éteint point [2].

Le seul parti que j'avais à prendre pour avoir des
nouvelles de Maman était d'en attendre ; car où l'aller
chercher à Paris, et avec quoi faire le voyage ? Il n'y
avait point de lieu plus sûr qu'Annecy pour savoir tôt
ou tard où elle était. J'y restai donc. Mais je me conduisis assez mal. Je n'allai pas voir l'évêque, qui m'avait
protégé et qui me pouvait protéger encore. Je n'avais
plus ma patronne auprès de lui, et je craignais les réprimandes sur notre évasion. J'allai moins encore au
séminaire : M. Gros n'y était plus. Je ne vis personne de
ma connaissance ; j'aurais pourtant bien voulu aller
voir Mme l'Intendante [3], mais je n'osai jamais. Je fis plus
mal que tout cela : je retrouvai M. Venture, auquel,
malgré mon enthousiasme, je n'avais pas même pensé
depuis mon départ. Je le retrouvai brillant et fêté dans
tout Annecy ; les dames se l'arrachaient. Ce succès
acheva de me tourner la tête. Je ne vis plus rien que
M. Venture, et il me fit presque oublier Mme de Warens.
Pour profiter de ses leçons plus à mon aise, je lui proposai de partager avec moi son gîte ; il y consentit. Il
était logé chez un cordonnier, plaisant et bouffon personnage, qui, dans son patois, n'appelait pas sa femme
autrement que *salopière*, nom qu'elle méritait assez. Il
avait avec elle des prises [4] que Venture avait soin de faire
durer en paraissant vouloir faire le contraire. Il leur
disait, d'un ton froid, et dans son accent provençal, des
mots qui faisaient le plus grand effet ; c'étaient des
scènes à pâmer de rire. Les matinées se passaient ainsi
sans qu'on y songeât : à deux ou trois heures, nous
mangions un morceau ; Venture s'en allait dans ses
sociétés, où il soupait, et moi j'allais me promener seul,
méditant sur son grand mérite, admirant, convoitant
ses rares talents, et maudissant ma maussade étoile qui

ne m'appelait point à cette heureuse vie. Eh ! que je m'y
connaissais mal ! La mienne eût été cent fois plus charmante si j'avais été moins bête et si j'en avais su mieux
jouir.

Mme de Warens n'avait emmené qu'Anet avec elle ;
elle avait laissé Merceret, sa femme de chambre, dont
j'ai parlé. Je la trouvai occupant encore l'appartement
de sa maîtresse. Mlle Merceret était une fille un peu plus
âgée que moi, non pas jolie, mais assez agréable ; une
bonne Fribourgeoise sans malice, et à qui je n'ai connu
d'autre défaut que d'être quelquefois un peu mutine
avec sa maîtresse. Je l'allais voir assez souvent. C'était
une ancienne connaissance, et sa vue m'en rappelait
une plus chère qui me la faisait aimer. Elle avait plusieurs amies, entre autres une Mlle Giraud [5], Genevoise,
qui pour mes péchés s'avisa de prendre du goût pour
moi. Elle pressait toujours Merceret de m'amener chez
elle ; je m'y laissais mener, parce que j'aimais assez
Merceret, et qu'il y avait là d'autres jeunes personnes
que je voyais volontiers. Pour Mlle Giraud, qui me faisait toutes sortes d'agaceries, on ne peut rien ajouter à
l'aversion que j'avais pour elle. Quand elle approchait
de mon visage son museau sec et noir, barbouillé de
tabac d'Espagne [6], j'avais peine à m'abstenir d'y cra-
cher. Mais je prenais patience ; à cela près, je me plaisais fort au milieu de toutes ces filles, et, soit pour faire
leur cour à Mlle Giraud, soit pour moi-même, toutes me
fêtaient à l'envi. Je ne voyais à tout cela que de l'amitié.
J'ai pensé depuis qu'il n'eût tenu qu'à moi d'y voir
davantage : mais je ne m'en avisais pas, je n'y pensais
pas.

D'ailleurs des couturières, des filles de chambre, de
petites marchandes ne me tentaient guère. Il me fallait
des Demoiselles. Chacun a ses fantaisies ; ç'a toujours
été la mienne, et je ne pense pas comme Horace sur ce
point-là [7]. Ce n'est pourtant pas du tout la vanité de
l'état et du rang qui m'attire ; c'est un teint mieux
conservé, de plus belles mains, une parure plus gracieuse, un air de délicatesse et de propreté sur toute la
personne, plus de goût dans la manière de se mettre et

de s'exprimer, une robe plus fine et mieux faite, une chaussure plus mignonne, des rubans, de la dentelle, des cheveux mieux ajustés. Je préférerais toujours la moins jolie ayant plus de tout cela. Je trouve moi-même cette préférence très ridicule, mais mon cœur la donne malgré moi.

Hé bien ! cet avantage se présentait encore, et il ne tint encore qu'à moi d'en profiter. Que j'aime à tomber de temps en temps sur les moments agréables de ma jeunesse ! Ils m'étaient si doux ; ils ont été si courts, si rares, et je les ai goûtés à si bon marché ! Ah ! leur seul souvenir rend encore à mon cœur une volupté pure dont j'ai besoin pour ranimer mon courage et soutenir les ennuis du reste de mes ans.

L'aurore un matin me parut si belle, que m'étant habillé précipitamment, je me hâtai de gagner la campagne pour voir lever le soleil. Je goûtai ce plaisir dans tout son charme ; c'était la semaine après la Saint-Jean [8]. La terre, dans sa plus grande parure, était couverte d'herbe et de fleurs ; les rossignols, presque à la fin de leur ramage, semblaient se plaire à le renforcer ; tous les oiseaux, faisant en concert leurs adieux au printemps, chantaient la naissance d'un beau jour d'été, d'un de ces beaux jours qu'on ne voit plus à mon âge, et qu'on n'a jamais vus dans le triste sol où j'habite aujourd'hui [9].

Je m'étais insensiblement éloigné de la ville, la chaleur augmentait, et je me promenais sous des ombrages dans un vallon le long d'un ruisseau. J'entends derrière moi des pas de chevaux et des voix de filles qui semblaient embarrassées, mais qui n'en riaient pas de moins bon cœur. Je me retourne, on m'appelle par mon nom, j'approche, je trouve deux jeunes personnes de ma connaissance, Mlle de Graffenried et Mlle Galley [10], qui, n'étant pas d'excellentes cavalières, ne savaient comment forcer leurs chevaux à passer le ruisseau. Mlle de Graffenried était une jeune Bernoise fort aimable qui, par quelque folie de son âge ayant été jetée hors de son pays, avait imité Mme de Warens, chez qui je l'avais vue quelquefois ; mais, n'ayant pas eu une pen-

sion comme elle, elle avait été trop heureuse de s'attacher à Mlle Galley, qui, l'ayant prise en amitié, avait
engagé sa mère à la lui donner pour compagne, jusqu'à
ce qu'on la pût placer de quelque façon. Mlle Galley,
d'un an plus jeune qu'elle, était encore plus jolie ; elle
avait je ne sais quoi de plus délicat, de plus fin ; elle était
en même temps très mignonne et très formée, ce qui est
pour une fille le plus beau moment. Toutes deux
s'aimaient tendrement et leur bon caractère à l'une et à
l'autre ne pouvait qu'entretenir longtemps cette union,
si quelque amant ne venait pas la déranger. Elles me
dirent qu'elles allaient à Thônes [11], vieux château appartenant à Mme Galley ; elles implorèrent mon secours
pour faire passer leurs chevaux, n'en pouvant venir à
bout elles seules. Je voulus fouetter les chevaux ; mais
elles craignaient pour moi les ruades et pour elles les
haut-le-corps. J'eus recours à un autre expédient. Je
pris par la bride le cheval de Mlle Galley, puis, le tirant
après moi, je traversai le ruisseau ayant de l'eau jusqu'à
mi-jambes, et l'autre cheval suivit sans difficulté. Cela
fait, je voulus saluer ces demoiselles, et m'en aller
comme un benêt : elles se dirent quelques mots tout
bas, et Mlle de Graffenried s'adressant à moi : « Non
pas, non pas, me dit-elle, on ne nous échappe pas
comme cela. Vous vous êtes mouillé pour notre service ;
nous devons en conscience avoir soin de vous sécher :
il faut, s'il vous plaît, venir avec nous ; nous vous arrê-
tons prisonnier. » Le cœur me battait, je regardais
Mlle Galley. « Oui, oui, ajouta-t-elle en riant de ma mine
effarée, prisonnier de guerre ; montez en croupe derrière elle ; nous voulons rendre compte de vous. – Mais,
mademoiselle, je n'ai point l'honneur d'être connu de
Mme votre mère ; que dira-t-elle en me voyant arriver ?
– Sa mère, reprit Mlle de Graffenried, n'est pas à Thônes,
nous sommes seules ; nous revenons ce soir, et vous
reviendrez avec nous. »

L'effet de l'électricité [12] n'est pas plus prompt que
celui que ces mots firent sur moi. En m'élançant sur le
cheval de Mlle de Graffenried je tremblais de joie, et
quand il fallut l'embrasser pour me tenir, le cœur me

battait si fort qu'elle s'en aperçut ; elle me dit que le sien
lui battait aussi par la frayeur de tomber ; c'était
presque, dans ma posture, une invitation de vérifier la
chose ; je n'osai jamais, et durant tout le trajet mes deux
bras lui servirent de ceinture, très serrée à la vérité,
mais sans se déplacer un moment. Telle femme qui lira
ceci me souffletterait volontiers, et n'aurait pas tort [13].

   La gaieté du voyage et le babil de ces filles aiguisèrent
tellement le mien que, jusqu'au soir, et tant que nous
fûmes ensemble, nous ne déparlâmes [14] pas un
moment. Elles m'avaient mis si bien à mon aise, que ma
langue parlait autant que mes yeux, quoiqu'elle ne dît
pas les mêmes choses. Quelques instants seulement,
quand je me trouvais tête à tête avec l'une ou l'autre,
l'entretien s'embarrassait un peu ; mais l'absente revenait bien vite, et ne nous laissait pas le temps d'éclaircir
cet embarras.

   Arrivés à Thônes, et moi bien séché, nous déjeu-
nâmes. Ensuite il fallut procéder à l'importante affaire
de préparer le dîner. Les deux demoiselles, tout en cui-
sinant, baisaient de temps en temps les enfants de la
grangère [15], et le pauvre marmiton regardait faire en
rongeant son frein. On avait envoyé des provisions de la
ville, et il y avait de quoi faire un très bon dîner, surtout
en friandises ; mais malheureusement on avait oublié
du vin. Cet oubli n'était pas étonnant pour des filles qui
n'en buvaient guère : mais j'en fus fâché, car j'avais un
peu compté sur ce secours pour m'enhardir. Elles en
furent fâchées aussi, par la même raison peut-être, mais
je n'en crois rien. Leur gaieté vive et charmante était
l'innocence même ; et d'ailleurs qu'eussent-elles fait de
moi entre elles deux ? Elles envoyèrent chercher du vin
partout aux environs ; on n'en trouva point, tant les
paysans de ce canton sont sobres et pauvres. Comme
elles m'en marquaient leur chagrin, je leur dis de n'en
pas être si fort en peine, et qu'elles n'avaient pas besoin
de vin pour m'enivrer. Ce fut la seule galanterie que
j'osai leur dire de la journée ; mais je crois que les friponnes voyaient de reste que cette galanterie était une
vérité.

Nous dînâmes dans la cuisine de la grangère, les deux amies [16] assises sur des bancs aux deux côtés de la longue table, et leur hôte entre elles deux sur une escabelle à trois pieds. Quel dîner ! Quel souvenir plein de charmes ! Comment, pouvant à si peu de frais goûter des plaisirs si purs et si vrais, vouloir en rechercher d'autres ? Jamais souper des petites maisons [17] de Paris n'approcha de ce repas, je ne dis pas seulement pour la gaieté, pour la douce joie, mais je dis pour la sensualité.

Après le dîner nous fîmes une économie. Au lieu de prendre le café qui nous restait du déjeuner, nous le gardâmes pour le goûter avec de la crème et des gâteaux qu'elles avaient apportés ; et pour tenir notre appétit en haleine, nous allâmes dans le verger achever notre dessert avec des cerises. Je montai sur l'arbre, et je leur en jetais des bouquets dont elles me rendaient les noyaux à travers les branches. Une fois, Mlle Galley, avançant son tablier et reculant la tête, se présentait si bien, et je visai si juste, que je lui fis tomber un bouquet dans le sein [18] ; et de rire. Je me disais en moi-même : « Que mes lèvres ne sont-elles des cerises ! Comme je les leur jetterais ainsi de bon cœur. »

La journée se passa de cette sorte à folâtrer avec la plus grande liberté, et toujours avec la plus grande décence. Pas un seul mot équivoque, pas une seule plaisanterie hasardée ; et cette décence, nous ne nous l'imposions point du tout, elle venait toute seule, nous prenions le ton que nous donnaient nos cœurs. Enfin ma modestie, d'autres diront ma sottise, fut telle que la plus grande privauté qui m'échappa fut de baiser une seule fois la main de Mlle Galley. Il est vrai que la circonstance donnait du prix à cette légère faveur. Nous étions seuls, je respirais avec embarras, elle avait les yeux baissés. Ma bouche, au lieu de trouver des paroles, s'avisa de se coller sur sa main, qu'elle retira doucement après qu'elle fut baisée, en me regardant d'un air qui n'était point irrité. Je ne sais ce que j'aurais pu lui dire : son amie entra, et me parut laide en ce moment.

Enfin elles se souvinrent qu'il ne fallait pas attendre la nuit pour rentrer en ville. Il ne nous restait que le temps qu'il fallait pour arriver de jour, et nous nous hâtâmes de partir en nous distribuant comme nous étions venus. Si j'avais osé, j'aurais transposé cet ordre ; car le regard de Mlle Galley m'avait vivement ému le cœur ; mais je n'osai rien dire, et ce n'était pas à elle de le proposer. En marchant nous disions que la journée avait tort de finir, mais loin de nous plaindre qu'elle eût été courte, nous trouvâmes que nous avions eu le secret de la faire longue, par tous les amusements dont nous avions su la remplir.

Je les quittai à peu près au même endroit où elles m'avaient pris. Avec quel regret nous nous séparâmes ! Avec quel plaisir nous projetâmes de nous revoir ! Douze heures passées ensemble nous valaient des siècles de familiarité. Le doux souvenir de cette journée ne coûtait rien à ces aimables filles ; la tendre union qui régnait entre nous trois valait des plaisirs plus vifs, et n'eût pu subsister avec eux : nous nous aimions sans mystère et sans honte, et nous voulions nous aimer toujours ainsi. L'innocence des mœurs a sa volupté, qui vaut bien l'autre, parce qu'elle n'a point d'intervalle et qu'elle agit continuellement. Pour moi, je sais que la mémoire d'un si beau jour me touche plus, me charme plus, me revient plus au cœur que celle d'aucuns plaisirs que j'aie goûtés en ma vie. Je ne savais pas trop bien ce que je voulais à ces deux charmantes personnes, mais elles m'intéressaient beaucoup toutes deux. Je ne dis pas que, si j'eusse été le maître de mes arrangements, mon cœur se serait partagé ; j'y sentais un peu de préférence. J'aurais fait mon bonheur d'avoir pour maîtresse Mlle de Graffenried ; mais à choix, je crois que je l'aurais mieux aimée pour confidente. Quoi qu'il en soit, il me semblait en les quittant que je ne pourrais plus vivre sans l'une et sans l'autre. Qui m'eût dit que je ne les reverrais de ma vie, et que là finiraient nos éphémères amours [19] ?

Ceux qui liront ceci ne manqueront pas de rire de mes aventures galantes, en remarquant qu'après beau-

coup de préliminaires, les plus avancées finissent par
baiser la main. Ô mes lecteurs ! ne vous y trompez pas.
J'ai peut-être eu plus de plaisir dans mes amours, en
finissant par cette main baisée, que vous n'en aurez
jamais dans les vôtres en commençant tout au moins
par là.

Venture, qui s'était couché fort tard la veille, rentra
peu de temps après moi. Pour cette fois, je ne le vis pas
avec le même plaisir qu'à l'ordinaire, et je me gardai de
lui dire comment j'avais passé ma journée. Ces demoiselles m'avaient parlé de lui avec peu d'estime, et
m'avaient paru mécontentes de me savoir en si mauvaises mains : cela lui fit tort dans mon esprit ; d'ailleurs tout ce qui me distrayait d'elles ne pouvait que
m'être désagréable. Cependant, il me rappela bientôt à
lui et à moi, en me parlant de ma situation. Elle était
trop critique pour pouvoir durer. Quoique je dépen-
sasse très peu de chose, mon petit pécule achevait de
s'épuiser ; j'étais sans ressource. Point de nouvelle de
Maman ; je ne savais que devenir, et je sentais un cruel
serrement de cœur de voir l'ami de Mlle Galley réduit à
l'aumône.

Venture me dit qu'il avait parlé de moi à M. le juge-
mage [20] ; qu'il voulait m'y mener dîner le lendemain ;
que c'était un homme en état de me rendre service par
ses amis ; d'ailleurs une bonne connaissance à faire, un
homme d'esprit et de lettres, d'un commerce fort
agréable, qui avait des talents et qui les aimait : puis,
mêlant à son ordinaire aux choses les plus sérieuses la
plus mince frivolité, il me fit voir un joli couplet, venu
de Paris, sur un air d'un opéra de Mouret [21] qu'on
jouait alors. Ce couplet avait plu si fort à M. Simon [22]
(c'était le nom du juge-mage), qu'il voulait en faire un
autre en réponse sur le même air : il avait dit à Venture
d'en faire aussi un ; et la folie prit à celui-ci de m'en
faire faire un troisième, afin, disait-il, qu'on vît les couplets arriver le lendemain comme les brancards du
Roman comique [23].

La nuit, ne pouvant dormir, je fis comme je pus mon
couplet. Pour les premiers vers que j'eusse faits, ils

étaient passables, meilleurs même, ou du moins faits avec plus de goût qu'ils n'auraient été la veille, le sujet roulant sur une situation fort tendre, à laquelle mon cœur était déjà tout disposé. Je montrai le matin mon couplet à Venture, qui, le trouvant joli, le mit dans sa poche sans me dire s'il avait fait le sien. Nous allâmes dîner chez M. Simon, qui nous reçut bien. La conversation fut agréable : elle ne pouvait manquer de l'être entre deux hommes d'esprit, à qui la lecture avait profité. Pour moi, je faisais mon rôle, j'écoutais, et je me taisais. Ils ne parlèrent de couplets ni l'un ni l'autre ; je n'en parlai point non plus, et jamais, que je sache, il n'a été question du mien.

M. Simon parut content de mon maintien : c'est à peu près tout ce qu'il vit de moi dans cette entrevue. Il m'avait déjà vu plusieurs fois chez Mme de Warens sans faire une grande attention à moi. Ainsi c'est de ce dîner que je puis dater sa connaissance, qui ne me servit de rien pour l'objet qui me l'avait fait faire, mais dont je tirai dans la suite d'autres avantages qui me font rappeler sa mémoire avec plaisir.

J'aurais tort de ne pas parler de sa figure, que, sur sa qualité de magistrat, et sur le bel esprit dont il se piquait, on n'imaginerait pas si je n'en disais rien. M. le juge-mage Simon n'avait assurément pas deux pieds de haut. Ses jambes, droites, menues et même assez longues, l'auraient agrandi si elles eussent été verticales ; mais elles posaient de biais comme celles d'un compas très ouvert. Son corps était non seulement court, mais mince et, en tout sens, d'une petitesse inconcevable. Il devait paraître une sauterelle quand il était nu. Sa tête, de grandeur naturelle, avec un visage bien formé, l'air noble, d'assez beaux yeux, semblait une tête postiche qu'on aurait plantée sur un moignon. Il eût pu s'exempter de faire de la dépense en parure, car sa grande perruque seule l'habillait parfaitement de pied en cap.

Il avait deux voix toutes différentes, qui s'entremêlaient sans cesse dans sa conversation avec un contraste d'abord très plaisant, mais bientôt très désagréable.

L'une était grave et sonore ; c'était, si j'ose ainsi parler, la voix de sa tête. L'autre, claire, aiguë et perçante, était la voix de son corps. Quand il s'écoutait beaucoup, qu'il parlait très posément, qu'il ménageait son haleine, il pouvait parler toujours de sa grosse voix ; mais pour peu qu'il s'animât et qu'un accent plus vif vînt se présenter, cet accent devenait comme le sifflement d'une clef [24], et il avait toute la peine du monde à reprendre sa basse.

Avec la figure que je viens de peindre, et qui n'est point chargée, M. Simon était galant, grand conteur de fleurettes, et poussait jusqu'à la coquetterie le soin de son ajustement. Comme il cherchait à prendre ses avantages, il donnait volontiers ses audiences du matin dans son lit ; car quand on voyait sur l'oreiller une belle tête, personne n'allait s'imaginer que c'était là tout. Cela donnait lieu quelquefois à des scènes dont je suis sûr que tout Annecy se souvient encore. Un matin qu'il attendait dans ce lit, ou plutôt sur ce lit, les plaideurs, en belle coiffe de nuit bien fine et bien blanche, ornée de deux grosses bouffettes de ruban couleur de rose, un paysan arrive, heurte à la porte. La servante était sortie. M. le juge-mage, entendant redoubler, crie : « *Entrez* » ; et cela, comme dit un peu trop fort, partit de sa voix aiguë. L'homme entre ; il cherche d'où vient cette voix de femme, et voyant dans ce lit une cornette, une fontange [25], il veut ressortir, en faisant à Madame de grandes excuses. M. Simon se fâche, et n'en crie que plus clair. Le paysan, confirmé dans son idée, et se croyant insulté, lui chante pouille, lui dit qu'apparemment elle n'est qu'une coureuse, et que M. le juge-mage ne donne guère bon exemple chez lui. Le juge-mage, furieux, et n'ayant pour toute arme que son pot de chambre, allait le jeter à la tête de ce pauvre homme, quand sa gouvernante arriva.

Ce petit nain, si disgracié dans son corps par la nature, en avait été dédommagé du côté de l'esprit : il l'avait naturellement agréable, et il avait pris soin de l'orner. Quoiqu'il fût, à ce qu'on disait, assez bon juris-consulte, il n'aimait pas son métier. Il s'était jeté dans la

belle littérature, et il y avait réussi. Il en avait pris surtout cette brillante superficie, cette fleur qui jette de
l'agrément dans le commerce, même avec les femmes.
Il savait par cœur tous les petits traits des *ana* [26] et
autres semblables : il avait l'art de les faire valoir, en
contant avec intérêt, avec mystère, et comme une anecdote de la veille, ce qui s'était passé il y avait soixante
ans. Il savait la musique et chantait agréablement de sa
voix d'homme : enfin il avait beaucoup de jolis talents
pour un magistrat. À force de cajoler les dames d'Annecy, il s'était mis à la mode parmi elles ; elles l'avaient
à leur suite comme un petit sapajou. Il prétendait même
à des bonnes fortunes, et cela les amusait beaucoup.
Une Mme d'Épagny disait que pour lui la dernière
faveur était de baiser une femme au genou.

Comme il connaissait les bons livres, et qu'il en parlait
volontiers, sa conversation était non seulement amusante, mais instructive. Dans la suite, lorsque j'eus pris
du goût pour l'étude, je cultivai sa connaissance, et je
m'en trouvai très bien. J'allais quelquefois le voir de
Chambéry, où j'étais alors. Il louait, animait mon émulation, et me donnait pour mes lectures de bons avis, dont
j'ai souvent fait mon profit. Malheureusement dans ce
corps si fluet logeait une âme très sensible. Quelques
années après il eut je ne sais quelle mauvaise affaire qui
le chagrina, et il en mourut. Ce fut dommage ; c'était
assurément un bon petit homme dont on commençait
par rire, et qu'on finissait par aimer. Quoique sa vie ait
été peu liée à la mienne, comme j'ai reçu de lui des leçons
utiles, j'ai cru pouvoir, par reconnaissance, lui consacrer
un petit souvenir [27].

Sitôt que je fus libre, je courus dans la rue de Mlle Galley, me flattant de voir entrer ou sortir quelqu'un, ou du
moins ouvrir quelque fenêtre. Rien ; pas un chat ne
parut, et tout le temps que je fus là, la maison demeura
aussi close que si elle n'eût point été habitée. La rue était
petite et déserte, un homme s'y remarquait : de temps en
temps quelqu'un passait, entrait ou sortait au voisinage.
J'étais fort embarrassé de ma figure : il me semblait
qu'on devinait pourquoi j'étais là, et cette idée me met-

tait au supplice, car j'ai toujours préféré à mes plaisirs l'honneur et le repos de celles qui m'étaient chères [28].

Enfin, las de faire l'amant espagnol [29], et n'ayant point de guitare, je pris le parti d'aller écrire à Mlle de Graffenried. J'aurais préféré d'écrire à son amie ; mais je n'osais, et il convenait de commencer par celle à qui je devais la connaissance de l'autre et avec qui j'étais plus familier. Ma lettre faite, j'allai la porter à Mlle Giraud, comme j'en étais convenu avec ces demoiselles en nous séparant. Ce furent elles qui me donnèrent cet expédient. Mlle Giraud était contrepointière [30], et travaillant quelquefois chez Mme Galley, elle avait l'entrée de sa maison. La messagère ne me parut pourtant pas trop bien choisie ; mais j'avais peur, si je faisais des difficultés sur celle-là, qu'on ne m'en proposât point d'autre. De plus, je n'osais dire qu'elle voulait travailler pour son compte. Je me sentais humilié qu'elle osât se croire pour moi du même sexe que ces demoiselles. Enfin j'aimais mieux cet entrepôt [31]-là que point, et je m'y tins à tout risque.

Au premier mot la Giraud me devina : cela n'était pas difficile. Quand une lettre à porter à de jeunes filles n'aurait pas parlé d'elle-même, mon air sot et embarrassé m'aurait seul décélé *. On peut croire que cette commission ne lui donna pas grand plaisir à faire : elle s'en chargea toutefois et l'exécuta fidèlement. Le lendemain matin je courus chez elle, et j'y trouvai ma réponse. Comme je me pressai de sortir pour l'aller lire et baiser à mon aise ! Cela n'a pas besoin d'être dit ; mais ce qui en a besoin davantage, c'est le parti que prit Mlle Giraud, et où j'ai trouvé plus de délicatesse et de modération que je n'en aurais attendu d'elle. Ayant assez de bon sens pour voir qu'avec ses trente-sept ans [32], ses yeux de lièvre, son nez barbouillé, sa voix aigre et sa peau noire, elle n'avait pas beau jeu contre deux jeunes personnes pleines de grâces et dans tout l'éclat de la beauté, elle ne voulut ni les trahir ni les servir, et aima mieux me perdre que de me ménager pour elles.

Il y avait déjà quelque temps que la Merceret, n'ayant aucune nouvelle de sa maîtresse, songeait à s'en retourner à Fribourg ; elle l'y détermina tout à fait. Elle fit plus, elle lui fit entendre qu'il serait bien que quelqu'un la conduisît chez son père, et me proposa. La petite Merceret, à qui je ne déplaisais pas non plus, trouva cette idée fort bonne à exécuter. Elles m'en parlèrent dès le même jour comme d'une affaire arrangée ; et comme je ne trouvais rien qui me déplût dans cette manière de disposer de moi, j'y consentis, regardant ce voyage comme une affaire de huit jours tout au plus. La Giraud, qui ne pensait pas de même, arrangea tout. Il fallut bien avouer l'état de mes finances. On y pourvut : la Merceret se chargea de me défrayer ; et, pour regagner d'un côté ce qu'elle dépensait de l'autre, à ma prière on décida qu'elle enverrait devant son petit bagage, et que nous irions à pied, à petites journées. Ainsi fut fait.

Je suis fâché de faire tant de filles amoureuses de moi. Mais comme il n'y a pas de quoi être bien vain du parti que j'ai tiré de toutes ces amours-là, je crois pouvoir dire la vérité sans scrupule. La Merceret, plus jeune et moins déniaisée que la Giraud, ne m'a jamais fait des agaceries aussi vives ; mais elle imitait mes tons [33], mes accents, redisait mes mots, avait pour moi les attentions que j'aurais dû avoir pour elle, et prenait toujours grand soin, comme elle était fort peureuse, que nous couchassions dans la même chambre : identité qui se borne rarement là dans un voyage entre un garçon de vingt ans et une fille de vingt-cinq.

Elle s'y borna pourtant cette fois. Ma simplicité fut telle que, quoique la Merceret ne fût pas désagréable, il ne me vint pas même à l'esprit durant tout le voyage, je ne dis pas la moindre tentation galante, mais même la moindre idée qui s'y rapportât ; et, quand cette idée me serait venue, j'étais trop sot pour en savoir profiter. Je n'imaginais pas comment une fille et un garçon parvenaient à coucher ensemble ; je croyais qu'il fallait des siècles pour préparer ce terrible arrangement. Si la pauvre Merceret, en me défrayant, comptait sur

quelque équivalent, elle en fut la dupe, et nous arrivâmes à Fribourg exactement comme nous étions
partis d'Annecy [34].

En passant à Genève je n'allai voir personne, mais je
fus prêt à me trouver mal sur les ponts. Jamais je n'ai vu
les murs de cette heureuse ville, jamais je n'y suis entré,
sans sentir une certaine défaillance de cœur qui venait
d'un excès d'attendrissement. En même temps que la
noble image de la liberté m'élevait l'âme, celles de l'égalité, de l'union, de la douceur des mœurs, me touchaient jusqu'aux larmes et m'inspiraient un vif regret
d'avoir perdu tous ces biens. Dans quelle erreur j'étais,
mais qu'elle était naturelle ! Je croyais voir tout cela
dans ma patrie, parce que je le portais dans mon
cœur [35].

Il fallait passer à Nyon. Passer sans voir mon bon
père ! Si j'avais eu ce courage, j'en serais mort de
regret. Je laissai la Merceret à l'auberge, et je l'allai voir
à tout risque. Eh ! que j'avais tort de le craindre ! Son
âme à mon abord s'ouvrit aux sentiments paternels
dont elle était pleine. Que de pleurs nous versâmes en
nous embrassant ! Il crut d'abord que je revenais à lui.
Je lui fis mon histoire, et je lui dis ma résolution. Il la
combattit faiblement. Il me fit voir les dangers auxquels
je m'exposais, me dit que les plus courtes folies étaient
les meilleures. Du reste, il n'eut pas même la tentation
de me retenir de force ; et en cela je trouve qu'il eut
raison ; mais il est certain qu'il ne fit pas pour me
ramener tout ce qu'il aurait pu faire, soit qu'après le pas
que j'avais fait, il jugeât lui-même que je n'en devais pas
revenir, soit qu'il fût embarrassé peut-être à savoir ce
qu'à mon âge il pourrait faire de moi. J'ai su depuis
qu'il eut de ma compagne de voyage une opinion bien
injuste et bien éloignée de la vérité, mais du reste assez
naturelle. Ma belle-mère, bonne femme, un peu mielleuse, fit semblant de vouloir me retenir à souper. Je ne
restai point ; mais je leur dis que je comptais m'arrêter
avec eux plus longtemps au retour, et je leur laissai en
dépôt mon petit paquet, que j'avais fait venir par le
bateau, et dont j'étais embarrassé. Le lendemain je

partis de bon matin, bien content d'avoir vu mon père
et d'avoir osé faire mon devoir [36].

Nous arrivâmes heureusement à Fribourg. Sur la fin
du voyage les empressements de Mlle Merceret dimi-
nuèrent un peu. Après notre arrivée, elle ne me marqua
plus que de la froideur, et son père, qui ne nageait pas
dans l'opulence, ne me fit pas non plus un bien grand
accueil : j'allai loger au cabaret. Je les fus voir le lendemain, ils m'offrirent à dîner, je l'acceptai. Nous nous
séparâmes sans pleurs : je retournai le soir à ma gar-
gote, et je repartis le surlendemain de mon arrivée, sans
trop savoir où j'avais dessein d'aller.

Voilà encore une circonstance de ma vie où la Providence m'offrait précisément ce qu'il me fallait pour
couler des jours heureux. La Merceret était une très
bonne fille, point brillante, point belle, mais point laide
non plus ; peu vive, fort raisonnable, à quelques petites
humeurs près, qui se passaient à pleurer, et qui
n'avaient jamais de suite orageuse. Elle avait un vrai
goût pour moi ; j'aurais pu l'épouser sans peine, et
suivre le métier de son père. Mon goût pour la musique
me l'aurait fait aimer. Je me serais établi à Fribourg,
petite ville peu jolie, mais peuplée de très bonnes gens.
J'aurais perdu sans doute de grands plaisirs, mais
j'aurais vécu en paix jusqu'à ma dernière heure ; et je
dois savoir mieux que personne qu'il n'y avait pas à
balancer sur ce marché.

Je revins non pas à Nyon, mais à Lausanne. Je voulais
me rassasier de la vue de ce beau lac qu'on voit là dans
sa plus grande étendue. La plupart de mes secrets
motifs déterminants n'ont pas été plus solides. Des
vues éloignées ont rarement assez de force pour me
faire agir. L'incertitude de l'avenir m'a toujours fait
regarder les projets de longue exécution comme des
leurres de dupe. Je me livre à l'espoir comme un autre,
pourvu qu'il ne me coûte rien à nourrir ; mais, s'il faut
prendre longtemps de la peine, je n'en suis plus. Le
moindre petit plaisir qui s'offre à ma portée me tente
plus que les joies du Paradis. J'excepte pourtant le
plaisir que la peine doit suivre ; celui-là ne me tente pas,

parce que je n'aime que des jouissances pures, et que jamais on n'en a de telles quand on sait qu'on s'apprête un repentir.

J'avais grand besoin d'arriver où que ce fût, et le plus proche était le mieux ; car, m'étant égaré dans ma route, je me trouvai le soir à Moudon, où je dépensai le peu qui me restait, hors dix kreutzers [37], qui partirent le lendemain à la dînée, et, arrivé le soir à un petit village auprès de Lausanne, j'y entrai dans un cabaret sans un sol pour payer ma couchée, et sans savoir que devenir. J'avais grand-faim ; je fis bonne contenance, et je demandai à souper, comme si j'eusse eu de quoi bien payer. J'allai me coucher sans songer à rien, je dormis tranquillement ; et, après avoir déjeuné le matin, et compté avec l'hôte, je voulus, pour sept batz, à quoi montait ma dépense, lui laisser ma veste en gage. Ce brave homme la refusa ; il me dit que, grâce au Ciel, il n'avait jamais dépouillé personne, qu'il ne voulait pas commencer pour sept batz, que je gardasse ma veste, et que je le payerais quand je pourrais. Je fus touché de sa bonté, mais moins que je ne devais l'être, et que je ne l'ai été depuis en y repensant. Je ne tardai guère à lui renvoyer son argent avec des remerciements par un homme sûr : mais, quinze ans après, repassant par Lausanne, à mon retour d'Italie, j'eus un vrai regret d'avoir oublié le nom du cabaret et de l'hôte. Je l'aurais été voir ; je me serais fait un vrai plaisir de lui rappeler sa bonne œuvre, et de lui prouver qu'elle n'avait pas été mal placée. Des services plus importants sans doute, mais rendus avec plus d'ostentation, ne m'ont pas paru si dignes de reconnaissance que l'humanité simple et sans éclat de cet honnête homme.

En approchant de Lausanne, je rêvais à la détresse où je me trouvais, aux moyens de m'en tirer sans aller montrer ma misère à ma belle-mère, et je me comparais dans ce pèlerinage pédestre à mon ami Venture arrivant à Annecy. Je m'échauffai si bien de cette idée, que, sans songer que je n'avais ni sa gentillesse [38], ni ses talents, je me mis en tête de faire à Lausanne le petit Venture, d'enseigner la musique, que je ne savais pas, et de me

dire de Paris, où je n'avais jamais été. En conséquence
de ce beau projet, comme il n'y avait point là de maîtrise où je pusse vicarier, et que d'ailleurs je n'avais
garde d'aller me fourrer parmi les gens de l'art, je commençai par m'informer d'une petite auberge où l'on
pût être assez bien et à bon marché. On m'enseigna un
nommé Perrotet, qui tenait des pensionnaires. Ce Perrotet se trouva être le meilleur homme du monde, et me
reçut fort bien. Je lui contai mes petits mensonges
comme je les avais arrangés. Il me promit de parler de
moi, et de tâcher de me procurer des écoliers ; il me dit
qu'il ne me demanderait de l'argent que quand j'en
aurais gagné. Sa pension était de cinq écus blancs [39], ce
qui était peu pour la chose, mais beaucoup pour moi. Il
me conseilla de ne me mettre d'abord qu'à la demi-
pension, qui consistait pour le dîner en une bonne
soupe, et rien de plus, mais bien à souper le soir. J'y
consentis. Ce pauvre Perrotet me fit toutes ces avances
du meilleur cœur du monde, et n'épargnait rien pour
m'être utile. Pourquoi faut-il qu'ayant trouvé tant de
bonnes gens dans ma jeunesse, j'en trouve si peu dans
un âge avancé ? Leur race est-elle épuisée ? Non ; mais
l'ordre où j'ai besoin de les chercher aujourd'hui n'est
plus le même où je les trouvais alors. Parmi le peuple,
où les grandes passions ne parlent que par intervalles,
les sentiments de la nature se font plus souvent
entendre. Dans les états plus élevés ils sont étouffés
absolument, et sous le masque du sentiment il n'y a
jamais que l'intérêt ou la vanité qui parle.

J'écrivis de Lausanne à mon père, qui m'envoya mon
paquet et me marqua d'excellentes choses, dont j'aurais
dû mieux profiter. J'ai déjà noté des moments de délire
inconcevable où je n'étais plus moi-même. En voici
encore un des plus marqués. Pour comprendre à quel
point la tête me tournait alors, à quel point je m'étais
pour ainsi dire venturisé, il ne faut que voir combien
tout à la fois j'accumulai d'extravagances. Me voilà
maître à chanter sans savoir déchiffrer un air ; car
quand les six mois que j'avais passés avec Le Maître
m'auraient profité, jamais ils n'auraient pu suffire ;

mais outre cela j'apprenais d'un maître : c'en était assez
pour apprendre mal [40]. Parisien de Genève, et catholique en pays protestant, je crus devoir changer mon
nom ainsi que ma religion et ma patrie. Je m'approchais
toujours de mon grand modèle autant qu'il m'était possible. Il s'était appelé Venture de Villeneuve, moi je fis
l'anagramme du nom de Rousseau dans celui de
Vaussore [41], et je m'appelai Vaussore de Villeneuve.
Venture savait la composition, quoiqu'il n'en eût rien
dit ; moi, sans la savoir je m'en vantai à tout le monde,
et, sans pouvoir noter le moindre vaudeville [42], je me
donnai pour compositeur. Ce n'est pas tout : ayant été
présenté à M. de Treytorens [43], professeur en droit, qui
aimait la musique et faisait des concerts chez lui, je
voulus lui donner un échantillon de mon talent, et je me
mis à composer une pièce pour son concert, aussi
effrontément que si j'avais su comment m'y prendre.
J'eus la constance de travailler pendant quinze jours à
ce bel ouvrage, de le mettre au net, d'en tirer les
parties [44], et de les distribuer avec autant d'assurance
que si c'eût été un chef-d'œuvre d'harmonie. Enfin, ce
qu'on aura peine à croire, et qui est très vrai, pour cou-
ronner dignement cette sublime production, je mis à la
fin un joli menuet, qui courait les rues, et que tout le
monde se rappelle peut-être encore, sur ces paroles
jadis si connues :

> *Quel caprice !*
> *Quelle injustice !*
> *Quoi ! ta Clarice*
> *Trahirait tes feux, etc.*

Venture m'avait appris cet air avec la basse [45] sur
d'autres paroles infâmes, à l'aide desquelles je l'avais
retenu. Je mis donc à la fin de ma composition ce
menuet et sa basse, en supprimant les paroles, et je le
donnai pour être de moi, tout aussi résolument que si
j'avais parlé à des habitants de la lune.

On s'assemble pour exécuter ma pièce. J'explique à
chacun le genre du mouvement, le goût de l'exécution,

les renvois des parties ; j'étais fort affairé. On s'accorde
pendant cinq ou six minutes, qui furent pour moi cinq
ou six siècles. Enfin, tout étant prêt, je frappe avec un
beau rouleau de papier sur mon pupitre magistral les
cinq ou six coups du *Prenez garde à vous* [46]. On fait
silence. Je me mets gravement à battre la mesure ; on
commence... Non, depuis qu'il existe des opéras
français, de la vie on n'ouït un semblable charivari [47].
Quoi qu'on eût pu penser de mon prétendu talent,
l'effet fut pire que tout ce qu'on semblait attendre. Les
musiciens étouffaient de rire ; les auditeurs ouvraient
de grands yeux, et auraient bien voulu fermer les
oreilles ; mais il n'y avait pas moyen. Mes bourreaux de
symphonistes [48], qui voulaient s'égayer, raclaient à
percer le tympan d'un quinze-vingt [49]. J'eus la constance d'aller toujours mon train, suant, il est vrai, à
grosses gouttes, mais retenu par la honte, n'osant
m'enfuir et tout planter là. Pour ma consolation,
j'entendais autour de moi les assistants se dire à leur
oreille, ou plutôt à la mienne, l'un : Il n'y a rien là de
supportable ; un autre : Quelle musique enragée ! un
autre : Quel diable de sabbat ! Pauvre Jean-Jacques,
dans ce cruel moment tu n'espérais guère qu'un jour [50]
devant le roi de France et toute sa cour tes sons excite-
raient des murmures de surprise et d'applaudissement,
et que, dans toutes les loges autour de toi, les plus
aimables femmes se diraient à demi-voix : Quels sons
charmants ! Quelle musique enchanteresse ! Tous ces
chants-là vont au cœur !

Mais ce qui mit tout le monde de bonne humeur fut
le menuet [51]. À peine en eut-on joué quelques mesures,
que j'entendis partir de toutes parts les éclats de rire.
Chacun me félicitait sur mon joli goût de chant ; on
m'assurait que ce menuet ferait parler de moi, et que je
méritais d'être chanté partout. Je n'ai pas besoin de
dépeindre mon angoisse [52] ni d'avouer que je la méritais
bien.

Le lendemain, l'un de mes symphonistes, appelé
Lutold, vint me voir, et fut assez bon homme pour ne
pas me féliciter sur mon succès. Le profond sentiment

de ma sottise, la honte, le regret, le désespoir de l'état
où j'étais réduit, l'impossibilité de tenir mon cœur
fermé dans ses grandes peines, me firent ouvrir à lui ; je
lâchai la bonde à mes larmes ; et, au lieu de me
contenter de lui avouer mon ignorance, je lui dis tout,
en lui demandant le secret, qu'il me promit, et qu'il me
garda comme on peut le croire. Dès le même soir tout
Lausanne sut qui j'étais ; et, ce qui est remarquable,
personne ne m'en fit semblant, pas même le bon Perrotet, qui pour tout cela ne se rebuta pas de me loger et
de me nourrir.

Je vivais, mais bien tristement. Les suites d'un pareil
début ne firent pas pour moi de Lausanne un séjour
fort agréable. Les écoliers ne se présentaient pas en
foule ; pas une seule écolière, et personne de la ville.
J'eus en tout deux ou trois gros Teutsches [53], aussi stupides que j'étais ignorant, qui m'ennuyaient à mourir,
et qui, dans mes mains, ne devinrent pas de grands
croque-notes [54]. Je fus appelé dans une seule maison,
où un petit serpent de fille se donna le plaisir de me
montrer beaucoup de musique, dont je ne pus pas lire
une note, et qu'elle eut la malice de chanter ensuite
devant M. le maître, pour lui montrer comment cela
s'exécutait. J'étais si peu en état de lire un air de première vue, que, dans le brillant concert dont j'ai parlé,
il ne me fut pas possible de suivre un moment l'exécution pour savoir si l'on jouait bien ce que j'avais sous les
yeux et que j'avais composé moi-même.

Au milieu de tant d'humiliations j'avais des consolations très douces dans les nouvelles que je recevais de
temps en temps des deux charmantes amies. J'ai toujours trouvé dans le sexe une grande vertu consolatrice,
et rien n'adoucit plus mes afflictions dans mes dis-
grâces que de sentir qu'une personne aimable y prend
intérêt. Cette correspondance cessa pourtant bientôt
après, et ne fut jamais renouée ; mais ce fut ma faute.
En changeant de lieu je négligeai de leur donner mon
adresse, et, forcé par la nécessité de songer continuellement à moi-même, je les oubliai bientôt entièrement.

Il y a longtemps que je n'ai parlé de ma pauvre Maman : mais si l'on croit que je l'oubliais aussi, l'on se trompe fort. Je ne cessais de penser à elle, et de désirer de la retrouver, non seulement pour le besoin de ma subsistance, mais bien plus pour le besoin de mon cœur. Mon attachement pour elle, quelque vif, quelque tendre qu'il fût, ne m'empêchait pas d'en aimer d'autres ; mais ce n'était pas de la même façon. Toutes devaient également ma tendresse à leurs charmes ; mais elle tenait uniquement à ceux des autres, et ne leur eût pas survécu ; au lieu que Maman pouvait devenir vieille et laide sans que je l'aimasse moins tendrement. Mon cœur avait pleinement transmis à sa personne l'hommage qu'il fit d'abord à sa beauté ; et, quelque changement qu'elle éprouvât, pourvu que ce fût toujours elle, mes sentiments ne pouvaient changer. Je sais bien que je lui devais de la reconnaissance ; mais en vérité je n'y songeais pas. Quoi qu'elle eût fait ou n'eût pas fait pour moi, c'eût été toujours la même chose. Je ne l'aimais ni par devoir, ni par intérêt, ni par convenance : je l'aimais parce que j'étais né pour l'aimer. Quand je devenais amoureux de quelque autre, cela faisait distraction, je l'avoue, et je pensais moins souvent à elle ; mais j'y pensais avec le même plaisir, et jamais, amoureux ou non, je ne me suis occupé d'elle sans sentir qu'il ne pouvait y avoir pour moi de vrai bonheur dans la vie tant que j'en serais séparé.

N'ayant point de ses nouvelles depuis si longtemps, je ne crus jamais que je l'eusse tout à fait perdue, ni qu'elle eût pu m'oublier. Je me disais : Elle saura tôt ou tard que je suis errant, et me donnera quelque signe de vie ; je la retrouverai, j'en suis certain. En attendant, c'était une douceur pour moi d'habiter son pays, de passer dans les rues où elle avait passé, devant les maisons où elle avait demeuré [55], et le tout par conjecture, car une de mes ineptes bizarreries était de n'oser m'informer d'elle ni prononcer son nom sans la plus absolue nécessité. Il me semblait qu'en la nommant je disais tout ce qu'elle m'inspirait, que ma bouche révélait le secret de mon cœur, que je la compromettais en

quelque sorte [56]. Je crois même qu'il se mêlait à cela
quelque frayeur qu'on ne me dît du mal d'elle. On avait
parlé beaucoup de sa démarche, et un peu de sa
conduite. De peur qu'on n'en dît pas ce que je voulais
entendre, j'aimais mieux qu'on n'en parlât point du
tout [57].

Comme mes écoliers ne m'occupaient pas beaucoup, et que sa ville natale n'était qu'à quatre lieues de
Lausanne, j'y fis une promenade de deux ou trois jours
durant lesquels la plus douce émotion ne me quitta
point. L'aspect du lac de Genève et de ses admirables
côtes eut toujours à mes yeux un attrait particulier que
je ne saurais expliquer, et qui ne tient pas seulement à
la beauté du spectacle, mais à je ne sais quoi de plus
intéressant qui m'affecte et m'attendrit. Toutes les fois
que j'approche du pays de Vaud, j'éprouve une impression composée du souvenir de Mme de Warens qui y est
née, de mon père qui y vivait, de Mlle de Vulson qui y
eut les prémices de mon cœur, de plusieurs voyages de
plaisir que j'y fis dans mon enfance, et, ce me semble,
de quelque autre cause encore, plus secrète et plus forte
que tout cela. Quand l'ardent désir de cette vie heureuse et douce qui me fuit et pour laquelle j'étais né
vient enflammer mon imagination, c'est toujours au
pays de Vaud, près du lac, dans des campagnes charmantes, qu'elle se fixe. Il me faut absolument un verger
au bord de ce lac et non pas d'un autre ; il me faut un
ami sûr, une femme aimable, une vache et un petit
bateau. Je ne jouirai d'un bonheur parfait sur la terre
que quand j'aurai tout cela. Je ris de la simplicité avec
laquelle je suis allé plusieurs fois dans ce pays-là uniquement pour y chercher ce bonheur imaginaire. J'étais
toujours surpris d'y trouver les habitants, surtout les
femmes, d'un tout autre caractère que celui que j'y
cherchais. Combien cela me semblait disparate ! Le
pays et le peuple dont il est couvert ne m'ont jamais
paru faits l'un pour l'autre.

Dans ce voyage de Vevey, je me livrais, en suivant ce
beau rivage, à la plus douce mélancolie. Mon cœur
s'élançait avec ardeur à mille félicités innocentes : je

m'attendrissais, je soupirais, et pleurais comme un enfant. Combien de fois, m'arrêtant pour pleurer à mon aise, assis sur une grosse pierre, je me suis amusé à voir tomber mes larmes dans l'eau [58] !

J'allai à Vevey loger à *La Clef*, et pendant deux jours que j'y restai sans voir personne, je pris pour cette ville un amour qui m'a suivi dans tous mes voyages, et qui m'y a fait établir enfin les héros de mon roman. Je dirais volontiers à ceux qui ont du goût et qui sont sensibles : Allez à Vevey, visitez le pays, examinez les sites, promenez-vous sur le lac, et dites si la nature n'a pas fait ce beau pays pour une Julie, pour une Claire, et pour un Saint-Preux ; mais ne les y cherchez pas [59]. Je reviens à mon histoire.

Comme j'étais catholique et que je me donnais pour tel, je suivais sans mystère et sans scrupule le culte que j'avais embrassé. Les dimanches, quand il faisait beau, j'allais à la messe à Assens [60] à deux lieues de Lausanne. Je faisais ordinairement cette course avec d'autres catholiques, surtout avec un brodeur parisien dont j'ai oublié le nom. Ce n'était pas un Parisien comme moi, c'était un vrai Parisien de Paris, un archi-Parisien du bon Dieu, bonhomme comme un Champenois [61]. Il aimait si fort son pays, qu'il ne voulut jamais douter que j'en fusse, de peur de perdre cette occasion d'en parler. M. de Crousaz [62], lieutenant-baillival, avait un jardinier de Paris aussi, mais moins complaisant, et qui trouvait la gloire de son pays compromise à ce qu'on osât se donner pour en être lorsqu'on n'avait pas cet honneur. Il me questionnait de l'air d'un homme sûr de me prendre en faute, et puis souriait malignement. Il me demanda une fois ce qu'il y avait de remarquable au Marché-Neuf [63]. Je battis la campagne ★ comme on peut croire. Après avoir passé vingt ans à Paris, je dois à présent connaître cette ville ; cependant, si l'on me faisait aujourd'hui pareille question, je ne serais pas moins embarrassé d'y répondre ; et de cet embarras on pourrait aussi bien conclure que je n'ai jamais été à Paris : tant, lors même qu'on rencontre la vérité, l'on est sujet à se fonder sur des principes trompeurs !

Je ne saurais dire exactement combien de temps je demeurai à Lausanne. Je n'apportai pas de cette ville des souvenirs bien rappelants [64]. Je sais seulement que [65], n'y trouvant pas à vivre, j'allai de là à Neuchâtel, et que j'y passai l'hiver. Je réussis mieux dans cette dernière ville ; j'y eus des écolières, et j'y gagnai de quoi m'acquitter avec mon bon ami Perrotet, qui m'avait fidèlement envoyé mon petit bagage, quoique je lui redusse assez d'argent.

J'apprenais insensiblement la musique en l'enseignant [66]. Ma vie était assez douce ; un homme raisonnable eût pu s'en contenter : mais mon cœur inquiet me demandait autre chose. Les dimanches et les jours où j'étais libre, j'allais courir les campagnes et les bois des environs, toujours errant, rêvant, soupirant ; et quand j'étais une fois sorti de la ville, je n'y rentrais plus que le soir. Un jour, étant à Boudry [67], j'entrai pour dîner dans un cabaret : j'y vis un homme à grande barbe avec un habit violet à la grecque, un bonnet fourré, l'équipage et l'air assez nobles, et qui souvent avait peine à se faire entendre, ne parlant qu'un jargon presque indéchiffrable, mais plus ressemblant à l'italien qu'à nulle autre langue. J'entendais presque tout ce qu'il disait, et j'étais le seul ; il ne pouvait s'énoncer que par signes avec l'hôte et les gens du pays. Je lui dis quelques mots en italien qu'il entendit parfaitement : il se leva et vint m'embrasser avec transport. La liaison fut bientôt faite, et dès ce moment je lui servis de truchement [68]. Son dîner était bon, le mien était moins que médiocre. Il m'invita de prendre part au sien ; je fis peu de façons. En buvant et baragouinant nous achevâmes de nous familiariser, et dès la fin du repas nous devînmes inséparables. Il me conta qu'il était prélat grec et archimandrite de Jérusalem ; qu'il était chargé de faire une quête en Europe pour le rétablissement du Saint-Sépulcre [69]. Il me montra de belles patentes de la czarine et de l'empereur ; il en avait de beaucoup d'autres souverains. Il était assez content de ce qu'il avait amassé jusqu'alors ; mais il avait eu des peines incroyables en Allemagne, n'entendant pas un mot d'allemand, de latin ni de français, et réduit à son grec, au turc et à la langue franque [70] pour toute ressource ; ce qui ne lui en procurait pas beaucoup dans le pays où il s'était enfourné. Il me proposa de l'accompagner pour lui servir de secrétaire et d'interprète. Malgré mon petit habit violet, nouvellement acheté, et qui ne cadrait pas mal avec mon nouveau poste, j'avais l'air si peu étoffé [71], qu'il ne me crut pas difficile à gagner, et il ne se trompa point. Notre accord fut bientôt fait ; je ne demandais rien, et il promettait beaucoup. Sans caution, sans sûreté, sans connaissance, je me livre à sa conduite, et dès le lendemain me voilà parti pour Jérusalem.

Nous commençâmes notre tournée par le canton de Fribourg, où il ne fit pas grand-chose. La dignité épiscopale ne permettait pas de faire le mendiant, et de quêter aux particuliers ; mais nous présentâmes sa commission au sénat, qui lui donna une petite somme. De là nous fûmes à Berne. Il fallut ici plus de façon, et l'examen de ses titres ne fut pas l'affaire d'un jour. Nous logions au *Faucon*, bonne auberge alors, où l'on trouvait bonne compagnie. La table était nombreuse et bien servie. Il y avait longtemps que je faisais mauvaise chère ; j'avais grand besoin de me refaire, j'en avais l'occasion, et j'en profitai. Monseigneur l'archimandrite était lui-même un homme de bonne compagnie, aimant assez à tenir table, gai, parlant bien pour ceux qui l'entendaient, ne manquant pas de certaines connaissances, et plaçant son érudition grecque avec assez d'agrément. Un jour, cassant au dessert des noisettes, il se coupa le doigt fort avant ; et comme le sang sortait avec abondance, il montra son doigt à la compagnie, et dit en riant : « *Mirate, signori ; questo è sangue pelasgo* [72]. »

À Berne mes fonctions ne lui furent pas inutiles, et je ne m'en tirai pas aussi mal que j'avais craint. J'étais bien plus hardi et mieux parlant que je n'aurais été pour moi-même. Les choses ne se passèrent pas aussi simplement qu'à Fribourg. [Il fallut de longues et fréquentes conférences avec les premiers de l'État, et

l'examen de ses titres ne fut pas l'affaire d'un jour] [73].
Enfin, tout étant en règle, il fut admis à l'audience du
sénat. J'entrai avec lui comme son interprète, et l'on me
dit de parler. Je ne m'attendais à rien moins, et il ne
m'était pas venu dans l'esprit qu'après avoir longuement conféré avec les membres, il fallût s'adresser au
corps comme si rien n'eût été dit. Qu'on juge de mon
embarras ! Pour un homme aussi honteux, parler non
seulement en public, mais devant le sénat de Berne, et
parler impromptu sans avoir une seule minute pour me
préparer, il y avait là de quoi m'anéantir. Je ne fus pas
même intimidé. J'exposai succinctement et nettement
la commission de l'archimandrite. Je louai la piété des
princes qui avaient contribué à la collecte qu'il était
venu faire. Piquant d'émulation celle de Leurs Excel-
lences, je dis qu'il n'y avait pas moins à espérer de leur
munificence accoutumée ; et puis, tâchant de prouver
que cette bonne œuvre en était également une pour
tous les chrétiens sans distinction de secte, je finis par
promettre les bénédictions du Ciel à ceux qui voudraient y prendre part. Je ne dirai pas que mon discours
fit effet ; mais il est sûr qu'il fut goûté, et qu'au sortir
de l'audience l'archimandrite reçut un présent fort
honnête, et de plus, sur l'esprit de son secrétaire, des
compliments dont j'eus l'agréable emploi d'être le truchement, mais que je n'osai lui rendre à la lettre. Voilà la
seule fois de ma vie que j'ai parlé en public et devant un
souverain [74], et la seule fois aussi peut-être que j'ai parlé
hardiment et bien [75]. Quelle différence dans les dispositions du même homme ! Il y a trois ans qu'étant allé voir
à Yverdon mon vieux [76] ami M. Roguin, je reçus une
députation pour me remercier de quelques livres que
j'avais donnés à la bibliothèque de cette ville [77]. Les
Suisses sont grands harangueurs ; ces messieurs me
haranguèrent. Je me crus obligé de répondre ; mais je
m'embarrassai tellement dans ma réponse, et ma tête se
brouilla si bien que je restai court et me fis moquer de
moi. Quoique timide naturellement, j'ai été hardi quelquefois dans ma jeunesse, jamais dans mon âge avancé.
Plus j'ai vu le monde, moins j'ai pu me faire à son ton.

Partis de Berne, nous allâmes à Soleure ; car le dessein de l'archimandrite était de reprendre la route d'Allemagne, et de s'en retourner par la Hongrie ou par la Pologne, ce qui faisait une route immense : mais comme, chemin faisant, sa bourse s'emplissait plus qu'elle ne se vidait, il craignait peu les détours. Pour moi, qui me plaisais presque autant à cheval qu'à pied, je n'aurais pas mieux demandé que de voyager ainsi toute ma vie : mais il était écrit que je n'irais pas si loin.

La première chose que nous fîmes, arrivant à Soleure, fut d'aller saluer M. l'ambassadeur de France. Malheureusement pour mon évêque, cet ambassadeur était le marquis de Bonac, qui avait été ambassadeur à la Porte, et qui devait être au fait de tout ce qui regardait le Saint-Sépulcre [78]. L'archimandrite eut une audience d'un quart d'heure, où je ne fus pas admis, parce que M. l'ambassadeur entendait la langue franque, et parlait l'italien du moins aussi bien que moi. À la sortie de mon Grec je voulus le suivre ; on me retint : ce fut mon tour. M'étant donné pour Parisien, j'étais comme tel sous la juridiction de Son Excellence. Elle me demanda qui j'étais, m'exhorta de lui dire la vérité ; je le lui promis en lui demandant une audience particulière qui me fut accordée. M. l'ambassadeur m'emmena dans son cabinet, dont il ferma sur nous la porte, et là, me jetant à ses pieds, je lui tins parole. Je n'aurais pas moins dit quand je n'aurais rien promis, car un continuel besoin d'épanchement met à tout moment mon cœur sur mes lèvres ; et, après m'être ouvert sans réserve au musicien Lutold, je n'avais garde de faire le mystérieux avec le marquis de Bonac. Il fut si content de ma petite histoire et de l'effusion de cœur avec laquelle il vit que je l'avais contée, qu'il me prit par la main, entra chez Mme l'ambassadrice, et me présenta à elle en lui faisant un abrégé de mon récit. Mme de Bonac m'accueillit avec bonté, et dit qu'il ne fallait pas me laisser aller avec ce moine grec. Il fut résolu que je resterais à l'hôtel [79] en attendant qu'on vît ce qu'on pourrait faire de moi. Je voulais aller faire mes adieux à mon pauvre archimandrite, pour lequel j'avais

conçu de l'attachement : on ne me le permit pas. On
envoya lui signifier mes arrêts, et un quart d'heure
après je vis arriver mon petit sac. M. de la Martinière [80], secrétaire d'ambassade, fut en quelque façon
chargé de moi. En me conduisant dans la chambre qui
m'était destinée, il me dit : « Cette chambre a été
occupée sous le comte Du Luc par un homme célèbre
du même nom que vous [81] ; il ne tient qu'à vous de le
remplacer de toutes manières, et de faire dire un jour,
Rousseau premier, Rousseau second. » Cette confor-
mité, qu'alors je n'espérais guère, eût moins flatté mes
désirs si j'avais pu prévoir à quel prix je l'achèterais un
jour.

Ce que m'avait dit M. de la Martinière me donna de la
curiosité. Je lus les ouvrages de celui dont j'occupais la
chambre, et sur le compliment qu'on m'avait fait, croyant
avoir du goût pour la poésie, je fis pour mon coup d'essai
une cantate à la louange de Mme de Bonac [82]. Ce goût ne
se soutint pas. J'ai fait de temps en temps quelques
médiocres vers ; c'est un exercice assez bon pour se
rompre aux inversions élégantes, et apprendre à mieux
écrire en prose ; mais je n'ai jamais trouvé dans la poésie
française assez d'attrait pour m'y livrer tout à fait [83].

M. de la Martinière voulut voir de mon style, et me
demanda par écrit le même détail que j'avais fait à
M. l'ambassadeur. Je lui écrivis une longue lettre, que
j'apprends avoir été conservée par M. de Marianne [84], qui
était attaché depuis longtemps au marquis de Bonac, et
qui depuis a succédé à M. de la Martinière sous l'ambassade de M. de Courteille. J'ai prié M. de Malesherbes [85]
de tâcher de me procurer une copie de cette lettre. Si je
puis l'avoir par lui ou par d'autres, on la trouvera dans le
recueil qui doit accompagner mes Confessions [86].

L'expérience que je commençais d'avoir modérait
peu à peu mes projets romanesques, et par exemple :
non seulement je ne devins point amoureux de
Mme de Bonac, mais je sentis d'abord * que je ne pouvais faire un grand chemin dans la maison de son mari.
M. de la Martinière en place, et M. de Marianne pour
ainsi dire en survivance [87], ne me laissaient espérer

pour toute fortune qu'un emploi de sous-secrétaire qui ne me tentait pas infiniment. Cela fit que, quand on me consulta sur ce que je voulais faire, je marquai beaucoup d'envie d'aller à Paris. M. l'ambassadeur goûta cette idée, qui tendait au moins à le débarrasser de moi. M. de Merveilleux [88], secrétaire interprète de l'ambassade, dit que son ami M. Gaudard [89], colonel suisse au service de la France, cherchait quelqu'un pour mettre auprès de son neveu, qui entrait fort jeune au service, et pensa que je pourrais lui convenir. Sur cette idée assez légèrement prise, mon départ fut résolu ; et moi, qui voyais un voyage à faire et Paris au bout, j'en fus dans la joie de mon cœur [90]. On me donna quelques lettres, cent francs pour mon voyage, accompagnés de force bonnes leçons, et je partis.

Je mis à ce voyage une quinzaine de jours, que je peux compter parmi les heureux de ma vie. J'étais jeune, je me portais bien, j'avais assez d'argent, beaucoup d'espérance, je voyageais, je voyageais à pied, et je voyageais seul. On serait étonné de me voir compter un pareil avantage, si déjà l'on n'avait dû se familiariser avec mon humeur. Mes douces chimères me tenaient compagnie, et jamais la chaleur de mon imagination n'en enfanta de plus magnifiques. Quand on m'offrait quelque place vide dans une voiture, ou que quelqu'un m'accostait en route, je rechignais de voir renverser la fortune dont je bâtissais l'édifice en marchant. Cette fois mes idées étaient martiales. J'allais m'attacher à un militaire et devenir militaire moi-même ; car on avait arrangé que je commencerais par être cadet [91]. Je croyais déjà me voir en habit d'officier avec un beau plumet blanc. Mon cœur s'enflait à cette noble idée. J'avais quelque teinture de géométrie et de fortifications [92] ; j'avais un oncle ingénieur ; j'étais en quelque sorte enfant de la balle. Ma vue courte offrait un peu d'obstacle, mais qui ne m'embarrassait pas ; et je comptais bien à force de sang-froid et d'intrépidité suppléer à ce défaut. J'avais lu que le maréchal Schomberg [93] avait la vue très courte ; pourquoi le maréchal Rousseau ne l'aurait-il pas ? Je m'échauffais tellement sur ces folies, que je ne voyais plus que

troupes, remparts, gabions [94], batteries, et moi, au milieu
du feu et de la fumée, donnant tranquillement mes
ordres, la lorgnette à la main. Cependant, quand je passais dans des campagnes agréables, que je voyais des
bocages et des ruisseaux, ce touchant aspect me faisait
soupirer de regret ; je sentais au milieu de ma gloire que
mon cœur n'était pas fait pour tant de fracas, et bientôt,
sans savoir comment, je me retrouvais au milieu de mes
chères bergeries, renonçant pour jamais aux travaux de
Mars.

Combien l'abord de Paris démentit l'idée que j'en
avais ! La décoration extérieure que j'avais vue à Turin,
la beauté des rues, la symétrie et l'alignement des maisons me faisaient chercher à Paris autre chose encore.
Je m'étais figuré une ville aussi belle que grande, de
l'aspect le plus imposant, où l'on ne voyait que de
superbes rues, des palais de marbre et d'or. En entrant
par le faubourg Saint-Marceau [95], je ne vis que de
petites rues sales et puantes, de vilaines maisons noires,
l'air de la malpropreté, de la pauvreté, des mendiants,
des charretiers, des ravaudeuses, des crieuses de tisanes
et de vieux chapeaux. Tout cela me frappa d'abord à tel
point, que tout ce que j'ai vu depuis à Paris de magnificence réelle n'a pu détruire cette première impression,
et qu'il m'en est resté toujours un secret dégoût pour
l'habitation de cette capitale. Je puis dire que tout le
temps que j'y ai vécu dans la suite ne fut employé qu'à
y chercher des ressources pour me mettre en état d'en
vivre éloigné. Tel est le fruit d'une imagination trop
active, qui exagère par-dessus l'exagération des
hommes, et voit toujours plus que ce qu'on lui dit. On
m'avait tant vanté Paris, que je me l'étais figuré comme
l'ancienne Babylone [96], dont je trouverais peut-être
autant à rabattre, si je l'avais vue, du portrait que je
m'en suis fait. La même chose m'arriva à l'Opéra, où je
me pressai d'aller le lendemain de mon arrivée ; la
même chose m'arriva dans la suite à Versailles ; dans la
suite encore en voyant la mer ; et la même chose
m'arriva toujours en voyant des spectacles qu'on
m'aura trop annoncés [97] : car il est impossible aux

hommes et difficile à la nature elle-même de passer en richesse mon imagination.

À la manière dont je fus reçu de tous ceux pour qui j'avais des lettres, je crus ma fortune faite. Celui à qui j'étais le plus recommandé, et qui me caressa le moins, était M. de Surbeck [98], retiré du service et vivant philosophiquement à Bagneux, où je fus le voir plusieurs fois, et où jamais il ne m'offrit un verre d'eau. J'eus plus d'accueil de Mme de Merveilleux, belle-sœur de l'interprète, et de son neveu, officier aux gardes : non seulement la mère et le fils me reçurent bien, mais ils m'offrirent leur table, dont je profitai souvent durant mon séjour à Paris. Mme de Merveilleux me parut avoir été belle ; ses cheveux étaient d'un beau noir, et faisaient, à la vieille mode, le crochet sur ses tempes [99]. Il lui restait ce qui ne périt point avec les attraits, un esprit très agréable. Elle me parut goûter le mien, et fit tout ce qu'elle put pour me rendre service ; mais personne ne la seconda, et je fus bientôt désabusé de tout ce grand intérêt qu'on avait paru prendre à moi. Il faut pourtant rendre justice aux Français : ils ne s'épuisent point tant qu'on dit en protestations, et celles qu'ils font sont presque toujours sincères ; mais ils ont une manière de paraître s'intéresser à vous qui trompe plus que des paroles. Les gros compliments des Suisses n'en peuvent imposer qu'à des sots ; les manières des Français sont plus séduisantes en cela même qu'elles sont plus simples ; on croirait qu'ils ne vous disent pas tout ce qu'ils veulent faire, pour vous surprendre plus agréablement. Je dirai plus : ils ne sont point faux dans leurs démonstrations ; ils sont naturellement officieux, humains, bienveillants, et même, quoi qu'on en dise, plus vrais qu'aucune autre nation ; mais ils sont légers et volages. Ils ont en effet le sentiment qu'ils vous témoignent, mais ce sentiment s'en va comme il est venu. En vous parlant, ils sont pleins de vous ; ne vous voient-ils plus, ils vous oublient. Rien n'est permanent dans leur cœur : tout est chez eux l'œuvre du moment [100].

Je fus donc beaucoup flatté et peu servi. Ce colonel
Gaudard, au neveu duquel on m'avait donné, se trouva
être un vilain vieux avare, qui, quoique tout cousu d'or,
voyant ma détresse, me voulut avoir pour rien. Il prétendait que je fusse auprès de son neveu une espèce de
valet sans gages plutôt qu'un vrai gouverneur. Attaché
continuellement à lui, et par là dispensé du service, il
fallait que je vécusse de ma paye de cadet, c'est-à-dire
de soldat ; et à peine consentait-il à me donner l'uniforme ; il aurait voulu que je me contentasse de celui du
régiment. Mme de Merveilleux, indignée de ses propositions, me détourna elle-même de les accepter ; son fils
fut du même sentiment. On cherchait autre chose et
l'on ne trouvait rien. Cependant je commençais d'être
pressé, et cent francs, sur lesquels j'avais fait mon
voyage, ne pouvaient me mener bien loin. Heureusement je reçus, de la part de M. l'ambassadeur, encore
une petite remise [101] qui me fit grand bien, et je crois
qu'il ne m'aurait pas abandonné si j'eusse eu plus de
patience : mais languir, attendre, solliciter, sont pour
moi choses impossibles. Je me rebutai, je ne parus
plus, et tout fut fini. Je n'avais pas oublié ma pauvre
Maman ; mais comment la trouver ? où la chercher ?
Mme de Merveilleux, qui savait mon histoire, m'avait
aidé dans cette recherche, et longtemps inutilement.
Enfin elle m'apprit que Mme de Warens était repartie il
y avait plus de deux mois [102], mais qu'on ne savait si elle
était allée en Savoie ou à Turin, et que quelques personnes la disaient retournée en Suisse. Il ne m'en fallut
pas davantage pour me déterminer à la suivre, bien sûr
qu'en quelque lieu qu'elle fût, je la trouverais plus aisément en province que je n'avais pu faire à Paris [103].

Avant de partir j'exerçai mon nouveau talent poétique dans une épître au colonel Gaudard, où je le
drapai [104] de mon mieux. Je montrai ce barbouillage à
Mme de Merveilleux, qui, au lieu de me censurer
comme elle aurait dû faire, rit beaucoup de mes sarcasmes, de même que son fils, qui, je crois, n'aimait pas
M. Gaudard, et il faut avouer qu'il n'était pas aimable.
J'étais tenté de lui envoyer mes vers ; ils m'y encoura-

gèrent : j'en fis un paquet à son adresse, et comme il n'y avait point alors à Paris de petite poste [105], je le mis dans ma poche, et le lui envoyai d'Auxerre en passant. Je ris quelquefois encore en songeant aux grimaces qu'il dut faire en lisant ce panégyrique, où il était peint trait pour trait. Il commençait ainsi :

> *Tu croyais, vieux pénard* [106], *qu'une folle manie*
> *D'élever ton neveu m'inspirerait l'envie.*

Cette petite pièce, mal faite à la vérité, mais qui ne manquait pas de sel, et qui annonçait du talent pour la satire, est cependant le seul écrit satirique qui soit sorti de ma plume. J'ai le cœur trop peu haineux pour me prévaloir d'un pareil talent ; mais je crois qu'on peut juger par quelques écrits polémiques faits de temps à autre pour ma défense, que, si j'avais été d'humeur batailleuse, mes agresseurs auraient eu rarement les rieurs de leur côté.

La chose que je regrette le plus dans les détails de ma vie dont j'ai perdu la mémoire est de n'avoir pas fait des journaux de mes voyages. Jamais je n'ai tant pensé, tant existé, tant vécu, tant été moi, si j'ose ainsi dire, que dans ceux que j'ai faits seul et à pied. La marche a quelque chose qui anime et avive mes idées ; je ne puis presque penser quand je reste en place ; il faut que mon corps soit en branle pour y mettre mon esprit. La vue de la campagne, la succession des aspects agréables, le grand air, le grand appétit, la bonne santé que je gagne en marchant, la liberté du cabaret, l'éloignement de tout ce qui me fait sentir ma dépendance, de tout ce qui me rappelle à ma situation, tout cela dégage mon âme, me donne une plus grande audace de penser, me jette en quelque sorte dans l'immensité des êtres pour les combiner, les choisir, me les approprier à mon gré, sans gêne et sans crainte. Je dispose en maître de la nature entière ; mon cœur, errant d'objet en objet, s'unit, s'identifie à ceux qui le flattent, s'entoure d'images charmantes, s'enivre de sentiments délicieux. Si pour les fixer je m'amuse à les décrire en moi-même, quelle vigueur de pinceau, quelle fraîcheur de coloris, quelle

énergie d'expression je leur donne ! On a, dit-on,
trouvé de tout cela dans mes ouvrages, quoique écrits
vers le déclin de mes ans. Oh ! si l'on eût vu ceux de ma
première jeunesse, ceux que j'ai faits durant mes
voyages, ceux que j'ai composés et que je n'ai jamais
écrits [107]...... Pourquoi, direz-vous, ne les pas écrire ?
Et pourquoi les écrire ? vous répondrai-je : pourquoi
m'ôter le charme actuel de la jouissance, pour dire à
d'autres que j'avais joui ? Que m'importaient des lecteurs, un public, et toute la terre, tandis que je planais
dans le ciel ? D'ailleurs, portais-je avec moi du papier,
des plumes ? Si j'avais pensé à tout cela, rien ne me
serait venu. Je ne prévoyais pas que j'aurais des idées ;
elles viennent quand il leur plaît, non quand il me plaît.
Elles ne viennent point, ou elles viennent en foule, elles
m'accablent de leur nombre et de leur force. Dix
volumes par jour n'auraient pas suffi. Où prendre du
temps pour les écrire ? En arrivant je ne songeais qu'à
bien dîner. En partant je ne songeais qu'à bien marcher. Je sentais qu'un nouveau paradis m'attendait à la
porte. Je ne songeais qu'à l'aller chercher.

Jamais je n'ai si bien senti tout cela que dans le retour
dont je parle. En venant à Paris, je m'étais borné aux
idées relatives à ce que j'y allais faire. Je m'étais élancé
dans la carrière où j'allais entrer, et je l'avais parcourue
avec assez de gloire : mais cette carrière n'était pas celle
où mon cœur m'appelait et les êtres réels nuisaient aux
êtres imaginaires. Le colonel Gaudard et son neveu
figuraient mal avec un héros tel que moi. Grâce au Ciel,
j'étais maintenant délivré de tous ces obstacles : je pouvais m'enfoncer à mon gré dans le pays des chimères,
car il ne restait que cela devant moi. Aussi je m'y égarai
si bien, que je perdis réellement plusieurs fois ma
route ; et j'eusse été fort fâché d'aller plus droit, car,
sentant qu'à Lyon j'allais me retrouver sur la terre,
j'aurais voulu n'y jamais arriver.

Un jour entre autres, m'étant à dessein détourné
pour voir de près un lieu qui me parut admirable, je
m'y plus si fort et j'y fis tant de tours que je me perdis
enfin tout à fait. Après plusieurs heures de course inu-

tile, las et mourant de soif et de faim, j'entrai chez un
paysan dont la maison n'avait pas belle apparence[a],
mais c'était la seule que je visse aux environs. Je croyais
que c'était comme à Genève ou en Suisse où tous les
habitants à leur aise sont en état d'exercer l'hospitalité.
Je priai celui-ci de me donner à dîner en payant. Il
m'offrit du lait écrémé et de gros pain d'orge, en me
disant que c'était tout ce qu'il avait. Je buvais ce lait
avec délices, et je mangeais ce pain, paille et tout ; mais
cela n'était pas fort restaurant pour un homme épuisé
de fatigue. Ce paysan, qui m'examinait, jugea de la
vérité de mon histoire par celle de mon appétit. Tout de
suite, après m'avoir dit qu'il voyait bien que j'étais un
bon jeune honnête homme qui n'était pas là pour le
vendre, il ouvrit une petite trappe à côté de sa cuisine,
descendit, et revint un moment après avec un bon pain
bis de pur froment, un jambon très appétissant quoique
entamé, et une bouteille de vin dont l'aspect me réjouit
le cœur plus que tout le reste. On joignit à cela une
omelette assez épaisse, et je fis un dîner tel qu'autre
qu'un piéton n'en connut jamais. Quand ce vint à
payer, voilà son inquiétude et ses craintes qui le
reprennent ; il ne voulait point de mon argent, il le
repoussait avec un trouble extraordinaire ; et ce qu'il y
avait de plaisant était que je ne pouvais imaginer de
quoi il avait peur. Enfin, il prononça en frémissant ces
mots terribles de Commis et de Rats-de-Cave [110]. Il me
fit entendre qu'il cachait son vin à cause des aides, qu'il
cachait son pain à cause de la taille [111], et qu'il serait un
homme perdu si l'on pouvait se douter qu'il ne mourût
pas de faim. Tout ce qu'il me dit à ce sujet, et dont je
n'avais pas la moindre idée, me fit une impression qui
ne s'effacera jamais. Ce fut là le germe de cette haine
inextinguible qui se développa depuis dans mon cœur
contre les vexations qu'éprouve le malheureux peuple
et contre ses oppresseurs. Cet homme, quoique aisé,
n'osait manger le pain qu'il avait gagné à la sueur de

---

a. Apparemment [108], je n'avais pas encore la physionomie qu'on
m'a donnée depuis dans mes portraits [109].

son front, et ne pouvait éviter sa ruine qu'en montrant la même misère qui régnait autour de lui. Je sortis de sa maison aussi indigné qu'attendri, et déplorant le sort de ces belles contrées à qui la nature n'a prodigué ses dons que pour en faire la proie des barbares publicains [112].

Voilà le seul souvenir bien distinct qui me reste de ce qui m'est arrivé durant ce voyage. Je me rappelle seulement encore qu'en approchant de Lyon je fus tenté de prolonger ma route pour aller voir les bords du Lignon ; car, parmi les romans que j'avais lus avec mon père, *L'Astrée* n'avait pas été oubliée, et c'était celui qui me revenait au cœur le plus fréquemment. Je demandai la route du Forez ; et tout en causant avec une hôtesse, elle m'apprit que c'était un bon pays de ressource pour les ouvriers, qu'il y avait beaucoup de forges, et qu'on y travaillait fort bien en fer. Cet éloge calma tout à coup ma curiosité romanesque, et je ne jugeai pas à propos d'aller chercher des Dianes et des Sylvandres chez un peuple de forgerons [113]. La bonne femme qui m'encourageait de la sorte m'avait sûrement pris pour un garçon serrurier.

Je n'allais pas tout à fait à Lyon sans vues. En arrivant, j'allai voir aux Chazottes [114] Mlle du Châtelet, amie de Mme de Warens, et pour laquelle elle m'avait donné une lettre quand je vins avec M. Le Maître : ainsi c'était une connaissance déjà faite. Mlle du Châtelet m'apprit qu'en effet son amie avait passé à Lyon, mais qu'elle ignorait si elle avait poussé sa route jusqu'en Piémont, et qu'elle était incertaine elle-même en partant si elle ne s'arrêterait point en Savoie ; que si je voulais, elle écrirait pour en avoir des nouvelles, et que le meilleur parti que j'eusse à prendre était de les attendre à Lyon. J'acceptai l'offre : mais je n'osai dire à Mlle du Châtelet que j'étais pressé de la réponse, et que ma petite bourse épuisée ne me laissait pas en état de l'attendre longtemps. Ce qui me retint n'était pas qu'elle m'eût mal reçu. Au contraire, elle m'avait fait beaucoup de caresses, et me traitait sur un pied d'égalité qui m'ôtait le courage de lui laisser voir mon état, et de descendre

du rôle de bonne compagnie à celui d'un malheureux
mendiant.

Il me semble de voir assez clairement la suite de tout
ce que j'ai marqué dans ce livre. Cependant je crois me
rappeler, dans le même intervalle, un autre voyage de
Lyon, dont je ne puis marquer la place, où je me trouvai
déjà fort à l'étroit [115]. Une petite anecdote assez difficile
à dire ne me permettra jamais de l'oublier. J'étais un
soir assis en Bellecour [116], après un très mince souper,
rêvant aux moyens de me tirer d'affaire, quand un
homme en bonnet vint s'asseoir à côté de moi ; cet
homme avait l'air d'un de ces ouvriers en soie qu'on
appelle à Lyon des taffetatiers. Il m'adresse la parole ; je
lui réponds : voilà la conversation liée. À peine avions-
nous causé un quart d'heure, que, toujours avec le
même sang-froid et sans changer de ton, il me propose
de nous amuser de compagnie. J'attendais qu'il m'ex-
pliquât quel était cet amusement ; mais, sans rien
ajouter, il se mit en devoir de m'en donner l'exemple.
Nous nous touchions presque, et la nuit n'était pas
assez obscure pour m'empêcher de voir à quel exercice
il se préparait. Il n'en voulait point à ma personne ; du
moins rien n'annonçait cette intention, et le lieu ne l'eût
pas favorisée. Il ne voulait exactement, comme il me
l'avait dit, que s'amuser et que je m'amusasse, chacun
pour son compte ; et cela lui paraissait si simple, qu'il
n'avait même pas supposé qu'il ne me le parût pas
comme à lui. Je fus si effrayé de cette impudence que,
sans lui répondre, je me levai précipitamment et me mis
à fuir à toutes jambes, croyant avoir ce misérable à mes
trousses. J'étais si troublé, qu'au lieu de gagner mon
logis par la rue Saint-Dominique, je courus du côté du
quai, et ne m'arrêtai qu'au-delà du pont de bois, aussi
tremblant que si je venais de commettre un crime.
J'étais sujet au même vice ; ce souvenir m'en guérit
pour longtemps.

À ce voyage-ci j'eus une autre aventure à peu près du
même genre, mais qui me mit en plus grand danger.
Sentant mes espèces tirer à leur fin, j'en ménageais le
chétif reste. Je prenais moins souvent des repas à mon

auberge, et bientôt je n'en pris plus du tout, pouvant pour cinq ou six sols, à la taverne, me rassasier tout aussi bien que je faisais là pour mes vingt-cinq. N'y mangeant plus, je ne savais comment y aller coucher, non que j'y dusse grand-chose, mais j'avais honte d'occuper une chambre sans rien faire gagner à mon hôtesse. La saison était belle. Un soir qu'il faisait fort chaud, je me déterminai à passer la nuit dans la place, et déjà je m'étais établi sur un banc, quand un abbé qui passait, me voyant ainsi couché, s'approcha et me demanda si je n'avais point de gîte. Je lui avouai mon cas, il en parut touché ; il s'assit à côté de moi, et nous causâmes. Il parlait agréablement ; tout ce qu'il me dit me donna de lui la meilleure opinion du monde. Quand il me vit bien disposé, il me dit qu'il n'était pas logé fort au large, qu'il n'avait qu'une seule chambre, mais qu'assurément il ne me laisserait pas coucher ainsi dans la place ; qu'il était tard pour me trouver un gîte, et qu'il m'offrait pour cette nuit la moitié de son lit. J'accepte l'offre, espérant déjà me faire un ami qui pourrait m'être utile. Nous allons ; il bat le fusil [117]. Sa chambre me parut propre dans sa petitesse : il m'en fit les honneurs fort poliment. Il tira d'une armoire un pot de verre où étaient des cerises à l'eau-de-vie ; nous en mangeâmes chacun deux, et nous fûmes nous coucher.

Cet homme avait les mêmes goûts que mon Juif de l'Hospice, mais il ne les manifestait pas si brutalement. Soit que, sachant que je pouvais être entendu, il craignît de me forcer à me défendre, soit qu'en effet il fût moins confirmé dans ses projets, il n'osa m'en proposer ouvertement l'exécution, et cherchait à m'émouvoir sans m'inquiéter. Plus instruit que la première fois, je compris bientôt son dessein, et j'en frémis ; ne sachant ni dans quelle maison, ni entre les mains de qui j'étais, je craignis, en faisant du bruit, de le payer de ma vie. Je feignis d'ignorer ce qu'il me voulait ; mais paraissant très importuné de ses caresses et très décidé à n'en pas endurer le progrès, je fis si bien qu'il fut obligé de se contenir. Alors je lui parlai avec toute la douceur et toute la fermeté dont j'étais capable ; et, sans paraître

rien soupçonner, je m'excusai de l'inquiétude que je
lui avais montrée, sur mon ancienne aventure, que
j'affectai de lui conter en termes si pleins de dégoût et
d'horreur, que je lui fis, je crois, mal au cœur à lui-
même, et qu'il renonça tout à fait à son sale dessein.
Nous passâmes tranquillement le reste de la nuit. Il me
dit même beaucoup de choses très bonnes, très sensées,
et ce n'était assurément pas un homme sans mérite,
quoique ce fût un grand vilain.

Le matin, M. l'abbé, qui ne voulait pas avoir l'air
mécontent, parla de déjeuner, et pria une des filles de
son hôtesse, qui était jolie, d'en faire apporter. Elle lui
dit qu'elle n'avait pas le temps : il s'adressa à sa sœur,
qui ne daigna pas lui répondre. Nous attendions toujours : point de déjeuner. Enfin nous passâmes dans la
chambre de ces demoiselles. Elles reçurent M. l'abbé
d'un air très peu caressant ; j'eus encore moins à me
louer de leur accueil. L'aînée, en se retournant, m'ap-
puya son talon pointu sur le bout du pied, où un cor
fort douloureux m'avait forcé de couper mon soulier ;
l'autre vint ôter brusquement de derrière moi une
chaise sur laquelle j'étais prêt à m'asseoir ; leur mère, en
jetant de l'eau par la fenêtre, m'en aspergea le visage :
en quelque place que je me misse, on m'en faisait ôter
pour chercher quelque chose ; je n'avais été de ma vie
à pareille fête. Je voyais dans leurs regards insultants et
moqueurs une fureur cachée, à laquelle j'avais la stupidité de ne rien comprendre. Ébahi, stupéfait, prêt à les
croire toutes possédées, je commençais tout de bon à
m'effrayer, quand l'abbé, qui ne faisait semblant de voir
ni d'entendre, jugeant bien qu'il n'y avait point de
déjeuner à espérer, prit le parti de sortir, et je me hâtai
de le suivre, fort content d'échapper à ces trois
furies [118]. En marchant il me proposa d'aller déjeuner
au café. Quoique j'eusse grand-faim, je n'acceptai pas
cette offre, sur laquelle il n'insista pas beaucoup non
plus, et nous nous séparâmes au trois ou quatrième
coin de rue, moi, charmé de perdre de vue tout ce qui
appartenait à cette maudite maison, et lui fort aise, à ce
que je crois, de m'en avoir assez éloigné pour qu'elle ne

me fût pas facile à reconnaître. Comme à Paris, ni dans aucune autre ville, jamais rien ne m'est arrivé de semblable à ces deux aventures, il m'en est resté une impression peu avantageuse au peuple de Lyon, et j'ai toujours regardé cette ville comme celle de l'Europe où règne la plus affreuse corruption.

Le souvenir des extrémités où j'y fus réduit ne contribue pas non plus à m'en rappeler agréablement la mémoire. Si j'avais été fait comme un autre, que j'eusse eu le talent d'emprunter et de m'endetter à mon cabaret, je me serais aisément tiré d'affaire ; mais c'est à quoi mon inaptitude égalait ma répugnance ; et pour imaginer à quel point vont l'une et l'autre, il suffit de savoir qu'après avoir passé presque toute ma vie dans le mal-être, et souvent prêt à manquer de pain, il ne m'est jamais arrivé une seule fois de me faire demander de l'argent par un créancier sans lui en donner à l'instant même. Je n'ai jamais su faire des dettes criardes, et j'ai toujours mieux aimé souffrir que devoir.

C'était souffrir assurément que d'être réduit à passer la nuit dans la rue, et c'est ce qui m'est arrivé plusieurs fois à Lyon. J'aimais mieux employer quelques sols qui me restaient à payer mon pain que mon gîte ; parce qu'après tout je risquais moins de mourir de sommeil que de faim. Ce qu'il y a d'étonnant, c'est que dans ce cruel état je n'étais ni inquiet ni triste. Je n'avais pas le moindre souci sur l'avenir, et j'attendais les réponses que devait recevoir Mlle du Châtelet, couchant à la belle étoile, et dormant étendu par terre ou sur un banc aussi tranquillement que sur un lit de roses. Je me souviens même d'avoir passé une nuit délicieuse hors de la ville, dans un chemin qui côtoyait le Rhône ou la Saône, car je ne me rappelle pas lequel des deux. Des jardins élevés en terrasse bordaient le chemin du côté opposé. Il avait fait très chaud ce jour-là, la soirée était charmante ; la rosée humectait l'herbe flétrie ; point de vent, une nuit tranquille ; l'air était frais, sans être froid ; le soleil, après son coucher, avait laissé dans le ciel des vapeurs rouges dont la réflexion rendait l'eau couleur de rose ; les arbres des terrasses étaient chargés de rossignols qui se répondaient de l'un à l'autre. Je me promenais dans une sorte d'extase, livrant mes sens et mon cœur à la jouissance de tout cela, et soupirant seulement un peu du regret d'en jouir seul. Absorbé dans ma douce rêverie, je prolongeai fort avant dans la nuit ma promenade, sans m'apercevoir que j'étais las. Je m'en aperçus enfin. Je me couchai voluptueusement sur la tablette d'une espèce de niche ou de fausse porte enfoncée dans un mur de terrasse [119] ; le ciel de mon lit était formé par les têtes des arbres ; un rossignol était précisément au-dessus de moi ; je m'endormis à son chant : mon sommeil fut doux, mon réveil le fut davantage. Il était grand jour : mes yeux, en s'ouvrant, virent l'eau, la verdure, un paysage admirable. Je me levai, me secouai, la faim me prit, je m'acheminai gaiement vers la ville, résolu de mettre à un bon déjeuner deux pièces de six blancs qui me restaient encore. J'étais de si bonne humeur, que j'allais chantant tout le long du chemin, et je me souviens même que je chantais une cantate de Batistin [120], intitulée *Les bains de Thomery*, que je savais par cœur. Que béni soit le bon Batistin et sa bonne cantate, qui m'a valu un meilleur déjeuner que celui sur lequel je comptais et un dîner bien meilleur encore, sur lequel je n'avais point compté du tout. Dans mon meilleur train d'aller et de chanter, j'entends quelqu'un derrière moi, je me retourne, je vois un Antonin qui me suivait et qui paraissait m'écouter avec plaisir. Il m'accoste, me salue, me demande si je sais la musique. Je réponds, *un peu*, pour faire entendre *beaucoup*. Il continue à me questionner ; je lui conte une partie de mon histoire. Il me demande si je n'ai jamais copié de la musique. « Souvent », lui dis-je. Et cela était vrai ; ma meilleure manière de l'apprendre était d'en copier [121]. « Eh bien, me dit-il, venez avec moi ; je pourrai vous occuper quelques jours, durant lesquels rien ne vous manquera, pourvu que vous consentiez à ne pas sortir de la chambre. » J'acquiesçai très volontiers et je le suivis.

Cet Antonin s'appelait M. Rolichon ; il aimait la musique, il la savait, et chantait dans de petits concerts

qu'il faisait avec ses amis. Il n'y avait rien là que d'innocent et d'honnête ; mais ce goût dégénérait apparemment en fureur, dont il était obligé de cacher une partie.
Il me conduisit dans une petite chambre que j'occupai,
et où je trouvai beaucoup de musique qu'il avait copiée.
Il m'en donna d'autre à copier, particulièrement la
cantate que j'avais chantée, et qu'il devait chanter lui-
même dans quelques jours. J'en demeurai là trois ou
quatre à copier tout le temps où je ne mangeais pas ; car
de ma vie je ne fus si affamé ni mieux nourri. Il apportait mes repas lui-même de leur cuisine, et il fallait
qu'elle fût bonne si leur ordinaire valait le mien. De mes
jours je n'eus tant de plaisir à manger, et il faut avouer
aussi que ces lippées me venaient fort à propos, car
j'étais sec comme du bois. Je travaillais presque d'aussi
bon cœur que je mangeais, et ce n'est pas peu dire. Il est
vrai que je n'étais pas aussi correct que diligent. Quelques jours après, M. Rolichon, que je rencontrai dans
la rue, m'apprit que mes parties avaient rendu la
musique inexécutable, tant elles s'étaient trouvées
pleines d'omissions, de duplications et de transpositions. Il faut avouer que j'ai choisi là dans la suite le
métier du monde auquel j'étais le moins propre [122].
Non que ma note ne fût belle et que je ne copiasse fort
nettement ; mais l'ennui d'un long travail me donne des
distractions si grandes, que je passe plus de temps à
gratter qu'à noter, et que si je n'apporte la plus grande
attention à collationner [123] mes parties, elles font toujours manquer l'exécution. Je fis donc très mal en voulant bien faire, et pour aller vite j'allais tout de travers.
Cela n'empêcha pas M. Rolichon de me bien traiter
jusqu'à la fin, et de me donner encore en sortant un
petit écu que je ne méritais guère, et qui me remit tout
à fait en pied ; car peu de jours après je reçus des nouvelles de Maman qui était à Chambéry, et de l'argent
pour l'aller joindre, ce que je fis avec transport. Depuis
lors mes finances ont souvent été fort courtes, mais
jamais assez pour être obligé de jeûner. Je marque cette
époque avec un cœur sensible aux soins de la Provi-

dence. C'est la dernière fois de ma vie que j'ai senti la misère et la faim.

Je restai à Lyon sept ou huit jours encore pour attendre les commissions dont Maman avait chargé Mlle du Châtelet, que je vis durant ce temps-là plus assidûment qu'auparavant, ayant le plaisir de parler avec elle de son amie, et n'étant plus distrait par ces cruels retours sur ma situation, qui me forçaient de la cacher. Mlle du Châtelet n'était ni jeune ni jolie, mais elle ne manquait pas de grâce ; elle était liante et familière, et son esprit donnait du prix à cette familiarité. Elle avait ce goût de morale observatrice qui porte à étudier les hommes ; et c'est d'elle, en première origine, que ce même goût m'est venu. Elle aimait les romans de Le Sage et particulièrement *Gil Blas* [124] ; elle m'en parla, me le prêta, je le lus avec plaisir ; mais je n'étais pas mûr encore pour ces sortes de lectures ; il me fallait des romans à grands sentiments. Je passais ainsi mon temps à la grille de Mlle du Châtelet avec autant de plaisir que de profit, et il est certain que les entretiens intéressants et sensés d'une femme de mérite sont plus propres à former un jeune homme que toute la pédantesque philosophie des livres. Je fis connaissance aux Chasottes avec d'autres pensionnaires et de leurs amies ; entre autres avec une jeune personne de quatorze ans, appelée Mlle Serre [125], à laquelle je ne fis pas alors une grande attention, mais dont je me passionnai huit ou neuf ans après, et avec raison, car c'était une charmante fille.

Occupé de l'attente de revoir bientôt ma bonne Maman, je fis un peu de trêve à mes chimères, et le bonheur réel qui m'attendait me dispensa d'en chercher dans mes visions. Non seulement je la retrouvais, mais je retrouvais près d'elle et par elle un état agréable ; car elle marquait m'avoir trouvé une occupation qu'elle espérait qui me conviendrait, et qui ne m'éloignerait pas d'elle. Je m'épuisais en conjectures pour deviner quelle pouvait être cette occupation, et il aurait fallu deviner [126] en effet pour rencontrer juste. J'avais suffisamment d'argent pour faire commodément la route. Mlle du Châtelet voulait que je prisse un cheval ; je n'y pus consentir, et j'eus raison : j'aurais perdu le plaisir du dernier voyage pédestre que j'ai fait en ma vie ; car je ne peux donner ce nom aux excursions que je faisais souvent à mon voisinage, tandis que je demeurais à Môtiers.

C'est une chose bien singulière que mon imagination ne se monte jamais plus agréablement que quand mon état est le moins agréable, et qu'au contraire elle est moins riante lorsque tout rit autour de moi. Ma mauvaise tête ne peut s'assujettir aux choses. Elle ne saurait embellir, elle veut créer. Les objets réels s'y peignent tout au plus tels qu'ils sont ; elle ne sait parer que les objets imaginaires. Si je veux peindre le printemps, il faut que je sois en hiver ; si je veux décrire un beau paysage, il faut que je sois dans des murs ; et j'ai dit cent fois que si j'étais mis à la Bastille, j'y ferais le tableau de la liberté. Je ne voyais en partant de Lyon qu'un avenir agréable ; j'étais aussi content, et j'avais tout lieu de l'être, que je l'étais peu quand je partis de Paris. Cependant je n'eus point durant ce voyage ces rêveries délicieuses qui m'avaient suivi dans l'autre. J'avais le cœur serein, mais c'était tout. Je me rapprochais avec attendrissement de l'excellente amie que j'allais revoir. Je goûtais d'avance, mais sans ivresse, le plaisir de vivre auprès d'elle : je m'y étais toujours attendu ; c'était comme s'il ne m'était rien arrivé de nouveau. Je m'inquiétais de ce que j'allais faire comme si cela eût été fort inquiétant. Mes idées étaient paisibles et douces, non célestes et ravissantes. Tous les objets que je passais frappaient ma vue ; je donnais de l'attention aux paysages ; je remarquais les arbres, les maisons, les ruisseaux ; je délibérais aux croisées des chemins, j'avais peur de me perdre, et je ne me perdais point. En un mot, je n'étais plus dans l'empyrée, j'étais tantôt où j'étais, tantôt où j'allais, jamais plus loin.

Je suis, en racontant mes voyages, comme j'étais en les faisant ; je ne saurais arriver. Le cœur me battait de joie en approchant de ma chère Maman, et je n'en allais pas plus vite. J'aime à marcher à mon aise, et m'arrêter quand il me plaît. La vie ambulante est celle qu'il me faut. Faire route à pied par un beau temps, dans un beau pays, sans être pressé, et avoir pour terme de ma course un objet agréable : voilà de toutes les manières de vivre celle qui est la plus de mon goût. Au reste, on sait déjà ce que j'entends par un beau pays. Jamais pays de plaine, quelque beau qu'il fût, ne parut tel à mes yeux. Il me faut des torrents, des rochers, des sapins, des bois noirs, des montagnes, des chemins raboteux à monter et à descendre, des précipices à mes côtés qui me fassent bien peur [127]. J'eus ce plaisir, et je le goûtai dans tout son charme en approchant de Chambéry. Non loin d'une montagne coupée qu'on appelle le Pas-de-l'Échelle [128], au-dessous du grand chemin taillé dans le roc, à l'endroit appelé Chailles, court et bouillonne dans des gouffres affreux une petite rivière qui paraît avoir mis à les creuser des milliers de siècles. On a bordé le chemin d'un parapet pour prévenir les malheurs : cela faisait que je pouvais contempler au fond et gagner des vertiges tout à mon aise, car ce qu'il y a de plaisant dans mon goût pour les lieux escarpés, est qu'ils me font tourner la tête, et j'aime beaucoup ce tournoiement, pourvu que je sois en sûreté. Bien appuyé sur le parapet, j'avançais le nez, et je restais là des heures entières, entrevoyant de temps en temps cette écume et cette eau bleue dont j'entendais le mugissement à travers les cris des corbeaux et des oiseaux de proie [129] qui volaient de roche en roche et de broussaille en broussaille à cent toises au-dessous de moi. Dans les endroits où la pente était assez unie et la broussaille assez claire pour laisser passer des cailloux, j'en allais chercher au loin d'aussi gros que je les pouvais porter ; je les rassemblais sur le parapet en pile ; puis, les lançant l'un après l'autre, je me délectais à les voir rouler, bondir et voler en mille éclats, avant que d'atteindre le fond du précipice.

Plus près de Chambéry j'eus un spectacle semblable, en sens contraire. Le chemin passe au pied de la plus belle cascade que je vis de mes jours. La montagne est tellement escarpée, que l'eau se détache net et tombe en

arcade, assez loin pour qu'on puisse passer entre la cascade et la roche, quelquefois sans être mouillé. Mais si
l'on ne prend bien ses mesures, on y est aisément
trompé, comme je le fus : car, à cause de l'extrême hauteur, l'eau se divise et tombe en poussière, et lorsqu'on
approche un peu trop de ce nuage, sans s'apercevoir
d'abord qu'on se mouille, à l'instant on est tout trempé.

J'arrive enfin, je la revois. Elle n'était pas seule.
M. l'Intendant général [130] était chez elle au moment que
j'entrai. Sans me parler, elle me prend par la main, et
me présente à lui avec cette grâce qui lui ouvrait tous les
cœurs : « Le voilà, monsieur, ce pauvre jeune homme ;
daignez le protéger aussi longtemps qu'il le méritera, je
ne suis plus en peine de lui pour le reste de sa vie. »
Puis, m'adressant la parole : « Mon enfant, me dit-elle,
vous appartenez au roi ; remerciez M. l'Intendant qui
vous donne du pain. » J'ouvrais de grands yeux sans
rien dire, sans savoir trop qu'imaginer ; il s'en fallut peu
que l'ambition naissante ne me tournât la tête, et que je
ne fisse déjà le petit intendant. Ma fortune se trouva
moins brillante que sur ce début je ne l'avais imaginée ;
mais quant à présent, c'était assez pour vivre, et pour
moi c'était beaucoup. Voici de quoi il s'agissait.

Le roi Victor-Amédée, jugeant, par le sort des
guerres précédentes et par la position de l'ancien patri-
moine de ses pères, qu'il lui échapperait quelque jour,
ne cherchait qu'à l'épuiser. Il y avait peu d'années
qu'ayant résolu d'en mettre la noblesse à la taille, il avait
ordonné un cadastre général de tout le pays, afin que,
rendant l'imposition réelle, on pût la répartir avec plus
d'équité. Ce travail, commencé sous le père, fut achevé
sous le fils [131]. Deux ou trois cents hommes, tant arpen-
teurs qu'on appelait géomètres, qu'écrivains [132] qu'on
appelait secrétaires, furent employés à cet ouvrage, et
c'était parmi ces derniers que Maman m'avait fait ins-
crire. Le poste, sans être fort lucratif, donnait de quoi
vivre au large dans ce pays-là. Le mal était que cet
emploi n'était qu'à temps, mais il mettait en état de
chercher et d'attendre, et c'était par prévoyance qu'elle
tâchait de m'obtenir de l'Intendant une protection par-

ticulière pour pouvoir passer à quelque emploi plus solide quand le temps de celui-là serait fini.

J'entrai en fonction peu de jours après mon arrivée [133]. Il n'y avait à ce travail rien de difficile, et je fus bientôt au fait. C'est ainsi qu'après quatre ou cinq ans de courses, de folies et de souffrances depuis ma sortie de Genève, je commençai pour la première fois de gagner mon pain avec honneur.

Ces longs détails de ma première jeunesse auront paru bien puérils, et j'en suis fâché : quoique né homme à certains égards, j'ai été longtemps enfant, et je le suis encore à beaucoup d'autres. Je n'ai pas promis d'offrir au public un grand personnage ; j'ai promis de me peindre tel que je suis ; et, pour me connaître dans mon âge avancé, il faut m'avoir bien connu dans ma jeunesse. Comme en général les objets font moins d'impression sur moi que leurs souvenirs, et que toutes mes idées sont en images, les premiers traits qui se sont gravés dans ma tête y sont demeurés, et ceux qui s'y sont empreints dans la suite se sont plutôt combinés avec eux qu'ils ne les ont effacés. Il y a une certaine succession d'affections et d'idées qui modifient celles qui les suivent, et qu'il faut connaître pour en bien juger. Je m'applique à bien développer partout les premières causes pour faire sentir l'enchaînement des effets. Je voudrais pouvoir en quelque façon rendre mon âme transparente aux yeux du lecteur, et pour cela je cherche à la lui montrer sous tous les points de vue, à l'éclairer par tous les jours, à faire en sorte qu'il ne s'y passe pas un mouvement qu'il n'aperçoive, afin qu'il puisse juger par lui-même du principe qui les produit.

Si je me chargeais du résultat et que je lui disse : Tel est mon caractère, il pourrait croire sinon que je le trompe, au moins que je me trompe. Mais en lui détaillant avec simplicité tout ce qui m'est arrivé, tout ce que j'ai fait, tout ce que j'ai pensé, tout ce que j'ai senti, je ne puis l'induire en erreur, à moins que je ne le veuille ; encore même en le voulant, n'y parviendrais-je pas aisément de cette façon. C'est à lui d'assembler ces éléments et de déterminer l'être qu'ils composent : le

résultat doit être son ouvrage ; et s'il se trompe alors,
toute l'erreur sera de son fait. Or, il ne suffit pas pour
cette fin que mes récits soient fidèles, il faut aussi qu'ils
soient exacts. Ce n'est pas à moi de juger de l'importance des faits, je les dois tous dire, et lui laisser le soin
de choisir. C'est à quoi je me suis appliqué jusqu'ici de
tout mon courage, et je ne me relâcherai pas dans la
suite. Mais les souvenirs de l'âge moyen sont toujours
moins vifs que ceux de la première jeunesse. J'ai commencé par tirer de ceux-ci le meilleur parti qu'il m'était
possible. Si les autres me reviennent avec la même
force, des lecteurs impatients s'ennuieront peut-être,
mais moi je ne serai pas mécontent de mon travail. Je
n'ai qu'une chose à craindre dans cette entreprise : ce
n'est pas de trop dire ou de dire des mensonges, mais
c'est de ne pas tout dire et de taire des vérités.

LIVRE V

Ce fut, ce me semble, en 1732 que j'arrivai à Chambéry [1], comme je viens de le dire, et que je commençai d'être employé au cadastre pour le service du roi. J'avais vingt ans passés, près de vingt et un. J'étais assez formé pour mon âge du côté de l'esprit, mais le jugement ne l'était guère, et j'avais grand besoin des mains dans lesquelles je tombai pour apprendre à me conduire : car quelques années d'expérience n'avaient pu me guérir encore radicalement de mes visions romanesques, et malgré tous les maux que j'avais soufferts, je connaissais aussi peu le monde et les hommes que si je n'avais pas acheté [2] ces instructions.

Je logeai chez moi, c'est-à-dire chez Maman ; mais je ne retrouvai pas ma chambre d'Annecy. Plus de jardin, plus de ruisseau, plus de paysage. La maison qu'elle occupait était sombre et triste, et ma chambre était la plus sombre et la plus triste de la maison. Un mur pour vue, un cul-de-sac pour rue, peu d'air, peu de jour, peu d'espace, des grillons, des rats, des planches pourries ; tout cela ne faisait pas une plaisante habitation. Mais j'étais chez elle, auprès d'elle ; sans cesse à mon bureau ou dans sa chambre, je m'apercevais peu de la laideur de la mienne ; je n'avais pas le temps d'y rêver [3]. Il paraîtra bizarre qu'elle s'était fixée à Chambéry tout exprès pour habiter cette vilaine maison : ce fut même un trait d'habileté de sa part que je ne dois pas taire.

Elle allait à Turin avec répugnance, sentant bien
qu'après des révolutions encore toutes récentes, et dans
l'agitation où l'on était encore à la cour, ce n'était pas le
moment de s'y présenter. Cependant ses affaires
demandaient qu'elle s'y montrât ; elle craignait d'être
oubliée ou desservie. Elle savait surtout que le comte de
Saint-Laurent, intendant général des Finances [4], ne la
favorisait pas. Il avait à Chambéry une maison vieille,
mal bâtie, et dans une si vilaine position, qu'elle restait
toujours vide ; elle la loua et s'y établit. Cela lui réussit
mieux qu'un voyage ; sa pension ne fut point supprimée, et depuis lors le comte de Saint-Laurent fut
toujours de ses amis.

J'y trouvai son ménage à peu près monté comme
auparavant, et le fidèle Claude Anet toujours avec elle.
C'était, comme je crois l'avoir dit, un paysan de
Montreux [5], qui, dans son enfance, herborisait dans le
Jura pour faire du thé de Suisse [6], et qu'elle avait pris à
son service à cause de ses drogues, trouvant commode
d'avoir un herboriste dans son laquais. Il se passionna si
bien pour l'étude des plantes, et elle favorisa si bien son
goût, qu'il devint un vrai botaniste, et que, s'il ne fût
mort jeune, il se serait fait un nom dans cette science,
comme il en méritait un parmi les honnêtes gens.
Comme il était sérieux, même grave, et que j'étais plus
jeune que lui, il devint pour moi une espèce de gouverneur, qui me sauva beaucoup de folies : car il m'en
imposait, et je n'osais m'oublier devant lui. Il en imposait même à sa maîtresse, qui connaissait son grand
sens, sa droiture, son inviolable attachement pour elle,
et qui le lui rendait bien. Claude Anet était sans
contredit un homme rare, et le seul même de son
espèce que j'aie jamais vu. Lent, posé, réfléchi, circonspect dans sa conduite, froid dans ses manières, laco-
nique et sentencieux dans ses propos, il était dans ses
passions d'une impétuosité qu'il ne laissait jamais
paraître, mais qui le dévorait en dedans, et qui ne lui a
fait faire en sa vie qu'une sottise, mais terrible, c'est de
s'être empoisonné. Cette scène tragique se passa peu
après mon arrivée, et il la fallait pour m'apprendre

l'intimité de ce garçon avec sa maîtresse ; car si elle ne me l'eût dit elle-même, jamais je ne m'en serais douté. Assurément, si l'attachement, le zèle et la fidélité peuvent mériter une pareille récompense, elle lui était bien due, et ce qui prouve qu'il en était digne, il n'en abusa jamais. Ils avaient rarement des querelles, et elles finissaient toujours bien. Il en vint pourtant une qui finit mal : sa maîtresse lui dit dans la colère un mot outrageant qu'il ne put digérer. Il ne consulta que son désespoir, et trouvant sous sa main une fiole de laudanum, il l'avala, puis fut se coucher tranquillement, comptant ne se réveiller jamais. Heureusement Mme de Warens, inquiète, agitée elle-même, errant dans sa maison, trouva la fiole vide et devina le reste. En volant à son secours, elle poussa des cris qui m'attirèrent ; elle m'avoua tout, implora mon assistance, et parvint avec beaucoup de peine à lui faire vomir l'opium. Témoin de cette scène, j'admirai * ma bêtise de n'avoir jamais eu le moindre soupçon des liaisons qu'elle m'apprenait. Mais Claude Anet était si discret, que de plus clairvoyants auraient pu s'y méprendre. Le raccommodement fut tel que j'en fus vivement touché moi-même, et depuis ce temps, ajoutant pour lui le respect à l'estime, je devins en quelque façon son élève, et ne m'en trouvai pas plus mal.

Je n'appris pourtant pas sans peine que quelqu'un pouvait vivre avec elle dans une plus grande intimité que moi. Je n'avais pas songé même à désirer pour moi cette place, mais il m'était dur de la voir remplir par un autre ; cela était fort naturel [7]. Cependant, au lieu de prendre en aversion celui qui me l'avait soufflée, je sentis réellement s'étendre à lui l'attachement que j'avais pour elle. Je désirais sur toute chose qu'elle fût heureuse et, puisqu'elle avait besoin de lui pour l'être, j'étais content qu'il fût heureux aussi. De son côté, il entrait parfaitement dans les vues de sa maîtresse, et prit en sincère amitié l'ami qu'elle s'était choisi. Sans affecter avec moi l'autorité que son poste le mettait en droit de prendre, il prit naturellement celle que son jugement lui donnait sur le mien. Je n'osais rien faire qu'il parût désapprouver, et il ne désapprouvait que ce

qui était mal. Nous vivions ainsi dans une union qui
nous rendait tous heureux, et que la mort seule a pu
détruire. Une des preuves de l'excellence du caractère
de cette aimable femme est que tous ceux qui l'aimaient
s'aimaient entre eux [8]. La jalousie, la rivalité même
cédait au sentiment dominant qu'elle inspirait, et je n'ai
vu jamais aucun de ceux qui l'entouraient se vouloir du
mal l'un à l'autre. Que ceux qui me lisent suspendent
un moment leur lecture à cet éloge, et s'ils trouvent en
y pensant quelque autre femme dont ils puissent en
dire autant, qu'ils s'attachent à elle pour le repos de leur
vie, fût-elle au reste la dernière des catins.

Ici commence, depuis mon arrivée à Chambéry
jusqu'à mon départ pour Paris, en 1741, un intervalle de
huit ou neuf ans, durant lequel j'aurai peu d'événements
à dire, parce que ma vie a été aussi simple que douce, et
cette uniformité était précisément ce dont j'avais le plus
grand besoin pour achever de former mon caractère,
que des troubles continuels empêchaient de se fixer.
C'est durant ce précieux intervalle que mon éducation,
mêlée et sans suite, ayant pris de la consistance, m'a fait
ce que je n'ai plus cessé d'être à travers les orages qui
m'attendaient. Ce progrès fut insensible et lent, chargé
de peu d'événements mémorables ; mais il mérite cependant d'être suivi et développé.

Au commencement je n'étais guère occupé que de
mon travail ; la gêne du bureau ne me faisait pas songer
à autre chose. Le peu de temps que j'avais de libre se
passait auprès de la bonne Maman, et n'ayant pas
même celui de lire, la fantaisie ne m'en prenait pas.
Mais quand ma besogne, devenue une espèce de rou-
tine, occupa moins mon esprit, il reprit ses inquiétudes ; la lecture me redevint nécessaire, et comme si ce
goût se fût toujours irrité par la difficulté de m'y livrer,
il serait redevenu passion comme chez mon maître, si
d'autres goûts venus à la traverse n'eussent fait diversion à celui-là.

Quoiqu'il ne fallût pas à nos opérations une arithmétique bien transcendante, il en fallait assez pour
m'embarrasser quelquefois. Pour vaincre cette diffi-

culté, j'achetai des livres d'arithmétique, et je l'appris
bien, car je l'appris seul. L'arithmétique pratique
s'étend plus loin qu'on ne pense quand on y veut
mettre l'exacte précision. Il y a des opérations d'une
longueur extrême, au milieu desquelles j'ai vu quelquefois de bons géomètres s'égarer. La réflexion jointe à
l'usage donne des idées nettes, et alors on trouve des
méthodes abrégées, dont l'invention flatte l'amour-
propre, dont la justesse satisfait l'esprit, et qui font faire
avec plaisir un travail ingrat par lui-même. Je m'y
enfonçai si bien, qu'il n'y avait point de question
soluble par les seuls chiffres qui m'embarrassât, et
maintenant que tout ce que j'ai su s'efface journellement de ma mémoire, cet acquis y demeure encore en
partie au bout de trente ans d'interruption. Il y a
quelques jours que, dans un voyage que j'ai fait à
Davenport, chez mon hôte [9], assistant à la leçon
d'arithmétique de ses enfants, j'ai fait sans faute, avec
un plaisir incroyable, une opération des plus compo-
sées. Il me semblait, en posant mes chiffres, que j'étais
encore à Chambéry dans mes heureux jours. C'était
revenir de loin sur mes pas.

Le lavis des mappes [10] de nos géomètres m'avait
aussi rendu le goût du dessin. J'achetai des couleurs, et
je me mis à faire des fleurs et des paysages [11]. C'est
dommage que je me sois trouvé peu de talent pour cet
art ; l'inclination y était tout entière. Au milieu de mes
crayons et de mes pinceaux j'aurais passé des mois
entiers sans sortir. Cette occupation devenant pour moi
trop attachante, on était obligé de m'en arracher. Il en
est ainsi de tous les goûts auxquels je commence à me
livrer ; ils augmentent, deviennent passion, et bientôt je
ne vois plus rien au monde que l'amusement dont je
suis occupé. L'âge ne m'a pas guéri de ce défaut, et ne
l'a pas diminué même, et maintenant que j'écris ceci,
me voilà comme un vieux radoteur engoué d'une autre
étude inutile où je n'entends rien [12], et que ceux mêmes
qui s'y sont livrés dans leur jeunesse sont forcés d'abandonner à l'âge où je la veux commencer.

C'était alors qu'elle eût été à sa place. L'occasion était belle, et j'eus quelque tentation d'en profiter. Le contentement que je voyais dans les yeux d'Anet, revenant chargé de plantes nouvelles, me mit deux ou trois fois sur le point d'aller herboriser avec lui. Je suis presque assuré que si j'y avais été une seule fois, cela m'aurait gagné, et je serais peut-être aujourd'hui un grand botaniste : car je ne connais point d'étude au monde qui s'associe mieux avec mes goûts naturels que celle des plantes, et la vie que je mène depuis dix ans à la campagne n'est guère qu'une herborisation continuelle, à la vérité sans objet et sans progrès ; mais n'ayant alors aucune idée de la botanique, je l'avais prise en une sorte de mépris et même de dégoût ; je ne la regardais que comme une étude d'apothicaire. Maman, qui l'aimait, n'en faisait pas elle-même un autre usage ; elle ne recherchait que les plantes usuelles, pour les appliquer à ses drogues. Ainsi la botanique, la chimie et l'anatomie, confondues dans mon esprit sous le nom de médecine, ne servaient qu'à me fournir des sarcasmes plaisants toute la journée, et à m'attirer des soufflets de temps en temps [13]. D'ailleurs, un goût différent et trop contraire à celui-là croissait par degrés, et bientôt absorba tous les autres. Je parle de la musique. Il faut assurément que je sois né pour cet art, puisque j'ai commencé de l'aimer dès mon enfance, et qu'il est le seul que j'aie aimé constamment dans tous les temps. Ce qu'il y a d'étonnant est qu'un art pour lequel j'étais né m'ait néanmoins tant coûté de peine à apprendre, et avec des succès si lents, qu'après une pratique de toute ma vie, jamais je n'ai pu parvenir à chanter sûrement tout à livre ouvert [14]. Ce qui me rendait surtout alors cette étude agréable était que je la pouvais faire avec Maman. Ayant des goûts d'ailleurs fort différents, la musique était pour nous un point de réunion dont j'aimais à faire usage. Elle ne s'y refusait pas ; j'étais alors à peu près aussi avancé qu'elle ; en deux ou trois fois nous déchiffrions un air. Quelquefois, la voyant empressée autour d'un fourneau, je lui disais : « Maman, voici un duo [15] charmant qui m'a bien l'air de

faire sentir l'empyreume [16] à vos drogues. – Ah ! par
ma foi, me disait-elle, si tu me les fais brûler, je te les
ferai manger. » Tout en disputant, je l'entraînais à son
clavecin : on s'y oubliait ; l'extrait de genièvre ou
d'absinthe était calciné : elle m'en barbouillait le visage,
et tout cela était délicieux.

On voit qu'avec peu de temps de reste j'avais beaucoup de choses à quoi l'employer. Il me vint pourtant
encore un amusement de plus qui fit bien valoir tous les
autres.

Nous occupions un cachot si étouffé, qu'on avait
besoin quelquefois d'aller prendre l'air sur la terre.
Anet engagea Maman à louer, dans un faubourg, un
jardin pour y mettre des plantes. À ce jardin était jointe
une guinguette assez jolie qu'on meubla suivant
l'ordonnance [17]. On y mit un lit ; nous allions souvent y
dîner, et j'y couchais quelquefois. Insensiblement je
m'engouai de cette petite retraite ; j'y mis quelques
livres, beaucoup d'estampes ; je passais une partie de
mon temps à l'orner et à y préparer à Maman quelque
surprise agréable lorsqu'elle s'y venait promener. Je la
quittais pour venir m'occuper d'elle, pour y penser
avec plus de plaisir ; autre caprice que je n'excuse ni
n'explique, mais que j'avoue que la chose était ainsi. Je
me souviens qu'une fois Mme de Luxembourg me parlait en raillant d'un homme qui quittait sa maîtresse
pour lui écrire. Je lui dis que j'aurais bien été cet
homme-là, et j'aurais pu ajouter que je l'avais été quelquefois. Je n'ai pourtant jamais senti près de Maman ce
besoin de m'éloigner d'elle pour l'aimer davantage : car
tête à tête avec elle j'étais aussi parfaitement à mon aise
que si j'eusse été seul, et cela ne m'est jamais arrivé près
de personne autre, ni homme ni femme, quelque attachement que j'aie eu pour eux. Mais elle était si souvent
entourée, et de gens qui me convenaient si peu, que le
dépit et l'ennui me chassaient dans mon asile, où je
l'avais comme je la voulais, sans crainte que les importuns vinssent nous y suivre.

Tandis qu'ainsi partagé entre le travail, le plaisir et
l'instruction, je vivais dans le plus doux repos, l'Europe

n'était pas si tranquille que moi. La France et l'Empereur venaient de s'entre-déclarer la guerre ; le roi de Sardaigne était entré dans la querelle, et l'armée française filait en Piémont pour entrer dans le Milanais [18]. Il en passa une colonne par Chambéry, et entre autres le régiment de Champagne, dont était colonel M. le duc de la Trémoille [19], auquel je fus présenté, qui me promit beaucoup de choses, et qui sûrement n'a jamais repensé à moi. Notre petit jardin était précisément au haut du faubourg par lequel entraient les troupes, de sorte que je me rassasiais du plaisir d'aller les voir passer, et je me passionnais pour le succès de cette guerre comme s'il m'eût beaucoup intéressé. Jusque-là je ne m'étais pas encore avisé de songer aux affaires publiques, et je me mis à lire les gazettes pour la première fois, mais avec une telle partialité pour la France, que le cœur me battait de joie à ses moindres avantages et que ses revers m'affligeaient comme s'ils fussent tombés sur moi. Si cette folie n'eût été que passagère, je ne daignerais pas en parler ; mais elle s'est tellement enracinée dans mon cœur sans aucune raison, que lorsque j'ai fait dans la suite, à Paris, l'anti-despote et le fier républicain, je sentais en dépit de moi-même une prédilection secrète pour cette même nation que je trouvais servile et pour ce gouvernement que j'affectais de fronder. Ce qu'il y avait de plaisant était qu'ayant honte d'un penchant si contraire à mes maximes, je n'osais l'avouer à personne, et je raillais les Français de leurs défaites, tandis que le cœur m'en saignait plus qu'à eux. Je suis sûrement le seul qui, vivant chez une nation qui le traitait bien, et qu'il adorait, se soit fait chez elle un faux air de la dédaigner. Enfin, ce penchant s'est trouvé si désintéressé de ma part, si fort, si constant, si invincible, que même depuis ma sortie du royaume, depuis que le gouvernement, les magistrats, les auteurs, s'y sont à l'envi déchaînés contre moi, depuis qu'il est devenu du bon air de m'accabler d'injustices et d'outrages, je n'ai pu me guérir de ma folie. Je les aime en dépit de moi, quoiqu'ils me maltraitent. En voyant déjà commencer la décadence de l'Angleterre que j'ai prédite au milieu de ses triomphes [20], je me laisse bercer au fol espoir que la nation française, à son tour victorieuse, viendra peut-être un jour me délivrer de la triste captivité où je vis [21].

J'ai cherché longtemps la cause de cette partialité, et je n'ai pu la trouver que dans l'occasion qui la vit naître. Un goût croissant pour la littérature m'attachait aux livres français, aux auteurs de ces livres, et au pays de ces auteurs. Au moment même que défilait sous mes yeux l'armée française, je lisais les grands capitaines de Brantôme [22]. J'avais la tête pleine des Clisson, des Bayard, des Lautrec, des Coligny, des Montmorency, des La Trémoille, et je m'affectionnais à leurs descendants comme aux héritiers de leur mérite et de leur courage. À chaque régiment qui passait, je croyais revoir ces fameuses bandes noires [23] qui jadis avaient tant fait d'exploits en Piémont. Enfin j'appliquais à ce que je voyais les idées que je puisais dans les livres ; mes lectures continuées et toujours tirées de la même nation nourrissaient mon affection pour elle, et m'en firent enfin une passion aveugle que rien n'a pu surmonter. J'ai eu dans la suite occasion de remarquer dans mes voyages que cette impression ne m'était pas particulière, et qu'agissant plus ou moins dans tous les pays sur la partie de la nation qui aimait la lecture et qui cultivait les lettres, elle balançait la haine générale qu'inspire l'air avantageux * des Français. Les romans plus que les hommes leur attachent les femmes de tous les pays, leurs chefs-d'œuvre dramatiques affectionnent la jeunesse à leurs théâtres. La célébrité de celui de Paris y attire des foules d'étrangers qui en reviennent enthousiastes ; enfin l'excellent goût de leur littérature leur soumet tous les esprits qui en ont, et dans la guerre si malheureuse dont ils sortent [24], j'ai vu leurs auteurs et leurs philosophes soutenir la gloire du nom français ternie par leurs guerriers.

J'étais donc Français ardent [25], et cela me rendit nouvelliste [26]. J'allais avec la foule des gobe-mouches [27] attendre sur la place l'arrivée des courriers, et, plus bête que l'âne de la fable [28], je m'inquiétais beaucoup pour

savoir de quel maître j'aurais l'honneur de porter le
bât ; car on prétendait alors que nous appartiendrions
à la France, et l'on faisait de la Savoie un échange pour
le Milanais. Il faut pourtant convenir que j'avais
quelques sujets de crainte ; car si cette guerre eût mal
tourné pour les alliés, la pension de Maman courait un
grand risque. Mais j'étais plein de confiance dans mes
bons amis, et pour le coup, malgré la surprise de M. de
Broglie [29], cette confiance ne fut pas trompée, grâce au
roi de Sardaigne, à qui je n'avais pas pensé.

Tandis qu'on se battait en Italie, on chantait en
France. Les opéras de Rameau [30] commençaient à faire
du bruit [31], et relevèrent ses ouvrages théoriques que
leur obscurité laissait à la portée de peu de gens. Par
hasard, j'entendis parler de son *Traité de l'harmonie*, et
je n'eus point de repos que je n'eusse acquis ce livre.
Par un autre hasard, je tombai malade. La maladie était
inflammatoire [32] ; elle fut vive et courte, mais ma
convalescence fut longue, et je ne fus d'un mois en état
de sortir. Durant ce temps, j'ébauchai, je dévorai mon
Traité de l'harmonie ; mais il était si long, si diffus, si mal
arrangé, que je sentis qu'il me fallait un temps considérable pour l'étudier et le débrouiller. Je suspendais mon
application et je récréais mes yeux avec de la musique.
Les cantates de Bernier [33], sur lesquelles je m'exerçais,
ne me sortaient pas de l'esprit. J'en appris par cœur
quatre ou cinq, entre autres celle des *Amours dormants*,
que je n'ai pas revue depuis ce temps-là, et que je sais
encore presque tout entière, de même que *L'Amour
piqué par une abeille*, très jolie cantate de Clérambault,
que j'appris à peu près dans le même temps.

Pour m'achever, il arriva de la Val-d'Aost [34] un jeune
organiste appelé l'abbé Palais [35], bon musicien, bon
homme, et qui accompagnait très bien du clavecin. Je
fais connaissance avec lui ; nous voilà inséparables. Il
était élève d'un moine italien, grand organiste. Il me
parlait de ses principes ; je les comparais avec ceux de
mon Rameau ; je remplissais ma tête d'accompagnements, d'accords, d'harmonie. Il fallait se former
l'oreille à tout cela : je proposai à Maman un petit

concert tous les mois ; elle y consentit. Me voilà si plein
de ce concert que, ni jour ni nuit, je ne m'occupais
d'autre chose ; et réellement cela m'occupait, et beaucoup, pour rassembler la musique, les concertants, les
instruments, tirer les parties, etc. Maman chantait ;
le P. Caton, dont j'ai déjà parlé, et dont j'ai à parler
encore, chantait aussi ; un maître à danser appelé
Roche, et son fils jouaient du violon [36] ; Canavas, musicien piémontais, qui travaillait au cadastre, et qui
depuis s'est marié à Paris, jouait du violoncelle [37] ;
l'abbé Palais accompagnait au clavecin ; j'avais l'honneur de conduire la musique, sans oublier le bâton du
bûcheron [38]. On peut juger combien tout cela était
beau ! pas tout à fait comme chez M. de Treytorens ;
mais il ne s'en fallait guère.

Le petit concert de Mme de Warens, nouvelle
convertie, et vivant, disait-on, des charités du roi, faisait
murmurer la séquelle [39] dévote ; mais c'était un amusement agréable pour plusieurs honnêtes gens. On ne
devinerait pas qui je mets à leur tête en cette occasion ?
Un moine, mais un moine homme de mérite, et même
aimable, dont les infortunes m'ont dans la suite bien
vivement affecté, et dont la mémoire, liée à celle de mes
beaux jours, m'est encore chère. Il s'agit du P. Caton,
cordelier, qui conjointement avec le comte Dortan,
avait fait saisir à Lyon la musique du pauvre *petit chat*,
ce qui n'est pas le plus beau trait de sa vie [40]. Il était
bachelier de Sorbonne : il avait vécu longtemps à Paris
dans le plus grand monde et très faufilé [41] surtout chez
le marquis d'Entremont [42], alors ambassadeur de Sardaigne. C'était un grand homme, bien fait, le visage
plein, les yeux à fleur de tête, des cheveux noirs qui faisaient sans affectation le crochet à côté du front ; l'air à
la fois noble, ouvert, modeste, se présentant simplement et bien ; n'ayant ni le maintien cafard [43] ou
effronté des moines, ni l'abord cavalier d'un homme à
la mode, quoiqu'il le fût, mais l'assurance d'un honnête
homme qui, sans rougir de sa robe, s'honore lui-même
et se sent toujours à sa place parmi les honnêtes gens.
Quoique le P. Caton n'eût pas beaucoup d'étude pour

un docteur, il en avait beaucoup pour un homme du monde ; et n'étant point pressé de montrer son acquis, il le plaçait si à propos, qu'il en paraissait davantage. Ayant beaucoup vécu dans la société, il s'était plus attaché aux talents agréables qu'à un solide savoir. Il avait de l'esprit, faisait des vers, parlait bien, chantait mieux, avait la voix belle, touchait l'orgue et le clavecin. Il n'en fallait pas tant pour être recherché ; aussi l'était-il ; mais cela lui fit si peu négliger les soins de son état, qu'il parvint, malgré des concurrents très jaloux, à être élu définiteur de sa province, ou, comme on dit, un des grands colliers [44] de l'ordre.

Ce P. Caton fit connaissance avec Maman chez le marquis d'Entremont. Il entendit parler de nos concerts, il en voulut être ; il en fut, et les rendit brillants. Nous fûmes bientôt liés par notre goût commun pour la musique, qui chez l'un et chez l'autre était une passion très vive ; avec cette différence qu'il était vraiment musicien, et que je n'étais qu'un barbouillon [45]. Nous allions avec Canavas et l'abbé Palais faire de la musique dans sa chambre, et quelquefois à son orgue les jours de fête. Nous dînions souvent à son petit couvert [46] ; car ce qu'il avait encore d'étonnant pour un moine est qu'il était généreux, magnifique ★, et sensuel sans grossiè-reté. Les jours de nos concerts il soupait chez Maman. Ces soupers étaient très gais, très agréables ; on y disait le mot et la chose ; on y chantait des duos ; j'étais à mon aise, j'avais de l'esprit, des saillies ; le P. Caton était charmant. Maman était adorable, l'abbé Palais, avec sa voix de bœuf, était le plastron [47]. Moments si doux de la folâtre jeunesse, qu'il y a de temps que vous êtes partis !

Comme je n'aurai plus à parler de ce pauvre P. Caton, que j'achève ici en deux mots sa triste his-toire. Les autres moines, jaloux ou plutôt furieux de lui voir un mérite et une élégance de mœurs qui n'avait rien de la crapule monastique, le prirent en haine, parce qu'il n'était pas aussi haïssable qu'eux. Les chefs se liguèrent contre lui, et ameutèrent les moinillons envieux de sa place, et qui n'osaient auparavant le regarder. On lui fit mille affronts, on le destitua, on lui ôta sa chambre, qu'il avait meublée avec goût, quoique avec simplicité, on le relégua je ne sais où ; enfin ces misérables l'accablèrent de tant d'outrages, que son âme honnête et fière avec justice n'y put résister, et après avoir fait les délices des sociétés les plus aimables, il mourut de douleur sur un vil grabat, dans quelque fond de cellule ou de cachot, regretté, pleuré de tous les honnêtes gens dont il fut connu, et qui ne lui ont trouvé d'autre défaut que d'être moine.

Avec ce petit train de vie, je fis si bien en très peu de temps, qu'absorbé tout entier par la musique, je me trouvai hors d'état de penser à autre chose. Je n'allais plus à mon bureau qu'à contrecœur ; la gêne et l'assiduité au travail m'en firent un supplice insupportable, et j'en vins enfin à vouloir quitter mon emploi pour me livrer totalement à la musique. On peut croire que cette folie ne passa pas sans opposition. Quitter un poste honnête et d'un revenu fixe pour courir après des écoliers incertains, était un parti trop peu sensé pour plaire à Maman. Même en supposant mes progrès futurs aussi grands que je me les figurais, c'était borner bien modestement mon ambition que de me réduire pour la vie à l'état de musicien. Elle qui ne formait que des projets magnifiques, et qui ne me prenait plus tout à fait au mot de M. d'Aubonne [48], me voyait avec peine occupé sérieusement d'un talent qu'elle trouvait si frivole, et me répétait souvent ce proverbe de province, un peu moins juste à Paris, que *qui bien chante et bien danse fait un métier qui peu avance* [49]. Elle me voyait d'un autre côté entraîné par un goût irrésistible ; ma passion de musique devenait une fureur, et il était à craindre que mon travail, se sentant de mes distractions, ne m'attirât un congé qu'il valait beaucoup mieux prendre de moi-même. Je lui représentais encore que cet emploi n'avait pas longtemps à durer, qu'il me fallait un talent pour vivre, et qu'il était plus sûr d'achever d'acquérir par la pratique celui auquel mon goût me portait, et qu'elle m'avait choisi, que de me mettre à la merci des protections, ou de faire de nouveaux essais qui pouvaient mal réussir, et me laisser, après avoir passé l'âge d'ap-

prendre, sans ressource pour gagner mon pain. Enfin
j'extorquai son consentement plus à force d'importunités et de caresses que de raisons dont elle se conten-
tât. Aussitôt je courus remercier fièrement M. Coccelli,
directeur général du cadastre, comme si j'avais fait
l'acte le plus héroïque, et je quittai volontairement mon
emploi, sans sujet, sans raison, sans prétexte, avec
autant et plus de joie que je n'en avais eu à le prendre il
n'y avait pas deux ans [50].

Cette démarche, toute folle qu'elle était, m'attira dans
le pays une sorte de considération qui me fut utile. Les
uns me supposèrent des ressources que je n'avais pas ;
d'autres, me voyant livré tout à fait à la musique, jugè-
rent de mon talent par mon sacrifice, et crurent qu'avec
tant de passion pour cet art je devais le posséder supérieurement. Dans le royaume des aveugles les borgnes
sont rois ; je passai là pour un bon maître, parce qu'il n'y
en avait que de mauvais. Ne manquant pas, au reste,
d'un certain goût de chant, favorisé d'ailleurs par mon
âge et par ma figure, j'eus bientôt plus d'écolières qu'il
ne m'en fallait pour remplacer ma paye de secrétaire.

Il est certain que pour l'agrément de la vie on ne pouvait passer plus rapidement d'une extrémité à l'autre.
Au cadastre, occupé huit heures par jour du plus maussade travail, avec des gens encore plus maussades,
enfermé dans un triste bureau empuanti de l'haleine et
de la sueur de tous ces manants, la plupart fort mal
peignés et fort malpropres, je me sentais quelquefois
accablé jusqu'au vertige par l'attention, l'odeur, la gêne
et l'ennui. Au lieu de cela, me voilà tout à coup jeté
parmi le beau monde, admis, recherché dans les
meilleures maisons ; partout un accueil gracieux, caressant, un air de fête : d'aimables demoiselles bien parées
m'attendent, me reçoivent avec empressement ; je ne
vois que des objets charmants, je ne sens que la rose et
la fleur d'orange ; on chante, on cause, on rit, on
s'amuse ; je ne sors de là que pour aller ailleurs en faire
autant. On conviendra qu'à égalité dans les avantages il
n'y avait pas à balancer dans le choix. Aussi me trouvai-
je si bien du mien, qu'il ne m'est arrivé jamais de m'en

repentir, et je ne m'en repens pas même en ce moment, où je pèse au poids de la raison les actions de ma vie, et où je suis délivré des motifs peu sensés qui m'ont entraîné.

Voilà presque l'unique fois qu'en n'écoutant que mes penchants je n'ai pas vu tromper mon attente. L'accueil aisé, l'esprit liant, l'humeur facile des habitants du pays me rendirent le commerce du monde aimable, et le goût que j'y pris alors m'a bien prouvé que si je n'aime pas à vivre parmi les hommes, c'est moins ma faute que la leur.

C'est dommage que les Savoyards ne soient pas riches ou peut-être serait-ce dommage qu'ils le fussent ; car tels qu'ils sont, c'est le meilleur et le plus sociable peuple que je connaisse. S'il est une petite ville au monde où l'on goûte la douceur de la vie dans un commerce agréable et sûr, c'est Chambéry. La noblesse de la province, qui s'y rassemble, n'a que ce qu'il faut de bien pour vivre ; elle n'en a pas assez pour parvenir ; et ne pouvant se livrer à l'ambition, elle suit par nécessité le conseil de Cinéas [51]. Elle dévoue sa jeunesse à l'état militaire, puis revient vieillir paisiblement chez soi. L'honneur et la raison président à ce partage. Les femmes sont belles, et pourraient se passer de l'être ; elles ont tout ce qui peut faire valoir la beauté, et même y suppléer. Il est singulier qu'appelé par mon état à voir beaucoup de jeunes filles, je ne me rappelle pas d'en avoir vu à Chambéry une seule qui ne fût pas charmante. On dira que j'étais disposé à les trouver telles, et l'on peut avoir raison ; mais je n'avais pas besoin d'y mettre du mien pour cela. Je ne puis, en vérité, me rappeler sans plaisir le souvenir de mes jeunes écolières. Que ne puis-je, en nommant ici les plus aimables, les rappeler de même, et moi avec elles, à l'âge heureux où nous étions lors des moments aussi doux qu'innocents que j'ai passés auprès d'elles ! La première fut Mlle de Mellarède [52], ma voisine, sœur de l'élève de M. Gaime. C'était une brune très vive, mais d'une vivacité caressante, pleine de grâces, et sans étourderie. Elle était un peu maigre, comme sont la plupart des filles à son âge ; mais ses yeux brillants, sa taille fine et son air attirant n'avaient pas besoin d'embonpoint [53] pour plaire. J'y allais le matin, et elle était encore ordinairement en déshabillé, sans autre coiffure que ses cheveux négligemment relevés, ornés de quelque fleur qu'on mettait à mon arrivée, et qu'on ôtait à mon départ pour se coiffer. Je ne crains rien tant dans le monde qu'une jolie personne en déshabillé ; je la redouterais cent fois moins parée. Mlle de Menthon [54] chez qui j'allais l'après-midi, l'était toujours, et me faisait une impression tout aussi douce, mais différente. Ses cheveux étaient d'un blond cendré : elle était très mignonne, très timide et très blanche ; une voix nette, juste et flûtée, mais qui n'osait se développer. Elle avait au sein la cicatrice d'une brûlure d'eau bouillante, qu'un fichu de chenille [55] bleue ne cachait pas extrêmement. Cette marque attirait quelquefois de ce côté mon attention, qui bientôt n'était plus pour la cicatrice. Mlle de Challes [56], une autre de mes voisines, était une fille faite ; grande, belle carrure, de l'embonpoint ; elle avait été très bien. Ce n'était plus une beauté, mais c'était une personne à citer pour la bonne grâce, pour l'humeur égale, pour le bon naturel. Sa sœur, Mme de Charly, la plus belle femme de Chambéry, n'apprenait plus la musique, mais elle la faisait apprendre à sa fille, toute jeune encore, mais dont la beauté naissante eût promis d'égaler sa mère, si malheureusement elle n'eût été un peu rousse [57]. J'avais à la Visitation une petite demoiselle française, dont j'ai oublié le nom, mais qui mérite une place dans la liste de mes préférences. Elle avait pris le ton lent et traînant des religieuses, et sur ce ton traînant elle disait des choses très saillantes qui ne semblaient pas aller avec son maintien. Au reste, elle était paresseuse, n'aimait pas à prendre la peine de montrer son esprit, et c'était une faveur qu'elle n'accordait pas à tout le monde. Ce ne fut qu'après un mois ou deux de leçons et de négligence qu'elle s'avisa de cet expédient pour me rendre plus assidu ; car je n'ai jamais pu prendre sur moi de l'être. Je me plaisais à mes leçons quand j'y étais, mais je n'aimais pas être obligé de m'y rendre ni que l'heure

me commandât. En toute chose la gêne et l'assujettissement me sont insupportables ; ils me feraient prendre
en haine le plaisir même. On dit que chez les mahomé-
tans un homme passe au point du jour dans les rues
pour ordonner aux maris de rendre le devoir à leurs
femmes. Je serais un mauvais Turc à ces heures-là [58].

J'avais quelques écolières aussi dans la bourgeoisie, et
une entre autres qui fut la cause indirecte d'un changement de relation dont j'ai à parler, puisque enfin je dois
tout dire. Elle était fille d'un épicier, et se nommait
Mlle Lard [59], vrai modèle d'une statue grecque, et que je
citerais pour la plus belle fille que j'aie jamais vue, s'il y
avait quelque véritable beauté sans vie et sans âme. Son
indolence, sa froideur, son insensibilité allaient à un
point incroyable. Il était également impossible de lui
plaire et de la fâcher, et je suis persuadé que, si on eût
fait sur elle quelque entreprise, elle aurait laissé faire,
non par goût, mais par stupidité. Sa mère, qui n'en
voulait pas courir le risque, ne la quittait pas d'un pas.
En lui faisant apprendre à chanter, en lui donnant un
jeune maître, elle faisait tout de son mieux pour
l'émoustiller [60] ; mais cela ne réussit point. Tandis que le
maître agaçait la fille, la mère agaçait le maître, et cela
ne réussissait pas beaucoup mieux. Mme Lard ajoutait à
sa vivacité naturelle toute celle que sa fille aurait dû
avoir. C'était un petit minois éveillé, chiffonné, marqué
de petite vérole. Elle avait de petits yeux très ardents, et
un peu rouges, parce qu'elle y avait presque toujours
mal [61]. Tous les matins, quand j'arrivais, je trouvais prêt
mon café à la crème, et la mère ne manquait jamais de
m'accueillir par un baiser bien appliqué sur la bouche,
et que par curiosité j'aurais voulu rendre à la fille, pour
voir comment elle l'aurait pris. Au reste, tout cela se faisait si simplement et si fort sans conséquence, que,
quand M. Lard était là, les agaceries et les baisers n'en
allaient pas moins leur train. C'était une bonne pâte
d'homme, le vrai père de sa fille, et que sa femme ne
trompait pas, parce qu'il n'en était pas besoin.

Je me prêtais à toutes ces caresses avec ma balourdise ordinaire, les prenant tout bonnement pour des

marques de pure amitié. J'en étais pourtant importuné
quelquefois ; car la vive Mme Lard ne laissait pas d'être
exigeante, et si dans la journée j'avais passé devant la
boutique sans m'arrêter, il y aurait eu du bruit. Il fallait,
quand j'étais pressé, que je prisse un détour pour
passer dans une autre rue, sachant bien qu'il n'était pas
aussi aisé de sortir de chez elle que d'y entrer.

Mme Lard s'occupait trop de moi pour que je ne
m'occupasse point d'elle. Ses attentions me touchaient
beaucoup ; j'en parlais à Maman comme d'une chose
sans mystère, et quand il y en aurait eu, je ne lui en
aurais pas moins parlé ; car lui faire un secret de quoi
que ce fût ne m'eût pas été possible : mon cœur était
ouvert devant elle comme devant Dieu. Elle ne prit pas
tout à fait la chose avec la même simplicité que moi.
Elle vit des avances où je n'avais vu que des amitiés ;
elle jugea que Mme Lard, se faisant un point d'honneur
de me laisser moins sot qu'elle ne m'avait trouvé, parviendrait de manière ou d'autre à se faire entendre, et
outre qu'il n'était pas juste qu'une autre femme se char-
geât de l'instruction de son élève, elle avait des motifs
plus dignes d'elle pour me garantir des pièges auxquels
mon âge et mon état m'exposaient. Dans le même
temps, on m'en tendit un d'une espèce plus dangereuse, auquel j'échappai, mais qui lui fit sentir que les
dangers qui me menaçaient sans cesse rendaient nécessaires tous les préservatifs qu'elle y pouvait apporter.

Mme la comtesse de Menthon, mère d'une de mes
écolières, était une femme de beaucoup d'esprit, et
passait pour n'avoir pas moins de méchanceté. Elle
avait été cause, à ce qu'on disait, de bien des brouille-
ries, et d'une entre autres qui avait eu des suites fatales
à la maison d'Entremont [62]. Maman avait été assez liée
avec elle pour connaître son caractère ; ayant très
innocemment inspiré du goût à quelqu'un sur qui
Mme de Menthon avait des prétentions, elle resta
chargée auprès d'elle du crime de cette préférence,
quoiqu'elle n'eût été ni recherchée ni acceptée ; et
Mme de Menthon chercha depuis lors à jouer à sa rivale
plusieurs tours, dont aucun ne réussit. J'en rapporterai

un des plus comiques, par manière d'échantillon. Elles étaient ensemble à la campagne avec plusieurs gentils-hommes du voisinage, et entre autres l'aspirant en question. Mme de Menthon dit un jour à un de ces messieurs que Mme de Warens n'était qu'une précieuse, qu'elle n'avait point de goût, qu'elle se mettait mal, qu'elle couvrait sa gorge comme une bourgeoise. Quant à ce dernier article, lui dit l'homme, qui était un plaisant, elle a ses raisons, et je sais qu'elle a un gros vilain rat empreint sur le sein, mais si ressemblant qu'on dirait qu'il court [63]. La haine ainsi que l'amour rend crédule. Mme de Menthon résolut de tirer parti de cette découverte, et un jour que Maman était au jeu avec l'ingrat favori de la dame, celle-ci prit son temps pour passer derrière sa rivale, puis, renversant à demi sa chaise, elle découvrit adroitement son mouchoir. Mais au lieu du gros rat, le monsieur ne vit qu'un objet fort différent, qu'il n'était pas plus aisé d'oublier que de voir, et cela ne fit pas le compte de la dame.

Je n'étais pas un personnage à occuper Mme de Menthon, qui ne voulait que des gens brillants autour d'elle. Cependant elle fit quelque attention à moi, non pour ma figure, dont assurément elle ne se souciait point du tout, mais pour l'esprit qu'on me supposait, et qui m'eût pu rendre utile à ses goûts. Elle en avait un assez vif pour la satire. Elle aimait à faire des chansons et des vers sur les gens qui lui déplaisaient. Si elle m'eût trouvé assez de talent pour lui aider à tourner ses vers, et assez de complaisance pour les écrire, entre elle et moi nous aurions bientôt mis Chambéry sens dessus dessous. On serait remonté à la source de ces libelles : Mme de Menthon se serait tirée d'affaire en me sacrifiant, et j'aurais été enfermé le reste de mes jours peut-être, pour m'apprendre à faire le Phébus avec les dames [64].

Heureusement rien de tout cela n'arriva. Mme de Menthon me retint à dîner deux ou trois fois pour me faire causer, et trouva que je n'étais qu'un sot. Je le sentais moi-même, et j'en gémissais, enviant les talents de mon ami Venture, tandis que j'aurais dû remercier ma bêtise

des périls dont elle me sauvait. Je demeurai pour
Mme de Menthon le maître à chanter de sa fille, et rien
de plus : mais je vécus tranquille et toujours bien
voulu dans Chambéry. Cela valait mieux que d'être
un bel esprit pour elle et un serpent pour le reste du
pays.

Quoi qu'il en soit, Maman vit que, pour m'arracher
aux périls de ma jeunesse, il était temps de me traiter en
homme, et c'est ce qu'elle fit, mais de la façon la plus
singulière dont jamais femme se soit avisée en pareille
occasion. Je lui trouvai l'air plus grave, et le propos plus
moral qu'à son ordinaire. À la gaieté folâtre dont elle
entremêlait ordinairement ses instructions succéda tout
à coup un ton toujours soutenu, qui n'était ni familier,
ni sévère, mais qui semblait préparer une explication.
Après avoir cherché vainement en moi-même la raison
de ce changement, je la lui demandai ; c'était ce qu'elle
attendait. Elle me proposa une promenade au petit
jardin pour le lendemain : nous y fûmes dès le matin.
Elle avait pris ses mesures pour qu'on nous laissât seuls
toute la journée ; elle l'employa à me préparer aux
bontés qu'elle voulait avoir pour moi, non, comme une
autre femme, par du manège et des agaceries ; mais par
des entretiens pleins de sentiment et de raison, plus
faits pour m'instruire que pour me séduire, et qui parlaient plus à mon cœur qu'à mes sens. Cependant,
quelque excellents et utiles que fussent les discours
qu'elle me tint, et quoiqu'ils ne fussent rien moins que
froids et tristes, je n'y fis pas toute l'attention qu'ils
méritaient, et je ne les gravai pas dans ma mémoire
comme j'aurais fait dans tout autre temps. Son début,
cet air de préparatif m'avait donné de l'inquiétude :
tandis qu'elle parlait, rêveur et distrait malgré moi,
j'étais moins occupé de ce qu'elle disait que de chercher
à quoi elle en voulait venir, et sitôt que je l'eus compris,
ce qui ne me fut pas facile, la nouveauté de cette idée,
qui depuis que je vivais auprès d'elle ne m'était pas
venue une seule fois dans l'esprit, m'occupant alors
tout entier, ne me laissa plus le maître de penser à ce

qu'elle me disait. Je ne pensais qu'à elle et je ne l'écoutais pas.

Vouloir rendre les jeunes gens attentifs à ce qu'on leur veut dire, en leur montrant au bout un objet très intéressant pour eux, est un contresens très ordinaire aux instituteurs, et que je n'ai pas évité moi-même dans mon *Émile*. Le jeune homme, frappé de l'objet qu'on lui présente, s'en occupe uniquement, et saute à pieds joints par-dessus vos discours préliminaires pour aller d'abord où vous le menez trop lentement à son gré. Quand on veut le rendre attentif, il ne faut pas se laisser pénétrer d'avance, et c'est en quoi Maman fut maladroite. Par une singularité qui tenait à son esprit systématique, elle prit la précaution très vaine de faire ses conditions ; mais sitôt que j'en vis le prix, je ne les écoutai pas même, et je me dépêchai de consentir à tout. Je doute même qu'en pareil cas il y ait sur la terre entière un homme assez franc ou assez courageux pour oser marchander, et une seule femme qui pût pardonner de l'avoir fait. Par une suite de la même bizarrerie, elle mit à cet accord les formalités les plus graves, et me donna pour y penser huit jours, dont je l'assurai faussement que je n'avais pas besoin : car, pour comble de singularité, je fus très aise de les avoir, tant la nouveauté de ces idées m'avait frappé et tant je sentais un bouleversement dans les miennes qui me demandait du temps pour les arranger !

On croira que ces huit jours me durèrent huit siècles. Tout au contraire ; j'aurais voulu qu'ils les eussent duré en effet. Je ne sais comment décrire l'état où je me trouvais, plein d'un certain effroi mêlé d'impatience, redoutant ce que je désirais, jusqu'à chercher quelquefois tout de bon dans ma tête quelque honnête moyen d'éviter d'être heureux [65]. Qu'on se représente mon tempérament ardent et lascif, mon sang enflammé, mon cœur enivré d'amour, ma vigueur, ma santé, mon âge ; qu'on pense que dans cet état altéré de la soif des femmes, je n'avais encore approché d'aucune ; que l'imagination, le besoin, la vanité, la curiosité se réunissaient pour me dévorer de l'ardent désir d'être homme et de le paraître [66]. Qu'on ajoute surtout, car c'est ce qu'il ne faut pas qu'on oublie, que mon vif et tendre attachement pour elle, loin de s'attiédir, n'avait fait qu'augmenter de jour en jour ; que je n'étais bien qu'auprès d'elle ; que je ne m'en éloignais que pour y penser ; que j'avais le cœur plein, non seulement de ses bontés, de son caractère aimable, mais de son sexe, de sa figure, de sa personne, d'elle, en un mot, par tous les rapports sous lesquels elle pouvait m'être chère ; et qu'on n'imagine pas que pour dix ou douze ans que j'avais de moins qu'elle, elle fût vieillie ou me parût l'être. Depuis cinq ou six ans que j'avais éprouvé des transports si doux à sa première vue, elle était réellement très peu changée, et ne me le paraissait point du tout. Elle a toujours été charmante pour moi, et l'était encore pour tout le monde [67]. Sa taille seule avait pris un peu plus de rondeur. Du reste, c'était le même œil, le même teint, le même sein, les mêmes traits, les mêmes beaux cheveux blonds, la même gaieté, tout jusqu'à la même voix, cette voix argentée de la jeunesse, qui fit toujours sur moi tant d'impression, qu'encore aujourd'hui je ne puis entendre sans émotion le son d'une jolie voix de fille.

Naturellement, ce que j'avais à craindre dans l'attente de la possession d'une personne si chérie était de l'anticiper, et de ne pouvoir assez gouverner mes désirs et mon imagination pour rester maître de moi-même. On verra que, dans un âge avancé, la seule idée de quelques légères faveurs qui m'attendaient près de la personne aimée, allumait mon sang à tel point qu'il m'était impossible de faire impunément le court trajet qui me séparait d'elle [68]. Comment, par quel prodige, dans la fleur de ma jeunesse, eus-je si peu d'empressement pour la première jouissance ? Comment pus-je en voir approcher l'heure avec plus de peine que de plaisir ? Comment, au lieu des délices qui devaient m'enivrer, sentais-je presque de la répugnance et des craintes ? Il n'y a point à douter que, si j'avais pu me dérober à mon bonheur avec bienséance, je ne l'eusse fait de tout mon cœur. J'ai promis des bizarreries dans l'histoire de mon attachement pour elle ; en voilà sûrement une à laquelle on ne s'attendait pas.

Le lecteur, déjà révolté, juge qu'étant possédée par un autre homme, elle se dégradait à mes yeux en se partageant, et qu'un sentiment de mésestime attiédissait ceux qu'elle m'avait inspirés : il se trompe. Ce partage, il est vrai, me faisait une cruelle peine, tant par une délicatesse fort naturelle, que parce qu'en effet je le trouvais peu digne d'elle et de moi ; mais quant à mes sentiments pour elle, il ne les altérait point, et je peux jurer que jamais je ne l'aimai plus tendrement que quand je désirais si peu la posséder. Je connaissais trop son cœur chaste et son tempérament de glace [69] pour croire un moment que le plaisir des sens eût aucune part à cet abandon d'elle-même : j'étais parfaitement sûr que le seul soin de m'arracher à des dangers autrement presque inévitables, et de me conserver tout entier à moi et à mes devoirs, lui en faisait enfreindre un qu'elle ne regardait pas du même œil que les autres femmes, comme il sera dit ci-après. Je la plaignais et je me plaignais. J'aurais voulu lui dire : « Non, Maman, il n'est pas nécessaire ; je vous réponds de moi sans cela. » Mais je n'osais ; premièrement parce que ce n'était pas une chose à dire, et puis parce qu'au fond je sentais que cela n'était pas vrai, et qu'en effet il n'y avait qu'une femme qui pût me garantir des autres femmes et me mettre à l'épreuve des tentations. Sans désirer de la posséder, j'étais bien aise qu'elle m'ôtât le désir d'en posséder d'autres ; tant je regardais tout ce qui pouvait me distraire d'elle comme un malheur.

La longue habitude de vivre ensemble et d'y vivre innocemment, loin d'affaiblir mes sentiments pour elle, les avait renforcés, mais leur avait en même temps donné une autre tournure qui les rendait plus affectueux, plus tendres peut-être, mais moins sensuels. À force de l'appeler Maman, à force d'user avec elle de la familiarité d'un fils, je m'étais accoutumé à me regarder comme tel. Je crois que voilà la véritable cause du peu d'empressement que j'eus de la posséder, quoiqu'elle me fût si chère. Je me souviens très bien que mes pre-

miers sentiments, sans être plus vifs, étaient plus voluptueux. À Annecy, j'étais dans l'ivresse ; à Chambéry, je
n'y étais plus. Je l'aimais toujours aussi passionnément
qu'il fût possible ; mais je l'aimais plus pour elle et
moins pour moi, ou du moins je cherchais plus mon
bonheur que mon plaisir auprès d'elle : elle était pour
moi plus qu'une sœur, plus qu'une mère, plus qu'une
amie, plus même qu'une maîtresse, et c'était pour cela
qu'elle n'était pas une maîtresse. Enfin, je l'aimais trop
pour la convoiter : voilà ce qu'il y a de plus clair dans
mes idées [70].

Ce jour, plutôt redouté qu'attendu, vint enfin. Je
promis tout, et je ne mentis pas. Mon cœur confirmait
mes engagements sans en désirer le prix. Je l'obtins
pourtant. Je me vis pour la première fois dans les bras
d'une femme, et d'une femme que j'adorais. Fus-je
heureux ? Non, je goûtai le plaisir. Je ne sais quelle
invincible tristesse en empoisonnait le charme. J'étais
comme si j'avais commis un inceste. Deux ou trois fois,
en la pressant avec transport dans mes bras, j'inondai
son sein de mes larmes [71]. Pour elle, elle n'était ni triste
ni vive ; elle était caressante et tranquille. Comme elle
était peu sensuelle et n'avait point recherché la volupté,
elle n'en eut pas les délices et n'en a jamais eu les
remords.

Je le répète : toutes ses fautes lui vinrent de ses
erreurs, jamais de ses passions. Elle était bien née, son
cœur était pur, elle aimait les choses honnêtes, ses penchants étaient droits et vertueux, son goût était délicat ;
elle était faite pour une élégance de mœurs qu'elle a
toujours aimée, et qu'elle n'a jamais suivie, parce qu'au
lieu d'écouter son cœur, qui la menait bien, elle écouta
sa raison, qui la menait mal. Quand des principes faux
l'ont égarée, ses vrais sentiments les ont toujours démen-
tis : mais malheureusement elle se piquait de philosophie, et la morale qu'elle s'était faite gâta celle que son
cœur lui dictait.

M. de Tavel, son premier amant, fut son maître de
philosophie, et les principes qu'il lui donna furent ceux
dont il avait besoin pour la séduire. La trouvant atta-

chée à son mari, à ses devoirs, toujours froide, raison-
nante, et inattaquable par les sens, il l'attaqua par des
sophismes, et parvint à lui montrer ses devoirs auxquels elle était si attachée comme un bavardage de catéchisme fait uniquement pour amuser les enfants,
l'union des sexes comme l'acte le plus indifférent en
soi, la fidélité conjugale comme une apparence obliga-
toire dont toute la moralité regardait l'opinion, le repos
des maris comme la seule règle du devoir des femmes,
en sorte que des infidélités ignorées, nulles pour celui
qu'elles offensaient, l'étaient aussi pour la conscience ;
enfin il lui persuada que la chose en elle-même n'était
rien, qu'elle ne prenait d'existence que par le scandale,
et que toute femme qui paraissait sage par cela seul
l'était en effet. C'est ainsi que le malheureux parvint à
son but en corrompant la raison d'un enfant dont il
n'avait pu corrompre le cœur. Il en fut puni par la plus
dévorante jalousie, persuadé qu'elle le traitait lui-même
comme il lui avait appris à traiter son mari. Je ne sais s'il
se trompait sur ce point. Le ministre Perret passa pour
son successeur [72]. Ce que je sais, c'est que le tempérament froid de cette jeune femme, qui l'aurait dû
garantir de ce système, fut ce qui l'empêcha dans la
suite d'y renoncer. Elle ne pouvait concevoir qu'on
donnât tant d'importance à ce qui n'en avait point pour
elle. Elle n'honora jamais du nom de vertu une abstinence qui lui coûtait si peu.

Elle n'eût donc guère abusé de ce faux principe pour
elle-même ; mais elle en abusa pour autrui, et cela par
une autre maxime presque aussi fausse, mais plus
d'accord avec la bonté de son cœur. Elle a toujours
cru que rien n'attachait tant un homme à une femme
que la possession, et quoiqu'elle n'aimât ses amis
que d'amitié, c'était d'une amitié si tendre, qu'elle
employait tous les moyens qui dépendaient d'elle pour
se les attacher plus fortement. Ce qu'il y a d'extraordinaire est qu'elle a presque toujours réussi. Elle était si
réellement aimable que plus l'intimité dans laquelle on
vivait avec elle était grande, plus on y trouvait de nouveaux sujets de l'aimer. Une autre chose digne de

remarque est qu'après sa première faiblesse elle n'a guère favorisé que des malheureux ; les gens brillants ont tous perdu leur peine auprès d'elle : mais il fallait qu'un homme qu'elle commençait par plaindre fût bien peu aimable si elle ne finissait par l'aimer. Quand elle se fit des choix peu dignes d'elle, bien loin que ce fût par des inclinations basses, qui n'approchèrent jamais de son noble cœur, ce fut uniquement par son cœur trop généreux, trop humain, trop compatissant, trop sensible, qu'elle ne gouverna pas toujours avec assez de discernement.

Si quelques principes faux l'ont égarée, combien n'en avait-elle pas d'admirables dont elle ne se départait jamais ! Par combien de vertus ne rachetait-elle pas ses faiblesses, si l'on peut appeler de ce nom des erreurs où les sens avaient si peu de part ! Ce même homme qui la trompa sur un point l'instruisit excellemment sur mille autres ; et ses passions, qui n'étaient pas fougueuses, lui permettant de suivre toujours ses lumières, elle allait bien quand ses sophismes ne l'égaraient pas. Ses motifs étaient louables jusque dans ses fautes ; en s'abusant elle pouvait mal faire, mais elle ne pouvait vouloir rien qui fût mal. Elle abhorrait la duplicité, le mensonge ; elle était juste, équitable, humaine, désintéressée, fidèle à sa parole, à ses amis, à ses devoirs qu'elle reconnaissait pour tels, incapable de vengeance et de haine, et ne concevant pas même qu'il y eût le moindre mérite à pardonner. Enfin, pour revenir à ce qu'elle avait de moins excusable, sans estimer ses faveurs ce qu'elles valaient, elle n'en fit jamais un vil commerce ; elle les prodiguait, mais elle ne les vendait pas, quoiqu'elle fût sans cesse aux expédients pour vivre ; et j'ose dire que si Socrate put estimer Aspasie [73], il eût respecté Mme de Warens.

Je sais d'avance qu'en lui donnant un caractère sensible et un tempérament froid, je serai accusé de contradiction comme à l'ordinaire, et avec autant de raison. Il se peut que la nature ait eu tort et que cette combinaison n'ait pas dû être ; je sais seulement qu'elle a été. Tous ceux qui ont connu Mme de Warens, et dont un si grand nombre existe encore, ont pu savoir qu'elle était ainsi. J'ose même ajouter qu'elle n'a connu qu'un seul vrai plaisir au monde : c'était d'en faire à ceux qu'elle aimait. Toutefois, permis à chacun d'argumenter là-dessus tout à son aise, et de prouver doctement que cela n'est pas vrai. Ma fonction est de dire la vérité, mais non pas de la faire croire.

J'appris peu à peu tout ce que je viens de dire dans les entretiens qui suivirent notre union, et qui seuls la rendirent délicieuse. Elle avait eu raison d'espérer que sa complaisance me serait utile ; j'en tirai pour mon instruction de grands avantages. Elle m'avait jusqu'alors parlé de moi seul comme à un enfant. Elle commença de me traiter en homme, et me parla d'elle. Tout ce qu'elle me disait m'était si intéressant, je m'en sentais si touché, que, me repliant sur moi-même, j'appliquais à mon profit ses confidences plus que je n'avais fait ses leçons. Quand on sent vraiment que le cœur parle, le nôtre s'ouvre pour recevoir ses épanchements ; et jamais toute la morale d'un pédagogue ne vaudra le bavardage affectueux et tendre d'une femme sensée pour qui l'on a de l'attachement.

L'intimité dans laquelle je vivais avec elle l'ayant mise à portée de m'apprécier plus avantageusement qu'elle n'avait fait, elle jugea que malgré mon air gauche, je valais la peine d'être cultivé pour le monde, et que, si je m'y montrais un jour sur un certain pied, je serais en état d'y faire mon chemin. Sur cette idée, elle s'attachait non seulement à former mon jugement, mais mon extérieur, mes manières, à me rendre aimable autant qu'estimable, et s'il est vrai qu'on puisse allier les succès dans le monde avec la vertu, ce que pour moi je ne crois pas, je suis sûr au moins qu'il n'y a pour cela d'autre route que celle qu'elle avait prise, et qu'elle voulait m'enseigner. Car Mme de Warens connaissait les hommes et savait supérieurement l'art de traiter avec eux, sans mensonge et sans imprudence, sans les tromper et sans les fâcher. Mais cet art était dans son caractère bien plus que dans ses leçons ; elle savait mieux le mettre en pratique que l'enseigner, et j'étais l'homme du monde le moins propre à l'apprendre. Aussi tout ce qu'elle fit à cet égard fut-il, peu s'en faut, peine perdue, de même que le soin qu'elle prit de me donner des maîtres pour la danse et pour les armes. Quoique leste et bien pris dans ma taille, je ne pus apprendre à danser un menuet. J'avais tellement pris, à cause de mes cors, l'habitude de marcher du talon, que Roche ne put me la faire perdre, et jamais avec l'air assez ingambe, je n'ai pu sauter un médiocre fossé. Ce fut encore pis à la salle d'armes. Après trois mois de leçons je tirais encore à la muraille [74], hors d'état de faire assaut, et jamais je n'eus le poignet assez souple, ou le bras assez ferme, pour retenir mon fleuret quand il plaisait au maître de le faire sauter. Ajoutez que j'avais un dégoût mortel pour cet exercice et pour le maître qui tâchait de me l'enseigner. Je n'aurais jamais cru qu'on pût être si fier de l'art de tuer un homme [75]. Pour mettre son vaste génie à ma portée, il ne s'exprimait que par des comparaisons tirées de la musique qu'il ne savait point. Il trouvait des analogies frappantes entre les bottes de tierce et de quarte [76] et les intervalles musicaux du même nom. Quand il voulait faire une feinte, il me disait de prendre garde à ce dièse, parce que anciennement les dièses s'appelaient *des feintes* ; quand il m'avait fait sauter de la main mon fleuret, il disait en ricanant que c'était *une pause*. Enfin je ne vis de ma vie un pédant plus insupportable que ce pauvre homme avec son plumet et son plastron.

Je fis donc peu de progrès dans mes exercices, que je quittai bientôt par pur dégoût ; mais j'en fis davantage dans un art plus utile, celui d'être content de mon sort, et de n'en pas désirer un plus brillant pour lequel je commençais à sentir que je n'étais pas né. Livré tout entier au désir de rendre à Maman la vie heureuse, je me plaisais toujours plus auprès d'elle, et quand il fallait m'en éloigner pour courir en ville, malgré ma passion pour la musique, je commençais à sentir la gêne de mes leçons.

J'ignore si Claude Anet s'aperçut de l'intimité de notre commerce. J'ai lieu de croire qu'il ne lui fut pas caché. C'était un garçon très clairvoyant, mais très discret, qui ne parlait jamais contre sa pensée, mais qui ne la disait pas toujours. Sans me faire le moindre semblant qu'il fût instruit, par sa conduite il paraissait l'être, et cette conduite ne venait sûrement pas de bassesse d'âme, mais de ce qu'étant entré dans les principes de sa maîtresse, il ne pouvait désapprouver qu'elle agît conséquemment. Quoique aussi jeune qu'elle, il était si mûr et si grave, qu'il nous regardait presque comme deux enfants dignes d'indulgence, et nous le regardions l'un et l'autre comme un homme respectable dont nous avions l'estime à ménager. Ce ne fut qu'après qu'elle lui fut infidèle que je connus bien tout l'attachement qu'elle avait pour lui. Comme elle savait que je ne pensais, ne sentais, ne respirais que par elle, elle me montrait combien elle l'aimait, afin que je l'aimasse de même, et elle appuyait encore moins sur son amitié pour lui que sur son estime, parce que c'était le sentiment que je pouvais partager le plus pleinement. Combien de fois elle attendrit nos cœurs et nous fit embrasser avec des larmes, en nous disant que nous étions nécessaires tous deux au bonheur de sa vie ! Et que les femmes qui liront ceci ne sourient pas malignement. Avec le tempérament qu'elle avait, ce besoin n'était pas équivoque : c'était uniquement celui de son cœur.

Ainsi s'établit entre nous trois une société sans autre exemple peut-être sur la terre. Tous nos vœux, nos soins, nos cœurs étaient en commun. Rien n'en passait au-delà de ce petit cercle. L'habitude de vivre ensemble et d'y vivre exclusivement devint si grande que, si dans nos repas un des trois manquait ou qu'il vînt un quatrième, tout était dérangé, et, malgré nos liaisons particulières, les tête-à-tête nous étaient moins doux que la réunion. Ce qui prévenait entre nous la gêne était une extrême confiance réciproque, et ce qui prévenait l'ennui était que nous étions tous fort occupés. Maman, toujours projetante [77] et toujours agissante, ne nous laissait guère oisifs ni l'un ni l'autre, et nous avions encore chacun pour notre compte de quoi bien remplir notre temps. Selon moi, le désœuvrement n'est pas

moins le fléau de la société que celui de la solitude. Rien
ne rétrécit plus l'esprit, rien n'engendre plus de riens,
de rapports, de paquets [78], de tracasseries, de mensonges, que d'être éternellement renfermés vis-à-vis les
uns des autres dans une chambre, réduits pour tout
ouvrage à la nécessité de babiller continuellement.
Quand tout le monde est occupé, l'on ne parle que
quand on a quelque chose à dire ; mais quand on ne fait
rien, il faut absolument parler toujours, et voilà de
toutes les gênes la plus incommode et la plus dangereuse [79]. J'ose même aller plus loin, et je soutiens que
pour rendre un cercle vraiment agréable, il faut non
seulement que chacun y fasse quelque chose, mais
quelque chose qui demande un peu d'attention. Faire
des nœuds [80], c'est ne rien faire, et il faut tout autant de
soin pour amuser une femme qui fait des nœuds que
celle qui tient les bras croisés. Mais quand elle brode,
c'est autre chose ; elle s'occupe assez pour remplir les
intervalles du silence. Ce qu'il y a de choquant, de ridicule, est de voir pendant ce temps une douzaine de
flandrins [81] se lever, s'asseoir, aller, venir, pirouetter sur
leurs talons, retourner deux cents fois les magots [82] de
la cheminée, et fatiguer leur minerve [83] à maintenir un
intarissable flux de paroles : la belle occupation ! Ces
gens-là, quoi qu'ils fassent, seront toujours à charge
aux autres et à eux-mêmes. Quand j'étais à Môtiers,
j'allais faire des lacets chez mes voisines [84] ; si je retournais dans le monde, j'aurais toujours dans ma poche un
bilboquet, et j'en jouerais toute la journée pour me dis-
penser de parler quand je n'aurais rien à dire. Si chacun
en faisait autant, les hommes deviendraient moins
méchants, leur commerce deviendrait plus sûr, et, je
pense, plus agréable. Enfin, que les plaisants rient, s'ils
veulent, mais je soutiens que la seule morale à la portée
du présent siècle est la morale du bilboquet [85].

Au reste, on ne nous laissait guère le soin d'éviter
l'ennui par nous-mêmes ; et les importuns nous en
donnaient trop par leur affluence, pour nous en laisser quand nous restions seuls. L'impatience qu'ils
m'avaient donnée autrefois n'était pas diminuée [86], et

toute la différence était que j'avais moins de temps pour
m'y livrer. La pauvre Maman n'avait point perdu son
ancienne fantaisie d'entreprises et de systèmes. Au
contraire, plus ses besoins domestiques devenaient
pressants, plus, pour y pourvoir, elle se livrait à ses
visions. Moins elle avait de ressources présentes, plus
elle s'en forgeait dans l'avenir. Le progrès des ans ne
faisait qu'augmenter en elle cette manie ; et à mesure
qu'elle perdait le goût des plaisirs du monde et de la
jeunesse, elle le remplaçait par celui des secrets et des
projets. La maison ne désemplissait pas de charlatans,
de fabricants, de souffleurs [87], d'entrepreneurs de toute
espèce, qui, distribuant par millions la fortune, finissaient par avoir besoin d'un écu. Aucun ne sortait de
chez elle à vide, et l'un de mes étonnements est qu'elle
ait pu suffire aussi longtemps à tant de profusions sans
en épuiser la source, et sans lasser ses créanciers.

Le projet dont elle était le plus occupée au temps
dont je parle, et qui n'était pas le plus déraisonnable
qu'elle eût formé, était de faire établir à Chambéry
un Jardin royal de plantes, avec un démonstrateur
appointé, et l'on comprend d'avance à qui cette place
était destinée. La position de cette ville au milieu des
Alpes était très favorable à la botanique, et Maman, qui
facilitait toujours un projet par un autre, y joignait celui
d'un collège de pharmacie, qui véritablement paraissait
très utile dans un pays aussi pauvre, où les apothicaires
sont presque les seuls médecins. La retraite du protomédecin Grossi [88] à Chambéry, après la mort du roi
Victor, lui parut favoriser beaucoup cette idée, et la lui
suggéra peut-être. Quoi qu'il en soit, elle se mit à
cajoler Grossi, qui pourtant n'était pas très cajolable ;
car c'était bien le plus caustique et le plus brutal monsieur que j'aie jamais connu. On en jugera par deux ou
trois traits que je vais citer pour échantillon.

Un jour, il était en consultation avec d'autres médecins, un entre autres qu'on avait fait venir d'Annecy, et
qui était le médecin ordinaire du malade. Ce jeune
homme, encore mal appris pour un médecin, osa n'être
pas de l'avis de monsieur le proto. Celui-ci, pour toute

réponse, lui demanda, quand il s'en retournait, par où il passait, et quelle voiture il prenait. L'autre, après l'avoir satisfait, lui demande à son tour s'il y a quelque chose pour son service. « Rien, rien, dit Grossi, sinon que je veux m'aller mettre à une fenêtre, sur votre passage, pour avoir le plaisir de voir passer un âne à cheval. » Il était aussi avare que riche et dur. Un de ses amis lui voulut un jour emprunter de l'argent avec de bonnes sûretés : « Mon ami, lui dit-il, en lui serrant le bras et grinçant les dents, quand saint Pierre descendrait du Ciel pour m'emprunter dix pistoles, et qu'il me donnerait la Trinité pour caution, je ne les lui prêterais pas. » Un jour, invité à dîner chez M. le comte Picon, gouverneur de Savoie [89], et très dévot, il arrive avant l'heure, et Son Excellence, alors occupée à dire le rosaire, lui en propose l'amusement. Ne sachant trop que répondre, il fait une grimace affreuse, et se met à genoux. Mais à peine avait-il récité deux *Ave*, que, n'y pouvant plus tenir, il se lève brusquement, prend sa canne et s'en va sans mot dire. Le comte Picon court après et lui crie : « Monsieur Grossi ! Monsieur Grossi ! Restez donc, vous avez là-bas à la broche une excellente bartavelle [90]. – Monsieur le comte ! lui répond l'autre en se retournant, vous me donneriez un ange rôti que je ne resterais pas. » Voilà quel était M. le protomédecin Grossi, que Maman entreprit et vint à bout d'apprivoiser. Quoique extrêmement occupé, il s'accoutuma à venir très souvent chez elle, prit Anet en amitié, marqua faire cas de ses connaissances, en parlait avec estime, et, ce qu'on n'aurait pas attendu d'un pareil ours, affectait de le traiter avec considération, pour effacer les impressions du passé. Car, quoique Anet ne fût plus sur le pied d'un domestique, on savait qu'il l'avait été, et il ne fallait pas moins que l'exemple et l'autorité de M. le protomédecin pour donner, à son égard, le ton qu'on n'aurait pas pris de tout autre. Claude Anet, avec un habit noir, une perruque bien peignée, un maintien grave et décent, une conduite sage et circonspecte, des connaissances assez étendues en matière médicale et en botanique, et la faveur du chef de la faculté, pouvait raisonnablement espérer de remplir avec applaudissement la place de démonstrateur royal des plantes, si l'établissement projeté avait lieu, et réellement Grossi en avait goûté le plan, l'avait adopté, et n'attendait, pour le proposer à la cour, que le moment où la paix permettrait de songer aux choses utiles, et laisserait disposer de quelque argent pour y pourvoir.

Mais ce projet, dont l'exécution m'eût probablement jeté dans la botanique, pour laquelle il me semble que j'étais né, manqua par un de ces coups inattendus qui renversent les desseins les mieux concertés. J'étais destiné à devenir, par degrés, un exemple des misères humaines. On dirait que la Providence, qui m'appelait à ces grandes épreuves, écartait de la main tout ce qui m'eût empêché d'y arriver. Dans une course qu'Anet avait faite au haut des montagnes, pour aller chercher du génipi [91], plante rare qui ne croît que sur les Alpes, et dont M. Grossi avait besoin, ce pauvre garçon s'échauffa tellement, qu'il gagna une pleurésie, dont le génipi ne put le sauver, quoiqu'il y soit, dit-on, spécifique, et malgré tout l'art de Grossi, qui certainement était un très habile homme, malgré les soins infinis que nous prîmes de lui, sa bonne maîtresse et moi, il mourut le cinquième jour entre nos mains, après la plus cruelle agonie, durant laquelle il n'eut d'autres exhortations que les miennes ; et je les lui prodiguai avec des élans de douleur et de zèle qui, s'il était en état de m'entendre, devaient être de quelque consolation pour lui [92]. Voilà comment je perdis le plus solide ami que j'eus en toute ma vie, homme estimable et rare, en qui la nature tint lieu d'éducation, qui nourrit dans la servitude toutes les vertus des grands hommes, et à qui, peut-être, il ne manqua, pour se montrer tel à tout le monde, que de vivre et d'être placé.

Le lendemain j'en parlais avec Maman dans l'affliction la plus vive et la plus sincère, et tout d'un coup, au milieu de l'entretien, j'eus la vile et indigne pensée que j'héritais de ses nippes [93], et surtout d'un bel habit noir qui m'avait donné dans la vue [94]. Je le pensai, par consé-

quent je le dis ; car près d'elle c'était pour moi la
même chose. Rien ne lui fit mieux sentir la perte qu'elle
avait faite que ce lâche et odieux mot, le désintéressement et la noblesse d'âme étant des qualités que le
défunt avait éminemment possédées. La pauvre
femme, sans rien répondre, se tourna de l'autre côté et
se mit à pleurer. Chères et précieuses larmes ! Elles
furent entendues et coulèrent toutes dans mon cœur ;
elles y lavèrent jusqu'aux dernières traces d'un sentiment bas et malhonnête ; il n'y en est jamais entré
depuis ce temps-là.

Cette perte causa à Maman autant de préjudice que
de douleur. Depuis ce moment ses affaires ne cessèrent
d'aller en décadence. Anet était un garçon exact et
rangé, qui maintenait l'ordre dans la maison de sa maîtresse. On craignait sa vigilance, et le gaspillage était
moindre. Elle-même craignait sa censure, et se contenait davantage dans ses dissipations. Ce n'était pas
assez pour elle de son attachement, elle voulait conserver son estime, et elle redoutait le juste reproche qu'il
osait quelquefois lui faire qu'elle prodiguait le bien
d'autrui autant que le sien. Je pensais comme lui, je le
disais même ; mais je n'avais pas le même ascendant
sur elle, et mes discours n'en imposaient pas comme les
siens. Quand il ne fut plus, je fus bien forcé de prendre
sa place, pour laquelle j'avais aussi peu d'aptitude que
de goût ; je la remplis mal. J'étais peu soigneux, j'étais
fort timide ; tout en grondant à part moi, je laissais tout
aller comme il allait. D'ailleurs j'avais bien obtenu la
même confiance, mais non pas la même autorité. Je
voyais le désordre, j'en gémissais, je m'en plaignais, et
je n'étais pas écouté. J'étais trop jeune et trop vif pour
avoir le droit d'être raisonnable, et quand je voulais me
mêler de faire le censeur, Maman me donnait de petits
soufflets de caresses, m'appelait son petit Mentor [95],
me forçait à reprendre le rôle qui me convenait.

Le sentiment profond de la détresse où ses dépenses
peu mesurées devaient nécessairement la jeter tôt ou
tard me fit une impression d'autant plus forte, qu'étant
devenu l'inspecteur de sa maison, je jugeais par moi-

même de l'inégalité de la balance entre le *doit* et l'*avoir*.
Je date de cette époque le penchant à l'avarice que je me
suis toujours senti depuis ce temps-là. Je n'ai jamais
été follement prodigue que par bourrasques ; mais
jusqu'alors je ne m'étais jamais beaucoup inquiété si
j'avais peu ou beaucoup d'argent. Je commençai à faire
cette attention et à prendre du souci de ma bourse. Je
devenais vilain [96] par un motif très noble ; car en vérité,
je ne songeais qu'à ménager à Maman quelque ressource dans la catastrophe que je prévoyais. Je craignais
que ses créanciers ne fissent saisir sa pension, qu'elle ne
fût tout à fait supprimée, et je m'imaginais, selon mes
vues étroites, que mon petit magot [97] lui serait alors
d'un grand secours. Mais pour le faire, et surtout pour
le conserver, il fallait me cacher d'elle ; car il n'eût pas
convenu, tandis qu'elle était aux expédients, qu'elle eût
su que j'avais de l'argent mignon. J'allais donc cherchant par-ci, par-là, de petites caches où je fourrais
quelques louis en dépôt, comptant augmenter ce dépôt
sans cesse jusqu'au moment de le mettre à ses pieds.
Mais j'étais si maladroit dans le choix de mes cachettes,
qu'elle les éventait toujours ; puis, pour m'apprendre
qu'elle les avait trouvées, elle ôtait l'or que j'y avais mis,
et en mettait davantage en autres espèces. Je venais tout
honteux rapporter à la bourse commune mon petit
trésor, et jamais elle ne manquait de l'employer en
nippes ou meubles à mon profit, comme épée d'argent,
montre, ou autre chose pareille [98].
    Bien convaincu qu'accumuler ne me réussirait
jamais, et serait pour elle une mince ressource, je sentis
enfin que je n'en avais point d'autre contre le malheur
que je craignais que de me mettre en état de pourvoir
par moi-même à sa subsistance, quand, cessant de
pourvoir à la mienne, elle verrait le pain prêt à lui manquer. Malheureusement, jetant mes projets du côté de
mes goûts, je m'obstinais à chercher follement ma fortune dans la musique, et sentant naître des idées et des
chants dans ma tête, je crus qu'aussitôt que je serais en
état d'en tirer parti j'allais devenir un homme célèbre,
un Orphée moderne dont les sons devaient attirer tout

l'argent du Pérou [99]. Ce dont il s'agissait pour moi, commençant à lire passablement la musique, était d'apprendre la composition. La difficulté était de trouver quelqu'un pour me l'enseigner ; car avec mon Rameau seul, je n'espérais pas y parvenir par moi-même, et depuis le départ de M. Le Maître, il n'y avait personne en Savoie qui entendît rien à l'harmonie.

Ici l'on va voir encore une de ces inconséquences dont ma vie est remplie, et qui m'ont fait si souvent aller contre mon but, lors même que j'y pensais tendre directement. Venture m'avait beaucoup parlé de l'abbé Blanchard, son maître de composition, homme de mérite et d'un grand talent, qui pour lors était maître de musique de la cathédrale de Besançon, et qui l'est maintenant de la chapelle de Versailles [100]. Je me mis en tête d'aller à Besançon prendre leçon de l'abbé Blanchard, et cette idée me parut si raisonnable, que je parvins à la faire trouver telle à Maman. La voilà travaillant à mon petit équipage, et cela avec la profusion qu'elle mettait à toute chose. Ainsi, toujours avec le projet de prévenir une banqueroute et de réparer dans l'avenir l'ouvrage de sa dissipation, je commençai dans le moment même par lui causer une dépense de huit cents francs : j'accélérais sa ruine pour me mettre en état d'y remédier. Quelque folle que fût cette conduite, l'illusion était entière de ma part, et même de la sienne. Nous étions persuadés l'un et l'autre, moi que je travaillais utilement pour elle, elle que je travaillais utilement pour moi.

J'avais compté trouver Venture encore à Annecy, et lui demander une lettre pour l'abbé Blanchard. Il n'y était plus. Il fallut, pour tout renseignement, me contenter d'une messe à quatre parties de sa composition et de sa main, qu'il m'avait laissée. Avec cette recommandation, je vais à Besançon [101], passant par Genève, où je fus voir mes parents, et par Nyon, où je fus voir mon père, qui me reçut comme à son ordinaire et se chargea de me faire parvenir ma malle, qui ne venait qu'après moi, parce que j'étais à cheval. J'arrive à Besançon. L'abbé Blanchard me reçoit bien, me promet ses instructions, et m'offre ses services. Nous étions prêts à commencer quand j'apprends par une lettre de mon père que ma malle a été saisie et confisquée aux Rousses, bureau de France sur les frontières de Suisse. Effrayé de cette nouvelle, j'emploie les connaissances que je m'étais faites à Besançon pour savoir le motif de cette confiscation ; car, bien sûr de n'avoir point de contrebande, je ne pouvais concevoir sur quel prétexte on l'avait pu fonder. Je l'apprends enfin : il faut le dire, car c'est un fait curieux.

Je voyais à Chambéry un vieux Lyonnais, fort bon homme, appelé M. Duvivier [102], qui avait travaillé au *visa* sous la Régence, et qui, faute d'emploi était venu travailler au cadastre. Il avait vécu dans le monde ; il avait des talents, quelque savoir, de la douceur, de la politesse ; il savait la musique, et comme j'étais de chambrée avec lui, nous nous étions liés de préférence au milieu des ours mal léchés qui nous entouraient. Il avait à Paris des correspondances [103] qui lui fournissaient ces petits riens, ces nouveautés éphémères, qui courent on ne sait pourquoi, qui meurent on ne sait comment, sans que jamais personne y repense quand on a cessé d'en parler. Comme je le menais quelquefois dîner chez Maman, il me faisait sa cour en quelque sorte, et, pour se rendre agréable, il tâchait de me faire aimer ces fadaises pour lesquelles j'eus toujours un tel dégoût, qu'il ne m'est arrivé de la vie d'en lire une à moi seul. Pour lui complaire, je prenais ces précieux torcheculs, je les mettais dans ma poche, et je n'y songeais plus que pour le seul usage auquel ils étaient bons. Malheureusement un de ces maudits papiers resta dans la poche de veste d'un habit neuf que j'avais porté deux ou trois fois, pour être en règle avec les commis [104]. Ce papier était une parodie janséniste, assez plate, de la belle scène du *Mithridate* de Racine. Je n'en avais pas lu dix vers, et l'avais laissé par oubli dans ma poche. Voilà ce qui fit confisquer mon équipage. Les commis firent à la tête de l'inventaire de cette malle un magnifique procès-verbal, où, supposant que cet écrit venait de Genève pour être imprimé et distribué en France, ils

s'étendaient en saintes invectives contre les ennemis de
Dieu et de l'Église, et en éloges de leur pieuse vigilance,
qui avait arrêté l'exécution de ce projet infernal [105]. Ils
trouvèrent sans doute que mes chemises sentaient aussi
l'hérésie ; car, en vertu de ce terrible papier, tout fut
confisqué, sans que jamais, comme que j'aie pu m'y
prendre, j'aie eu ni raison ni nouvelle de ma pauvre
pacotille. Les gens des fermes à qui l'on s'adressa
demandaient tant d'instructions, de renseignements,
de certificats, de mémoires, que, me perdant mille fois
dans ce labyrinthe, je fus contraint de tout abandonner.
J'ai un vrai regret de n'avoir pas conservé le procès-
verbal du bureau des Rousses. C'était une pièce à
figurer avec distinction parmi celles dont le recueil doit
accompagner cet écrit.

Cette perte me fit revenir à Chambéry, tout de suite,
sans avoir rien fait avec l'abbé Blanchard, et, tout bien
pesé, voyant le malheur me suivre dans toutes mes
entreprises, je résolus de m'attacher uniquement à
Maman, de courir sa fortune, et de ne plus m'inquiéter
inutilement d'un avenir auquel je ne pouvais rien. Elle
me reçut comme si j'avais rapporté des trésors,
remonta peu à peu ma petite garde-robe, et mon malheur, assez grand pour l'un et pour l'autre, fut presque
aussitôt oublié qu'arrivé.

Quoique ce malheur m'eût refroidi sur mes projets de
musique, je ne laissais pas d'étudier toujours mon
Rameau ; et à force d'efforts je parvins enfin à l'entendre
et à faire quelques petits essais de composition dont le
succès m'encouragea. Le comte de Bellegarde, fils du
marquis d'Entremont, était revenu de Dresde, après la
mort du roi Auguste. Il avait vécu longtemps à Paris : il
aimait extrêmement la musique, et avait pris en passion
celle de Rameau. Son frère, le comte de Nangis, jouait
du violon, Mme la comtesse de la Tour, leur sœur, chantait un peu [106]. Tout cela mit à Chambéry la musique à
la mode, et l'on établit une manière de concert public,
dont on voulut d'abord me donner la direction ; mais
on s'aperçut bientôt qu'elle passait mes forces, et l'on
s'arrangea autrement. Je ne laissai pas d'y donner

quelques petits morceaux de ma façon, et entre autres une cantate qui plut beaucoup. Ce n'était pas une pièce bien faite, mais elle était pleine de chants nouveaux et de choses d'effet que l'on n'attendait pas de moi. Ces messieurs ne purent croire que, lisant si mal la musique, je fusse en état d'en composer de passable, et ils ne doutèrent pas que je me fusse fait honneur du travail d'autrui [107]. Pour vérifier la chose, un matin M. de Nangis vint me trouver avec une cantate de Clérambault, qu'il avait transposée, disait-il, pour la commodité de la voix, et à laquelle il fallait faire une autre basse, la transposition rendant celle de Clérambault impraticable sur l'instrument. Je répondis que c'était un travail considérable, et qui ne pouvait être fait sur-le-champ. Il crut que je cherchais une défaite, et me pressa de lui faire au moins la basse d'un récitatif. Je la fis donc, mal sans doute, parce qu'en toute chose il me faut, pour bien faire, mes aises et la liberté ; mais je la fis du moins dans les règles, et comme il était présent, il ne put douter que je ne susse les éléments de la composition. Ainsi je ne perdis pas mes écolières, mais je me refroidis un peu sur la musique, voyant qu'on faisait un concert et que l'on s'y passait de moi.

Ce fut à peu près dans ce temps-là que, la paix étant faite, l'armée française repassa les monts [108]. Plusieurs officiers vinrent voir Maman, entre autres M. le comte de Lautrec, colonel du régiment d'Orléans, depuis plénipotentiaire à Genève, et enfin maréchal de France, auquel elle me présenta [109]. Sur ce qu'elle lui dit, il parut s'intéresser beaucoup à moi, et me promit beaucoup de choses, dont il ne s'est souvenu que la dernière année de sa vie, lorsque je n'avais plus besoin de lui. Le jeune marquis de Sennecterre [110], dont le père était alors ambassadeur à Turin, passa dans le même temps à Chambéry. Il dîna chez Mme de Menthon ; j'y dînais aussi ce jour-là. Après le dîner il fut question de musique ; il la savait très bien. L'opéra de *Jephté* [111] était alors dans sa nouveauté ; il en parla, on le fit apporter. Il me fit frémir, en me proposant d'exécuter à nous

deux cet opéra, et tout en ouvrant le livre, il tomba sur
ce morceau célèbre, à deux chœurs :

> *La terre, l'enfer, le Ciel même,*
> *Tout tremble devant le Seigneur* [112].

Il me dit : « Combien voulez-vous faire de parties ? Je
ferai pour ma part ces six-là. » Je n'étais pas encore
accoutumé à cette pétulance française ; et quoique
j'eusse quelquefois ânonné des partitions, je ne comprenais pas comment le même homme pouvait faire en
même temps six parties, ni même deux. Rien ne m'a
plus coûté dans l'exercice de la musique que de sauter
aussi légèrement d'une partie à l'autre, et d'avoir l'œil à
la fois sur toute une partition. À la manière dont je me
tirai de cette entreprise, M. de Sennecterre dut être
tenté de croire que je ne savais pas la musique. Ce fut
peut-être pour vérifier ce doute qu'il me proposa de
noter une chanson qu'il voulait donner à Mlle de Menthon. Je ne pouvais m'en défendre. Il chanta la
chanson ; je l'écrivis, même sans la faire beaucoup
répéter. Il la lut ensuite, et trouva, comme il était vrai,
qu'elle était très correctement notée. Il avait vu mon
embarras, il prit plaisir à faire valoir ce petit succès.
C'était pourtant une chose très simple. Au fond, je
savais fort bien la musique ; je ne manquais que de
cette vivacité du premier coup d'œil que je n'eus jamais
sur rien, et qui ne s'acquiert en musique que par une
pratique consommée. Quoi qu'il en soit, je fus sensible
à l'honnête soin qu'il prit d'effacer dans l'esprit des
autres, et dans le mien, la petite honte que j'avais eue ;
et douze ou quinze ans après, me rencontrant avec lui
dans diverses maisons de Paris, je fus tenté plusieurs
fois de lui rappeler cette anecdote, et de lui montrer que
j'en gardais le souvenir. Mais il avait perdu les yeux
depuis ce temps-là : je craignis de renouveler ses
regrets en lui rappelant l'usage qu'il en avait su faire, et
je me tus.

Je touche au moment qui commence à lier mon existence passée avec la présente. Quelques amitiés de ce
temps-là, prolongées jusqu'à celui-ci, me sont deve-

nues bien précieuses. Elles m'ont souvent fait regretter
cette heureuse obscurité où ceux qui se disaient mes
amis l'étaient et m'aimaient pour moi, par pure bienveillance, non par la vanité d'avoir des liaisons avec un
homme connu, ou par le désir secret de trouver ainsi
plus d'occasions de lui nuire. C'est d'ici que je date ma
première connaissance avec mon vieux ami Gauffecourt [113], qui m'est toujours resté, malgré les efforts
qu'on a faits pour me l'ôter. Toujours resté ! non.
Hélas ! je viens de le perdre. Mais il n'a cessé de
m'aimer qu'en cessant de vivre, et notre amitié n'a fini
qu'avec lui. M. de Gauffecourt était un des hommes les
plus aimables qui aient existé. Il était impossible de le
voir sans l'aimer, et de vivre avec lui sans s'y attacher
tout à fait. Je n'ai vu de ma vie une physionomie plus
ouverte, plus caressante, qui eût plus de sérénité, qui
marquât plus de sentiment et d'esprit, qui inspirât plus
de confiance. Quelque réservé qu'on pût être, on ne
pouvait, dès la première vue, se défendre d'être aussi
familier avec lui que si on l'eût connu depuis vingt ans,
et moi qui avais tant de peine d'être à mon aise avec les
nouveaux visages, j'y fus avec lui du premier moment.
Son ton, son accent, son propos accompagnaient parfaitement sa physionomie. Le son de sa voix était net,
plein, bien timbré, une belle voix de basse, étoffée et
mordante, qui remplissait l'oreille et sonnait au cœur. Il
est impossible d'avoir une gaieté plus égale et plus
douce, des grâces plus vraies et plus simples, des talents
plus naturels et cultivés avec plus de goût. Joignez à cela
un cœur aimant, mais aimant un peu trop tout le
monde, un caractère officieux avec peu de choix, servant ses amis avec zèle, ou plutôt se faisant l'ami des
gens qu'il pouvait servir, et sachant faire très adroitement ses propres affaires en faisant très chaudement
celles d'autrui. Gauffecourt était fils d'un simple
horloger, et avait été horloger lui-même. Mais sa figure
et son mérite l'appelaient dans une autre sphère,
où il ne tarda pas d'entrer. Il fit connaissance avec
M. de la Closure, résident de France à Genève, qui le
prit en amitié. Il lui procura à Paris d'autres connais-

sances qui lui furent utiles, et par lesquelles il parvint à
avoir la fourniture des sels du Valais, qui lui valait vingt
mille livres de rente. Sa fortune, assez belle, se borna là
du côté des hommes ; mais du côté des femmes la
presse y était : il eut à choisir, et fit ce qu'il voulut. Ce
qu'il y eut de plus rare et de plus honorable pour lui fut
qu'ayant des liaisons dans tous les états, il fut partout
chéri, recherché de tout le monde, sans jamais être
envié ni haï de personne, et je crois qu'il est mort sans
avoir eu de sa vie un seul ennemi. Heureux homme ! Il
venait tous les ans aux bains d'Aix [114], où se rassemble
la bonne compagnie des pays voisins. Lié avec toute la
noblesse de Savoie, il venait d'Aix à Chambéry voir le
comte de Bellegarde, et son père le marquis d'Entremont, chez qui Maman fit et me fit faire connaissance
avec lui. Cette connaissance, qui semblait devoir
n'aboutir à rien, et fut nombre d'années interrompue,
se renouvela dans l'occasion que je dirai et devint un
véritable attachement. C'est assez pour m'autoriser à
parler d'un ami avec qui j'ai été si étroitement lié ; mais,
quand je ne prendrais aucun intérêt personnel à sa
mémoire, c'était un homme si aimable et si heureusement né, que, pour l'honneur de l'espèce humaine, je la
croirais toujours bonne à conserver. Cet homme si
charmant avait pourtant ses défauts, ainsi que les
autres, comme on pourra voir ci-après [115] ; mais s'il ne
les eût pas eus, peut-être eût-il été moins aimable. Pour
le rendre intéressant autant qu'il pouvait l'être, il fallait
qu'on eût quelque chose à lui pardonner.

Une autre liaison du même temps n'est pas éteinte, et
me leurre encore de cet espoir du bonheur temporel,
qui meurt si difficilement dans le cœur de l'homme.
M. de Conzié [116], gentilhomme savoyard, alors jeune et
aimable, eut la fantaisie d'apprendre la musique, ou
plutôt de faire connaissance avec celui qui l'enseignait.
Avec de l'esprit et du goût pour les belles connaissances, M. de Conzié avait une douceur de caractère
qui le rendait très liant, et je l'étais beaucoup moi-
même pour les gens en qui je la trouvais. La liaison fut
bientôt faite [117]. Le germe de littérature et de philoso-

phie qui commençait à fermenter dans ma tête, et qui
n'attendait qu'un peu de culture et d'émulation pour se
développer tout à fait, les trouvait en lui. M. de Conzié
avait peu de disposition pour la musique ; ce fut un
bien pour moi ; les heures des leçons passaient à tout
autre chose qu'à solfier. Nous déjeunions, nous causions, nous lisions quelques nouveautés, et pas un mot
de musique. La correspondance de Voltaire avec le
prince royal de Prusse faisait du bruit alors : nous nous
entretenions souvent de ces deux hommes célèbres,
dont l'un, depuis peu sur le trône [118], s'annonçait déjà
tel qu'il devait dans peu se montrer, et dont l'autre,
aussi décrié qu'il est admiré maintenant, nous faisait
plaindre sincèrement le malheur qui semblait le poursuivre, et qu'on voit si souvent être l'apanage des
grands talents [119]. Le prince de Prusse avait été peu
heureux dans sa jeunesse, et Voltaire semblait fait pour
ne l'être jamais. L'intérêt que nous prenions à l'un et à
l'autre s'étendait à tout ce qui s'y rapportait. Rien de
tout ce qu'écrivait Voltaire ne nous échappait. Le goût
que je pris à ces lectures m'inspira le désir d'apprendre
à écrire avec élégance, et de tâcher d'imiter le beau
coloris de cet auteur, dont j'étais enchanté. Quelque
temps après parurent ses *Lettres philosophiques* [120].
Quoiqu'elles ne soient assurément pas son meilleur
ouvrage, ce fut celui qui m'attira le plus vers l'étude, et
ce goût naissant ne s'éteignit plus depuis ce temps-là.

Mais le moment n'était pas venu de m'y livrer tout
de bon. Il me restait encore une humeur un peu
volage, un désir d'aller et venir, qui s'était plutôt borné
qu'éteint, et que nourrissait le train de la maison de
Mme de Warens, trop bruyant pour mon humeur solitaire. Ce tas d'inconnus qui lui affluaient journellement
de toutes parts, et la persuasion où j'étais que ces gens-
là ne cherchaient qu'à la duper chacun à sa manière, me
faisaient un vrai tourment de mon habitation. Depuis
qu'ayant succédé à Claude Anet dans la confidence de
sa maîtresse je suivais de plus près l'état de ses affaires,
j'y voyais un progrès en mal dont j'étais effrayé. J'avais
cent fois remontré, prié, pressé, conjuré, et toujours

inutilement. Je m'étais jeté à ses pieds, je lui avais fortement représenté la catastrophe qui la menaçait, je
l'avais vivement exhortée à réformer sa dépense [121], à
commencer par moi, à souffrir plutôt un peu tandis
qu'elle était encore jeune que, multipliant toujours ses
dettes et ses créanciers, de s'exposer sur ses vieux jours
à leurs vexations et à la misère. Sensible à la sincérité de
mon zèle, elle s'attendrissait avec moi, et me promettait
les plus belles choses du monde. Un croquant [122] arrivait-il ? À l'instant tout était oublié. Après mille
épreuves de l'inutilité de mes remontrances, que me
restait-il à faire que de détourner les yeux du mal que je
ne pouvais prévenir ? Je m'éloignais de la maison dont
je ne pouvais garder la porte ; je faisais de petits
voyages à Nyon, à Genève, à Lyon, qui, m'étourdissant
sur ma peine secrète, en augmentaient en même temps
le sujet par ma dépense. Je puis jurer que j'en aurais
souffert tous les retranchements avec joie si Maman eût
vraiment profité de cette épargne ; mais certain que ce
que je me refusais passait à des fripons, j'abusais de sa
facilité pour partager avec eux, et, comme le chien qui
revient de la boucherie, j'emportais mon lopin du morceau que je n'avais pu sauver.

Les prétextes ne me manquaient pas pour tous ces
voyages, et Maman seule m'en eût fourni de reste, tant
elle avait partout de liaisons, de négociations, d'affaires,
de commissions à donner à quelqu'un de sûr. Elle ne
demandait qu'à m'envoyer, je ne demandais qu'à aller ;
cela ne pouvait manquer de faire une vie assez ambulante. Ces voyages me mirent à portée de faire quelques
bonnes connaissances, qui m'ont été dans la suite
agréables ou utiles ; entre autres, à Lyon, celle de
M. Perrichon [123], que je me reproche de n'avoir pas
assez cultivé, vu les bontés qu'il a eues pour moi ; celle
du bon Parisot [124], dont je parlerai dans son temps ; à
Grenoble, celles de Mme Deybens et de Mme la pré-
sidente de Bardonanche [125], femme de beaucoup
d'esprit, et qui m'eût pris en amitié si j'avais été à
portée de la voir plus souvent ; à Genève, celle de
M. de la Closure, résident de France, qui me parlait

souvent de ma mère, dont malgré la mort et le temps son cœur n'avait pu se déprendre [126] ; celle des deux Barillot [127], dont le père, qui m'appelait son petit-fils, était d'une société très aimable, et l'un des plus dignes hommes que j'aie jamais connus. Durant les troubles de la République, ces deux citoyens se jetèrent dans les deux partis contraires : le fils dans celui de la bourgeoisie, le père dans celui des magistrats [128], et lorsqu'on prit les armes en 1737, je vis, étant à Genève, le père et le fils sortir armés de la même maison, l'un pour monter à l'hôtel de ville, l'autre pour se rendre à son quartier, sûrs de se trouver deux heures après, l'un vis-à-vis de l'autre, exposés à s'entr'égorger. Ce spectacle affreux me fit une impression si vive que je jurai de ne tremper jamais dans aucune guerre civile, et de ne soutenir jamais au-dedans la liberté par les armes, ni de ma personne, ni de mon aveu, si jamais je rentrais dans mes droits de citoyen. Je me rends le témoignage d'avoir tenu ce serment dans une occasion délicate, et l'on trouvera, du moins je le pense, que cette modération fut de quelque prix [129].

Mais je n'en étais pas encore à cette première fermentation de patriotisme que Genève en armes excita dans mon cœur. On jugea combien j'en étais loin par un fait très grave à ma charge, que j'ai oublié de mettre à sa place, et qui ne doit pas être omis.

Mon oncle Bernard était, depuis quelques années, passé dans la Caroline pour y faire bâtir la ville de Charlestown dont il avait donné le plan [130]. Il y mourut peu après ; mon pauvre cousin était aussi mort au service du roi de Prusse, et ma tante perdit ainsi son fils et son mari presque en même temps. Ces pertes réchauffèrent un peu son amitié pour le plus proche parent qui lui restât et qui était moi. Quand j'allais à Genève, je logeais chez elle et je m'amusais à fureter et feuilleter les livres et papiers que mon oncle avait laissés. J'y trouvai beaucoup de pièces curieuses, et des lettres dont assurément on ne se douterait pas. Ma tante, qui faisait peu de cas de ces paperasses, m'eût laissé tout emporter si j'avais voulu. Je me contentai de deux ou trois livres commentés de la

main de mon grand-père Bernard, le ministre, et entre
autres les *Œuvres posthumes* de Rohault [131], in-quarto,
dont les marges étaient pleines d'excellentes scholies [132]
qui me firent aimer les mathématiques. Ce livre est resté
parmi ceux de Mme de Warens ; j'ai toujours été fâché de
ne l'avoir pas gardé. À ces livres je joignis cinq ou six
mémoires manuscrits, et un seul imprimé qui était du
fameux Micheli du Cret [133], homme d'un grand talent,
savant éclairé, mais trop remuant, traité bien cruellement
par les magistrats de Genève, et mort dernièrement dans
la forteresse d'Arberg, où il était enfermé depuis [de]
longues années pour avoir, disait-on, trempé dans la
conspiration de Berne.

Ce mémoire était une critique assez judicieuse de ce
grand et ridicule plan de fortification qu'on a exécuté
en partie à Genève, à la grande risée des gens du
métier, qui ne savent pas le but secret qu'avait le Conseil dans l'exécution de cette magnifique [134] entreprise.
M. Micheli, ayant été exclu de la Chambre des fortifications pour avoir blâmé ce plan, avait cru, comme
membre des Deux Cents, et même comme citoyen,
pouvoir en dire son avis plus au long, et c'était ce qu'il
avait fait par ce mémoire, qu'il eut l'imprudence de
faire imprimer, mais non pas publier ; car il n'en fit tirer
que le nombre d'exemplaires qu'il envoyait aux Deux
Cents, et qui furent tous interceptés à la poste par ordre
du Petit Conseil. Je trouvai ce mémoire parmi les
papiers de mon oncle, avec la réponse qu'il avait été
chargé d'y faire et j'emportai l'un et l'autre. J'avais fait
ce voyage peu après ma sortie du cadastre [135], et j'étais
demeuré en quelque liaison avec l'avocat Coccelli, qui
en était le chef. Quelque temps après, le directeur de la
Douane s'avisa de me prier de lui tenir un enfant, et me
donna Mme Coccelli pour commère [136]. Les honneurs
me tournaient la tête ; et, fier d'appartenir de si près à
M. l'avocat, je tâchais de faire l'important pour me
montrer digne de cette gloire.

Dans cette idée je crus ne pouvoir rien faire de
mieux que de lui faire voir mon mémoire imprimé de
M. Micheli, qui réellement était une pièce rare, pour lui

prouver que j'appartenais à des notables de Genève qui savaient les secrets de l'État. Cependant, par une demi-réserve dont j'aurais peine à rendre raison, je ne lui montrai point la réponse de mon oncle à ce mémoire, peut-être parce qu'elle était manuscrite, et qu'il ne fallait à M. l'avocat que du moulé [137]. Il sentit pourtant si bien le prix de l'écrit que j'eus la bêtise de lui confier, que je ne pus jamais le ravoir ni le revoir, et que, bien convaincu de l'inutilité de mes efforts, je me fis un mérite de la chose et transformai ce vol en présent. Je ne doute pas un moment qu'il n'ait bien fait valoir à la cour de Turin cette pièce, plus curieuse cependant qu'utile, et qu'il n'ait eu grand soin de se faire rembourser de manière ou d'autre de l'argent qu'il lui en avait dû coûter pour l'acquérir. Heureusement, de tous les futurs contingents [138], un des moins probables est qu'un jour le roi de Sardaigne assiégera Genève. Mais comme il n'y a pas d'impossibilité à la chose, j'aurai toujours à reprocher à ma sotte vanité d'avoir montré les plus grands défauts de cette place à son plus ancien ennemi.

Je passai deux ou trois ans de cette façon entre la musique, les magistères, les projets, les voyages, flottant incessamment d'une chose à l'autre, cherchant à me fixer sans savoir à quoi, mais entraîné pourtant par degrés vers l'étude, voyant des gens de lettres, entendant parler de littérature, me mêlant quelquefois d'en parler moi-même, et prenant plutôt le jargon des livres que la connaissance de leur contenu. Dans mes voyages de Genève, j'allais de temps en temps voir en passant mon ancien bon ami M. Simon, qui fomentait beaucoup mon émulation naissante par des nouvelles toutes fraîches de la république des lettres, tirées de Baillet ou de Colomiès [139]. Je voyais aussi beaucoup à Chambéry un jacobin, professeur de physique, bonhomme de moine, dont j'ai oublié le nom et qui faisait souvent de petites expériences qui m'amusaient extrêmement. Je voulus à son exemple [140] faire de l'encre de sympathie [141]. Pour cet effet, après avoir rempli une bouteille plus qu'à demi de chaux vive, d'orpiment [142] et d'eau, je la bouchai bien. L'effervescence commença presque à l'instant très violemment. Je courus à la bouteille pour la déboucher, mais je n'y fus pas à temps ; elle me sauta au visage comme une bombe. J'avalai de l'orpiment, de la chaux ; j'en faillis mourir. Je restai aveugle plus de six semaines, et j'appris ainsi à ne pas me mêler de physique expérimentale sans en savoir les éléments [143].

Cette aventure m'arriva mal à propos pour ma santé, qui depuis quelque temps s'altérait sensiblement. Je ne sais d'où venait qu'étant bien conformé par le coffre et ne faisant d'excès d'aucune espèce, je déclinais à vue d'œil. J'ai une assez bonne carrure, la poitrine large, mes poumons doivent y jouer à l'aise ; cependant j'avais la courte haleine, je me sentais oppressé, je soupirais involontairement, j'avais des palpitations, je crachais du sang ; la fièvre lente survint, et je n'en ai jamais été bien quitte. Comment peut-on tomber dans cet état à la fleur de l'âge, sans avoir aucun viscère vicié, sans avoir rien fait pour détruire sa santé ?

L'épée use le fourreau, dit-on quelquefois [144]. Voilà mon histoire. Mes passions m'ont fait vivre, et mes passions m'ont tué. Quelles passions ? dira-t-on. Des riens : les choses du monde les plus puériles, mais qui m'affectaient comme s'il se fût agi de la possession d'Hélène ou du trône de l'univers. D'abord les femmes. Quand j'en eus une, mes sens furent tranquilles, mais mon cœur ne le fut jamais. Les besoins de l'amour me dévoraient au sein de la jouissance. J'avais une tendre mère, une amie chérie ; mais il me fallait une maîtresse. Je me la figurais à sa place ; je me la créais de mille façons pour me donner le change à moi-même. Si j'avais cru tenir Maman dans mes bras quand je l'y tenais, mes étreintes n'auraient pas été moins vives, mais tous mes désirs se seraient éteints, j'aurais sangloté de tendresse, mais je n'aurais pas joui. Jouir ! Ce sort est-il fait pour l'homme ? Ah ! si jamais une seule fois dans ma vie j'avais goûté dans leur plénitude toutes les délices de l'amour, je n'imagine pas que ma frêle existence y eût pu suffire ; je serais mort sur le fait.

J'étais donc brûlant d'amour sans objet, et c'est peut-être ainsi qu'il s'épuise le plus. J'étais inquiet, tourmenté du mauvais état des affaires de ma pauvre Maman, et de son imprudente conduite qui ne pouvait manquer d'opérer sa ruine totale en peu de temps. Ma cruelle imagination, qui va toujours au-devant des malheurs, me montrait celui-là sans cesse dans tout son excès et dans toutes ses suites. Je me voyais d'avance forcément séparé par la misère de celle à qui j'avais consacré ma vie, et sans qui je n'en pouvais jouir. Voilà comment j'avais toujours l'âme agitée. Les désirs et les craintes me dévoraient alternativement.

La musique était pour moi une autre passion, moins fougueuse, mais non moins consumante par l'ardeur avec laquelle je m'y livrais, par l'étude opiniâtre des obscurs livres de Rameau, par mon invincible obstination à vouloir en charger ma mémoire, qui s'y refusait toujours, par mes courses continuelles, par les compilations immenses que j'entassais, passant très souvent à copier, les nuits entières. Et pourquoi m'arrêter aux choses permanentes, tandis que toutes les folies qui passaient dans mon inconstante tête, les goûts fugitifs d'un seul jour, un voyage, un concert, un souper, une promenade à faire, un roman à lire, une comédie à voir, tout ce qui était le moins du monde prémédité dans mes plaisirs ou dans mes affaires, devenait pour moi tout autant de passions violentes qui, dans leur impétuosité ridicule, me donnaient le plus vrai tourment ? La lecture des malheurs imaginaires de Cleveland, faite avec fureur et souvent interrompue, m'a fait faire, je crois, plus de mauvais sang que les miens [145].

Il y avait un Genevois nommé M. Bagueret [146], lequel avait été employé sous Pierre le Grand à la cour de Russie ; un des plus vilains hommes et des plus grands fous que j'aie jamais vus, toujours plein de projets aussi fous que lui, qui faisait tomber les millions comme la pluie, et à qui les zéros ne coûtaient rien. Cet homme, étant venu à Chambéry pour quelque procès au sénat, s'empara de Maman comme de raison, et, pour ses trésors de zéros qu'il lui prodiguait généreusement, lui

tirait ses pauvres écus pièce à pièce. Je ne l'aimais point,
il le voyait ; avec moi cela n'est pas difficile : il n'y avait
sorte de bassesse qu'il n'employât pour me cajoler. Il
s'avisa de me proposer d'apprendre les échecs, qu'il
jouait un peu. J'essayai presque malgré moi, et après
avoir tant bien que mal appris la marche, mon progrès
fut si rapide, qu'avant la fin de la première séance je lui
donnai la tour qu'il m'avait donnée en commençant [147].
Il ne m'en fallut pas davantage : me voilà forcené des
échecs. J'achète un échiquier ; j'achète le calabrais [148] ;
je m'enferme dans ma chambre ; j'y passe les jours et
les nuits à vouloir apprendre par cœur toutes les parties, à les fourrer dans ma tête bon gré mal gré, à jouer
seul sans relâche et sans fin. Après deux ou trois mois
de ce beau travail et d'efforts inimaginables, je vais au
café, maigre, jaune et presque hébété. Je m'essaie, je
rejoue avec M. Bagueret : il me bat une fois, deux fois,
vingt fois ; tant de combinaisons s'étaient brouillées
dans ma tête, et mon imagination s'était si bien
amortie, que je ne voyais plus qu'un nuage devant moi.
Toutes les fois qu'avec le livre de Philidor ou celui de
Stamma j'ai voulu m'exercer à étudier des parties, la
même chose m'est arrivée, et, après m'être épuisé de
fatigue, je me suis trouvé plus faible qu'auparavant [149].
Du reste, que j'aie abandonné les échecs, ou qu'en
jouant je me sois remis en haleine, je n'ai jamais avancé
d'un cran depuis cette première séance, et je me suis
toujours retrouvé au même point où j'étais en la finissant. Je m'exercerais des milliers de siècles, que je finirais par pouvoir donner la tour à Bagueret, et rien de
plus. Voilà du temps bien employé ! direz-vous. Et je
n'y en ai pas employé peu. Je ne finis ce premier essai
que quand je n'eus plus la force de continuer. Quand
j'allai me montrer sortant de ma chambre, j'avais l'air
d'un déterré, et, suivant le même train, je n'aurais pas
resté déterré longtemps. On conviendra qu'il est difficile, et surtout dans l'ardeur de la jeunesse, qu'une
pareille tête laisse toujours le corps en santé.

L'altération de la mienne agit sur mon humeur et
tempéra l'ardeur de mes fantaisies. Me sentant affaiblir,

je devins plus tranquille et perdis un peu la fureur des voyages. Plus sédentaire, je fus pris non de l'ennui, mais de la mélancolie ; les vapeurs [150] succédèrent aux passions ; ma langueur devint tristesse ; je pleurais et soupirais à propos de rien ; je sentais la vie m'échapper sans l'avoir goûtée ; je gémissais sur l'état où je laissais ma pauvre Maman, sur celui où je la voyais prête à tomber ; je puis dire que la quitter et la laisser à plaindre était mon unique regret. Enfin je tombai tout à fait malade. Elle me soigna comme jamais mère n'a soigné son enfant, et cela lui fit du bien à elle-même, en faisant diversion aux projets et tenant écartés les projeteurs [151]. Quelle douce mort si alors elle fût venue ! Si j'avais peu goûté les biens de la vie, j'en avais peu senti les malheurs. Mon âme paisible pouvait partir sans le sentiment cruel de l'injustice des hommes, qui empoisonne la vie et la mort. J'avais la consolation de me survivre dans la meilleure moitié de moi-même ; c'était à peine mourir. Sans les inquiétudes que j'avais sur son sort, je serais mort, comme j'aurais pu m'endormir, et ces inquiétudes mêmes avaient un objet affectueux et tendre qui en tempérait l'amertume. Je lui disais : «Vous voilà dépositaire de tout mon être ; faites en sorte qu'il soit heureux. » Deux ou trois fois, quand j'étais le plus mal, il m'arriva de me lever dans la nuit, et de me traîner à sa chambre pour lui donner, sur sa conduite, des conseils, j'ose dire pleins de justesse et de sens, mais où l'intérêt que je prenais à son sort se marquait mieux que toute autre chose. Comme si les pleurs étaient ma nourriture et mon remède, je me fortifiais de ceux que je versais auprès d'elle, avec elle, assis sur son lit, et tenant ses mains dans les miennes. Les heures coulaient dans ces entretiens nocturnes, et je m'en retournais en meilleur état que je n'étais venu ; content et calme dans les promesses qu'elle m'avait faites, dans les espérances qu'elle m'avait données, je m'endormais là-dessus avec la paix du cœur et la résignation à la Providence. Plaise à Dieu qu'après tant de sujets de haïr la vie, après tant d'orages qui ont agité la mienne et qui ne m'en font plus qu'un fardeau, la mort qui doit la terminer me soit aussi peu cruelle qu'elle me l'eût été dans ce moment-là.

À force de soins, de vigilance et d'incroyables peines, elle me sauva, et il est certain qu'elle seule pouvait me sauver [152]. J'ai peu de foi à la médecine des médecins, mais j'en ai beaucoup à celle des vrais amis ; les choses dont notre bonheur dépend se font toujours beaucoup mieux que toutes les autres. S'il y a dans la vie un sentiment délicieux, c'est celui que nous éprouvâmes d'être rendus l'un à l'autre. Notre attachement mutuel n'en augmenta pas, cela n'était pas possible ; mais il prit je ne sais quoi de plus intime, de plus touchant dans sa grande simplicité. Je devenais tout à fait son œuvre, tout à fait son enfant, et plus que si elle eût été ma vraie mère. Nous commençâmes, sans y songer, à ne plus nous séparer l'un de l'autre, à mettre en quelque sorte toute notre existence en commun, et sentant que réciproquement nous nous étions non seulement nécessaires, mais suffisants, nous nous accoutumâmes à ne plus penser à rien d'étranger à nous, à borner absolument notre bonheur et tous nos désirs à cette possession mutuelle, et peut-être unique parmi les humains, qui n'était point, comme je l'ai dit, celle de l'amour, mais une possession plus essentielle, qui, sans tenir aux sens, au sexe, à l'âge, à la figure, tenait à tout ce par quoi l'on est soi, et qu'on ne peut perdre qu'en cessant d'être.

À quoi tint-il que cette précieuse crise [153] n'amenât le bonheur du reste de ses jours et des miens ? Ce ne fut pas à moi, je m'en rends le consolant témoignage. Ce ne fut pas non plus à elle, du moins à sa volonté. Il était écrit que bientôt l'invincible naturel reprendrait son empire. Mais ce fatal retour ne se fit pas tout d'un coup. Il y eut, grâce au Ciel, un intervalle, court et précieux intervalle, qui n'a pas fini par ma faute, et dont je ne me reprocherai pas d'avoir mal profité !

Quoique guéri de ma grande maladie, je n'avais pas repris ma vigueur. Ma poitrine n'était pas rétablie ; un reste de fièvre durait toujours, et me tenait en langueur. Je n'avais plus de goût à rien qu'à finir mes jours près de celle qui m'était chère, à la maintenir dans ses bonnes résolutions, à lui faire sentir en quoi consistait le vrai charme d'une vie heureuse, à rendre la sienne telle, autant qu'il dépendait de moi. Mais je voyais, je sentais même que dans une maison sombre et triste la continuelle solitude du tête-à-tête deviendrait à la fin triste aussi. Le remède à cela se présenta comme de lui-même. Maman m'avait ordonné le lait, et voulait que j'allasse le prendre à la campagne. J'y consentis, pourvu qu'elle y vînt avec moi. Il n'en fallut pas davantage pour la déterminer ; il ne s'agit plus que du choix du lieu. Le jardin du faubourg n'était pas proprement à la campagne ; entouré de maisons et d'autres jardins, il n'avait point les attraits d'une retraite champêtre. D'ailleurs, après la mort d'Anet, nous avions quitté ce jardin pour raison d'économie, n'ayant plus à cœur d'y tenir des plantes, et d'autres vues nous faisant peu regretter ce réduit.

Profitant maintenant du dégoût que je lui trouvai pour la ville, je lui proposai de l'abandonner tout à fait, et de nous établir dans une solitude agréable, dans quelque petite maison assez éloignée pour dérouter les importuns. Elle l'eût fait, et ce parti, que son bon ange et le mien me suggéraient, nous eût vraisemblablement assuré des jours heureux et tranquilles jusqu'au moment où la mort devait nous séparer. Mais cet état n'était pas celui où nous étions appelés. Maman devait éprouver toutes les peines de l'indigence et du mal-être, après avoir passé sa vie dans l'abondance, pour la lui faire quitter avec moins de regret ; et moi, par un assemblage de maux de toute espèce, je devais être un jour en exemple à quiconque, inspiré du seul amour du bien public et de la justice, ose, fort de sa seule innocence, dire ouvertement la vérité aux hommes sans s'étayer par des cabales, sans s'être fait des partis pour le protéger.

Une malheureuse crainte la retint. Elle n'osa quitter sa vilaine maison, de peur de fâcher le propriétaire. « Ton projet de retraite est charmant, me dit-elle, et fort de mon goût ; mais dans cette retraite il faut vivre. En

quittant ma prison, je risque de perdre mon pain, et
quand nous n'en aurons plus dans les bois, il en faudra
bien retourner chercher à la ville. Pour avoir moins
besoin d'y venir, ne la quittons pas tout à fait. Payons
cette petite pension au comte de Saint-Laurent, pour
qu'il me laisse la mienne. Cherchons quelque réduit
assez loin de la ville pour vivre en paix, et assez près
pour y revenir toutes les fois qu'il sera nécessaire. »
Ainsi fut fait. Après avoir un peu cherché, nous nous
fixâmes aux Charmettes [154], une terre de M. de Conzié,
à la porte de Chambéry, mais retirée et solitaire comme
si l'on était à cent lieues. Entre deux coteaux assez
élevés est un petit vallon nord et sud au fond duquel
coule une rigole entre des cailloux et des arbres. Le long
de ce vallon, à mi-côte, sont quelques maisons éparses,
fort agréables pour quiconque aime un asile un peu
sauvage et retiré. Après avoir essayé deux ou trois de
ces maisons, nous choisîmes enfin la plus jolie, appartenant à un gentilhomme qui était au service, appelé
M. Noëray [155]. La maison était très logeable. Au-devant
un jardin en terrasse, une vigne au-dessus, un verger
au-dessous, vis-à-vis un petit bois de châtaigniers, une
fontaine à portée ; plus haut dans la montagne, des prés
pour l'entretien du bétail ; enfin tout ce qu'il fallait pour
le petit ménage champêtre que nous y voulions établir.
Autant que je puis me rappeler les temps et les dates,
nous en prîmes possession vers la fin de l'été de 1736.
J'étais transporté, le premier jour que nous y couchâmes. « Ô Maman ! dis-je à cette chère amie en l'embrassant et l'inondant de larmes d'attendrissement et
de joie, ce séjour est celui du bonheur et de l'innocence.
Si nous ne les trouvons pas ici l'un avec l'autre, il ne les
faut chercher nulle part. »

LIVRE VI

Hoc erat in votis : modus agri non ita magnus,
Hortus ubi et tecto vicinus [jugis] aquae fons,
Et paululum [paulum] sylvae super his foret... [1]

Je ne puis ajouter : *Auctius atque di melius fecere* [2],
mais n'importe, il ne m'en fallait pas davantage ; il ne
m'en fallait pas même la propriété, c'était assez pour
moi de la jouissance : et il y a longtemps que j'ai dit et
senti que le propriétaire et le possesseur sont souvent
deux personnes très différentes [3], même en laissant à
part les maris et les amants.

Ici commence le court bonheur de ma vie ; ici viennent les paisibles, mais rapides moments qui m'ont
donné le droit de dire que j'ai vécu. Moments précieux et si regrettés ! ah ! recommencez pour moi votre
aimable cours, coulez plus lentement dans mon souvenir, s'il est possible, que vous ne fîtes réellement dans
votre fugitive succession. Comment ferai-je pour prolonger à mon gré ce récit si touchant et si simple, pour
redire toujours les mêmes choses, et n'ennuyer pas plus
mes lecteurs en les répétant que je ne m'ennuyais moi-
même en les recommençant sans cesse ? Encore si tout
cela consistait en faits, en actions, en paroles, je pourrais le décrire et le rendre en quelque façon ; mais comment dire ce qui n'était ni dit, ni fait, ni pensé même,

mais goûté, mais senti, sans que je puisse énoncer d'autre objet de mon bonheur que ce sentiment même ? Je me levais avec le soleil, et j'étais heureux ; je me promenais, et j'étais heureux ; je voyais Maman, et j'étais heureux ; je la quittais, et j'étais heureux ; je parcourais les bois, les coteaux, j'errais dans les vallons, je lisais, j'étais oisif ; je travaillais au jardin, je cueillais les fruits, j'aidais au ménage, et le bonheur me suivait partout : il n'était dans aucune chose assignable [4], il était tout en moi-même, il ne pouvait me quitter un seul instant.

Rien de tout ce qui m'est arrivé durant cette époque chérie, rien de ce que j'ai fait, dit et pensé tout le temps qu'elle a duré, n'est échappé de ma mémoire. Les temps qui précèdent et qui suivent me reviennent par intervalles ; je me les rappelle inégalement et confusément : mais je me rappelle celui-là tout entier comme s'il durait encore. Mon imagination, qui dans ma jeunesse allait toujours en avant, et maintenant rétrograde, compense par ces doux souvenirs l'espoir que j'ai pour jamais perdu. Je ne vois plus rien dans l'avenir qui me tente ; les seuls retours du passé peuvent me flatter, et ces retours si vifs et si vrais dans l'époque dont je parle me font souvent vivre heureux malgré mes malheurs.

Je donnerai de ces souvenirs un seul exemple qui pourra faire juger de leur force et de leur vérité. Le premier jour que nous allâmes coucher aux Charmettes, Maman était en chaise à porteurs, et je la suivais à pied. Le chemin monte : elle était assez pesante, et craignant de trop fatiguer ses porteurs, elle voulut descendre à peu près à moitié chemin pour faire le reste à pied. En marchant elle vit quelque chose de bleu dans la haie, et me dit : «Voilà de la pervenche encore en fleur.» Je n'avais jamais vu de la pervenche, je ne me baissai pas pour l'examiner, et j'ai la vue trop courte pour distinguer à terre les plantes de ma hauteur. Je jetai seulement en passant un coup d'œil sur celle-là, et près de trente ans se sont passés sans que j'aie revu de la pervenche ou que j'y aie fait attention. En 1764, étant à Cressier avec mon ami M. Du Peyrou [5], nous montions une petite montagne au sommet de laquelle il y a un joli salon * qu'il appelle avec raison Belle-Vue. Je commençais alors d'herboriser un peu. En montant et regardant parmi les buissons, je pousse un cri de joie : « *Ah ! voilà de la pervenche !* » et c'en était en effet. Du Peyrou s'aperçut du transport, mais il en ignorait la cause ; il l'apprendra, je l'espère, lorsqu'un jour il lira ceci. Le lecteur peut juger par l'impression d'un si petit objet, de celle que m'ont faite tous ceux qui se rapportent à la même époque.

Cependant l'air de la campagne ne me rendit point ma première santé. J'étais languissant ; je le devins davantage. Je ne pus supporter le lait ; il fallut le quitter. C'était alors la mode de l'eau pour tout remède [6] ; je me mis à l'eau, et si peu discrètement, qu'elle faillit me guérir, non de mes maux, mais de la vie. Tous les matins, en me levant, j'allais à la fontaine avec un grand gobelet, et j'en buvais successivement, en me promenant, la valeur de deux bouteilles. Je quittai tout à fait le vin à mes repas. L'eau que je buvais était un peu crue [7] et difficile à passer, comme sont la plupart des eaux des montagnes. Bref, je fis si bien, qu'en moins de deux mois je me détruisis totalement l'estomac, que j'avais eu très bon jusqu'alors. Ne digérant plus, je compris qu'il ne fallait plus espérer de guérir. Dans ce même temps il m'arriva un accident aussi singulier par lui-même que par ses suites, qui ne finiront qu'avec moi.

Un matin que je n'étais pas plus mal qu'à l'ordinaire, en dressant une petite table sur son pied, je sentis dans tout mon corps une révolution * subite et presque inconcevable. Je ne saurais mieux la comparer qu'à une espèce de tempête qui s'éleva dans mon sang, et gagna dans l'instant tous mes membres. Mes artères se mirent à battre d'une si grande force, que non seulement je sentais leur battement, mais que je l'entendais même, et surtout celui des carotides. Un grand bruit d'oreilles se joignit à cela, et ce bruit était triple ou plutôt quadruple, savoir : un bourdonnement grave et sourd, un murmure plus clair comme d'une eau courante, un sifflement très aigu et le battement que je viens de dire, et

dont je pouvais aisément compter les coups sans me
tâter le pouls ni toucher mon corps de mes mains. Ce
bruit interne était si grand qu'il m'ôta la finesse d'ouïe
que j'avais auparavant, et me rendit non tout à fait
sourd, mais dur d'oreille, comme je le suis depuis ce
temps-là [8].

On peut juger de ma surprise et de mon effroi. Je me
crus mort ; je me mis au lit ; le médecin fut appelé ; je
lui contai mon cas en frémissant et le jugeant sans
remède. Je crois qu'il en pensa de même ; mais il fit son
métier. Il m'enfila de longs raisonnements où je ne
compris rien du tout ; puis en conséquence de sa
sublime théorie, il commença *in anima vili* [9] la cure
expérimentale qu'il lui plut de tenter. Elle était si
pénible, si dégoûtante, et opérait si peu, que je m'en
lassai bientôt ; et au bout de quelques semaines, voyant
que je n'étais ni mieux ni pis, je quittai le lit et repris ma
vie ordinaire avec mon battement d'artères et mes
bourdonnements, qui, depuis ce temps-là, c'est-à-dire
depuis trente ans, ne m'ont pas quitté une minute.

J'avais été jusqu'alors grand dormeur. La totale privation du sommeil qui se joignit à tous ces symptômes [10],
et qui les a constamment accompagnés jusqu'ici, acheva
de me persuader qu'il me restait peu de temps à vivre.
Cette persuasion me tranquillisa pour un temps sur le
soin de guérir. Ne pouvant prolonger ma vie, je résolus
de tirer du peu qu'il m'en restait tout le parti qu'il était
possible ; et cela se pouvait par une singulière faveur de
la nature, qui, dans un état si funeste, m'exemptait des
douleurs qu'il semblait devoir m'attirer. J'étais importuné de ce bruit, mais je n'en souffrais pas : il n'était
accompagné d'aucune autre incommodité habituelle
que de l'insomnie durant les nuits, et en tout temps
d'une courte haleine qui n'allait pas jusqu'à l'asthme et
ne se faisait sentir que quand je voulais courir ou agir
un peu fortement.

Cet accident qui devait tuer mon corps, ne tua que
mes passions, et j'en bénis le Ciel chaque jour par
l'heureux effet qu'il produisit sur mon âme. Je puis
bien dire que je ne commençai de vivre que quand je

me regardai comme un homme mort. Donnant leur
véritable prix aux choses que j'allais quitter, je commençai de m'occuper de soins plus nobles, comme par
anticipation sur ceux que j'aurais bientôt à remplir et
que j'avais fort négligés jusqu'alors. J'avais souvent travesti la religion à ma mode, mais je n'avais jamais été
tout à fait sans religion. Il m'en coûta moins de revenir
à ce sujet, si triste pour tant de gens, mais si doux pour
qui s'en fait un objet de consolation et d'espoir. Maman
me fut, en cette occasion, beaucoup plus utile que tous
les théologiens ne me l'auraient été.

Elle qui mettait toute chose en système, n'avait pas
manqué d'y mettre aussi la religion ; et ce système était
composé d'idées très disparates, les unes très saines, les
autres très folles, de sentiments relatifs à son caractère
et de préjugés venus de son éducation [11]. En général, les
croyants font Dieu comme ils sont eux-mêmes, les
bons le font bon, les méchants le font méchant ; les
dévots, haineux et bilieux, ne voient que l'enfer, parce
qu'ils voudraient damner tout le monde ; les âmes
aimantes et douces n'y croient guère ; et l'un des étonnements dont je ne reviens point est de voir le bon
Fénelon en parler dans son *Télémaque* [12] comme s'il y
croyait tout de bon : mais j'espère qu'il mentait alors ;
car enfin, quelque véridique qu'on soit, il faut bien
mentir quelquefois quand on est évêque. Maman ne
mentait pas avec moi ; et cette âme sans fiel, qui ne
pouvait imaginer un Dieu vindicatif et toujours cour-
roucé, ne voyait que clémence et miséricorde où les
dévots ne voient que justice et punition. Elle disait souvent qu'il n'y aurait point de justice en Dieu d'être juste
envers nous, parce que, ne nous ayant pas donné ce
qu'il faut pour l'être, ce serait redemander plus qu'il n'a
donné. Ce qu'il y avait de bizarre était que, sans croire
à l'enfer, elle ne laissait pas de croire au purgatoire.
Cela venait de ce qu'elle ne savait que faire des âmes
des méchants, ne pouvant ni les damner ni les mettre
avec les bons jusqu'à ce qu'ils le fussent devenus, et il
faut avouer qu'en effet, et dans ce monde et dans
l'autre, les méchants sont toujours bien embarrassants.

Autre bizarrerie. On voit que toute la doctrine du péché originel et de la rédemption est détruite par ce système, que la base du christianisme vulgaire en est ébranlée, et que le catholicisme au moins ne peut subsister. Maman, cependant, était bonne catholique, ou prétendait l'être, et il est sûr qu'elle le prétendait de très bonne foi. Il lui semblait qu'on expliquait trop littéralement et trop durement l'Écriture. Tout ce qu'on y lit des tourments éternels lui paraissait comminatoire [13] ou figuré. La mort de Jésus-Christ lui paraissait un exemple de charité vraiment divine pour apprendre aux hommes à aimer Dieu et à s'aimer entre eux de même. En un mot, fidèle à la religion qu'elle avait embrassée, elle en admettait sincèrement toute la profession de foi ; mais quand on venait à la discussion de chaque article, il se trouvait qu'elle croyait tout autrement que l'Église, toujours en s'y soumettant.

Elle avait là-dessus une simplicité de cœur, une franchise plus éloquente que ses ergoteries, et qui souvent embarrassait jusqu'à son confesseur, car elle ne lui déguisait rien. « Je suis bonne catholique, lui disait-elle, je veux toujours l'être ; j'adopte de toutes les puissances de mon âme les décisions de sainte mère Église. Je ne suis pas maîtresse de ma foi, mais je le suis de ma volonté. Je la soumets sans réserve, et je veux tout croire. Que me demandez-vous de plus ? »

Quand il n'y aurait point eu de morale chrétienne, je crois qu'elle l'aurait suivie, tant elle s'adaptait bien à son caractère. Elle faisait tout ce qui était ordonné ; mais elle l'eût fait de même quand il n'aurait pas été ordonné. Dans les choses indifférentes elle aimait à obéir, et s'il ne lui eût pas été permis, prescrit même, de faire gras [14], elle aurait fait maigre entre Dieu et elle, sans que la prudence eût eu besoin d'y entrer pour rien. Mais toute cette morale était subordonnée aux principes de M. de Tavel, ou plutôt elle prétendait n'y rien voir de contraire. Elle eût couché tous les jours avec vingt hommes en repos de conscience, et sans même en avoir plus de scrupule que de désir. Je sais que force dévotes ne sont pas sur ce point plus scrupuleuses ;

mais la différence est qu'elles sont séduites par leurs passions, et qu'elle ne l'était que par ses sophismes. Dans les conversations les plus touchantes, et j'ose dire les plus édifiantes, elle fût tombée sur ce point sans changer ni d'air ni de ton, sans se croire en contradiction avec elle-même. Elle l'eût même interrompue au besoin pour le fait, et puis l'eût reprise avec la même sérénité qu'auparavant : tant elle était intimement persuadée que tout cela n'était qu'une maxime de police sociale, dont toute personne sensée pouvait faire l'interprétation, l'application, l'exception, selon l'esprit de la chose, sans le moindre risque d'offenser Dieu. Quoique sur ce point je ne fusse assurément pas de son avis, j'avoue que je n'osais le combattre, honteux du rôle peu galant qu'il m'eût fallu faire pour cela. J'aurais bien cherché d'établir la règle pour les autres, en tâchant de m'en excepter ; mais outre que son tempérament prévenait assez l'abus de ses principes, je sais qu'elle n'était pas femme à prendre le change, et que réclamer l'exception pour moi c'était la lui laisser pour tous ceux qu'il lui plairait. Au reste, je compte ici par occasion cette inconséquence avec les autres, quoiqu'elle ait eu toujours peu d'effet dans sa conduite, et qu'alors elle n'en eût point du tout : mais j'ai promis d'exposer fidèlement ses principes, et je veux tenir cet engagement. Je reviens à moi.

Trouvant en elle toutes les maximes dont j'avais besoin pour garantir mon âme des terreurs de la mort et de ses suites, je puisais avec sécurité dans cette source de confiance. Je m'attachais à elle plus que je n'avais jamais fait ; j'aurais voulu transporter tout en elle ma vie que je sentais prête à m'abandonner. De ce redoublement d'attachement pour elle, de la persuasion qu'il me restait peu de temps à vivre, de ma profonde sécurité sur mon sort à venir, résultait un état habituel très calme, et sensuel même, en ce qu'amortissant toutes les passions qui portent au loin nos craintes et nos espérances, il me laissait jouir sans inquiétude et sans trouble du peu de jours qui m'étaient laissés. Une chose contribuait à les rendre plus agréables, c'était le soin de nourrir son goût pour la campagne par tous les amusements que j'y pouvais rassembler. En lui faisant aimer son jardin, sa basse-cour, ses pigeons, ses vaches, je m'affectionnais moi-même à tout cela ; et ces petites occupations, qui remplissaient ma journée sans troubler ma tranquillité, me valurent mieux que le lait et tous les remèdes pour conserver ma pauvre machine *, et la rétablir même, autant que cela se pouvait.

Les vendanges, la récolte des fruits nous amusèrent le reste de cette année, et nous attachèrent de plus en plus à la vie rustique, au milieu des bonnes gens dont nous étions entourés. Nous vîmes arriver l'hiver avec grand regret, et nous retournâmes à la ville comme nous serions allés en exil ; moi surtout, qui, doutant de revoir le printemps, croyais dire adieu pour toujours aux Charmettes. Je ne les quittai pas sans baiser la terre et les arbres, et sans me retourner plusieurs fois en m'en éloignant. Ayant quitté depuis longtemps mes écolières, ayant perdu le goût des amusements et des sociétés de la ville, je ne sortais plus, je ne voyais plus personne, excepté Maman, et M. Salomon [15], devenu depuis peu son médecin et le mien, honnête homme, homme d'esprit, grand cartésien, qui parlait assez bien du système du monde, et dont les entretiens agréables et instructifs me valurent mieux que toutes ses ordonnances. Je n'ai jamais pu supporter ce sot et niais remplissage des conversations ordinaires ; mais des conversations utiles et solides m'ont toujours fait grand plaisir, et je ne m'y suis jamais refusé. Je pris beaucoup de goût à celles de M. Salomon, il me semblait que j'anticipais avec lui sur ces hautes connaissances que mon âme allait acquérir quand elle aurait perdu ses entraves. Ce goût que j'avais pour lui s'étendit aux sujets qu'il traitait, et je commençai de rechercher les livres qui pouvaient m'aider à le mieux entendre. Ceux qui mêlaient la dévotion aux sciences m'étaient les plus convenables, tels étaient particulièrement ceux de l'Oratoire et de Port-Royal [16]. Je me mis à les lire, ou plutôt à les dévorer. Il m'en tomba dans les mains un du P. Lamy, intitulé : *Entretiens sur les Sciences* [17]. C'était une espèce d'introduction à la connaissance des livres qui en traitent. Je le lus et relus cent fois ; je résolus d'en faire mon guide. Enfin je me sentis entraîné peu à peu, malgré mon état, ou plutôt par mon état, vers l'étude avec une force irrésistible, et tout en regardant chaque jour comme le dernier de mes jours, j'étudiais avec autant d'ardeur que si j'avais dû toujours vivre. On disait que cela me faisait du mal ; je crois, moi, que cela me fit du bien, et non seulement à mon âme, mais à mon corps ; car cette application pour laquelle je me passionnais me devint si délicieuse, que, ne pensant plus à mes maux, j'en étais beaucoup moins affecté. Il est pourtant vrai que rien ne me procurait un soulagement réel ; mais, n'ayant pas de douleurs vives, je m'accoutumais à languir, à ne pas dormir, à penser au lieu d'agir, et enfin à regarder le dépérissement successif et lent de ma machine comme un progrès inévitable que la mort seule pouvait arrêter.

Non seulement cette opinion me détacha de tous les vains soins de la vie, mais elle me délivra de l'importunité des remèdes auxquels on m'avait jusqu'alors soumis malgré moi. Salomon, convaincu que ses drogues ne pouvaient me sauver, m'en épargna le déboire [18], et se contenta d'amuser la douleur de ma pauvre Maman avec quelques-unes de ces ordonnances indifférentes qui leurrent l'espoir du malade et maintiennent le crédit du médecin. Je quittai l'étroit régime ; je repris l'usage du vin et tout le train de vie d'un homme en santé, selon la mesure de mes forces, sobre sur toute chose, mais ne m'abstenant de rien. Je sortis même, et recommençai d'aller voir mes connaissances, surtout M. de Conzié, dont le commerce me plaisait fort [19]. Enfin, soit qu'il me parût beau d'apprendre jusqu'à ma dernière heure, soit qu'un reste d'espoir de vivre se cachât au fond de mon cœur, l'attente de la mort, loin de ralentir mon goût pour l'étude, semblait l'animer, et je me pressais d'amasser un peu d'acquis pour l'autre monde, comme si j'avais cru n'y avoir que celui que j'aurais emporté. Je pris en affection la boutique d'un libraire appelé Bouchard [20], où se rendaient quelques gens de lettres ; et le printemps que j'avais cru ne pas revoir étant proche, je m'assortis [21] de quelques livres pour les Charmettes, en cas que j'eusse le bonheur d'y retourner.

J'eus ce bonheur, et j'en profitai de mon mieux. La joie avec laquelle je vis les premiers bourgeons est inexprimable. Revoir le printemps était pour moi ressusciter en paradis. À peine les neiges commençaient à fondre que nous quittâmes notre cachot, et nous fûmes assez tôt aux Charmettes pour y avoir les prémices du rossignol [22]. Dès lors je ne crus plus mourir, et réellement il est singulier que je n'ai jamais fait de grandes maladies à la campagne. J'y ai beaucoup souffert, mais je n'y ai jamais été alité. Souvent, j'ai dit, me sentant plus mal qu'à l'ordinaire : « Quand vous me verrez prêt à mourir, portez-moi à l'ombre d'un chêne, je vous promets que j'en reviendrai. »

Quoique faible, je repris mes fonctions champêtres, mais d'une manière proportionnée à mes forces. J'eus un vrai chagrin de ne pouvoir faire le jardin tout seul ; mais quand j'avais donné six coups de bêche, j'étais hors d'haleine, la sueur me ruisselait, je n'en pouvais plus. Quand j'étais baissé, mes battements redoublaient, et le sang me montait à la tête avec tant de force, qu'il fallait bien vite me redresser. Contraint de me borner à des soins moins fatigants, je pris entre autres celui du colombier, et je m'y affectionnai si fort, que j'y passais souvent plusieurs heures de suite sans m'ennuyer un moment. Le pigeon est fort timide et difficile à apprivoiser. Cependant je vins à bout d'inspirer aux miens tant de confiance, qu'ils me suivaient partout, et se laissaient prendre quand je voulais. Je ne pouvais paraître au jardin ni dans la cour sans en avoir à l'instant deux ou trois sur les bras, sur la tête, et enfin, malgré le plaisir que j'y prenais, ce cortège me devint si incommode, que je fus obligé de leur ôter cette familiarité. J'ai toujours pris un singulier plaisir à apprivoiser les animaux, surtout ceux qui sont craintifs et sauvages. Il me paraissait charmant de leur inspirer une confiance que je n'ai jamais trompée [23]. Je voulais qu'ils m'aimassent en liberté.

J'ai dit que j'avais apporté des livres ; j'en fis usage, mais d'une manière moins propre à m'instruire qu'à m'accabler. La fausse idée que j'avais des choses me persuadait que pour lire un livre avec fruit il fallait avoir toutes les connaissances qu'il supposait, bien éloigné de penser que souvent l'auteur ne les avait pas lui-même, et qu'il les puisait dans d'autres livres à mesure qu'il en avait besoin. Avec cette folle idée, j'étais arrêté à chaque instant, forcé de courir incessamment d'un livre à l'autre, et quelquefois avant d'être à la dixième page de celui que je voulais étudier, il m'eût fallu épuiser des bibliothèques. Cependant je m'obstinai si bien à cette extravagante méthode, que j'y perdis un temps infini, et faillis à me brouiller la tête au point de ne pouvoir plus ni rien voir ni rien savoir. Heureusement je m'aperçus que j'enfilais une fausse route qui m'égarait dans un labyrinthe immense, et j'en sortis avant d'y être tout à fait perdu.

Pour peu qu'on ait un vrai goût pour les sciences, la première chose qu'on sent en s'y livrant, c'est leur liaison, qui fait qu'elles s'attirent, s'aident, s'éclairent mutuellement et que l'une ne peut se passer de l'autre. Quoique l'esprit humain ne puisse suffire à toutes, et qu'il en faille toujours préférer une comme la principale, si l'on n'a quelque notion des autres, dans la sienne même on se trouve souvent dans l'obscurité. Je sentis que ce que j'avais entrepris était bon et utile en lui-même, qu'il n'y avait que la méthode à changer. Prenant d'abord l'encyclopédie [24], j'allais la divisant dans ses branches. Je vis qu'il fallait faire tout le contraire, les prendre chacune séparément, et les poursuivre chacune à part jusqu'au point où elles se réunissent. Ainsi je revins à la synthèse ordinaire, mais j'y revins en homme qui sait ce qu'il fait. La méditation me tenait en cela lieu de connaissance, et une réflexion très naturelle aidait à me bien guider. Soit que je vécusse ou que je mourusse, je n'avais point de temps à perdre. Ne rien savoir à près de vingt-cinq ans, et vouloir tout apprendre, c'est s'engager à bien mettre le temps à profit. Ne sachant à quel point le sort ou la mort pouvait arrêter mon zèle, je voulais à tout événement [25] acquérir des idées de toutes choses, tant pour sonder mes dispositions naturelles que pour juger par moi-même de ce qui méritait le mieux d'être cultivé.

Je trouvai dans l'exécution de ce plan un autre avantage auquel je n'avais pas pensé, celui de mettre beaucoup de temps à profit. Il faut que je ne sois pas né pour l'étude, car une longue application me fatigue à tel point qu'il m'est impossible de m'occuper demi-heure de suite avec force du même sujet, surtout en suivant les idées d'autrui ; car il m'est arrivé quelquefois de me livrer plus longtemps aux miennes, et même avec assez de succès. Quand j'ai suivi durant quelques pages un auteur qu'il faut lire avec application, mon esprit l'abandonne et se perd dans les nuages. Si je m'obstine, je m'épuise inutilement ; les éblouissements me prennent, je ne vois plus rien. Mais que des sujets différents se succèdent, même sans interruption, l'un me délasse de l'autre, et sans avoir besoin de relâche, je les suis plus aisément. Je mis à profit cette observation dans mon plan d'études, et je les entremêlai tellement, que je m'occupais tout le jour, et ne me fatiguais jamais. Il est vrai que les soins champêtres et domestiques faisaient des diversions utiles ; mais dans ma ferveur croissante, je trouvai bientôt le moyen d'en ménager encore le temps pour l'étude, et de m'occuper à la fois de deux choses sans songer que chacune en allait moins bien.

Dans tant de menus détails qui me charment et dont j'excède souvent mon lecteur, je mets pourtant une discrétion dont il ne se douterait guère, si je n'avais soin de l'en avertir. Ici, par exemple, je me rappelle avec délices tous les différents essais que je fis pour distribuer mon temps de façon que j'y trouvasse à la fois autant d'agrément et d'utilité qu'il était possible ; et je puis dire que ce temps où je vivais dans la retraite, et toujours malade, fut celui de ma vie où je fus le moins oisif et le moins ennuyé. Deux ou trois mois se passèrent ainsi à tâter la pente de mon esprit, et à jouir, dans la plus belle saison de l'année, et dans un lieu qu'elle rendait enchanté, du charme de la vie dont je sentais si bien le prix, de celui d'une société aussi libre que douce, si l'on peut donner le nom de société à une aussi parfaite union, et de celui des belles connaissances que je me proposais d'acquérir ; car c'était pour moi comme si je les avais déjà possédées, ou plutôt c'était mieux encore, puisque le plaisir d'apprendre entrait pour beaucoup dans mon bonheur.

Il faut passer sur ces essais, qui tous étaient pour moi des jouissances, mais trop simples pour pouvoir être expliquées. Encore un coup, le vrai bonheur ne se décrit pas, il se sent, et se sent d'autant mieux qu'il peut le moins se décrire, parce qu'il ne résulte pas d'un recueil de faits, mais qu'il est un état permanent. Je me répète souvent, mais je me répéterais bien davantage si je disais la même chose autant de fois qu'elle me vient dans l'esprit. Quand enfin mon train de vie, souvent changé, eut pris un cours uniforme, voici à peu près quelle en fut la distribution [26].

Je me levais tous les matins avant le soleil. Je montais par un verger voisin dans un très joli chemin qui était au-dessus de la vigne, et suivait la côte jusqu'à Chambéry. Là, tout en me promenant, je faisais ma prière qui ne consistait pas en un vain balbutiement de lèvres, mais dans une sincère élévation de cœur à l'auteur de cette aimable nature dont les beautés étaient sous mes yeux [27]. Je n'ai jamais aimé à prier dans la chambre ; il me semble que les murs et tous ces petits ouvrages des hommes s'interposent entre Dieu et moi. J'aime à le contempler dans ses œuvres tandis que mon cœur s'élève à lui. Mes prières étaient pures, je puis le dire, et dignes par là d'être exaucées. Je ne demandais pour moi, et pour celle dont mes vœux ne me séparaient jamais, qu'une vie innocente et tranquille, exempte du vice, de la douleur, des pénibles besoins, la mort des justes, et leur sort dans l'avenir. Du reste, cet acte se passait plus en admiration et en contemplation qu'en demandes, et je savais qu'auprès du dispensateur des vrais biens le meilleur moyen d'obtenir ceux qui nous

sont nécessaires est moins de les demander que de les
mériter [28]. Je revenais en me promenant par un assez
grand tour, occupé à considérer avec intérêt et volupté
les objets champêtres dont j'étais environné, les seuls
dont l'œil et le cœur ne se lassent jamais. Je regardais de
loin s'il était jour chez Maman ; quand je voyais son
contrevent ouvert, je tressaillais de joie et j'accourais.
S'il était fermé, j'entrais au jardin en attendant qu'elle
fût éveillée, m'amusant à repasser ce que j'avais appris
la veille, ou à jardiner. Le contrevent s'ouvrait, j'allais
l'embrasser dans son lit, souvent encore à moitié
endormie, et cet embrassement aussi pur que tendre
tirait de son innocence même un charme qui n'est
jamais joint à la volupté des sens.

Nous déjeunions ordinairement avec du café au lait.
C'était le temps de la journée où nous étions le plus
tranquilles, où nous causions le plus à notre aise. Ces
séances, pour l'ordinaire assez longues, m'ont laissé un
goût vif pour les déjeuners, et je préfère infiniment
l'usage d'Angleterre et de Suisse, où le déjeuner est un
vrai repas qui rassemble tout le monde, à celui de
France, où chacun déjeune seul dans sa chambre, ou le
plus souvent ne déjeune point du tout. Après une heure
ou deux de causerie, j'allais à mes livres jusqu'au dîner.
Je commençais par quelque livre de philosophie,
comme la *Logique* de Port-Royal, l'*Essai* de Locke,
Malebranche, Leibnitz, Descartes, etc [29]. Je m'aperçus
bientôt que tous ces auteurs étaient entre eux en
contradiction presque perpétuelle, et je formai le chi-
mérique projet de les accorder, qui me fatigua beaucoup et me fit perdre bien du temps. Je me brouillais la
tête, et je n'avançais point. Enfin, renonçant encore à
cette méthode, j'en pris une infiniment meilleure, et à
laquelle j'attribue tout le progrès que je puis avoir fait,
malgré mon défaut de capacité ; car il est certain que
j'en eus toujours fort peu pour l'étude. En lisant chaque
auteur, je me fis une loi d'adopter et suivre toutes ses
idées sans y mêler les miennes ni celles d'un autre, et
sans jamais disputer avec lui. Je me dis : « Commen-
çons par me faire un magasin d'idées, vraies ou fausses,

mais nettes, en attendant que ma tête en soit assez fournie pour pouvoir les comparer et choisir. » Cette méthode n'est pas sans inconvénient, je le sais, mais elle m'a réussi dans l'objet de m'instruire. Au bout de quelques années passées à ne penser exactement que d'après autrui, sans réfléchir pour ainsi dire et presque sans raisonner, je me suis trouvé un assez grand fonds d'acquis pour me suffire à moi-même, et penser sans le secours d'autrui. Alors, quand les voyages et les affaires m'ont ôté les moyens de consulter les livres, je me suis amusé à repasser et comparer ce que j'avais lu, à peser chaque chose à la balance de la raison, et à juger quelquefois mes maîtres. Pour avoir commencé tard à mettre en exercice ma faculté judiciaire [30], je n'ai pas trouvé qu'elle eût perdu sa vigueur ; et quand j'ai publié mes propres idées, on ne m'a pas accusé d'être un disciple servile et de jurer *in verba magistri* [31].

Je passais de là à la géométrie élémentaire ; car je n'ai jamais été plus loin, m'obstinant à vouloir vaincre mon peu de mémoire, à force de revenir cent et cent fois sur mes pas et de recommencer incessamment la même marche. Je ne goûtai pas celle d'Euclide, qui cherche plutôt la chaîne des démonstrations que la liaison des idées ; je préférai la Géométrie du P. Lamy [32], qui dès lors devint un de mes auteurs favoris, et dont je relis encore avec plaisir les ouvrages. L'algèbre suivait, et ce fut toujours le P. Lamy que je pris pour guide. Quand je fus plus avancé, je pris la *Science du calcul* du P. Reyneau [33], puis son *Analyse démontrée*, que je n'ai fait qu'effleurer. Je n'ai jamais été assez loin pour bien sentir l'application de l'algèbre à la géométrie. Je n'aimais point cette manière d'opérer sans voir ce qu'on fait, et il me semblait que résoudre un problème de géométrie par les équations, c'était jouer un air en tournant une manivelle. La première fois que je trouvai par le calcul que le carré d'un binôme était composé du carré de chacune de ses parties, et du double produit de l'une par l'autre, malgré la justesse de ma multiplication, je n'en voulus rien croire jusqu'à ce que j'eusse fait la figure. Ce n'était pas que je n'eusse un grand goût pour l'algèbre en n'y considérant que la quantité abstraite ; mais appliquée à l'étendue, je voulais voir l'opération sur les lignes ; autrement je n'y comprenais plus rien [34].

Après cela venait le latin. C'était mon étude la plus pénible et dans laquelle je n'ai jamais fait de grands progrès [35]. Je me mis d'abord à la méthode latine de Port-Royal, mais sans fruit. Ces vers ostrogoths [36] me faisaient mal au cœur, et ne pouvaient entrer dans mon oreille. Je me perdais dans ces foules de règles, et en apprenant la dernière j'oubliais tout ce qui avait précédé. Une étude de mots n'est pas ce qu'il faut à un homme sans mémoire et c'était précisément pour forcer ma mémoire à prendre de la capacité que je m'obstinais à cette étude. Il fallut l'abandonner à la fin. J'entendais assez la construction pour pouvoir lire un auteur facile, à l'aide d'un dictionnaire. Je suivis cette route, et je m'en trouvai bien. Je m'appliquai à la traduction, non par écrit, mais mentale, et je m'en tins là. À force de temps et d'exercice, je suis parvenu à lire assez couramment les auteurs latins, mais jamais à pouvoir ni parler ni écrire dans cette langue ; ce qui m'a souvent mis dans l'embarras quand je me suis trouvé, je ne sais comment, enrôlé parmi les gens de lettres. Un autre inconvénient, conséquent à cette manière d'apprendre, est que je n'ai jamais su la prosodie, encore moins les règles de la versification. Désirant pourtant de sentir l'harmonie de la langue en vers et en prose, j'ai fait bien des efforts pour y parvenir ; mais je suis convaincu que sans maître cela est presque impossible. Ayant appris la composition du plus facile de tous les vers, qui est l'hexamètre, j'eus la patience de scander presque tout Virgile, et d'y marquer les pieds et la quantité ; puis, quand j'étais en doute si une syllabe était longue ou brève, c'était mon Virgile que j'allais consulter [37]. On sent que cela me faisait faire bien des fautes ; à cause des altérations permises par les règles de la versification. Mais s'il y a de l'avantage à étudier seul, il y a aussi de grands inconvénients, et surtout une peine incroyable. Je sais cela mieux que qui que ce soit.

Avant midi je quittais mes livres, et, si le dîner n'était pas prêt, j'allais faire visite à mes amis les pigeons, ou travailler au jardin en attendant l'heure.

Quand je m'entendais appeler, j'accourais fort content et muni d'un grand appétit ; car c'est encore une chose à noter que, quelque malade que je puisse être, l'appétit ne me manque jamais. Nous dînions très agréablement, en causant de nos affaires, en attendant que Maman pût manger. Deux ou trois fois la semaine, quand il faisait beau, nous allions derrière la maison prendre le café dans un cabinet frais et touffu, que j'avais garni de houblon, et qui nous faisait grand plaisir durant la chaleur ; nous passions là une petite heure à visiter nos légumes, nos fleurs, à des entretiens relatifs à notre manière de vivre, et qui nous en faisaient mieux goûter la douceur. J'avais une autre petite famille au bout du jardin : c'étaient des abeilles. Je ne manquais guère, et souvent Maman avec moi, d'aller leur rendre visite ; je m'intéressais beaucoup à leur ouvrage, je m'amusais infiniment à les voir revenir de la picorée [38], leurs petites cuisses quelquefois si chargées qu'elles avaient peine à marcher. Les premiers jours la curiosité me rendit indiscret, et elles me piquèrent deux ou trois fois ; mais ensuite nous fîmes si bien connaissance, que quelque près que je vinsse, elles me laissaient faire, et quelque pleines que fussent les ruches prêtes à jeter leur essaim, j'en étais quelquefois entouré, j'en avais sur les mains, sur le visage sans qu'aucune me piquât jamais. Tous les animaux se défient de l'homme, et n'ont pas tort : mais sont-ils sûrs une fois qu'il ne leur veut pas nuire, leur confiance devient si grande qu'il faut être plus que barbare pour en abuser.

Je retournais à mes livres : mais mes occupations de l'après-midi devaient moins porter le nom de travail et d'étude que de récréation et d'amusement. Je n'ai jamais pu supporter l'application du cabinet après mon dîner, et en général toute peine me coûte durant la chaleur du jour. Je m'occupais pourtant, mais sans gêne et presque sans règle, à lire sans étudier. La chose que je suivais le plus exactement était l'histoire et la géogra-

phie, et comme cela ne demandait point de contention
d'esprit, j'y fis autant de progrès que le permettait mon
peu de mémoire. Je voulus étudier le P. Pétau [39], et je
m'enfonçai dans les ténèbres de la chronologie ; mais je
me dégoûtai de la partie critique qui n'a ni fond ni rive,
et je m'affectionnai par préférence à l'exacte mesure
des temps et à la marche des corps célestes. J'aurais
même pris du goût pour l'astronomie si j'avais eu des
instruments mais il fallut me contenter de quelques éléments pris dans des livres, et de quelques observations
grossières faites avec une lunette d'approche, seulement pour connaître la situation générale du ciel : car
ma vue courte ne me permet pas de distinguer, à yeux
nus, assez nettement les astres. Je me rappelle à ce sujet
une aventure dont le souvenir m'a souvent fait rire.
J'avais acheté un planisphère céleste pour étudier les
constellations. J'avais attaché ce planisphère sur un
châssis, et les nuits où le ciel était serein, j'allais dans le
jardin poser mon châssis sur quatre piquets de ma hauteur, le planisphère tourné en dessous, et pour l'éclairer
sans que le vent soufflât ma chandelle, je la mis dans un
seau à terre entre les quatre piquets ; puis regardant
alternativement le planisphère avec mes yeux et les
astres avec ma lunette, je m'exerçais à connaître les
étoiles et à discerner les constellations. Je crois avoir dit
que le jardin de M. Noëray était en terrasse ; on voyait
du chemin tout ce qui s'y faisait. Un soir, des paysans
passant assez tard me virent dans un grotesque équipage occupé à mon opération. La lueur qui donnait sur
mon planisphère, et dont ils ne voyaient pas la cause
parce que la lumière était cachée à leurs yeux par les
bords du seau, ces quatre piquets, ce grand papier barbouillé de figures, ce cadre, et le jeu de ma lunette,
qu'ils voyaient aller et venir, donnaient à cet objet un air
de grimoire [40] qui les effraya. Ma parure n'était pas propre
à les rassurer ; un chapeau clabaud par-dessus mon bonnet, et un pet-en-l'air [41] ouaté de Maman qu'elle
m'avait obligé de mettre, offraient à leurs yeux l'image
d'un vrai sorcier, et comme il était près de minuit, ils ne
doutèrent point que ce ne fût le commencement du

sabbat. Peu curieux d'en voir davantage, ils se sau-
vèrent très alarmés, éveillèrent leurs voisins pour leur
conter leur vision, et l'histoire courut si bien que dès
le lendemain chacun sut dans le voisinage que le
sabbat se tenait chez M. Noiret. Je ne sais ce qu'eût
produit enfin cette rumeur, si l'un des paysans,
témoin de mes conjurations, n'en eût le même jour
porté sa plainte à deux jésuites qui venaient nous voir,
et qui, sans savoir de quoi il s'agissait, les désabu-
sèrent par provision. Ils nous contèrent l'histoire ; je
leur en dis la cause, et nous rîmes beaucoup. Cependant il fut résolu, crainte de récidive, que j'observerais
désormais sans lumière, et que j'irais consulter le planisphère dans la maison. Ceux qui ont lu, dans les *Lettres de la Montagne* [42], ma magie de Venise trouveront,
je m'assure, que j'avais de longue main une grande
vocation pour être sorcier.

   Tel était mon train de vie aux Charmettes quand je
n'étais occupé d'aucuns soins champêtres ; car ils
avaient toujours la préférence, et dans ce qui n'excédait
pas mes forces, je travaillais comme un paysan ; mais il
est vrai que mon extrême faiblesse ne me laissait guère
alors sur cet article que le mérite de la bonne volonté.
D'ailleurs je voulais faire à la fois deux ouvrages, et par
cette raison je n'en faisais bien aucun. Je m'étais mis
dans la tête de me donner par force de la mémoire ; je
m'obstinais à vouloir beaucoup apprendre par cœur.
Pour cela je portais toujours avec moi quelque livre
qu'avec une peine incroyable j'étudiais et repassais tout
en travaillant. Je ne sais pas comment l'opiniâtreté de
ces vains et continuels efforts ne m'a pas enfin rendu
stupide. Il faut que j'aie appris et rappris bien vingt fois
les églogues de Virgile, dont je ne sais pas un seul mot.
J'ai perdu ou dépareillé des multitudes de livres par
l'habitude que j'avais d'en porter partout avec moi, au
colombier, au jardin, au verger, à la vigne. Occupé
d'autre chose, je posais mon livre au pied d'un arbre ou
sur la haie ; partout j'oubliais de le reprendre, et souvent au bout de quinze jours, je le retrouvais pourri
ou rongé des fourmis et des limaçons. Cette ardeur

d'apprendre devint une manie qui me rendait comme hébété, tout occupé que j'étais sans cesse à marmotter quelque chose entre mes dents.

Les écrits de Port-Royal et de l'Oratoire, étant ceux que je lisais le plus fréquemment, m'avaient rendu demi-janséniste, et, malgré toute ma confiance, leur dure théologie m'épouvantait quelquefois. La terreur de l'enfer, que jusque-là j'avais très peu craint, troublait peu à peu ma sécurité, et si Maman ne m'eût tranquillisé l'âme, cette effrayante doctrine m'eût enfin tout à fait bouleversé. Mon confesseur, qui était aussi le sien, contribuait pour sa part à me maintenir dans une bonne assiette. C'était le P. Hemet [43], jésuite, bon et sage vieillard dont la mémoire me sera toujours en vénération. Quoique jésuite, il avait la simplicité d'un enfant, et sa morale, moins relâchée que douce, était précisément ce qu'il me fallait pour balancer les tristes impressions du jansénisme. Ce bon homme et son compagnon, le P. Couppier [44], venaient souvent nous voir aux Charmettes, quoique le chemin fût fort rude et assez long pour des gens de leur âge. Leurs visites me faisaient grand bien : que Dieu veuille le rendre à leurs âmes, car ils étaient trop vieux alors pour que je les présume en vie encore aujourd'hui. J'allais aussi les voir à Chambéry ; je me familiarisais peu à peu avec leur maison ; leur bibliothèque était à mon service ; le souvenir de cet heureux temps se lie avec celui des jésuites au point de me faire aimer l'un par l'autre, et quoique leur doctrine m'ait toujours paru dangereuse, je n'ai jamais pu trouver en moi le pouvoir de les haïr sincèrement [45].

Je voudrais savoir s'il passe quelquefois dans les cœurs des autres hommes des puérilités pareilles à celles qui passent quelquefois dans le mien. Au milieu de mes études et d'une vie innocente autant qu'on la puisse mener, et malgré tout ce qu'on m'avait pu dire, la peur de l'enfer m'agitait encore. Souvent je me demandais : « En quel état suis-je ? Si je mourais à l'instant même, serais-je damné ? » Selon mes jansénistes la chose était indubitable, mais selon ma conscience il me

paraissait que non. Toujours craintif, et flottant dans
cette cruelle incertitude, j'avais recours, pour en sortir,
aux expédients les plus risibles, et pour lesquels je ferais
volontiers enfermer un homme si je lui en voyais faire
autant. Un jour, rêvant à ce triste sujet, je m'exerçais
machinalement à lancer des pierres contre les troncs
des arbres, et cela avec mon adresse ordinaire, c'est-à-
dire sans presque en toucher aucun. Tout au milieu de
ce bel exercice, je m'avisai de m'en faire une espèce de
pronostic pour calmer mon inquiétude. Je me dis : « Je
m'en vais jeter cette pierre contre l'arbre qui est vis-à-
vis de moi ; si je le touche, signe de salut ; si je le
manque, signe de damnation. » Tout en disant ainsi, je
jette ma pierre d'une main tremblante et avec un horrible battement de cœur, mais si heureusement, qu'elle
va frapper au beau milieu de l'arbre, ce qui véritablement n'était pas difficile, car j'avais eu soin de le choisir fort gros et fort près [46]. Depuis lors je n'ai plus douté
de mon salut. Je ne sais, en me rappelant ce trait, si je
dois rire ou gémir sur moi-même. Vous autres grands
hommes, qui riez sûrement [47], félicitez-vous ; mais
n'insultez pas à ma misère, car je vous jure que je la
sens bien.

Au reste, ces troubles, ces alarmes, inséparables
peut-être de la dévotion, n'étaient pas un état permanent. Communément j'étais assez tranquille, et l'impression que l'idée d'une mort prochaine faisait sur
mon âme était moins de la tristesse qu'une langueur
paisible, et qui même avait ses douceurs [48]. Je viens de
retrouver parmi de vieux papiers une espèce d'exhortation que je me faisais à moi-même, et où je me félici-
tais de mourir à l'âge où l'on trouve assez de courage en
soi pour envisager la mort, et sans avoir éprouvé de
grands maux, ni de corps ni d'esprit, durant ma vie.
Que j'avais bien raison ! Un pressentiment me faisait
craindre de vivre pour souffrir. Il semblait que je prévoyais le sort qui m'attendait sur mes vieux jours. Je
n'ai jamais été si près de la sagesse que durant cette
heureuse époque. Sans grands remords sur le passé,
délivré des soucis de l'avenir, le sentiment qui dominait

constamment dans mon âme était de jouir du présent.
Les dévots ont pour l'ordinaire une petite sensualité
très vive qui leur fait savourer avec délices les plaisirs
innocents qui leur sont permis. Les mondains leur en
font un crime, je ne sais pourquoi, ou plutôt je le sais
bien : c'est qu'ils envient aux autres la jouissance des
plaisirs simples dont eux-mêmes ont perdu le goût. Je
l'avais, ce goût, et je trouvais charmant de le satisfaire
en sûreté de conscience. Mon cœur, neuf encore, se
livrait à tout avec un plaisir d'enfant, ou plutôt, si je
l'ose dire, avec une volupté d'ange, car en vérité ces
tranquilles jouissances ont la sérénité de celles du
paradis. Des dîners faits sur l'herbe, à Montagnole [49],
des soupers * sous le berceau [50], la récolte des fruits,
les vendanges, les veillées à teiller [51] avec nos gens, tout
cela faisait pour nous autant de fêtes auxquelles
Maman prenait le même plaisir que moi. Des promenades plus solitaires avaient un charme plus grand
encore, parce que le cœur s'épanchait plus en liberté.
Nous en fîmes une entre autres qui fait époque dans ma
mémoire, un jour de Saint-Louis [52] dont Maman portait le nom. Nous partîmes ensemble et seuls de bon
matin, après la messe qu'un carme était venu nous dire
à la pointe du jour, dans une chapelle attenante à
la maison. J'avais proposé d'aller parcourir la côte
opposée à celle où nous étions, et que nous n'avions
point visitée encore. Nous avions envoyé nos provisions d'avance, car la course devait durer tout le jour.
Maman, quoiqu'un peu ronde et grasse, ne marchait
pas mal : nous allions de colline en colline et de bois en
bois, quelquefois au soleil et souvent à l'ombre, nous
reposant de temps en temps, et nous oubliant des
heures entières ; causant de nous, de notre union, de la
douceur de notre sort, et faisant pour sa durée des
vœux qui ne furent pas exaucés. Tout semblait cons-
pirer au bonheur de cette journée. Il avait plu depuis
peu ; point de poussière, et des ruisseaux bien cou-
rants ; un petit vent frais agitait les feuilles, l'air était
pur, l'horizon sans nuage, la sérénité régnait au ciel
comme dans nos cœurs. Notre dîner fut fait chez un

paysan, et partagé avec sa famille qui nous bénissait de bon cœur. Ces pauvres Savoyards sont si bonnes gens ! Après le dîner nous gagnâmes l'ombre sous de grands arbres, où, tandis que j'amassais des brins de bois sec pour faire notre café, Maman s'amusait à herboriser parmi les broussailles, et avec les fleurs du bouquet que, chemin faisant, je lui avais ramassé, elle me fit remarquer dans leur structure mille choses curieuses qui m'amusèrent beaucoup, et qui devaient me donner du goût pour la botanique ; mais le moment n'était pas venu, j'étais distrait par trop d'autres études. Une idée qui vint me frapper fit diversion aux fleurs et aux plantes. La situation d'âme où je me trouvais, tout ce que nous avions dit et fait ce jour-là, tous les objets qui m'avaient frappé me rappelèrent l'espèce de rêve que tout éveillé j'avais fait à Annecy sept ou huit ans auparavant, et dont j'ai rendu compte en son lieu [53]. Les rapports en étaient si frappants, qu'en y pensant j'en fus ému jusqu'aux larmes. Dans un transport d'attendrissement j'embrassai cette chère amie : « Maman, Maman, lui dis-je avec passion, ce jour m'a été promis depuis longtemps, et je ne vois rien au-delà. Mon bonheur, grâce à vous, est à son comble ; puisse-t-il ne pas décliner désormais ! puisse-t-il durer aussi longtemps que j'en conserverai le goût ! Il ne finira qu'avec moi. »

Ainsi coulèrent mes jours heureux, et d'autant plus heureux que, n'apercevant rien qui les dût troubler, je n'envisageais en effet leur fin qu'avec la mienne. Ce n'était pas que la source de mes soucis fût absolument tarie ; mais je lui voyais prendre un autre cours que je dirigeais de mon mieux sur des objets utiles, afin qu'elle portât son remède avec elle. Maman aimait naturellement la campagne, et ce goût ne s'attiédissait pas avec moi. Peu à peu elle prit celui des soins champêtres ; elle aimait à faire valoir les terres ; et elle avait sur cela des connaissances dont elle faisait usage avec plaisir. Non contente de ce qui dépendait de la maison qu'elle avait prise, elle louait tantôt un champ, tantôt un pré. Enfin, portant son humeur entreprenante sur des objets d'agriculture, au lieu de rester oisive dans sa maison,

elle prenait le train de devenir bientôt une grosse
fermière [54]. Je n'aimais pas trop à la voir ainsi s'étendre,
et je m'y opposais tant que je pouvais, bien sûr qu'elle
serait toujours trompée, et que son humeur libérale et
prodigue porterait toujours la dépense au-delà du produit. Toutefois je me consolais en pensant que ce produit du moins ne serait pas nul, et lui aiderait à vivre.
De toutes les entreprises qu'elle pouvait former, celle-
là me paraissait la moins ruineuse, et, sans y envisager
comme elle un objet de profit, j'y envisageais une occupation continuelle, qui la garantirait des mauvaises
affaires et des escrocs. Dans cette idée je désirais
ardemment de recouvrer autant de force et de santé
qu'il m'en fallait pour veiller à ses affaires, pour être
piqueur [55] de ses ouvriers, ou son premier ouvrier, et
naturellement l'exercice que cela me faisait faire,
m'arrachant souvent à mes livres et me distrayant sur
mon état, devait le rendre meilleur.

L'hiver suivant, Barillot revenant d'Italie m'apporta
quelques livres, entre autres le *Bontempi* et la *Cartella
per musica* du P. Banchieri, qui me donnèrent du goût
pour l'histoire de la musique et pour les recherches
théoriques de ce bel art [56]. Barillot resta quelque temps
avec nous, et comme j'étais majeur depuis plusieurs
mois [57], il fut convenu que j'irais le printemps suivant à
Genève redemander le bien de ma mère, ou du moins
la part qui m'en revenait, en attendant qu'on sût ce que
mon frère était devenu. Cela s'exécuta comme il avait
été résolu. J'allai à Genève, mon père y vint de son côté.
Depuis longtemps il y revenait sans qu'on lui cherchât
querelle, quoiqu'il n'eût jamais purgé son décret : mais
comme on avait de l'estime pour son courage et du respect pour sa probité, on feignait d'avoir oublié son
affaire, et les magistrats, occupés du grand projet qui
éclata peu après [58], ne voulaient pas effaroucher avant
le temps la bourgeoisie en lui rappelant mal à propos
leur ancienne partialité.

Je craignais qu'on ne me fît des difficultés sur mon
changement de religion ; l'on n'en fit aucune. Les lois
de Genève sont à cet égard moins dures que celles de

Berne, où quiconque change de religion perd non seulement son état, mais son bien. Le mien ne me fut donc pas disputé, mais se trouva, je ne sais comment, réduit à fort peu de chose [59]. Quoiqu'on fût à peu près sûr que mon frère était mort, on n'en avait point de preuve juridique. Je manquais de titres suffisants pour réclamer sa part, et je la laissai sans regret [60] pour aider à vivre à mon père qui en a joui tant qu'il a vécu. Sitôt que les formalités de justice furent faites et que j'eus reçu mon argent, j'en mis quelque partie en livres, et je volai porter le reste aux pieds de Maman. Le cœur me battait de joie durant la route, et le moment où je déposai cet argent dans ses mains me fut mille fois plus doux que celui où il entra dans les miennes. Elle le reçut avec cette simplicité des belles âmes, qui, faisant ces choses-là sans effort, les voient sans admiration. Cet argent fut employé presque tout entier à mon usage [61], et cela avec une égale simplicité. L'emploi en eût exactement été le même s'il lui fût venu d'autre part.

Cependant ma santé ne se rétablissait point ; je dépérissais au contraire à vue d'œil ; j'étais pâle comme un mort et maigre comme un squelette : mes battements d'artères étaient terribles, mes palpitations plus fréquentes ; j'étais continuellement oppressé, et ma faiblesse enfin devint telle que j'avais peine à me mouvoir ; je ne pouvais presser le pas sans étouffer, je ne pouvais me baisser sans avoir de vertiges, je ne pouvais soulever le plus léger fardeau ; j'étais réduit à l'inaction la plus tourmentante pour un homme aussi remuant que moi. Il est certain qu'il se mêlait à tout cela beaucoup de vapeurs. Les vapeurs sont les maladies des gens heureux, c'était la mienne : les pleurs que je versais souvent sans raison de pleurer, les frayeurs vives au bruit d'une feuille ou d'un oiseau, l'inégalité d'humeur dans le calme de la plus douce vie, tout cela marquait cet ennui du bien-être qui fait pour ainsi dire extravaguer la sensibilité [62]. Nous sommes si peu faits pour être heureux ici-bas, qu'il faut nécessairement que l'âme ou le corps souffre quand ils ne souffrent pas tous les deux, et que le bon état de l'un fait presque toujours tort à l'autre. Quand j'aurais pu jouir délicieusement de la vie, ma machine en décadence m'en empêchait, sans qu'on pût dire où la cause du mal avait son vrai siège. Dans la suite, malgré le déclin des ans, et des maux très réels et très graves, mon corps semble avoir repris des forces pour mieux sentir mes malheurs, et maintenant que j'écris ceci, infirme et presque sexagénaire, accablé de douleurs de toute espèce, je me sens pour souffrir plus de vigueur et de vie que je n'en eus pour jouir à la fleur de mon âge et dans le sein du plus vrai bonheur.

Pour m'achever, ayant fait entrer un peu de physiologie dans mes lectures, je m'étais mis à étudier l'anatomie, et passant en revue la multitude et le jeu des pièces qui composaient ma machine, je m'attendais à sentir détraquer tout cela vingt fois le jour : loin d'être étonné de me trouver mourant je l'étais que je pusse encore vivre, et je ne lisais pas la description d'une maladie que je ne crusse être la mienne. Je suis sûr que si je n'avais pas été malade, je le serais devenu par cette fatale étude. Trouvant dans chaque maladie des symptômes de la mienne, je croyais les avoir toutes, et j'en gagnai par-dessus une plus cruelle encore dont je m'étais cru délivré : la fantaisie de guérir ; c'en est une difficile à éviter quand on se met à lire des livres de médecine. À force de chercher, de réfléchir, de comparer, j'allai m'imaginer que la base de mon mal était un polype au cœur [63], et Salomon lui-même parut frappé de cette idée. Raisonnablement je devais partir de cette opinion pour me confirmer dans ma résolution précédente. Je ne fis point ainsi. Je tendis tous les ressorts de mon esprit pour chercher comment on pouvait guérir d'un polype au cœur, résolu d'entreprendre cette merveilleuse cure. Dans un voyage qu'Anet avait fait à Montpellier, pour aller voir le Jardin des Plantes et le démonstrateur, M. Sauvages [64], on lui avait dit que M. Fizes [65] avait guéri un pareil polype. Maman s'en souvint et m'en parla. Il n'en fallut pas davantage pour m'inspirer le désir d'aller consulter M. Fizes. L'espoir de guérir me fait retrouver du courage et des forces pour entreprendre ce voyage. L'argent venu de Genève en fournit le moyen. Maman, loin de m'en détourner, m'y exhorte, et me voilà parti pour Montpellier [66].

Je n'eus pas besoin d'aller si loin pour trouver le médecin qu'il me fallait. Le cheval me fatiguant trop j'avais pris une chaise à Grenoble [67]. À Moirans, cinq ou six chaises arrivèrent à la file après la mienne. Pour le coup c'était vraiment l'aventure des brancards [68]. La plupart de ces chaises étaient le cortège d'une nouvelle mariée appelée Mme du Colombier [69]. Avec elle était une autre femme, appelée Mme de Larnage [70], moins jeune et moins belle que Mme du Colombier, mais non moins aimable, et qui de Romans, où s'arrêtait celle-ci, devait poursuivre sa route jusqu'au Bourg Saint-Andéol, près le Pont du Saint-Esprit. Avec la timidité qu'on me connaît, on s'attend que la connaissance ne fût pas sitôt faite avec des femmes brillantes et la suite qui les entourait ; mais enfin, suivant la même route, logeant dans les mêmes auberges, et sous peine de passer pour un loup-garou, forcé de me présenter à la même table, il fallait bien que cette connaissance se fît. Elle se fit donc, et même plus tôt que je n'aurais voulu ; car tout ce fracas ne convenait guère à un malade, et surtout à un malade de mon humeur. Mais la curiosité rend ces coquines de femmes si insinuantes, que pour parvenir à connaître un homme, elles commencent par lui faire tourner la tête. Ainsi arriva de moi. Mme du Colombier, trop entourée de ses jeunes roquets [71], n'avait guère le temps de m'agacer *, et d'ailleurs ce n'en était pas la peine, puisque nous allions nous quitter ; mais Mme de Larnage, moins obsédée, avait des provisions à faire pour sa route. Voilà Mme de Larnage qui m'entreprend, et adieu le pauvre Jean-Jacques, ou plutôt adieu la fièvre, les vapeurs, le polype ; tout part auprès d'elle, hors certaines palpitations qui me restèrent et dont elle ne voulait pas me guérir. Le mauvais état de ma santé fut le premier texte de notre connaissance. On voyait que j'étais malade, on savait que j'allais à Montpellier et il faut que mon air et mes manières n'annonçassent pas un débauché, car il fut clair dans la suite qu'on ne m'avait pas soupçonné

d'aller y faire un tour de casserole [72]. Quoique l'état de
maladie ne soit pas pour un homme une grande recommandation près des dames, il me rendit toutefois intéressant pour celles-ci. Le matin elles envoyaient savoir
de mes nouvelles et m'inviter à prendre le chocolat avec
elles ; elles s'informaient comment j'avais passé la nuit.
Une fois, selon ma louable coutume de parler sans
penser, je répondis que je ne savais pas. Cette réponse
leur fit croire que j'étais fou ; elles m'examinèrent davantage, et cet examen ne me nuisit pas. J'entendis une fois
Mme du Colombier dire à son amie : « Il manque de
monde, mais il est aimable. » Ce mot me rassura beaucoup, et fit que je le devins en effet.

En se familiarisant, il fallait parler de soi, dire d'où
l'on venait, qui l'on était. Cela m'embarrassait ; car je
sentais très bien que, parmi la bonne compagnie, et
avec des femmes galantes [73], ce mot de nouveau
converti m'allait tuer. Je ne sais par quelle bizarrerie je
m'avisai de passer pour Anglais, je me donnai pour
jacobite [74], on me prit pour tel ; je m'appelai Dudding,
et l'on m'appela M. Dudding. Un maudit marquis de
Torignan [75] qui était là, malade ainsi que moi, vieux au
par-dessus [76] et d'assez mauvaise humeur, s'avisa de
lier conversation avec M. Dudding. Il me parla du roi
Jacques, du prétendant, de l'ancienne cour de Saint-
Germain. J'étais sur les épines : je ne savais de tout cela
que le peu que j'en avais lu dans le comte Hamilton [77] et
dans les gazettes ; cependant je fis de ce peu si bon
usage que je me tirai d'affaire : heureux qu'on ne se fût
pas avisé de me questionner sur la langue anglaise, dont
je ne savais pas un seul mot.

Toute la compagnie se convenait et voyait à regret le
moment de se quitter. Nous faisions des journées de
limaçon. Nous nous trouvâmes un dimanche [78] à Saint-
Marcellin. Mme de Larnage voulut aller à la messe, j'y
fus avec elle : cela faillit à gâter mes affaires. Je me com-
portai comme j'ai toujours fait. Sur ma contenance
modeste et recueillie elle me crut dévot, et prit de moi
la plus mauvaise opinion du monde, comme elle me
l'avoua deux jours après. Il me fallut ensuite beaucoup

de galanterie pour effacer cette mauvaise impression ;
ou plutôt Mme de Larnage, en femme d'expérience et
qui ne se rebutait pas aisément, voulut bien courir les
risques de ses avances pour voir comment je m'en tire-
rais. Elle m'en fit beaucoup et de telles que bien éloigné
de présumer de ma figure, je crus qu'elle se moquait de
moi. Sur cette folie, il n'y eut sorte de bêtises que je ne
fisse ; c'était pis que le marquis du *Legs* [79]. Mme de Larnage tint bon, me fit tant d'agaceries et me dit des
choses si tendres, qu'un homme beaucoup moins sot
eût eu bien de la peine à prendre tout cela sérieusement. Plus elle en faisait, plus elle me confirmait dans
mon idée, et ce qui me tourmentait davantage était qu'à
bon compte je me prenais d'amour tout de bon. Je me
disais, et je lui disais en soupirant : « Ah ! que tout cela
n'est-il vrai ! je serais le plus heureux des hommes. » Je
crois que ma simplicité de novice ne fit qu'irriter sa
fantaisie ; elle n'en voulut pas avoir le démenti [80].

Nous avions laissé à Romans Mme du Colombier et
sa suite. Nous continuions notre route le plus lentement et le plus agréablement du monde, Mme de Larnage, le marquis de Torignan, et moi. M. de Torignan,
quoique malade et grondeur, était un assez bon
homme, mais qui n'aimait pas trop manger son pain à
la fumée du rôti [81]. Mme de Larnage cachait si peu le
goût qu'elle avait pour moi, qu'il s'en aperçut plus tôt
que moi-même ; et ses sarcasmes malins auraient dû
me donner au moins la confiance que je n'osais prendre
aux bontés de la dame, si, par un travers d'esprit dont
moi seul étais capable, je ne m'étais imaginé qu'ils
s'entendaient pour me persifler *. Cette sotte idée
acheva de me renverser la tête, et me fit faire le plus plat
personnage dans une situation où mon cœur, étant
réellement pris, m'en pouvait dicter un assez brillant. Je
ne conçois pas comment Mme de Larnage ne se rebuta
pas de ma maussaderie, et ne me congédia pas avec le
dernier mépris. Mais c'était une femme d'esprit qui
savait discerner son monde, et qui voyait bien qu'il y
avait plus de bêtise que de tiédeur dans mes procédés.

Elle parvint enfin à se faire entendre, et ce ne fut pas sans peine. À Valence, nous étions arrivés pour dîner, et selon notre louable coutume, nous y passâmes le reste du jour. Nous étions logés hors de la ville, à Saint-Jacques ; je me souviendrai toujours de cette auberge, ainsi que de la chambre que Mme de Larnage y occupait. Après le dîner elle voulut se promener : elle savait que M. de Torignan n'était pas allant [82] ; c'était le moyen de se ménager un tête-à-tête dont elle avait bien résolu de tirer parti, car il n'y avait plus de temps à perdre pour en avoir à mettre à profit. Nous nous promenions autour de la ville le long des fossés. Là je repris la longue histoire de mes complaintes, auxquelles elle répondait d'un ton si tendre, me pressant quelquefois contre son cœur le bras qu'elle tenait, qu'il fallait une stupidité pareille à la mienne pour m'empêcher de vérifier si elle parlait sérieusement. Ce qu'il y avait d'impayable était que j'étais moi-même excessivement ému. J'ai dit qu'elle était aimable : l'amour la rendait charmante ; il lui rendait tout l'éclat de la première jeunesse, et elle ménageait ses agaceries avec tant d'art, qu'elle aurait séduit un homme à l'épreuve. J'étais donc fort mal à mon aise et toujours sur le point de m'émanciper [83] ; mais la crainte d'offenser ou de déplaire, la frayeur plus grande encore d'être hué, sifflé, berné, de fournir une histoire à table, et d'être complimenté sur mes entreprises par l'impitoyable Torignan, me retinrent au point d'être indigné moi-même de ma sotte honte, et de ne la pouvoir vaincre en me la reprochant. J'étais au supplice ; j'avais déjà quitté mes propos de Céladon [84], dont je sentais tout le ridicule en si beau chemin : ne sachant plus quelle contenance tenir ni que dire, je me taisais ; j'avais l'air boudeur, enfin je faisais tout ce qu'il fallait pour m'attirer le traitement que j'avais redouté. Heureusement Mme de Larnage prit un parti plus humain. Elle interrompit brusquement ce silence en passant un bras autour de mon cou, et dans l'instant sa bouche parla trop clairement sur la mienne pour me laisser mon erreur. La crise ne pouvait se faire plus à propos. Je devins aimable. Il en était temps. Elle m'avait donné cette confiance dont le défaut m'a presque toujours empêché d'être moi. Je le fus alors. Jamais mes yeux, mes sens, mon cœur et ma bouche n'ont si bien parlé ; jamais je n'ai si pleinement réparé mes torts ; et si cette petite conquête avait coûté des soins à Mme de Larnage, j'eus lieu de croire qu'elle n'y avait pas de regret.

Quand je vivrais cent ans, je ne me rappellerais jamais sans plaisir le souvenir de cette charmante femme. Je dis charmante, quoiqu'elle ne fût ni belle ni jeune ; mais n'étant non plus ni laide ni vieille, elle n'avait rien dans sa figure qui empêchât son esprit et ses grâces de faire tout leur effet. Tout au contraire des autres femmes, ce qu'elle avait de moins frais était le visage, et je crois que le rouge le lui avait gâté. Elle avait ses raisons pour être facile, c'était le moyen de valoir tout son prix. On pouvait la voir sans l'aimer, mais non pas la posséder sans l'adorer. Et cela prouve, ce me semble, qu'elle n'était pas toujours aussi prodigue de ses bontés qu'elle le fut avec moi. Elle s'était prise d'un goût trop prompt et trop vif pour être excusable, mais où le cœur entrait du moins autant que les sens ; et durant le temps court et délicieux que je passai auprès d'elle j'eus lieu de croire, aux ménagements forcés qu'elle m'imposait, que, quoique sensuelle et voluptueuse, elle aimait encore mieux ma santé que ses plaisirs.

Notre intelligence n'échappa pas au marquis de Torignan. Il n'en tirait [85] pas moins sur moi ; au contraire, il me traitait plus que jamais en pauvre amoureux transi, martyr des rigueurs de sa dame. Il ne lui échappa jamais un mot, un sourire, un regard qui pût me faire soupçonner qu'il nous eût devinés, et je l'aurais cru notre dupe, si Mme de Larnage, qui voyait mieux que moi, ne m'eût dit qu'il ne l'était pas, mais qu'il était galant homme ; et en effet on ne saurait avoir des intentions plus honnêtes, ni se comporter plus poliment qu'il fit toujours, même envers moi, sauf ses plaisanteries, surtout depuis mon succès. Il m'en attribuait l'honneur peut-être, et me supposait moins sot que je

ne l'avais paru. Il se trompait, comme on a vu : mais
n'importe, je profitais de son erreur, et il est vrai
qu'alors les rieurs étant pour moi, je prêtais le flanc de
bon cœur et d'assez bonne grâce à ses épigrammes, et
j'y ripostais quelquefois, même assez heureusement,
tout fier de me faire honneur auprès de Mᵐᵉ de Larnage
de l'esprit qu'elle m'avait donné. Je n'étais plus le même
homme [86].

Nous étions dans un pays et dans une saison de
bonne chère ; nous la faisions partout excellente, grâce
aux bons soins de M. de Torignan. Je me serais pourtant passé qu'il les étendît jusqu'à nos chambres, mais
il envoyait devant son laquais pour les retenir, et le
coquin, soit de son chef, soit par l'ordre de son maître,
le logeait toujours à côté de Mᵐᵉ de Larnage, et me
fourrait à l'autre bout de la maison. Mais cela ne
m'embarrassait guère, et nos rendez-vous n'en étaient
que plus piquants. Cette vie délicieuse dura quatre ou
cinq jours, pendant lesquels je me gorgeai, je m'enivrai
des plus douces voluptés. Je les goûtai pures, vives, sans
aucun mélange de peine : ce sont les premières et les
seules que j'aie ainsi goûtées, et je puis dire que je dois
à Mᵐᵉ de Larnage de ne pas mourir sans avoir connu le
plaisir.

Si ce que je sentais pour elle n'était pas précisément
de l'amour, c'était du moins un retour si tendre pour
celui qu'elle me témoignait, c'était une sensualité si
brûlante dans le plaisir, et une intimité si douce dans les
entretiens, qu'elle avait tout le charme de la passion
sans en avoir le délire qui tourne la tête et fait qu'on ne
sait pas jouir. Je n'ai senti l'amour vrai qu'une seule fois
en ma vie, et ce ne fut pas auprès d'elle [87]. Je ne l'aimais
pas non plus comme j'avais aimé et comme j'aimais
Mᵐᵉ de Warens ; mais c'était pour cela même que je la
possédais cent fois mieux. Près de Maman mon plaisir
était toujours troublé par un sentiment de tristesse, par
un secret serrement de cœur que je ne surmontais pas
sans peine ; au lieu de me féliciter de la posséder, je me
reprochais de l'avilir. Près de Mᵐᵉ de Larnage, au
contraire, fier d'être homme et d'être heureux, je me

livrais à mes sens avec joie, avec confiance ; je partageais l'impression que je faisais sur les siens ; j'étais assez à moi pour contempler avec autant de vanité que de volupté mon triomphe et pour tirer de là de quoi le redoubler.

Je ne me souviens pas de l'endroit où nous quitta le marquis de Torignan, qui était du pays, mais nous nous trouvâmes seuls avant d'arriver à Montélimar, et dès lors Mme de Larnage établit sa femme de chambre dans ma chaise et je passai dans la sienne avec elle. Je puis assurer que la route ne nous ennuyait pas de cette manière, et j'aurais eu bien de la peine à dire comment le pays que nous parcourions était fait. À Montélimar, elle eut des affaires qui l'y retinrent trois jours, durant lesquels elle ne me quitta pourtant qu'un quart d'heure pour une visite qui lui attira des importunités désolantes et des invitations qu'elle n'eut garde d'accepter. Elle prétexta des incommodités, qui ne nous empêchèrent pourtant pas d'aller nous promener tous les jours tête à tête dans le plus beau pays et sous le plus beau ciel du monde. Oh ! ces trois jours ! J'ai dû les regretter quelquefois, il n'en est plus revenu de semblables.

Des amours de voyage ne sont pas faits pour durer. Il fallut nous séparer, et j'avoue qu'il en était temps, non que je fusse rassasié ni prêt à l'être, je m'attachais chaque jour davantage ; mais, malgré toute la discrétion de la dame, il ne me restait guère que la bonne volonté, et avant de nous séparer, je voulus jouer de ce reste [88], ce qu'elle endura par précaution contre les filles de Montpellier. Nous donnâmes le change à nos regrets par des projets pour notre réunion. Il fut décidé que, puisque ce régime me faisait du bien, j'en userais et que j'irais passer l'hiver au Bourg Saint-Andéol, sous la direction de Mme de Larnage. Je devais seulement rester à Montpellier cinq ou six semaines, pour lui laisser le temps de préparer les choses de manière à prévenir les caquets. Elle me donna d'amples instructions sur ce que je devais savoir, sur ce que je devais dire, sur la manière dont je devais me comporter. En attendant nous devions nous écrire. Elle me parla beaucoup et

sérieusement du soin de ma santé ; m'exhorta de
consulter d'habiles gens, d'être très attentif à tout ce
qu'ils me prescriraient, et se chargea, quelque sévère
que pût être leur ordonnance, de me la faire exécuter
tandis que je serais auprès d'elle. Je crois qu'elle parlait
sincèrement, car elle m'aimait : elle m'en donna mille
preuves plus sûres que des faveurs. Elle jugea par mon
équipage que je ne nageais pas dans l'opulence ; quoiqu'elle ne fût pas riche elle-même, elle voulut, à notre
séparation, me forcer de partager sa bourse, qu'elle
apportait de Grenoble assez bien garnie, et j'eus beaucoup de peine à m'en défendre. Enfin je la quittai, le
cœur tout plein d'elle, et lui laissant, ce me semble, un
véritable attachement pour moi.

J'achevai ma route en la recommençant dans mes
souvenirs, et pour le coup très content d'être dans une
bonne chaise pour y rêver plus à mon aise aux plaisirs
que j'avais goûtés et à ceux qui m'étaient promis. Je ne
pensais qu'au Bourg Saint-Andéol et à la charmante
vie qui m'y attendait ; je ne voyais que Mme de Larnage
et ses entours : tout le reste de l'univers n'était rien
pour moi, Maman même était oubliée. Je m'occupais à
combiner dans ma tête tous les détails dans lesquels
Mme de Larnage était entrée, pour me faire d'avance
une idée de sa demeure, de son voisinage, de ses
sociétés, de toute sa manière de vivre. Elle avait une fille
dont elle m'avait parlé très souvent en mère idolâtre.
Cette fille avait quinze ans passés ; elle était vive, charmante et d'un caractère aimable. On m'avait promis
que j'en serais caressé : je n'avais pas oublié cette promesse, et j'étais fort curieux d'imaginer comment
Mlle de Larnage traiterait le bon ami de sa maman. Tels
furent les sujets de mes rêveries depuis le Pont-Saint-
Esprit jusqu'à Remoulin. On m'avait dit d'aller voir
le pont du Gard [89] ; je n'y manquai pas. Après un
déjeuner d'excellentes figues, je pris un guide, et j'allai
voir le pont du Gard. C'était le premier ouvrage des
Romains que j'eusse vu. Je m'attendais à voir un monument digne des mains qui l'avaient construit. Pour le
coup l'objet passa mon attente ; et ce fut la seule fois en

ma vie. Il n'appartenait qu'aux Romains de produire cet effet. L'aspect de ce simple et noble ouvrage me frappa d'autant plus qu'il est au milieu d'un désert où le silence et la solitude rendent l'objet plus frappant et l'admiration plus vive, car ce prétendu pont n'était qu'un aqueduc [90]. On se demande quelle force a transporté ces pierres énormes si loin de toute carrière, et a réuni les bras de tant de milliers d'hommes dans un lieu où il n'en habite aucun. Je parcourus les trois étages de ce superbe édifice, que le respect m'empêchait presque d'oser fouler sous mes pieds. Le retentissement de mes pas sous ces immenses voûtes me faisait croire entendre la forte voix de ceux qui les avaient bâties. Je me perdais comme un insecte dans cette immensité. Je sentais, tout en me faisant petit, je ne sais quoi qui m'élevait l'âme, et je me disais en soupirant : « Que ne suis-je né Romain ! » Je restai là plusieurs heures dans une contemplation ravissante. Je m'en revins distrait et rêveur, et cette rêverie ne fut pas favorable à Mme de Larnage. Elle avait bien songé à me prémunir contre les filles de Montpellier, mais non contre le pont du Gard. On ne s'avise jamais de tout [91].

À Nîmes, j'allai voir les arènes. C'est un ouvrage beaucoup plus magnifique que le pont du Gard, et qui me fit beaucoup moins d'impression, soit que mon admiration se fût épuisée sur le premier objet, soit que la situation de l'autre au milieu d'une ville fût moins propre à l'exciter. Ce vaste et superbe cirque est entouré de vilaines petites maisons, et d'autres maisons plus petites et plus vilaines encore en remplissent l'arène, de sorte que le tout ne produit qu'un effet disparate et confus où le regret et l'indignation étouffent le plaisir et la surprise. J'ai vu depuis le cirque de Vérone [92], infiniment plus petit et moins beau que celui de Nîmes, mais entretenu et conservé avec toute la décence et la propreté possibles, et qui par cela même me fit une impression plus forte et plus agréable. Les Français n'ont soin de rien et ne respectent aucun monument. Ils sont tout feu pour entreprendre et ne savent rien finir ni rien conserver.

J'étais changé à un tel point, et ma sensualité mise en exercice s'était si bien éveillée, que je m'arrêtai un jour au *Pont de Lunel* pour y faire bonne chère avec de la compagnie qui s'y trouva. Ce cabaret, le plus estimé de l'Europe, méritait alors de l'être. Ceux qui le tenaient avaient su tirer parti de son heureuse situation pour le tenir abondamment approvisionné et avec choix. C'était réellement une chose curieuse de trouver dans une maison seule et isolée au milieu de la campagne une table fournie en poisson de mer et d'eau douce, en gibier excellent, en vins fins, servie avec ces attentions et ces soins qu'on ne trouve que chez les grands et les riches, et tout cela pour vos trente-cinq sols. Mais le *Pont de Lunel* ne resta pas longtemps sur ce pied, et à force d'user sa réputation, la perdit enfin tout à fait.

J'avais oublié, durant ma route, que j'étais malade ; je m'en souvins en arrivant à Montpellier. Mes vapeurs étaient bien guéries, mais tous mes autres maux me restaient et, quoique l'habitude m'y rendît moins sensible, c'en serait assez pour se croire mort à qui s'en trouverait attaqué tout d'un coup. En effet, ils étaient moins douloureux qu'effrayants, et faisaient plus souffrir l'esprit que le corps dont ils semblaient annoncer la destruction. Cela faisait que, distrait par des passions vives, je ne songeais plus à mon état ; mais comme il n'était pas imaginaire, je le sentais sitôt que j'étais de sang-froid. Je songeai donc sérieusement aux conseils de Mme de Larnage et au but de mon voyage. J'allai consulter les praticiens les plus illustres, surtout M. Fizes, et, pour surabondance de précaution, je me mis en pension chez un médecin. C'était un Irlandais appelé Fitzmoris [93], qui tenait une table assez nombreuse d'étudiants en médecine, et il y avait cela de commode pour un malade à s'y mettre, que M. Fitzmoris se contentait d'une pension honnête pour la nourriture, et ne prenait rien de ses pensionnaires pour ses soins comme médecin. Il se chargea de l'exécution des ordonnances de M. Fizes, et de veiller sur ma santé. Il s'acquitta fort bien de cet emploi quant au régime ; on ne gagnait pas d'indigestion à cette pension-là, et, quoique je ne sois pas fort sensible aux privations de cette espèce, les objets de comparaison étaient si proches que je ne pouvais m'empêcher de trouver quelquefois en moi-même que M. de Torignan était un meilleur pourvoyeur que M. Fitzmoris. Cependant, comme on ne mourait pas de faim non plus, et que toute cette jeunesse était fort gaie, cette manière de vivre me fit du bien réellement, et m'empêcha de retomber dans mes langueurs. Je passais la matinée à prendre des drogues, surtout je ne sais quelles eaux, je crois les eaux de Vals [94], et à écrire à Mme de Larnage ; car la correspondance allait son train, et Rousseau se chargeait de retirer les lettres de son ami Dudding. À midi, j'allais faire un tour à la Canourgue [95], avec quelqu'un de nos jeunes commensaux, qui tous étaient de très bons enfants ; on se rassemblait, on allait dîner. Après dîner une importante affaire occupait la plupart d'entre nous jusqu'au soir, c'était d'aller hors de la ville jouer le goûter en deux ou trois parties de mail [96]. Je ne jouais pas, je n'en avais ni la force ni l'adresse ; mais je pariais, et suivant, avec l'intérêt du pari, nos joueurs et leurs boules à travers des chemins raboteux et pleins de pierres, je faisais un exercice agréable et salutaire qui me convenait tout à fait. On goûtait dans un cabaret hors de la ville. Je n'ai pas besoin de dire que ces goûters étaient gais ; mais j'ajouterai qu'ils étaient assez décents, quoique les filles du cabaret fussent jolies. M. Fitzmoris, grand joueur de mail, était notre président, et je puis dire, malgré la mauvaise réputation des étudiants, que je trouvai plus de mœurs et d'honnêteté parmi toute cette jeunesse qu'il ne serait aisé d'en trouver dans le même nombre d'hommes faits. Ils étaient plus bruyants que crapuleux ★, plus gais que libertins, et je me monte si aisément à un train de vie quand il est volontaire, que je n'aurais pas mieux demandé que de voir durer celui-là toujours. Il y avait parmi ces étudiants plusieurs Irlandais avec lesquels je tâchais d'apprendre quelques mots d'anglais par précaution pour le Bourg Saint-Andéol, car le temps approchait de m'y rendre. Mme de Larnage m'en pres-

sait chaque ordinaire [97], et je me préparais à lui obéir. Il
était clair que mes médecins, qui n'avaient rien compris
à mon mal, me regardaient comme un malade imaginaire, et me traitaient sur ce pied avec leur squine [98],
leurs eaux, et leur petit lait. Tout au contraire des théologiens, les médecins et les philosophes n'admettent
pour vrai que ce qu'ils peuvent expliquer, et font de
leur intelligence la mesure des possibles. Ces messieurs
ne connaissaient rien à mon mal, donc je n'étais pas
malade [99] : car comment supposer que des docteurs ne
sussent pas tout ? Je vis qu'ils ne cherchaient qu'à
m'amuser et me faire manger mon argent, et jugeant
que leur substitut du Bourg Saint-Andéol ferait cela
tout aussi bien qu'eux, mais plus agréablement, je
résolus de lui donner la préférence, et je quittai Montpellier dans cette sage intention.

Je partis vers la fin de novembre, après six semaines
ou deux mois de séjour dans cette ville [100], où je laissai
une douzaine de louis sans aucun profit pour ma santé
ni pour mon instruction, si ce n'est un cours d'anatomie commencé sous M. Fitzmoris, et que je fus
obligé d'abandonner par l'horrible puanteur des
cadavres qu'on disséquait, et qu'il me fut impossible de
supporter [101].

Mal à mon aise au-dedans de moi sur la résolution
que j'avais prise, j'y réfléchissais en m'avançant toujours vers le Pont-Saint-Esprit, qui était également
la route de Bourg Saint-Andéol et de Chambéry. Les
souvenirs de Maman, et ses lettres, quoique moins fréquentes que celles de Mme de Larnage [102], réveillaient
dans mon cœur des remords que j'avais étouffés durant
ma première route. Ils devinrent si vifs au retour, que,
balançant l'amour du plaisir, ils me mirent en état
d'écouter la raison seule. D'abord, dans le rôle d'aventurier que j'allais recommencer, je pouvais être moins
heureux que la première fois ; il ne fallait, dans tout le
Bourg Saint-Andéol, qu'une seule personne qui eût été
en Angleterre, qui connût les Anglais, ou qui sût leur
langue pour me démasquer. La famille de Mme de Larnage pouvait se prendre de mauvaise humeur contre

moi et me traiter peu honnêtement. Sa fille, à laquelle malgré moi je pensais plus qu'il n'eût fallu, m'inquiétait encore : je tremblais d'en devenir amoureux, et cette peur faisait déjà la moitié de l'ouvrage. Allais-je donc, pour prix des bontés de la mère, chercher à corrompre sa fille, à lier le plus détestable commerce, à mettre la dissension, le déshonneur, le scandale et l'enfer dans sa maison ? Cette idée me fit horreur ; je pris bien la ferme résolution de me combattre et de me vaincre si ce malheureux penchant venait à se déclarer. Mais pourquoi m'exposer à ce combat ? Quel misérable état de vivre avec la mère, dont je serais rassasié, et de brûler pour la fille sans oser lui montrer mon cœur ! Quelle nécessité d'aller chercher cet état, et m'exposer aux malheurs, aux affronts, aux remords, pour des plaisirs dont j'avais d'avance épuisé le plus grand charme ? Car il est certain que ma fantaisie avait perdu sa première vivacité ; le goût du plaisir y était encore, mais la passion n'y était plus. À cela se mêlaient des réflexions relatives à ma situation, à mes devoirs, à cette Maman si bonne, si généreuse, qui, déjà chargée de dettes, l'était encore de mes folles dépenses, qui s'épuisait pour moi, et que je trompais si indignement. Ce reproche devint si vif qu'il l'emporta à la fin. En approchant du Saint-Esprit, je pris la résolution de brûler l'étape du Bourg Saint-Andéol, et de passer tout droit. Je l'exécutai courageusement, avec quelques soupirs, je l'avoue, mais aussi avec cette satisfaction intérieure que je goûtais pour la première fois de ma vie, de me dire : Je mérite ma propre estime, je sais préférer mon devoir à mon plaisir. Voilà la première obligation véritable que j'aie à l'étude. C'était elle qui m'avait appris à réfléchir, à comparer. Après les principes si purs que j'avais adoptés il y avait peu de temps, après les règles de sagesse et de vertu que je m'étais faites et que je m'étais senti si fier de suivre, la honte d'être si peu conséquent à moi-même, de démentir si tôt et si haut mes propres maximes, l'emporta sur la volupté. L'orgueil eut peut-être autant de part à ma résolution que la vertu ; mais si cet orgueil n'est pas la vertu même, il a des effets si semblables, qu'il est pardonnable de s'y tromper.

L'un des avantages des bonnes actions est d'élever l'âme et de la disposer à en faire de meilleures : car telle est la faiblesse humaine, qu'on doit mettre au nombre des bonnes actions l'abstinence du mal qu'on est tenté de commettre. Sitôt que j'eus pris ma résolution je devins un autre homme, ou plutôt je redevins celui que j'étais auparavant, et que ce moment d'ivresse avait fait disparaître. Plein de bons sentiments et de bonnes résolutions, je continuai ma route dans la bonne intention d'expier ma faute, ne pensant qu'à régler désormais ma conduite sur les lois de la vertu, à me consacrer sans réserve au service de la meilleure des mères, à lui vouer autant de fidélité que j'avais d'attachement pour elle, et à n'écouter plus d'autre amour que celui de mes devoirs. Hélas ! la sincérité de mon retour au bien semblait me promettre une autre destinée ; mais la mienne était écrite et déjà commencée et quand mon cœur, plein d'amour pour les choses bonnes et honnêtes, ne voyait plus qu'innocence et bonheur dans la vie, je touchais au moment funeste qui devait traîner à sa suite la longue chaîne de mes malheurs.

L'empressement d'arriver me fit faire plus de diligence que je n'avais compté. Je lui avais annoncé de Valence le jour et l'heure de mon arrivée. Ayant gagné une demi-journée sur mon calcul, je restai autant de temps à Chaparillan, afin d'arriver juste au moment que j'avais marqué. Je voulais goûter dans tout son charme le plaisir de la revoir. J'aimais mieux le différer un peu pour y joindre celui d'être attendu. Cette précaution m'avait toujours réussi. J'avais vu toujours marquer mon arrivée par une espèce de petite fête : je n'en attendais pas moins cette fois ; et ces empressements, qui m'étaient si sensibles, valaient bien la peine d'être ménagés.

J'arrivai donc exactement à l'heure. De tout loin je regardais si je ne la verrais point sur le chemin ; le cœur me battait de plus en plus à mesure que j'approchais. J'arrive essoufflé, car j'avais quitté ma voiture en ville ; je

ne vois personne dans la cour, sur la porte, à la fenêtre :
je commence à me troubler, je redoute quelque accident.
J'entre ; tout est tranquille ; des ouvriers goûtaient dans
la cuisine ; du reste aucun apprêt. La servante parut surprise de me voir ; elle ignorait que je dusse arriver. Je
monte, je la vois enfin, cette chère Maman, si tendrement, si vivement, si purement aimée ; j'accours, je
m'élance à ses pieds. « Ah ! te voilà, petit, me dit-elle en
m'embrassant ; as-tu fait bon voyage ? comment te
portes-tu ? » Cet accueil m'interdit un peu. Je lui
demandai si elle n'avait pas reçu ma lettre. Elle me dit
que oui. « J'aurais cru que non », lui dis-je, et l'éclaircis-
sement finit là. Un jeune homme était avec elle. Je le connaissais pour l'avoir vu déjà dans la maison avant mon
départ ; mais cette fois il y paraissait établi ; il l'était.
Bref, je trouvai ma place prise.

Ce jeune homme était du pays de Vaud ; son père,
appelé Wintzenried [103], était concierge ou soi-disant
capitaine du château de Chillon. Le fils de M. le capitaine était garçon perruquier, et courait le monde en
cette qualité quand il vint se présenter à Mme de Warens,
qui le reçut bien, comme elle faisait tous les passants, et
surtout ceux de son pays. C'était un grand fade blondin,
assez bien fait, le visage plat, l'esprit de même, parlant
comme le beau Liandre [104] ; mêlant tous les tons, tous les
goûts de son état avec la longue histoire de ses bonnes
fortunes ; ne nommant que la moitié des marquises avec
lesquelles il avait couché, et prétendant n'avoir point
coiffé de jolies femmes dont il n'eût aussi coiffé [105] les
maris ; vain, sot, ignorant, insolent, au demeurant le
meilleur fils du monde [106]. Tel fut le substitut qui me fut
donné durant mon absence, et l'associé qui me fut offert
après mon retour.

Oh ! si les âmes dégagées de leurs terrestres entraves
voient encore du sein de l'éternelle lumière ce qui se
passe chez les mortels, pardonnez, ombre chère et respectable, si je ne fais pas plus de grâce à vos fautes
qu'aux miennes, si je dévoile également les unes et les
autres aux yeux des lecteurs. Je dois, je veux être vrai
pour vous comme pour moi-même : vous y perdrez

toujours beaucoup moins que moi. Eh ! combien votre
aimable et doux caractère, votre inépuisable bonté de
cœur, votre franchise et toutes vos excellentes vertus ne
rachètent-elles pas de faiblesses, si l'on peut appeler
ainsi les torts de votre seule raison ! Vous eûtes des
erreurs et non pas des vices ; votre conduite fut répré-
hensible, mais votre cœur fut toujours pur. Qu'on
mette le bien et le mal dans la balance, et qu'on soit
équitable : quelle autre femme, si sa vie secrète était
manifestée ainsi que la vôtre, s'oserait jamais comparer
à vous ?

Le nouveau venu s'était montré zélé, diligent, exact
pour toutes ses petites commissions, qui étaient toujours en grand nombre ; il s'était fait le piqueur de ses
ouvriers. Aussi bruyant que je l'étais peu, il se faisait
voir et surtout entendre à la fois à la charrue, aux foins,
au bois, à l'écurie, à la basse-cour. Il n'y avait que le
jardin qu'il négligeait, parce que c'était un travail trop
paisible et qui ne faisait point de bruit. Son grand
plaisir était de charger et charrier, de scier ou fendre du
bois ; on le voyait toujours la hache ou la pioche à la
main ; on l'entendait courir, cogner, crier à pleine tête.
Je ne sais de combien d'hommes il faisait le travail, mais
il faisait toujours le bruit de dix ou douze. Tout ce tin-
tamarre en imposa à ma pauvre Maman [107]. Elle crut ce
jeune homme un trésor pour ses affaires. Voulant se
l'attacher, elle employa pour cela tous les moyens
qu'elle y crut propres, et n'oublia pas celui sur lequel
elle comptait le plus.

On a dû connaître mon cœur, ses sentiments les plus
constants, les plus vrais, ceux surtout qui me ramenaient en ce moment auprès d'elle. Quel prompt et
plein bouleversement dans tout mon être [108] ! Qu'on se
mette à ma place pour en juger. En un moment je vis
évanouir pour jamais tout l'avenir de félicité que je
m'étais peint. Toutes les douces idées que je caressais si
affectueusement disparurent, et moi, qui depuis mon
enfance ne savais voir mon existence qu'avec la sienne,
je me vis seul pour la première fois. Ce moment fut
affreux : ceux qui le suivirent furent toujours sombres.

J'étais jeune encore, mais ce doux sentiment de jouissance et d'espérance qui vivifie la jeunesse me quitta
pour jamais. Dès lors, l'être sensible fut mort à demi. Je
ne vis plus devant moi que les tristes restes d'une vie
insipide, et si quelquefois encore une image de bonheur
effleura mes désirs, ce bonheur n'était plus celui qui
m'était propre ; je sentais qu'en l'obtenant je ne serais
pas vraiment heureux.

   J'étais si bête et ma confiance était si pleine, que
malgré le ton familier du nouveau venu, que je regardais comme un effet de cette facilité d'humeur de
Maman qui rapprochait tout le monde d'elle, je ne me
serais pas avisé d'en soupçonner la véritable cause si
elle ne me l'eût dit elle-même ; mais elle se pressa de me
faire cet aveu avec une franchise capable d'ajouter à ma
rage, si mon cœur eût pu se tourner de ce côté-là ; trouvant quant à elle la chose toute simple, me reprochant
ma négligence dans la maison, et m'alléguant mes fréquentes absences, comme si elle eût été d'un tempérament fort pressé d'en remplir les vides. « Ah ! Maman,
lui dis-je, le cœur serré de douleur, qu'osez-vous
m'apprendre ! Quel prix d'un attachement pareil au
mien ! Ne m'avez-vous tant de fois conservé la vie que
pour m'ôter tout ce qui me la rendait chère ? J'en
mourrai, mais vous me regretterez. » Elle me répondit
d'un ton tranquille à me rendre fou, que j'étais un
enfant, qu'on ne mourait point de ces choses-là ; que je
ne perdrais rien ; que nous n'en serions pas moins bons
amis, pas moins intimes dans tous les sens ; que son
tendre attachement pour moi ne pouvait ni diminuer ni
finir qu'avec elle. Elle me fit entendre, en un mot, que
tous mes droits demeuraient les mêmes, et qu'en les
partageant avec un autre, je n'en étais pas privé pour
cela.

   Jamais la pureté, la vérité, la force de mes sentiments
pour elle, jamais la sincérité, l'honnêteté de mon âme
ne se firent mieux sentir à moi que dans ce moment. Je
me précipitai à ses pieds, j'embrassai ses genoux en versant des torrents de larmes. « Non, Maman, lui dis-je
avec transport, je vous aime trop pour vous avilir ; votre

possession m'est trop chère pour la partager ; les
regrets qui l'accompagnèrent quand je l'acquis se sont
accrus avec mon amour ; non, je ne la puis conserver
au même prix. Vous aurez toujours mes adorations,
soyez-en toujours digne : il m'est plus nécessaire
encore de vous honorer que de vous posséder. C'est à
vous, ô Maman ! que je vous cède ; c'est à l'union de
nos cœurs que je sacrifie tous mes plaisirs. Puissé-je
périr mille fois avant d'en goûter qui dégradent ce que
j'aime ! »

Je tins cette résolution avec une constance digne, j'ose
le dire, du sentiment qui me l'avait fait former. Dès ce
moment je ne vis plus cette Maman si chérie que des
yeux d'un véritable fils ; et il est à noter que, bien que ma
résolution n'eût point son approbation secrète, comme
je m'en suis trop aperçu, elle n'employa jamais pour m'y
faire renoncer ni propos insinuants, ni caresses, ni
aucune de ces adroites agaceries dont les femmes savent
user sans se commettre et qui manquent rarement de
leur réussir. Réduit à me chercher un sort indépendant
d'elle, et n'en pouvant même imaginer, je passai bientôt
à l'autre extrémité, et le cherchai tout en elle. Je l'y cherchai si parfaitement que je parvins presque à m'oublier
moi-même. L'ardent désir de la voir heureuse, à quelque
prix que ce fût, absorbait toutes mes affections : elle avait
beau séparer son bonheur du mien, je le voyais mien en
dépit d'elle.

Ainsi commencèrent à germer avec mes malheurs les
vertus dont la semence était au fond de mon âme, que
l'étude avait cultivées, et qui n'attendaient pour éclore
que le ferment de l'adversité. Le premier fruit de cette
disposition si désintéressée fut d'écarter de mon cœur
tout sentiment de haine et d'envie contre celui qui
m'avait supplanté [109]. Je voulus, au contraire, et je
voulus sincèrement m'attacher à ce jeune homme, le
former, travailler à son éducation, lui faire sentir son
bonheur, l'en rendre digne, s'il était possible, et faire en
un mot pour lui tout ce qu'Anet avait fait pour moi
dans une occasion pareille. Mais la parité manquait
entre les personnes. Avec plus de douceur et de

lumières je n'avais pas le sang-froid et la fermeté
d'Anet, ni cette force de caractère qui en imposait, et
dont j'aurais eu besoin pour réussir. Je trouvai encore
moins dans le jeune homme les qualités qu'Anet avait
trouvées en moi : la docilité, l'attachement, la reconnaissance, surtout le sentiment du besoin que j'avais de
ses soins, et l'ardent désir de les rendre utiles. Tout cela
manquait ici. Celui que je voulais former ne voyait en
moi qu'un pédant importun qui n'avait que du babil.
Au contraire, il s'admirait lui-même comme un homme
important dans la maison, et mesurant les services qu'il
y croyait rendre sur le bruit qu'il y faisait, il regardait
ses haches et ses pioches comme infiniment plus utiles
que tous mes bouquins. À quelque égard il n'avait pas
tort ; mais il partait de là pour se donner des airs à faire
mourir de rire. Il tranchait avec les paysans du gentilhomme campagnard ; bientôt il en fit autant avec moi,
et enfin avec Maman elle-même. Son nom de Wintzenried ne lui paraissant pas assez noble, il le quitta pour
celui de M. de Courtilles, et c'est sous ce dernier nom
qu'il a été connu depuis à Chambéry et en Maurienne,
où il s'est marié.

Enfin, tant fit l'illustre personnage qu'il fut tout dans
la maison, et moi rien. Comme, lorsque j'avais le malheur de lui déplaire, c'était Maman et non pas moi qu'il
grondait, la crainte de l'exposer à ses brutalités me rendait docile à tout ce qu'il désirait, et chaque fois qu'il
fendait du bois, emploi qu'il remplissait avec une fierté
sans égale, il fallait que je fusse là spectateur oisif et
tranquille admirateur de sa prouesse. Ce garçon n'était
pourtant pas absolument d'un mauvais naturel ; il
aimait Maman, parce qu'il était impossible de ne la pas
aimer ; il n'avait même pas pour moi de l'aversion, et
quand les intervalles de ses fougues permettaient de lui
parler, il nous écoutait quelquefois assez docilement,
convenant franchement qu'il n'était qu'un sot : après
quoi il n'en faisait pas moins de nouvelles sottises. Il
avait d'ailleurs une intelligence si bornée et des goûts
si bas, qu'il était difficile de lui parler raison et
presque impossible de se plaire avec lui. À la posses-

sion d'une femme pleine de charmes, il ajouta le ragoût [110]
d'une femme de chambre vieille, rousse, édentée, dont
Maman avait la patience d'endurer le dégoûtant service,
quoiqu'elle lui fît mal au cœur. Je m'aperçus de ce nouveau ménage, et j'en fus outré d'indignation : mais je
m'aperçus d'une autre chose qui m'affecta bien plus
vivement encore, et qui me jeta dans un plus profond
découragement que tout ce qui s'était passé jusqu'alors ;
ce fut le refroidissement de Maman envers moi.

La privation que je m'étais imposée et qu'elle avait
fait semblant d'approuver est une de ces choses que les
femmes ne pardonnent point, quelque mine qu'elles
fassent, moins par la privation qui en résulte pour elles-
mêmes, que par l'indifférence qu'elles y voient pour
leur possession. Prenez la femme la plus sensée, la plus
philosophe, la moins attachée à ses sens ; le crime le
plus irrémissible que l'homme, dont au reste elle se
soucie le moins, puisse commettre envers elle, est d'en
pouvoir jouir et de n'en rien faire. Il faut bien que ceci
soit sans exception, puisqu'une sympathie si naturelle
et si forte fut altérée en elle par une abstinence qui
n'avait que des motifs de vertu, d'attachement et
d'estime. Dès lors je cessai de trouver en elle cette intimité des cœurs qui fit toujours la plus douce jouissance
du mien. Elle ne s'épanchait plus avec moi que quand
elle avait à se plaindre du nouveau venu ; quand ils
étaient bien ensemble, j'entrais peu dans ses confidences. Enfin elle prenait peu à peu une manière d'être
dont je ne faisais plus partie. Ma présence lui faisait
plaisir encore, mais elle ne lui faisait plus besoin, et
j'aurais passé des jours entiers sans la voir, qu'elle ne
s'en serait pas aperçue.

Insensiblement je me sentis isolé et seul dans cette
même maison dont auparavant j'étais l'âme, et où je
vivais pour ainsi dire à double [111]. Je m'accoutumai peu
à peu à me séparer de tout ce qui s'y faisait, de ceux
mêmes qui l'habitaient, et pour m'épargner de continuels déchirements, je m'enfermais avec mes livres, ou
bien j'allais soupirer et pleurer à mon aise au milieu des
bois. Cette vie me devint bientôt tout à fait insuppor-

table. Je sentis que la présence personnelle et l'éloignement de cœur d'une femme qui m'était si chère irri-
taient ma douleur, et qu'en cessant de la voir je m'en
sentirais moins cruellement séparé. Je formai le projet
de quitter sa maison ; je le lui dis, et, loin de s'y
opposer, elle le favorisa. Elle avait à Grenoble une
amie appelée Mme Deybens, dont le mari était ami de
M. de Mably [112], grand prévôt à Lyon. M. Deybens me
proposa l'éducation des enfants de M. de Mably :
j'acceptai, et je partis pour Lyon, sans laisser ni presque
sentir le moindre regret d'une séparation dont auparavant la seule idée nous eût donné les angoisses de la
mort.

J'avais à peu près les connaissances nécessaires pour
un précepteur, et j'en croyais avoir le talent. Durant un
an [113] que je passai chez M. de Mably, j'eus le temps de
me désabuser. La douceur de mon naturel m'eût rendu
propre à ce métier, si l'emportement n'y eût mêlé ses
orages. Tant que tout allait bien, et que je voyais réussir
mes soins et mes peines, qu'alors je n'épargnais point,
j'étais un ange ; j'étais un diable quand les choses
allaient de travers. Quand mes élèves ne m'entendaient
pas, j'extravaguais, et, quand ils marquaient de la
méchanceté, je les aurais tués : ce n'était pas le moyen
de les rendre savants et sages. J'en avais deux ; ils
étaient d'humeurs très différentes. L'un de huit à neuf
ans, appelé Sainte-Marie [114], était d'une jolie figure,
l'esprit assez ouvert, assez vif, étourdi, badin, malin,
mais d'une malignité gaie. Le cadet, appelé Condillac,
paraissait presque stupide, musard [115], têtu comme une
mule, et ne pouvant rien apprendre. On peut juger
qu'entre ces deux sujets je n'avais pas besogne faite.
Avec de la patience et du sang-froid peut-être aurais-je
pu réussir ; mais, faute de l'une et de l'autre, je ne fis
rien qui vaille, et mes élèves tournaient très mal. Je ne
manquais pas d'assiduité, mais je manquais d'égalité,
surtout de prudence. Je ne savais employer auprès
d'eux que trois instruments toujours inutiles et souvent
pernicieux auprès des enfants : le sentiment, le raison-
nement, la colère. Tantôt je m'attendrissais avec Sainte-

Marie jusqu'à pleurer ; je voulais l'attendrir lui-même, comme si l'enfance était susceptible d'une véritable émotion de cœur ; tantôt je m'épuisais à lui parler raison, comme s'il avait pu m'entendre ; et comme il me faisait parfois des arguments très subtils, je le prenais tout de bon pour raisonnable, parce qu'il était raisonneur. Le petit Condillac était encore plus embarrassant, parce que, n'entendant rien, ne répondant rien, ne s'émouvant de rien, et d'une opiniâtreté à toute épreuve, il ne triomphait jamais mieux de moi que quand il m'avait mis en fureur ; alors c'était lui qui était le sage, et c'était moi qui étais l'enfant. Je voyais toutes mes fautes, je les sentais ; j'étudiais l'esprit de mes élèves, je les pénétrais très bien, et je ne crois pas que jamais une seule fois j'aie été la dupe de leurs ruses. Mais que me servait de voir le mal sans savoir appliquer le remède ? En pénétrant tout je n'empêchais rien, je ne réussissais à rien, et tout ce que je faisais était précisément ce qu'il ne fallait pas faire.

Je ne réussissais guère mieux pour moi que pour mes élèves. J'avais été recommandé par Mme Deybens à Mme de Mably. Elle l'avait priée de former mes manières et de me donner le ton du monde. Elle y prit quelques soins et voulut que j'apprisse à faire les honneurs de sa maison ; mais je m'y pris si gauchement, j'étais si honteux, si sot, qu'elle se rebuta, et me planta là. Cela ne m'empêcha pas de devenir, selon ma coutume, amoureux d'elle. J'en fis assez pour qu'elle s'en aperçût ; mais je n'osai jamais me déclarer. Elle ne se trouva pas d'humeur à faire les avances, et j'en fus pour mes lorgneries et mes soupirs, dont même je m'ennuyai bientôt, voyant qu'ils n'aboutissaient à rien.

J'avais tout à fait perdu chez Maman le goût des petites friponneries, parce que, tout étant à moi, je n'avais rien à voler. D'ailleurs les principes élevés que je m'étais faits devaient me rendre désormais bien supérieur à de telles bassesses, et il est certain que depuis lors je l'ai d'ordinaire été : mais c'est moins pour avoir appris à vaincre mes tentations que pour en avoir coupé la racine, et j'aurais grand-peur de voler comme dans mon enfance si j'étais sujet aux mêmes désirs. J'eus la preuve de cela chez M. de Mably. Environné de petites choses volables que je ne regardais même pas, je m'avisai de convoiter un certain petit vin blanc d'Arbois très joli, dont quelques verres que par-ci par-là je buvais à table m'avaient fort affriandé. Il était un peu louche [116] ; je croyais savoir bien coller le vin, je m'en vantai, on me confia celui-là ; je le collai et le gâtai, mais aux yeux seulement ; il resta toujours agréable à boire, et l'occasion fit que je m'en accommodai [117] de temps en temps de quelques bouteilles pour boire à mon aise en mon petit particulier. Malheureusement je n'ai jamais pu boire sans manger. Comment faire pour avoir du pain ? Il m'était impossible d'en mettre en réserve. En faire acheter par les laquais, c'était me déceler, et presque insulter le maître de la maison. En acheter moi-même, je n'osai jamais. Un beau monsieur, l'épée au côté, aller chez un boulanger acheter un morceau de pain, cela se pouvait-il ? Enfin je me rappelai le pis-aller d'une grande princesse à qui l'on disait que les paysans n'avaient pas de pain, et qui répondit : « Qu'ils mangent de la brioche [118]. » J'achetai de la brioche. Encore, que de façons pour en venir là ! Sorti seul à ce dessein, je parcourais quelquefois toute la ville, et passais devant trente pâtissiers avant d'entrer chez aucun. Il fallait qu'il n'y eût qu'une seule personne dans la boutique, et que sa physionomie m'attirât beaucoup, pour que j'osasse franchir le pas. Mais aussi quand j'avais une fois ma chère petite brioche, et que, bien enfermé dans ma chambre, j'allais trouver ma bouteille au fond d'une armoire, quelles bonnes petites buvettes je faisais là tout seul, en lisant quelques pages de roman ! Car lire en mangeant fut toujours ma fantaisie, au défaut d'un tête-à-tête. C'est le supplément de la société qui me manque. Je dévore alternativement une page et un morceau : c'est comme si mon livre dînait avec moi.

Je n'ai jamais été dissolu ni crapuleux, et ne me suis enivré de ma vie. Ainsi mes petits vols n'étaient pas fort indiscrets : cependant ils se découvrirent ; les bouteilles

me décelèrent. On ne m'en fit pas semblant [119], mais je
n'eus plus la direction de la cave. En tout cela, M. de
Mably se conduisit honnêtement et prudemment.
C'était un très galant homme, qui, sous un air aussi dur
que son emploi, avait une véritable douceur de caractère et une rare bonté de cœur [120]. Il était judicieux,
équitable, et, ce qu'on n'attendrait pas d'un officier de
maréchaussée, même très humain. En sentant son
indulgence, je lui en devins plus attaché, et cela me fit
prolonger mon séjour dans sa maison plus que je
n'aurais fait sans cela. Mais enfin, dégoûté d'un métier
auquel je n'étais pas propre [121] et d'une situation très
gênante qui n'avait rien d'agréable pour moi, après
un an d'essai, durant lequel je n'épargnai point mes
soins, je me déterminai à quitter mes disciples, bien
convaincu que je ne parviendrais jamais à les bien
élever. M. de Mably lui-même voyait cela tout aussi
bien que moi. Cependant je crois qu'il n'eût jamais pris
sur lui de me renvoyer si je ne lui en eusse épargné la
peine ; et cet excès de condescendance en pareil cas
n'est assurément pas ce que j'approuve.

Ce qui me rendait mon état plus insupportable était
la comparaison continuelle que j'en faisais avec celui
que j'avais quitté ; c'était le souvenir de mes chères
Charmettes, de mon jardin, de mes arbres, de ma fontaine, de mon verger, et surtout de celle pour qui j'étais
né, qui donnait de l'âme à tout cela. En repensant à elle,
à nos plaisirs, à notre innocente vie, il me prenait des
serrements de cœur, des étouffements qui m'ôtaient le
courage de rien faire. Cent fois j'ai été violemment tenté
de partir à l'instant et à pied pour retourner auprès
d'elle ; pourvu que je la revisse encore une fois, j'aurais
été content de mourir à l'instant même. Enfin je ne pus
résister à ces souvenirs si tendres, qui me rappelaient
auprès d'elle à quelque prix que ce fût. Je me disais que
je n'avais pas été assez patient, assez complaisant, assez
caressant, que je pouvais encore vivre heureux dans une
amitié très douce, en y mettant du mien plus que je
n'avais fait. Je forme les plus beaux projets du monde, je
brûle de les exécuter. Je quitte tout, je renonce à tout, je

pars, je vole, j'arrive dans tous les mêmes transports de ma première jeunesse, et je me retrouve à ses pieds. Ah ! j'y serais mort de joie si j'avais retrouvé dans son accueil, dans ses caresses, dans son cœur enfin, le quart de ce que j'y retrouvais autrefois et que j'y reportais encore.

Affreuse illusion des choses humaines ! Elle me reçut toujours avec son excellent cœur, qui ne pouvait mourir qu'avec elle ; mais je venais rechercher le passé qui n'était plus et qui ne pouvait renaître. À peine eus-je resté demi-heure avec elle, que je sentis mon ancien bonheur mort pour toujours. Je me retrouvai dans la même situation désolante que j'avais été forcé de fuir, et cela sans que je pusse dire qu'il y eût de la faute de personne ; car au fond Courtilles n'était pas mauvais, et parut me revoir avec plus de plaisir que de chagrin. Mais comment me souffrir surnuméraire près de celle pour qui j'avais été tout, et qui ne pouvait cesser d'être tout pour moi ? Comment vivre étranger dans la maison dont j'étais l'enfant ? L'aspect des objets témoins de mon bonheur passé me rendait la comparaison plus cruelle. J'aurais moins souffert dans une autre habitation. Mais me voir rappeler incessamment tant de doux souvenirs, c'était irriter le sentiment de mes pertes. Consumé de vains regrets, livré à la plus noire mélancolie, je repris le train de rester seul hors les heures des repas. Enfermé avec mes livres, j'y cherchais des distractions utiles, et sentant le péril imminent que j'avais tant craint autrefois, je me tourmentais derechef à chercher en moi-même les moyens d'y pourvoir quand Maman n'aurait plus de ressources. J'avais mis les choses dans sa maison sur le pied d'aller sans empirer ; mais depuis moi tout était changé. Son économe était un dissipateur. Il voulait briller : bon cheval, bon équipage ; il aimait à s'étaler noblement aux yeux des voisins ; il faisait des entreprises continuelles en choses où il n'entendait rien. La pension se mangeait d'avance, les quartiers en étaient engagés [122], les loyers étaient arriérés, et les dettes allaient leur train. Je prévoyais que cette pension ne tarderait pas d'être saisie et peut-être supprimée. Enfin je n'envisageais que ruine et désastres, et le moment m'en semblait si proche, que j'en sentais d'avance toutes les horreurs.

Mon cher cabinet était ma seule distraction. À force d'y chercher des remèdes contre le trouble de mon âme, je m'avisai d'y en chercher contre les maux que je prévoyais, et, revenant à mes anciennes idées, me voilà bâtissant de nouveaux châteaux en Espagne pour tirer cette pauvre Maman des extrémités cruelles où je la voyais prête à tomber. Je ne me sentais pas assez savant et ne me croyais pas assez d'esprit pour briller dans la république des lettres et faire une fortune par cette voie. Une nouvelle idée qui se présenta m'inspira la confiance que la médiocrité * de mes talents ne pouvait me donner. Je n'avais pas abandonné la musique en cessant de l'enseigner ; au contraire, j'en avais assez étudié la théorie pour pouvoir me regarder au moins comme savant en cette partie. En réfléchissant à la peine que j'avais eue d'apprendre à déchiffrer la note, et à celle que j'avais encore à chanter à livre ouvert, je vins à penser que cette difficulté pouvait bien venir de la chose autant que de moi, sachant surtout qu'en général apprendre la musique n'était pour personne une chose aisée. En examinant la constitution des signes, je les trouvais souvent fort mal inventés. Il y avait longtemps que j'avais pensé à noter l'échelle par chiffres, pour éviter d'avoir toujours à tracer des lignes et portées lorsqu'il fallait noter le moindre petit air. J'avais été arrêté par les difficultés des octaves et par celles de la mesure et des valeurs. Cette ancienne idée me revint dans l'esprit, et je vis, en y repensant, que ces difficultés n'étaient pas insurmontables. J'y rêvai avec succès, et je parvins à noter quelque musique que ce fût par mes chiffres avec la plus grande exactitude, et je puis dire avec la plus grande simplicité. Dès ce moment je crus ma fortune faite, et dans l'ardeur de la partager avec celle à qui je devais tout, je ne songeai qu'à partir pour Paris, ne doutant pas qu'en présentant mon projet à l'Académie je ne fisse une révolution. J'avais rapporté de Lyon quelque argent ; je vendis mes livres. En quinze jours ma résolution fut prise et exécutée. Enfin, plein des idées magnifiques qui me l'avaient inspirée, et toujours le même dans tous les temps, je partis de Savoie avec mon système de musique comme autrefois j'étais parti de Turin avec ma fontaine de Héron.

Telles ont été les erreurs et les fautes de ma jeunesse. J'en ai narré l'histoire avec une fidélité dont mon cœur est content. Si dans la suite, j'honorai mon âge mûr de quelques vertus, je les aurais dites avec la même franchise, et c'était mon dessein. Mais il faut m'arrêter ici. Le temps peut lever bien des voiles. Si ma mémoire parvient à la postérité, peut-être un jour elle apprendra ce que j'avais à dire. Alors on saura pourquoi je me tais.

TABLE DES ABRÉVIATIONS

OC, Œuvres complètes de Rousseau, Sous la direction de Bernard Gagnebin et Marcel Raymond, Paris, Bibliothèque de la Pléiade, Gallimard, 5 tomes.

OC, I. *Les Confessions.* Autres textes autobiographiques, 1959.

OC, II. *La Nouvelle Héloïse.* Théâtre. Poésie Essais littéraires, 1964.

OC, III. *Du contrat social.* Écrits politiques, 1964.

OC, IV. *Émile.* Éducation. Morale. Botanique, 1969.

OC, V. Écrits sur la musique, la langue et le théâtre, 1995.

DM, Dictionnaire de musique
NH, Julie ou la Nouvelle Héloïse
CS, Du contrat social
EOL, Essai sur l'origine des langues
DOI, Discours sur l'origine et les fondements de l'inégalité parmi les hommes
LM, Lettres écrites de la montagne
PF, Profession de foi du vicaire savoyard
Rêveries, Rêveries du promeneur solitaire

CC, Correspondance complète de Jean-Jacques Rousseau, éd. R. A. Leigh, t. I-XIV, Genève, Institut et musée Voltaire, 1965-1971 ; t. XV-LI, Oxford, The Voltaire Foundation, 1971-1995.

AJJR, *Annales de la Société Jean-Jacques Rousseau*, Genève, Jullien, I, 1905-XL, 1992, puis Droz, XLI, 1997 et suivants.

DJJR, *Dictionnaire de Jean-Jacques Rousseau* (dir. Raymond Trousson et Frédéric Eigeldinger), H. Champion, 1996.

DA, *Dictionnaire de l'Académie française*, 4ᵉ édition, 1762.

DCLF, *Dictionnaire critique de la langue française*, 1787-1788, J.-F. Féraud.

Trévoux : *Dictionnaire [...] de Trévoux*, 4ᵉ édition, 1743.

Furetière, *Dictionnaire universel [...]*, 1690, A. Furetière.

NOTES

NOTE DE L'AVERTISSEMENT

1. Absent du manuscrit de Paris (P), cet « avertissement » figure face à la première page du manuscrit de Genève (G).

NOTES DU LIVRE I

1. Fragment d'un vers du poète latin Perse : *Ego te intus et in cute novi* (« je te connais de l'intérieur, et sous la peau »), *Satire* III, v. 30.

2. Le manuscrit de Neuchâtel (N) s'ouvrait sur une longue introduction, qu'on lira en annexe. Dans (P) et (G), les trois alinéas du préambule définitif, ainsi que ceux des premières pages du livre I ont été numérotés par Rousseau, comme si, en recopiant son texte, il avait eu l'intention de l'organiser en « chapitres » et en « paragraphes ». On retrouve une double numérotation semblable au début des livres VII et IX.

3. Pour être *citoyen* de Genève, il fallait être fils ou fille de *bourgeois* et né dans la ville, à la différence des *natifs*, nés à Genève de parents n'ayant pas le droit de bourgeoisie, et des *habitants*, qui ne justifiaient d'aucune de ces deux qualités. Sur l'organisation politique et sociale à Genève, cf. O. Kraft, « Les classes sociales à Genève et la notion de citoyen », in *Jean-Jacques Rousseau et son œuvre. Problèmes et recherches*, Klincksieck, Paris, 1964, p. 220-221.

Isaac Rousseau (1672-1747), fils de David Rousseau (1641-1738) et de Suzanne Cartier, appartenait à une famille de quatorze enfants – et non quinze – originaire de Montlhéry, en France, dont les ancêtres protestants avaient trouvé refuge à Genève au milieu du XVIᵉ siècle. Cf. E. Ritter, « La famille et la jeunesse de J.-J. Rousseau », *AJJR*, XVI, 1924-1925.

4. Suzanne Bernard, épouse Rousseau, était la nièce et non la fille du ministre (pasteur) Samuel Bernard, cf. tableau généalogique en annexe du second volume. Orpheline à neuf ans d'un père horloger, elle fut confiée à son oncle qui se chargea de son éducation. Ce n'était pas absolument de tout repos : à vingt-deux ans, la belle Suzanne fit dangereusement tourner la tête à un M. Sarrasin, marié et père de famille. Tous deux reçurent les remontrances du Consistoire de Genève. Plus tard, la future mère de Jean-Jacques eut encore quelques ennuis pour avoir assisté à une comédie en plein air dans un travestissement masculin.

5. Promenade publique sur les remparts de la ville.

6. Idéalisation rétrospective : 1) Quand Théodora Rousseau (1671-1754), sœur d'Isaac, épousa le frère de Suzanne, Gabriel Bernard, elle était grosse de plus de huit mois. La situation fut régularisée de justesse au temple le 1er octobre 1699. Le 5, la jeune mariée donnait le jour à une petite Suzanne. Cet enfant de l'amour et du péché devait mourir le surlendemain. 2) C'est seulement cinq ans plus tard, en juin 1704, que Suzanne Bernard, sœur de Gabriel, épousera Isaac.

7. Dans (N), la phrase se poursuit par « et revint à la paix dans sa patrie travailler aux fortifications ». En fait, l'oncle Bernard avait trouvé un emploi aux fortifications de Genève, qu'il commença d'occuper fin 1715. Même s'il avait auparavant servi dans les armées autrichiennes, commandées par le prince Eugène de Savoie-Carignan, on voit mal comment il aurait pu se distinguer en combattant les Turcs devant Belgrade, assiégée et reprise en 1716-1717.

8. Né le 15 mars 1705, François – on notera que le nom de ce « frère unique » n'apparaît nulle part dans le texte des *Confessions* – n'avait que trois mois lorsque son père décida de planter là femme et enfant, pour s'en aller chercher fortune chez le Grand Turc, comme nombre de ses compatriotes. On ignore les raisons exactes de ce départ.

9. Instrument à cordes proche du luth.

10. Dans (N), ces vers sont présentés comme une « espèce d'énigme de la façon de ma mère ».

11. Pierre Cadiot de la Closure (1663-1748) fut résident (agent diplomatique) de France à Genève de 1698 à 1739. Rousseau a pu l'entendre lui parler de sa mère à l'occasion d'un bref séjour dans sa patrie, en 1737 (cf. livre V, p. 260). Si M. de la Closure l'avait poursuivie de ses assiduités trente ans plus tôt, ce serait donc en 1707 que la chaste Suzanne écrivit à son lointain époux qu'elle n'en pouvait plus de jouer les Pénélope. On ne saurait trop admirer le pouvoir de l'amour chez ce mari modèle, puisqu'il ne lui fallut pas plus de quatre ans pour quitter tout incontinent, et regagner en un éclair le foyer conjugal, où il était de retour dès le mois de septembre 1711.

12. Victime de « fièvre continue », Suzanne Rousseau mourut le 7 juillet, dix jours après avoir donné naissance à Jean-Jacques – qui fut baptisé le 4.

13. Jeanne François, une « bonne femme, un peu mielleuse » dira Jean-Jacques au livre IV, qu'Isaac en exil épouse à Nyon le 5 mars 1726, et dans les bras de laquelle il expirera le 9 mai 1747, soit trente-cinq ans (et non quarante) après avoir perdu Suzanne, cette « moitié de son être » dont il n'était pas parvenu à faire son deuil. Pas plus que de Genève, l'autre grande passion de sa vie, que ce patriote exemplaire s'était fait un devoir de quitter en octobre 1722, pour des raisons qu'on apprendra bientôt.

14. Dans (N), Rousseau indiquait en note le nom et l'origine de son mal : « une rétention d'urine provenant d'un vice de conformation dans l'urètre et dans la vessie ». La note a disparu dans le manuscrit définitif. Nommer ce mal, lui assigner une cause, n'était-ce pas en effet se réduire à n'être qu'un malade comme un autre, et se priver de l'absolue singularité qu'il revendique en tout aux yeux de son lecteur ?

Reste que ce diagnostic de « rétention d'urine » a fait couler des flots d'encre. On ne compte pas le nombre de cliniciens qui se sont succédé, *post mortem*, au chevet de l'auteur des *Confessions*. Sur le cas à faire de cette incontinence critique, voir J. Starobinski, « La maladie de Rousseau », in *Jean-Jacques Rousseau. La transparence et l'obstacle*, Gallimard, 1971, p. 430-444. Longtemps, Rousseau lui-même a cru que ses maux physiques étaient dus à des calculs. Il sait maintenant – depuis le printemps 1762, cf. livre XI, vol. II, p. 337 – que ce n'est pas de la maladie de la pierre, la « gravelle » de Montaigne, qu'il souffre dans son corps. Les souffrances morales que lui infligent ses persécuteurs à l'heure où il écrit lui déchirent l'âme autrement plus cruellement.

15. Suzanne Rousseau (1682-1774), à ne pas confondre avec Suzanne Rousseau, l'épouse de son frère. Après avoir redonné vie à l'enfant né mourant de sa défunte homonyme, « tante Suzon » occupera la place de sa mère. Restée fille jusqu'à quarante-huit ans, elle finira pourtant par épouser elle aussi un Isaac, du nom de Goncerut, et d'un an moins âgé, avec lequel elle ira s'installer à Nyon, où s'était exilé son frère. Quant à l'enfant qu'elle avait fait renaître pour son malheur, non seulement il ne lui fera pas payer son crime involontaire – « Chère Tante, je vous pardonne de m'avoir fait vivre », lui écrit-il le 9 février 1770, exactement dans les mêmes termes utilisés ici (*CC*, t. XXXVII, p. 226) –, mais, la sachant sans ressources après le décès en 1766 du sac à vin qu'elle avait épousé, il lui fera verser une modeste rente annuelle, et veillera à ce qu'elle la reçoive régulièrement jusqu'à sa mort, à quatre-vingt-douze ans, le 11 novembre 1774.

16. Jacqueline Faramand (1696-1777), la « mie » ou nourrice de Jean-Jacques. Fille d'un cordonnier, elle épousera un teinturier. Lors de son séjour de 1754, son ancien nourrisson viendra souvent la visiter dans son échoppe (cf. *CC*, t. III, p. 330). Sa mort, en 1777, ne lui permettra pas, à elle non plus, de réaliser la prédiction formulée dans la phrase suivante.

17. Dans (N), il ajoutait : « il me semble de l'avoir toujours su ». Hypothèse peu vraisemblable, même dans le cas de ce lecteur-né.

18. « La lecture est le fléau de l'enfance et presque la seule occupation qu'on lui sait donner », déclare avec sévérité l'auteur d'*Émile*, au livre II (*OC*, IV, p. 357).

19. Dans (P) il ajoutait en marge : « et les malheurs imaginaires de mes héros m'ont tiré cent fois plus de larmes dans mon enfance que les miens mêmes ne m'en ont jamais fait verser ». Quelques années plus tard, en relisant dans (P) la déplorable histoire dont il est le héros, peut-être la peinture de ses propres malheurs – auxquels s'en sont ajoutés d'autres entre-temps –, lui aura-t-elle tiré suffisamment de larmes pour qu'il ait jugé préférable de s'abstenir de recopier dans (G) cette remarque devenue, sinon tout à fait fausse, du moins exagérée.

20. Le grand-père (ou grand-oncle) Samuel Bernard, calviniste de la vieille école, était cependant un esprit ouvert et éclairé : outre les *Vies des hommes illustres grecs et romains comparées l'une avec l'autre* (traduites par Amyot en 1559, ces *Vies parallèles* constituaient à l'époque une sorte de meuble de famille indispensable), il avait dans sa bibliothèque les six volumes in-quarto (ou les huit in-douze) de la monumentale *Histoire de l'Église et de l'Empire depuis la naissance de Jésus-Christ jusqu'à la fin du Xe siècle* du pasteur français Jean Le Sueur (Genève, 1674-1688) ; le *Discours sur l'Histoire universelle* composé par le très catholique évêque de Meaux pour l'instruction du Dauphin de France (1681) ; l'*Histoire de la République de Venise* (de 1613 à 1671) de Giovanni Battista Nani, publiée en 1671, et traduite en français par l'abbé Tallemant en 1680 ; *Les Métamorphoses* d'Ovide, un livre capital de l'héritage classique, soit dans la traduction en prose de Pierre du Ryer (1660), soit dans celle, en vers, de Thomas Corneille (1677) ; *Les Caractères* de La Bruyère, publiés entre 1688 et 1694 ; les *Entretiens sur la pluralité des mondes* (1686) et les *Dialogues des morts* (1683) de Fontenelle ; quelques comédies de Molière (*Le Malade imaginaire ? Tartuffe ? Le Misanthrope ?*). Il conviendrait de compléter ce catalogue par les *Histoires* de Tacite et *Le Droit de la guerre et de la paix* du célèbre jurisconsulte hollandais Hugo Grotius (1625, traduit pour la première fois du latin en 1687). Si l'on en croit la « Dédicace à la République de Genève » du *Discours sur l'inégalité*, ces deux auteurs figuraient en bonne place, avec Plutarque, dans l'atelier du « vertueux Citoyen » Rousseau : « Je le vois encore vivant du travail de ses mains, et nourrissant son âme des vérités les plus sublimes. Je vois Tacite, Plutarque, Grotius, mêlés devant lui avec les instruments de son métier » (*DOI, OC*, III, p. 118).

21. (N) ajoutait : « C'est de ce petit recueil que se formèrent pour ainsi dire les premiers traits de mon âme et ceux qui s'en sont le moins effacés. »

22. (N) ajoutait : « Le style d'Amyot me dégoûta de celui de La Calprenède. » Dans le second des *Dialogues*, l'ordre de succession sera inversé : « Les hommes illustres de Plutarque furent sa *première* lecture dans un âge où rarement les enfants savent lire. Les traces de ces hommes antiques firent en lui des impressions qui jamais n'ont

pu s'effacer. À ces lectures succéda celle de *Cassandre* et des vieux romans qui, tempérant sa fierté romaine, ouvrirent ce cœur naissant à tous les sentiments expansifs et tendres auxquels il n'était déjà que trop disposé » (*Dialogues*, *OC*, I, p. 819). Même antériorité de Plutarque sur les « vieux romans » – dont *L'Astrée* d'Honoré d'Urfé dans le genre pastorale – au début de la Quatrième promenade des *Rêveries* (*OC*, I, p. 1024).

23. Agésilas, roi de Sparte. Vainqueur des Perses en 395 avant J.-C., il ne se laissa pas efféminer par le luxe oriental et mena toujours une vie simple et frugale de brave père de famille. On pouvait le voir chez lui, raconte Plutarque (*Vie d'Agésilas*, XLII), jouer à dada sur un bâton pour amuser ses petits enfants. L'auteur d'*Émile* se souviendra de ce trait lu autrefois dans l'atelier paternel : « Agésilas à cheval sur un bâton me fait aimer le vainqueur du grand Roi » (*Émile*, IV, *OC*, IV p. 531). Il n'est pas impossible que l'horloger Rousseau, troquant à l'occasion la lime pour un manche à balai, se soit fait un devoir d'imiter devant son fils ce Spartiate exemplaire.

Brutus. Il peut s'agir ici soit de Marcus Brutus, le meurtrier de César, soit plus probablement de son aïeul Junius Brutus, dont Plutarque raconte qu'il laissa mettre à mort sous ses yeux deux de ses fils traîtres à la République (*Vie de Publicola*, VIII).

Aristide. Vertueux Athénien, surnommé le Juste. Au livre IV d'*Émile*, Rousseau évoque l'abnégation dont il fit preuve lors de sa condamnation à l'exil (*Vie d'Aristide*, XX).

Alors que, chez Plutarque, les vies d'Agésilas, de Marcus Brutus et d'Aristide sont mises en parallèle avec celles de Pompée, de Dion et de Caton, ce n'est pas à trois autres illustres personnages historiques que ces héros antiques sont comparés ici, mais à trois illustres personnages de romans du siècle précédent : Oorondate, prince scythe, qui brûle d'amour pour Statira, fille de Darius, dans la *Cassandre* de La Calprenède ; Artamène, héros du *Grand Cyrus* de Georges et Madeleine de Scudéry ; et Juba II, roi de Numidie, qui, sous le nom de Coriolan, remplit de ses exploits la *Cléopâtre* de La Calprenède.

24. Incapable de supporter.

25. Selon (N), c'est à la demande de son père (« un jour que mon père me faisait raconter à table l'aventure de Scaevola ») que le fils prit la parole pour se lancer dans ce terrifiant numéro de cirque, textuellement inspiré d'une page de la *Vie de Publicola* (XXXIII). On se permettra de reconstituer la scène ainsi : pendant le siège de Rome par les Étrusques, commença le petit Genevois en grimpant sur sa chaise, le jeune Romain Caïus Mucius, camouflé en soldat étrusque, franchit les lignes ennemies dans l'intention d'assassiner le roi Porsenna. Mais ne l'ayant pas reconnu – poursuivit-il en se saisissant de sa cuillère à soupe –, il se trompa de cible et tua un de ses lieutenants. Désarmé sur-le-champ, l'intrépide agresseur est interrogé. – « Et alors ? » demande le cercle de famille, suspendu à ses lèvres. Alors le petit héros, fixant le père du même œil étincelant que s'il eût eu devant lui le roi étrusque, posa sa dextre sur le réchaud de cuisine qui se trouvait là en vue d'un sacrifice aux dieux, et la laissa rôtir sans

changer de visage ni baisser le regard – selon Tite-Live, *Histoire romaine* II, 12, c'était pour la punir d'avoir manqué son coup – jusqu'à ce que Porsenna, saisi d'admiration, lui signifie d'un ton sévère que le spectacle avait assez duré, et lui rende son glaive en le priant de redescendre de sa chaise et de finir sa soupe. La droite étant devenue inutilisable, Mucius prit alors sa cuillère de la main gauche « dont on dit qu'il eut depuis le surnom de Scevola, qui veut autant à dire comme gaucher », expliqua le héros, en vieux français d'Amyot, avant de plonger gauchement son glaive dans le bol de soupe. Et d'ajouter d'une voix forte et menaçante à l'adresse du roi son père : « Il y a trois cents Romains épandus parmi ton camp, qui ont la même volonté et la même entreprise que moi, ne cherchant autre chose que le moyen et l'occasion de la pouvoir exécuter… » Pure menterie. Mais Porsenna, bluffé, préféra lever le siège sans même attendre le dessert.

On notera que le seul exemple que l'auteur des *Confessions* retient ici de ses multiples identifications d'enfant aux grands hommes de Plutarque, est celui dans lequel il se met dans la peau d'un fabuleux, mais « magnanime » menteur. Pour un autre mensonge magnanime, digne cette fois d'un héros du Tasse et ne concernant rien de moins que deux doigts écrasés, « je fus […] plus de deux mois hors d'état de me servir de ma main » (quatrième promenade des *Rêveries*, *OC*, I, p. 1036-1037).

26. Après quelques années d'apprentissage auprès d'un père dont il n'acceptait pas la loi (à treize ans, il écopa de six semaines de maison de correction), François Rousseau fut placé chez un autre maître, sans autre résultat que ses fugues à répétition.

27. Assez comparable à celle de ces femmes sabines qui, raconte Plutarque, firent à grands cris et avec force larmes rempart de leur corps entre leurs frères sabins et leurs époux romains, afin de les empêcher de s'entre-tuer (Plutarque, *Vie de Romulus*, XIX).

28. Comme le souligne P.-P. Clément, quelque chose sonne faux dans cette façon expéditive qu'a le frère cadet de se débarrasser ici de son frère aîné, sans même citer son nom, après avoir pris soin de se donner le beau rôle de sauveur au grand cœur de ce mauvais sujet, quand s'abattait sur lui la colère du père (*DJJR*, H. Champion, 1996, art. « frère », p. 360-361). S'il est vrai que François disparut prématurément de Genève (sans doute fin 1722), il ne laissa pourtant pas sa famille sans nouvelles. Jean-Jacques lui-même l'admettra, en mars 1739, dans un mémoire adressé à l'abbé Arnauld, secrétaire du résident de France à Genève, pour réclamer la part du bien de leur mère qui revenait à son frère (*OC*, I, p. 1214-1217). Pendant un an, affirme-t-il, François avait régulièrement écrit d'Allemagne à sa famille. Puis tout à coup, silence. Ce qui, faute d'acte de décès en forme, donnait au moins la certitude morale qu'il était mort, donc que son frère cadet restait le seul héritier.

29. […] *mais m'aimait et moi je les aimais de même* : on sera sensible au doux babil que produit à l'oreille cette suite d'allitérations en *m* – ou en *aime*. Mêmes mélodieux mouvements de lèvres un peu plus

bas, avec l'évocation de la nourrice (« quand *ma mie me menait promener* »). Au temps de la « jeunesse du monde », là où régnait encore un perpétuel printemps, les premiers mots qu'on échangea ne furent-ils pas pour s'entre-chanter : « *aimez-moi…* », sans autres articulations que des labiales ? Cf. *EOL*, chap. x, *OC*, V, p. 408.

30. « Qui dit des choses sans raison, sans fondement » (*DA*). Ce mot n'a pas nécessairement une nuance péjorative.

31. On sait par le témoignage du comte d'Escherny qu'à Môtiers – où ces lignes sont rédigées en 1764-1765 – Rousseau aimait chanter, s'accompagnant d'une épinette ou d'une harpe, des airs de sa composition, soit dans le goût italien, soit inspirés des mêmes vieilles chansons françaises que lui chantait sa tante Suzon.

32. On a retrouvé le texte des quatre derniers vers de la chanson dont Rousseau n'a gardé qu'un souvenir lacunaire :

> Un cœur s'expose
> À trop s'engager
> Avec un berger :
> Et toujours l'épine est sous la rose,

chante la bergère Phyllis à son berger Tircis, sorti tout droit comme elle de *L'Astrée*.

Pudique mise en garde, dont le vieil enfant (qui, tout à la fois dans le rôle de la bergère et du berger, se marmotte à lui-même en hésitant « …un berger… s'engager… sans danger ») paraît ne pas vouloir se souvenir. Au contraire, puisque c'est un feu vert que sa mémoire (inconsciemment complice de son désir ?) lui substitue. Il est vrai que le dernier vers, exactement retracé, lui signifie clairement qu'il y aura toujours danger, pour un joueur de chalumeau, à vouloir s'engager dans l'épineux déduit d'une vierge bergère. Voilà pourquoi peut-être, arrêté par ses larmes au moment de toucher au but, jamais le « vieux radoteur » n'arrive au bout de sa chanson d'amour. Cf. livre III, p. 129 : « je ne suis pas heureux dans la conclusion de mes amours », ce dont le lecteur aura d'autres occasions de se convaincre.

33. Manière d'être de l'âme, considérée comme touchée par quelque objet. Le *DA*, dans ses éditions de 1762 et 1798, l'ignore dans ce sens. Il donne pourtant : « affection mélancolique, affection hystérique », comme manière d'être du corps.

34. Le 9 octobre 1722, Isaac Rousseau rencontra dans la rue un certain Pierre Gautier, ex-capitaine au service de l'électeur de Saxe et s'avisa de le provoquer en duel (ils avaient déjà eu des mots quatre mois plus tôt, dans une affaire de chasse). L'autre ricane, et le toisant avec tout le mépris des gens « du haut » pour ceux « du bas » (en juin 1717 la famille Rousseau avait quitté la maison de la Grand-Rue pour descendre loger rue de Coutance, dans la ville basse) répond que c'est à coups de bâton qu'il allait lui régler son compte. Outré, Rousseau dégaine et fend la joue de l'insolent. On a du mal à séparer les combattants – « Écoute, tu t'en souviendras : je suis Rousseau !, je suis Rousseau ! Rousseau ! » entendait-on crier le père dans sa fureur. Gautier court porter plainte à la police. Appelé à comparaître

devant le tribunal, Rousseau préfère se dérober à la justice et prend la fuite pour Nyon, laissant à leur oncle Bernard le soin de s'occuper de ses deux fils. Condamné par contumace à trois mois de prison, cinquante écus d'amende et à implorer à genoux le pardon de Dieu devant les magistrats, cet héroïque Genevois reviendra quelquefois dans sa patrie pour affaires, mais ne purgera jamais sa peine.

35. À six mois près, puisque Abraham Bernard, le fils de l'oncle Gabriel, était né le 31 décembre 1711.

36. Le village de Bossey, à sept kilomètres de Genève, appartenait politiquement au duché de Savoie, mais dépendait de Genève pour ce qui était du spirituel. Nommé pasteur du lieu en 1708, Jean-Jacques Lambercier (1676-1738) y exerçait son ministère en compagnie de sa sœur Gabrielle, de sept ans sa cadette. Quelques années plus tard, de méchants bruits coururent parmi les ouailles – peut-être répandus par M. de Pontverre, curé de Confignon, qui de l'autre côté de la frontière ne manquait pas une occasion de lancer des traits envenimés contre les pasteurs genevois – comme quoi Jean-Jacques et Gabrielle auraient entretenu des relations coupables. Preuve en était, murmurait-on, que la demoiselle avait donné secrètement le jour à un bébé (probablement courant 1712) dont cette fille mère était par conséquent la tante, puisque son frère en était à la fois le père et l'oncle. Une enquête s'imposait (cf. E. Ritter, *AJJR, op. cit.*, XVI, p. 141-148). Début 1713, il était avéré que l'enfant prétendu n'était qu'un mythe grossier, et le respectable Jean-Jacques fut totalement lavé du soupçon infamant d'avoir connu sa sœur au sens biblique.

37. Ici au sens de faire une faute.

38. Mal à propos.

39. Dans (N), Rousseau donnait de cet épisode de la fessée et de ses conséquences (jusqu'à « on en va voir sortir une impression bien différente ») une première version présentant d'intéressantes variantes par rapport à celle-ci (cf. *OC*, I, p. 1155-1158) :

« Comme Mademoiselle Lambercier prenait de nous les soins d'une mère, elle en exerçait aussi l'autorité. Ce droit la mettait dans le cas de nous infliger quelquefois le châtiment des enfants. Je redoutais cette correction plus que la mort, avant de l'avoir reçue. À l'épreuve, je ne la trouvai pas si terrible, et quoiqu'il ne me soit jamais arrivé de rien faire à dessein de la mériter, j'avais plus de penchant à la désirer qu'à la craindre. La modeste Mademoiselle Lambercier, s'étant sans doute aperçue à quelque signe que ce châtiment n'allait pas à son but, déclara qu'elle y renonçait parce qu'il la fatiguait trop, et j'eus quelque regret, sans savoir pourquoi, de lui voir tenir sa parole.

« Cette conduite dans une fille de trente ans, qui seule sait son motif, me paraît digne de remarque. Une autre chose qui l'est presque autant, c'est la date. Cela se passait en 1721 et je n'avais pas encore neuf ans.

« J'ignore pourquoi cette sensualité précoce ; la lecture des romans l'avait peut-être accélérée ; ce que je sais, c'est qu'elle influa sur le reste de ma vie, sur mes goûts, sur mes mœurs, sur ma conduite. Je vois le fil de tout cela, sa trace est utile à suivre, mais comment la marquer sur ces feuilles sans les [la *raturé*] salir ?

« Cette première émotion des sens s'imprima tellement dans ma mémoire que, lorsqu'au bout de quelques années elle commença d'échauffer mon imagination, ce fut toujours sous la forme qui l'avait produite, et quand l'aspect des jeunes et belles personnes me causait de l'inquiétude, l'effet en était toujours de les mettre en idée à l'ouvrage et d'en faire autant de Demoiselles Lambercier.

« L'obstination avec laquelle ces images revenaient à la moindre occasion, l'ardeur dont elles enflammaient mon sang, les actes extravagants auxquels m'emportait le désir de les voir réalisées, n'étaient pas ce qui se passait en moi de plus étrange. Une éducation modeste et sévère avait rempli mon cœur des sentiments honnêtes et d'une horreur invincible pour la débauche ; toutes les idées qui s'y rapportaient m'inspiraient l'aversion, le dégoût, l'effroi. La seule pensée de l'union des sexes me paraissait si infâme qu'elle eût amorti mes imaginations lascives, si elle me fût venue en même temps.

« De ce singulier contraste, qui séparait dans mon esprit des choses si voisines, résulta un effet non moins singulier. Ce qui devait me perdre me sauva de moi-même. Dans l'âge de puberté, l'objet dont j'étais occupé fit diversion à celui que j'avais à craindre. Une idée donnant le change à l'autre m'échauffait sans me corrompre ; mes agitations n'aboutissant à rien n'en étaient que plus tourmentantes, mais elles ne m'inspiraient d'autre honte que celle de faire l'enfant si longtemps. Cette unique raison me rendait discret sur mes fantaisies : je les trouvais puériles, mais non libertines. On ne pouvait être plus pudiquement honteux.

« C'est par cette bizarre diversion d'idées qu'avec une imagination enflammée d'amour, et un sang brûlant de sensualité presque dès l'enfance, j'échappai toutefois à l'égarement précoce qui épuise et perd la plupart des jeunes gens. Plus tard [l'exemple de *ajouté in interl.*] la souillure de mes camarades, loin de vaincre mon dégoût, l'augmentait. Je n'envisageais les filles publiques qu'avec horreur, et grâce aux soins des personnes [sages *ajouté in interl.*] qui m'avaient élevé, l'instinct de la nature se cachait si bien dans mes fantaisies qu'après avoir fait déjà d'assez grands voyages et vécu parmi toutes sortes de gens, j'avais atteint ma dix-neuvième année avant que mon sexe me fût bien connu.

« Plus instruit, je gardai toujours ma première retenue [avec le sexe 1e *rédac. corr.*] auprès des femmes. L'amour seul m'égara, jamais la débauche ; mes sens furent toujours dirigés par mon cœur : la honte, conservatrice des mœurs, ne m'abandonna jamais, et autant que je puis aller aux germes les plus profonds de mes passions secrètes, cette honte fut encore en partie l'ouvrage de mes premiers goûts, toujours subsistants. À quoi bon devenir entreprenant pour n'obtenir qu'à demi les plaisirs désirés ? Ceux dont je n'osais parler pouvaient seuls donner tout leur prix aux autres. Ceux qu'on devait partager étaient proposables ; mais qui n'eût dédaigné de ridicules soins qui, pour trop plaire à celui qui les recevait, nuisaient souvent à celle qui les daignait prendre ?

« N'avais-je donc des mœurs réglées que parce que j'avais des goûts dépravés ? Cette conséquence serait injuste et outrée. Un naturel timide, un cœur tendre, une imagination romanesque mêlaient l'amour et la retenue à tous mes désirs : un goût constant pour l'honnêteté, la décence, une aversion pour l'impudence, pour la débauche, pour tous les excès, furent en moi les fruits d'une éducation toujours modeste et saine, quoique d'ailleurs fort mêlée et fort peu suivie ; mais, dans un caractère doux et sensible à la honte, les désirs qu'elle cachait laissèrent moins de force aux autres. Déjà disposé à m'attacher aux personnes plus qu'à leur sexe, déjà craintif par le danger de déplaire, je m'affectionnai aux actes de soumission ; je trouvais ainsi le moyen de me rapprocher par quelque côté de l'objet de ma convoitise, en confondant l'attitude d'un amant suppliant avec celle d'un écolier pénitent. Être aux genoux d'une maîtresse impérieuse était pour moi la plus douce des faveurs. On sent que cette manière de faire l'amour n'amenait pas des progrès bien rapides, et ne mettait pas en grand péril la vertu de celles qui en étaient l'objet.

« Si je ne sentais la difficulté de faire supporter tant de détails puérils, que d'exemples ne donnais-je pas de la force qu'ont souvent les moindres faits de l'enfance pour marquer les plus grands traits du caractère des hommes. J'ose dire qu'un des plus [grands *rat.*] profondément gravés dans le mien est une indomptable aversion pour l'injustice. La vue d'une action inique, même sans que j'y prenne aucun intérêt personnel, m'indigne jusqu'à la fureur, à tel point que jamais, en pareil cas, je n'ai connu ni grandeur ni puissance qui pût m'empêcher de marquer cette indignation. J'ose ajouter qu'elle est si désintéressée et noble qu'elle agit moins contre les injustices dont je suis la victime que contre celles dont je suis le témoin. Qui croirait que ce sentiment invincible me vient originairement d'un peigne cassé ?

« J'étudiais un jour seul ma leçon... »

40. En fait, cette fille de trente ans frisait déjà la quarantaine, et lui allait sur ses onze ans.

41. « Je ne vois qu'un bon moyen de conserver aux enfants leur innocence ; c'est que tous ceux qui les entourent le respectent et l'aiment. Sans cela toute la retenue dont on tâche d'user avec eux se dément tôt ou tard ; un sourire, un clin d'œil, un geste échappé leur disent tout ce qu'on cherche à leur taire [...]. Des gouvernantes rieuses leur tiennent à quatre ans des propos que la plus effrontée n'oserait leur tenir à quinze. Bientôt elles oublient ce qu'elles ont dit, mais ils n'oublient pas ce qu'ils ont entendu » (*Émile*, IV, *OC*, IV, p. 498-499). Le gouverneur d'Émile, en revanche, saura faire en sorte qu'il ignore « jusqu'à seize ans la différence des sexes » (*OC*, IV, p. 497). En suivant sa méthode – laisser à la nature le soin de lever le voile – « on peut étendre jusqu'à vingt ans l'ignorance des désirs et la pureté des sens ».

42. Le Grand et le Petit-Saconnex sont des villages situés dans la banlieue ouest de Genève, sur la route de Ferney.

43. Surprenant féminin pluriel. Il devait pourtant bien se trouver autant de mâles que de femelles saisis par la débauche, dans la Genève canine de l'époque.

44. Dans la conception néoplatonicienne de l'amour à laquelle Rousseau fait ici ironiquement allusion, le *furor eroticus*, loin de porter à des « actes extravagants » – comme d'exhiber son postérieur aux yeux de jeunes Turinoises dans l'espoir de se faire fesser, cf. livre III, p. 121 –, est censé pousser l'âme à se détacher des sens pour s'élever à la contemplation de la Beauté.

45. Il s'agit de la fessée.

46. Plaque de grès ou de fer servant de fond à une niche ménagée dans l'âtre de la cuisine et qui s'ouvrait dans la pièce contiguë.

47. L'oncle Bernard n'y allait pas de main morte quand il frappait. En 1723, il avait comparu devant le lieutenant de police pour coups à un vieillard.

48. *Sic*. Cf. *infra*, note p. 51.

49. « Cette disposition des enfants à l'emportement, au dépit, à la colère » doit faire l'objet d'une extrême attention, souligne l'auteur d'*Émile*. Dans son *Traité des maladies des enfants*, traduit en français en 1759, le célèbre « Boerhave pense que leurs maladies sont pour la plupart de la classe des convulsives, parce que la tête étant proportionnellement plus grosse et le système des nerfs plus étendu que dans les adultes, le genre nerveux est plus susceptible d'irritation » (*Émile*, I, *OC*, IV, p. 287).

50. « Bourreau ! bourreau ! bourreau ! », dans le latin parlé en expirant par les victimes de Néron, de Tibère ou de Domitien.

51. Il a d'ailleurs toujours affirmé, notamment dans la cinquième des *Lettres morales* et dans la *Profession de foi du vicaire savoyard*, que le « sentiment moral » à l'origine de ce mouvement de révolte contre l'injustice est naturel à l'homme. Mais s'il a été renforcé par « le souvenir profond » de cette mémorable injustice, on peut se demander si celle-ci fut vraiment « la première ». On a relevé plus haut la surprenante mention : « Il y a *maintenant* près de *cinquante ans* de cette aventure… » L'affaire du peigne cassé ayant eu lieu peu avant le départ de Bossey – donc à la fin 1724 –, il serait tentant d'en conclure que l'auteur des *Confessions* a rédigé ces lignes un peu avant 1774, à l'époque où, persuadé d'être l'innocente victime de diaboliques persécuteurs, il entreprend *Rousseau juge de Jean-Jacques*. Mais dans (N), rédigé en 1764-1765, il écrivait déjà : « Il y a maintenant près de cinquante ans de cette aventure… » Or, en 1764-1765, il n'a que cinquante-deux ou cinquante-trois ans. Donc cinquante ans plus tôt, il n'en avait pas plus de deux ou trois. Certes, il a tendance à se rajeunir dans ses souvenirs de Bossey, puisqu'il se donne huit ans au lieu de onze à l'époque où il se faisait fesser par Mlle Lambercier. Mais de là à se donner à peine un peu plus de deux ans lorsqu'il fit pour la première fois la douloureuse expérience de l'injustice ! Il s'est évidemment trompé dans son calcul, dira-t-on : c'est quarante ans, non pas

cinquante qu'il faut lire. Reste qu'il a écrit : cinquante. D'où
l'hypothèse : et si, au lieu de se tromper dans son calcul, il s'était
inconsciemment trompé d'aventure ? Ou plutôt si, au moment où il
revivait, avec les mêmes émois, ce bouleversant souvenir d'enfance,
un autre de même nature, plus anciennement et plus profondément
gravé ou refoulé dans sa mémoire, avait discrètement fait retour pour
se manifester et laisser trace, dans le texte, par le biais de ce lapsus :
cinquante au lieu de quarante ? Quel autre souvenir ? « Je ne me sens
pas capable de démêler, de suivre la moindre trace de ce qui se passait alors en moi », constate-t-il, laissant à son lecteur, s'il en est
capable, le soin de le faire pour lui. Mais comment relever ce défi,
puisque lui-même – sous l'effet de cette commune « amnésie
infantile » où Freud a vu l'effet d'un refoulement originaire – déclarait ignorer ce qu'il a fait, et ce qu'on lui a fait, « jusqu'à cinq ou six
ans ». Ce qu'il se plaît à se rappeler, c'est qu'il était l'idole de son père,
et fut toujours « traité avec douceur ». Un Genevois contemporain
(cité par E. Ritter, *AJJR, op. cit.*, XVI, p. 123) assure pourtant tenir
de la propre bouche de la mie Jacqueline que, pour avoir eu le malheur de déchirer son *Atrium latinitatis* (lexique de mots latins à
l'usage des enfants), le cher petit « fut condamné à être enfermé plusieurs jours dans un galetas, où peut-être une correction journalière
était jointe à une pénitence sévère ». Il serait intéressant de savoir si
dans le lexique en question ne figurait pas le mot *carnifex*, auquel il
n'est pas inconcevable qu'une expérience plus ancienne encore lui ait
permis de donner sens…

52. En automne 1724. C'est donc un peu avant 1754 – soit à
l'époque où il méditait sur la réponse à donner à la question : *Quelle
est l'origine de l'inégalité parmi les hommes et si elle est autorisée par la
loi naturelle ?*, mise au concours par l'Académie de Dijon et publiée
dans le *Mercure de France* de novembre 1753 – que les souvenirs de
Bossey, jusque-là fragmentaires et sans liaison entre eux, ont commencé à s'associer dans sa mémoire et à y composer le tableau idéa-
lisé d'un paradis perdu, aussi irrémédiablement perdu que cette forêt
des origines au sein de laquelle il se plaira, en composant son second
Discours, à revoir vivre en imagination le genre humain encore enfant
(cf. livre VIII, vol. II, p. 133-134).

53. Sujet d'estampe plutôt inattendu chez un antipapiste de profession – car on ne signale pas que le pasteur Lambercier ait pratiqué
le jeu de fléchettes.

54. Au sens de : « Trouvons un arrangement qui satisfasse les deux
parties, moyennant quelques concessions mutuelles ».

55. Victor-Amédée II, roi de Sardaigne, passa par Bossey au mois
d'août 1724, lors d'un voyage qu'il fit de Thonon à Annecy.

56. L'auteur d'*Émile* s'était déjà inspiré de ce souvenir d'enfance au
livre II, pour composer une autre « horrible tragédie », au dernier acte
de laquelle l'enfant aura compris que le fondement légitime de la propriété remonte au droit du premier occupant par le tra-
vail, et ce qu'il en coûte à quiconque s'avise de porter atteinte à celle
d'autrui (*Émile*, II, *OC*, IV, p. 330-333). Ici et là, mêmes « péripéties »

aboutissant à une même « catastrophe » – pour parler le langage de la tragédie classique –, sans oublier, dans les deux cas, le même épilogue heureux. Car toute cette mise en scène tragique, où se rejoue parodiquement l'histoire du genre humain, telle que l'expose le *Discours sur l'origine et les fondements de l'inégalité*, c'était naturellement pour rire. Loin d'instaurer un état de guerre et d'anarchie qui n'en finira plus, l'histoire s'achève ici par un retour à l'état de paix, établi désormais sous le règne de la Loi (cf. A. Grosrichard, « Jardins d'enfants ou les leçons d'Émile », *Le Temps de la réflexion*, VI, 1985, p. 97-126).

57. (N) ajoute : « quand ce n'eût été que par imitation ». Cf. *Émile*, II, *OC*, IV, p. 340 : « L'homme est imitateur, l'animal même l'est ; le goût de l'imitation est de la nature bien ordonnée, mais il dégénère en vice dans la société. Le singe imite l'homme qu'il craint, et n'imite pas les animaux qu'il méprise ; il juge bon ce que fait un être meilleur que lui. »

58. Proverbe : le besoin nous rendit ingénieux. Le mot *industrie* est employé ici au sens ancien d'activité inventive qu'il a dans le second *Discours*, où il désigne l'ingéniosité de l'homme qui, parvenu au terme de l'état de nature, est contraint par la nécessité à mettre en œuvre ses « facultés virtuelles », jusque-là en sommeil (*DOI, OC*, III, p. 165).

59. « Le travail acharné vient à bout de tout ». Adapté de Virgile (*Géorgiques*, I, 145-46) qui écrivait *vicit* et non *vincit*.

60. « Plaque de plomb posée à l'entrée d'un tuyau de bassin ou de réservoir, pour empêcher les crapauds et les ordures d'y entrer » (*DA*).

61. La nécessité d'apprendre à surmonter les obstacles naturels et à se mesurer à plus fort ou plus grand que lui engendra peu à peu chez l'homme « une *prudence* machinale qui lui indiquait les précautions les plus nécessaires à sa sûreté… » (*DOI, OC*, III, p. 166).

62. « … c'est ainsi que le premier regard qu'il porta sur lui-même, y produisit le premier mouvement d'*orgueil* » (*DOI, OC*, III, p. 166).

63. Un jour qu'il lisait l'histoire des hauts faits d'Alexandre, César se mit à pleurer, au grand étonnement de ses amis qui lui en demandèrent la raison. « Ne vous semble-t-il pas que ce soit assez pour se douloir, répondit-il, que le roi Alexandre, en l'âge où je suis, ait jadis tant conquis de peuples et de pays, et que je n'aie encore fait chose quelconque digne de mémoire ? » (Plutarque, *Vie de Jules César*, XIII ; autre version légèrement différente dans Suétone, *Histoire des douze Césars, Jules César*, VII). L'épisode se situe en 61 avant J.-C., année où César était en charge du gouvernement de l'Espagne. Il avait d'ailleurs quarante ans déjà, non pas trente, et Alexandre était mort à trente-deux ans.

64. Peut-être ce noyer était-il encore « en être » (en vie) lorsque Rousseau, qui venait d'achever le *Discours sur l'origine de l'inégalité*, se rendit dans sa patrie en juillet 1754. Dix ans plus tard, au moment où il se plaît à se remémorer cette grande petite histoire, il a définitivement renoncé à son titre de citoyen de Genève, par conséquent aussi à l'espoir de retourner un jour verser des seaux de larmes au

pied de son cher noyer, à supposer qu'il existât encore. Quoiqu'une enquête ouverte à ce sujet en 1784 par un journal anglais ait conclu que l'arbre avait été coupé « par une main froidement méthodique », un ébéniste ayant le sens des affaires ne s'en prétendra pas moins propriétaire en 1828, et s'offrira à le débiter par rondins aux âmes sensibles intéressées (cf. J. Voisine, *J.-J. Rousseau en Angleterre à l'époque romantique*, Didier, 1956, p. 144).

65. En fait, il passa moins d'un an chez son oncle Bernard, puisqu'il quitta Bossey au début de l'automne 1724 et entra en apprentissage à la fin avril 1725.

66. « Art de fortifier, d'attaquer et de défendre les places et le corps des militaires qui l'exercent, les ingénieurs » (*DCLF*, 1787).

67. « S'assujettir à ses devoirs » (*DA*).

68. L'oncle Bernard semble n'avoir pas pris beaucoup plus de soin de son épouse. Dans (N), on apprend en effet que c'est pour « se consoler des infidélités de son mari » que la tante Théodora, faute d'autres extases, « se fit dévote et devint une espèce de piétiste ». Analogue au quiétisme chez les catholiques, le piétisme est une doctrine mystique qui rejette l'orthodoxie et le dogmatisme en faveur d'une foi fondée sur la seule lettre de l'Évangile et les mouvements du cœur. Si l'on peut retrouver dans la *Profession de foi du Vicaire savoyard* une nette inspiration piétiste, son auteur la doit certainement plus à la lecture de Fénelon ou de Marie Huber qu'à l'influence précoce de tante Théodora.

69. Ou *écliffes*, provincialisme genevois pour désigner des sarbacanes.

70. David Rousseau (1641-1738), père d'Isaac, était alors âgé de plus de quatre-vingts ans – il mourut presque centenaire. Artisan horloger comme le sera son fils, il exerça les fonctions de dizenier (juge de paix) dans le quartier de Saint-Gervais pendant vingt ans, avant d'en être privé en 1707, pour des raisons politiques. Il n'en continua pas moins à jouer un rôle discret dans la politique genevoise. Cf. A. Gür, « David Rousseau, informateur de l'envoyé du duc de Savoie en Suisse pendant la guerre de succession d'Espagne », *AJJR*, XLIII, 2001.

71. Littéralement « Courtejambe ». Le mot de « charlatan », moins péjoratif qu'aujourd'hui, désignait un opérateur ambulant qui débitait des drogues sur les places et dans les foires, et attirait le chaland par des moyens divers.

72. Personnage de bouffon de la *commedia dell'arte*.

73. Genre Don Quichotte et Sancho Pança. À cette différence près que dans leur cas, c'est au plus petit des deux que revenait de jouer le rôle du redresseur de torts, quoique ce fût le grand qui ressemblât au chevalier à la triste figure.

74. « Âne bâté » : ce surnom provient probablement de *Barnâ* (Bernard), nom de l'âne dans *Le Roman de Renart*, et de *Bredâ*, « bridé » en patois savoyard.

75. Dans (N), la symétrie était moins frappante : « je donnai des coups ; j'en reçus davantage ».

76. Du latin *palatinus*. Nom donné aux preux chevaliers vivant dans le palais de Charlemagne, et qui l'accompagnaient à la guerre. Dans les romans que lisait Don Quichotte, chacun des intrépides défenseurs de la veuve et de l'orphelin se devait d'avoir une Dulcinée à servir.

77. En fait, il avait plus de douze ans. Mlle de Vulson se prénommait Charlotte.

78. (N) précisait, en qualifiant ces deux sortes d'amours de « tous deux très violents » : « l'un sensuel ou de tempérament, et l'autre platonique ou d'opinion ».

79. Abréviation de Margoton, diminutif de Margot, forme apocopée de Marguerite. On ne sait rien de plus sur l'identité de cette institutrice en herbe, ni sur ce qu'elle devint.

80. Selon Littré (qui cite un exemple tiré de la *Satire* X de Mathurin Régnier), l'expression « en venir à tic-tac » aurait le sens, au début du XVIIe siècle, de « en venir aux coups ». Mais il se peut aussi que par cette onomatopée les fillettes de Coutance (situé dans le quartier horloger de Saint-Gervais) aient simplement voulu signifier au fils Rousseau qu'elles savaient que son cœur détraqué battait pour la petite Goton. Ce qu'elles ignoraient, c'est qu'il était aussi « toqué » d'une autre – comme le sera plus tard son *Arlequin*, qui balançant entre une piquante *Épine-Vinette* et une demoiselle *Gracieuse*, deux fées chacune dans son genre, aboutira après auscultation à ce diagnostic : « Tic, toc, tic, toc… toc, toc ; ta, ta, ta ; ma foi je crois que mon cœur bat des deux côtés » (*Arlequin amoureux malgré lui*, *OC*, II, p. 948).

81. Cet emploi de l'auxiliaire avoir est usuel chez Rousseau.

82. En septembre 1744, à son retour de Venise. Vingt ans plus tôt, en automne 1724, Mlle de Vulson avait trahi sa *petite poupée* en épousant M. Jean-Pierre Christin, avocat et conseiller de la ville d'Orbe.

83. Singulier usage du pluriel. À la question du fils : « Qui sont ces dames, là-bas, dans le bateau ? », on attendrait plutôt que le père réponde : « Comment ces dames ? Ne vois-tu pas qu'il n'y en a qu'une ? C'est ton ancienne passion, c'est Mme Christin, laquelle n'est autre que Mlle de Vulson. » Mais quoique n'ayant pas lu *La Nouvelle Héloïse*, le père Rousseau avait deviné que si Mlle de Vulson et Mme Christin n'étaient aux yeux qu'une seule et même personne physique, en revanche au regard du cœur, elles faisaient deux. Comme feront deux Julie d'Étange et Mme de Wolmar pour le cœur déchiré de Saint-Preux, sur le bateau qui le reconduit en compagnie de son ex-amante de Meillerie à Clarens, après le pèlerinage aux « monuments de leurs anciennes amours » (*NH*, IV, 17 ; *OC*, II, p. 521).

84. Jean-Louis Masseron (1686-1753), qui fut greffier de justice à l'Hôtel de ville de Genève de 1710 à 1751.

85. Autrement dit de grappilleur, pour désigner l'âpreté au gain des gens de justice.

86. Ignoble : non noble. Qui marque une âme basse et vile.

87. Comme un vulgaire apprenti horloger. Dans (N), au début de l'alinéa suivant, une note marginale indiquait : « repris ici à Wootton » (donc en 1766).

88. Abel Ducommun (1705-1771), maître-graveur sur montres, s'était établi dans l'actuelle rue de la Croix-d'Or. Selon les termes du contrat d'apprentissage, daté du 26 avril 1725, l'oncle Bernard s'engageait pour cinq ans à payer la somme de trois cents livres et à assurer l'entretien du jeune Rousseau, et Ducommun à loger et nourrir l'apprenti.

89. Rousseau écrit « apprentif », selon une orthographe ancienne correspondant à la prononciation. Il écrira de même « baillif » pour « bailli » (vol. II, p. 358).

90. « À dix ans, j'en jugeai mieux que César à trente », déclarait-il plus haut. Glissant de Plutarque à La Fontaine, il fait ici allusion à la fable « L'Éducation », où les nommés César et Laridon sont deux chiens de la même noble portée, dont l'un, chassant de race dans les forêts, accomplit des exploits dignes d'un Alexandre, tandis que l'autre, nourri de lard dans les cuisines et courant les chiennes de carrefour, dégénère honteusement (*Fables*, VIII, 24). Morale :

> « On ne suit pas toujours ses aïeux ni son père :
> Le peu de soins, le temps, tout fait qu'on dégénère.
> Faute de cultiver la nature et ses dons,
> Ô combien de Césars deviendront Laridons ! »

91. (N) ajoutait : « car l'esprit romanesque mêlait encore un peu de sa teinte à mes jeux ».

92. Unité de poids et de mesure chez les Romains. Sous l'Ancien Régime, le crime de fausse monnaie était puni de pendaison, précédée d'une flétrissure publique. À Genève, ce type de criminalité prolifère dans la première moitié du siècle. Rien qu'en 1726, on signale quatre cas de procédure criminelle contre des faux-monnayeurs (cf. M. Porret, *Le Crime et ses circonstances, De l'esprit de l'arbitraire au siècle des Lumières selon les réquisitoires des procureurs généraux de Genève*, Droz, 1995, p. 251-253).

93. Sur cette différence, cf. par exemple second *Discours*, *OC*, III, p. 182.

94. On se souvient que Montesquieu fait de la crainte le principe du despotisme (*De l'esprit des lois*, III, chap. IX).

95. Selon l'usage, les apprentis n'avaient pas droit au dessert.

96. François Verrat, né en 1704, apprenti puis compagnon graveur chez Ducommun, en 1727-1728.

97. La place du Molard, non loin du port, où se tenait le marché.

98. Prélever la dîme, impôt d'Ancien Régime représentant la dixième partie de la récolte.

99. *Dépense* : « lieu où l'on serre le fruit, la vaisselle et le linge qui servent pour la table ». *Jalousie* : « treillis de bois ou de fer garnissant une fenêtre, et permettant de voir sans être vu ». *May* (on écrit aussi *mai*, *mée* ou *mait*) : « huche à pétrir le pain » (*DA*).

100. Dans la mythologie grecque, les Hespérides étaient les trois nymphes qui, secondées par un dragon, veillaient jalousement sur le jardin des dieux situé à l'extrême Occident (sur la rive africaine de l'actuel détroit de Gibraltar), dont les arbres produisaient des pommes d'or, censées donner l'immortalité. Il fallait un travail de

véritable Hercule – qui, lui, pensa à endormir le dragon avant de le tuer – pour s'emparer de ces pommes-là.

101. Version « friponne » de la construction de l'aqueduc. Ce n'est plus nécessité (besoin), mais convoitise (désir) qui est devenue mère de l'industrie.

102. Telle la broche autrefois. Ce genre d'intrusion du narrateur dans le temps du récit (analepse) se rencontre déjà fréquemment chez Scarron, dont Rousseau connaissait et appréciait *Le Roman comique*. Marivaux, Fielding en ont joué eux aussi, sans parler du Diderot de *Jacques le Fataliste*.

103. Rousseau écrit « distraisent », comme il écrit plus loin « distraisait » (livre IV, p. 176), « distraisant » (livre VI, p. 294), formes alors courantes à Genève et en Savoie (saint François de Sales les employait), et encore attestées en Suisse romande au XXᵉ siècle.

104. Le comestible : la nourriture ; le terme n'est pas « du bon usage », et n'apparaît dans le *DA* qu'en 1798.

105. Ses modèles, des figures faites avec une presse.

106. Des rognures, des copeaux, des éclats de métal.

107. Châtiments auxquels s'exposaient, à l'époque, les domestiques qui se rendaient coupables de vol, spécialement d'argent, chez leur maître. Le fait d'être apprenti ou compagnon constituait une circonstance aggravante. Dans le meilleur des cas, le voleur encourait la fustigation publique et le bannissement (cf. M. Porret, *op. cit.*, p. 265-279).

108. S'approprier et posséder un bien, non seulement ne sont pas équivalents, mais peuvent être antinomiques, au regard de la jouissance, cf. livre VI, p. 271.

109. La Padoana, par exemple, cf. livre VIII, vol. II, p. 55.

110. Sur l'origine et les raisons de cette « avarice », cf. livre V, p. 253.

111. « Se dit de tous les biens qui ne sont point des fonds » (*DA*).

112. « Qui a trop d'attachement aux richesses » (*DA*).

113. « S'intriguer : mettre divers moyens en usage pour faire réussir une affaire » (*DA*).

114. Serrer : mettre de côté.

115. Charles Louis Dupin de Francueil (1716-1780), dont Rousseau avait fait la connaissance peu après son arrivée à Paris, en 1743.

116. La « fille Tribu » fut plusieurs fois poursuivie par le Consistoire de Genève en 1727 ; on l'accusait d'attirer des jeunes gens dans sa boutique pendant les heures de catéchisme ou de sermon pour leur louer des « livres impurs ».

117. Ici au sens de « lieu d'aisances ».

118. Hardes : « Tout ce qui est de l'usage nécessaire et ordinaire pour l'habillement » (*DCLF*, 1787). Au XVIIIᵉ siècle, le mot n'est pas péjoratif.

119. Ici au sens d'argent de poche.

120. « Se dit figurément d'un homme bourru et fantasque, qui vit seul et éloigné de toute compagnie » (*Furetière*).

121. La belle dame en question serait Mlle de Clermont, petite-fille de Louis XIV et sœur du Régent. Voir J.-M. Goulemot, *Ces livres qu'on ne lit que d'une main. Lecture et lecteurs de livres pornographiques au XVIIIe siècle*, Minerve, Paris, 1994.

122. Cf. la lettre à M. de Malesherbes du 26 janvier 1762 (*OC*, I, p. 1138-1139) et *Dialogues*, I (*OC*, I, p. 668 sq.).

123. Le dimanche 14 mars 1728.

124. Dans (N), Rousseau insiste sur le zèle intempestif du « maudit capitaine » : « Il s'amusait à faire coucher dehors les promeneurs : on le savait, mais on ne savait pas toujours le jour et la porte où il les attendait. Un malheureux dimanche au commencement du printemps, séduits par le beau temps nous avions un peu prolongé nos courses et nous revenions à peu près à l'heure, deux de mes camarades et moi. À demie-lieue… »

125. Corps de garde avancé, ou poste en avant d'une citadelle.

126. Ouverture des portes.

127. « On dit d'un soldat qui a vendu son épée pour avoir de quoi boire et manger, qu'il s'est passé son épée au travers du corps » (Leroux, *Dictionnaire comique, satirique et critique*, 1786).

128. Le ton nostalgique du passage qui suit se retrouve au début du *Petit Savoyard ou la Vie de Claude Noyer*, roman autobiographique inachevé dont la composition remonte au début de l'été 1756 (*OC*, II, p. 1200-1207).

129. Parmi tous les états possibles, Rousseau disait éprouver une plus forte nostalgie pour celui d'artisan. Au docteur Tronchin, qui attribuait aux mauvaises mœurs des artisans genevois le déplorable état de l'éducation publique, le fils de l'horloger Rousseau répondait de Montmorency le 26 novembre 1758 : « Cet état des Artisans est le mien, celui dans lequel j'aurais dû vivre et que je n'ai quitté que pour mon malheur. J'ai reçu cette éducation publique, non par une institution formelle, mais par des traditions et des maximes qui, se transmettant d'âge en âge, donnaient de bonne heure à la jeunesse les lumières qui lui conviennent, et les sentiments qu'elle doit avoir. À douze ans, j'étais un Romain, à vingt j'avais couru le monde et n'étais plus qu'un polisson. Les temps sont changés, je ne l'ignore pas ; mais c'est une injustice de rejeter sur les artisans la corruption publique, on sait trop que ce n'est pas par eux qu'elle a commencé. Partout le riche est toujours le premier corrompu, le pauvre suit, l'état médiocre est atteint le dernier. Or chez nous l'état médiocre est l'horlogerie » (*CC*, t. V, p. 242).

NOTES DU LIVRE II

1. Les gens de la ville.

2. Benoît de Pontverre (1656-1733), originaire de Chambéry. De sa cure de Confignon, à la frontière de la Savoie catholique et de la Genève calviniste, qu'il occupait depuis 1690, il lançait des libelles

satiriques contre les pasteurs genevois, cf. livre I, note 36. Redoutable convertisseur, il inscrivit à son tableau de chasse plus d'une
soixantaine de protestants genevois durant les années de son ministère. Jean-Jacques, qui ne pouvait pas ne pas avoir entendu parler du
personnage, avait très probablement prémédité sa visite, certains
disent même sa conversion (cf. L.-E. Piccard, « J.-J. Rousseau et
Benoît de Pontverre », *Mémoires et documents publiés par l'Académie
chablaisienne*, II, 1888, p. 188-204).

3. Contrairement à ce que croit Rousseau, M. de Pontverre ne des-
cendait pas des « gentilhommes de la Cuiller », confrérie qui réunis-
sait, au XVIᵉ siècle, des seigneurs catholiques du pays de Vaud, lesquels portaient une cuiller pendue autour du cou pour « manger ceux
de Genève », comme on dirait « bouffer du curé ».

4. Entre Annecy et Annemasse. Dans (N), Rousseau ne se montrait pas aussi affirmatif sur son écrasante supériorité de théologien :
« Sans avoir étudié comme M. de Pontverre j'étais moins mais mieux
instruit que lui. »

5. Au sens de religion comportant des dogmes.

6. « Avec de vilaines dents », concédait-il dans (N).

7. En 1928, pour célébrer le deuxième centenaire de cette rencontre, des idolâtres firent édifier un balconnet en métal doré dans la
cour de l'ancien évêché d'Annecy. Soutenue par l'office du tourisme
de la ville, la même pieuse opération fut répétée en 1978, à l'occasion
du deux cent cinquantième anniversaire.

8. Françoise Louise Éléonore de la Tour (1699-1762). Née près de
Vevey, orpheline de sa mère à un an, et de son père à dix, la petite fille
est mise en pension à Lausanne, où elle reçoit une éducation soignée.
On la marie à quatorze ans à Sébastien Isaac de Loys de Villardin, seigneur de Vuarens ou de Warens (prononcer Voiran). Ambitieuse et
entreprenante, elle ouvre à Vevey, en 1725, une fabrique de bas qui ne
tarde pas à péricliter. Pour éviter la honte d'une faillite autant que pour
échapper aux « chagrins de la vie domestique », elle s'enfuit dans la
nuit du 14 juillet 1726, en emportant la caisse, des marchandises, ses
bijoux, l'argenterie et la vaisselle conjugale, et débarque à Évian, résidence d'été du roi de Sardaigne. Ce dernier (Victor-Amédée II) y
séjournait, accompagné de Mᵍʳ de Bernex, évêque d'Annecy, aux
genoux duquel elle se jette, lui remettant son âme. Trois mois plus tard,
à Annecy, elle abjure le protestantisme en l'église Notre-Dame de la
Visitation, devant les reliques de saint François de Sales (évêque du
lieu entre 1602 et 1622). Considérée comme une recrue de qualité, elle
recevra dès lors une pension de Mᵍʳ de Bernex (500 livres) et de
Victor-Amédée II (1 500 livres), avec mission d'accueillir les brebis
égarées en transit vers l'Hospice des catéchumènes de Turin et de
servir d'agent de renseignements. L'année suivante, M. de Warens
obtint le divorce. En revanche, devenue catholique, son ex-épouse ne
pouvait se remarier avant de se trouver veuve. Ce qui n'arrivera qu'en
1754, beaucoup trop tard pour qu'elle pût en profiter, à supposer
qu'elle en eût éprouvé le désir.

9. Michel-Gabriel de Rossillon, marquis de Bernex (1657-1734). Depuis 1697, il était évêque catholique de Genève siégeant à Annecy. C'est le 8 septembre 1726, fête de la Visitation de Marie, qu'il reçut l'abjuration de Mme de Warens, soit dix-huit mois (et non pas six ans) avant l'arrivée de Jean-Jacques à Annecy.

10. Il lui faudra attendre néanmoins encore quelques années avant qu'elle l'invite à vérifier expérimentalement l'exactitude de cette estimation.

11. Sur la valorisation esthétique du « négligé » et de la « négligence » au XVIIIe siècle (dans le prolongement de la *sprezzatura* de Castiglione et de Gracian), voir M. Delon, *Le Savoir-Vivre libertin*, Hachette, 2000, chap. III. On retrouve cette négligence chez la blonde, douce et tendre Julie : « Des grâces naturelles et sans la moindre affectation : une élégante simplicité, même un peu de négligence dans son vêtement, mais qui lui sied mieux qu'un air plus arrangé » (*OC*, II, « Sujets d'estampes », *OC*, II, p. 762). Il en ira de même des lettres des deux amants, dont le négligé prouve l'authenticité (*OC*, II, p. 18), comme en peinture, aux yeux de Diderot, « le négligé d'une composition ressemble au déshabillé du matin d'une jolie femme » (cf. seconde Préface « De la grâce, de la négligence et de la simplicité », *Pensées détachées sur la peinture*, dans *Salons*, IV, Hermann, 1995, p. 497).

12. Étienne Sigismond de Tavel, officier suisse au service de la France et ami de M. de Warens. Sur ce que Mme de Warens lui doit, notamment sur le plan religieux, cf. livre V, p. 241.

13. Médecine qui, sans s'embarrasser de théorie, s'en tient à la seule expérimentation, parfois sauvage, des remèdes.

14. En pharmacie, on appelait magistères (ou préparations magistrales et tenues secrètes) des composés généralement minéraux auxquels on attribuait des vertus supérieures.

15. « une bavarde, une indiscrète, qui n'est propre qu'à mettre le désordre partout où elle se trouve » (*DCLF*, 1787).

16. Sœur du Grand Condé, la duchesse de Longueville (1619-1679) s'était rendue célèbre par son opposition à Mazarin pendant la première Fronde (1649) dont elle fut l'une des têtes.

17. François de Sales (1567-1622), évêque de Genève (dont le siège avait été transporté à Annecy en 1602). Auteur à succès de l'*Introduction à la vie dévote* (1608), fondateur avec Jeanne de Chantal de l'ordre de la Visitation (1610), il fut canonisé en 1665. La baronne de Chantal (1572-1641), grand-mère de Mme de Sévigné, fut béatifiée en 1751 et canonisée en 1767.

18. (N) : « j'en avais d'inconnus, mais… ».

19. Perpendiculairement, comme le plomb au bout du fil, donc « à-propos ».

20. Paysan. Le mot n'avait pas nécessairement le sens péjoratif qu'il a pris de nos jours.

21. Au vieux sens cartésien d'« esprits animaux », « petits corps légers, subtils et invisibles qui portent la vie et le sentiment dans les parties de l'animal » (*DA*).

22. (P) : « tout le feu que m'avait inspiré Mlle de Vulson ».

23. Au sens de « revenir sur, changer d'avis ».

24. Ouvrir un avis : « être le premier à proposer un avis dans une délibération » (*DA*).

25. Emboucher quelqu'un : « le bien instruire de ce qu'il a à dire, style familier » (*DA*).

26. 1) « Ce qu'on donne à des religieux pour faire les frais d'un voyage, d'une mission », 2) « signifie figurément la communion que l'on donne aux agonisants qui vont faire le voyage de l'autre monde » (*Furetière*).

27. (N) : « de faire pour ainsi dire le petit Annibal ». Il va à Rome…

28. David Rival (1696-1759), horloger genevois et poète amateur apprécié de Voltaire.

29. Antoine Houdar de la Motte (1672-1731), poète, dramaturge et critique. Dans les premières années du siècle, le « trop doux La Motte » fut un des chefs de file du parti des « Modernes » dans la querelle opposant ces derniers à Mme Dacier à propos d'Homère, cf. *Le Verger de Mme de Warens*, *OC*, II, p. 1129. Il composa en 1700 un *Pygmalion*, ballet représenté à l'Opéra en 1748 sur une musique de Rameau (ou peut-être de Cahusac), où Rousseau a pu prendre l'idée de son *Pygmalion, scène lyrique*.

30. Mal placée, mal employée.

31. Fils de David, Jean Rival dit d'Aufresne (1728-1806) s'illustra dans la troupe de la Comédie-Française. On sait dans quelle estime l'auteur de la *Lettre à d'Alembert* (1758) tient le talent et le métier de comédien (*OC*, V, p. 69 et 73).

32. Cf. livre I, p. 34. Si la négligence sied aux femmes, un fils n'en sera pas moins fondé à la reprocher à son père.

33. (N) : « surtout pour moi qui lui représentais une épouse chérie ».

34. Il s'agissait du produit de la vente, en juin 1717, de la maison de la Grand'Rue. Isaac Rousseau en toucha intégralement les intérêts jusqu'en juillet 1737, date à laquelle son fils, ayant atteint la majorité légale de vingt-cinq ans (selon la loi genevoise), lui réclama et obtint sa part d'héritage. Le père continua cependant de toucher la part de François jusqu'à sa propre mort, en 1747. Cf. livre VII, vol. II, p. 79.

35. (P) précise : (1763). George Keith, comte Marishall (1686-1778) était gouverneur de la principauté de Neuchâtel au moment où Rousseau s'y réfugia (cf. livre XII). Le 31 mars 1764, son protégé répondait à ce « père » bien-aimé : « je n'aime point qu'on me parle de testaments. Je ne voudrais pas être, moi le sachant, dans celui d'un indifférent : jugez si je voudrais me savoir dans le vôtre » (*CC*, t. XIX, p. 264). Quelques années plus tard, vers 1767-1768, il finit cependant par accepter la rente que Mylord proposait de verser à Thérèse.

36. Par opposition à cette « philosophie parlière » qu'il est de bon ton de pratiquer dans les salons dits « éclairés » : soi-disant fondée en raison, elle n'est que l'expression d'un amour-propre exacerbé, qui érige en devoir pour tous de satisfaire son intérêt particulier, lequel

exige, qu'on ose ou non se l'avouer, la mort de l'autre. Fût-il un père ou un grand frère (cf. livre V, note 143).

37. *Émile et Sophie, ou les Solitaires*, suite romanesque que Rousseau songeait à donner à son traité d'éducation, et qui restera inachevée (*OC*, IV, p. 881-924). Selon le témoignage de Bernardin de Saint-Pierre, Émile finissait bigame sur une île déserte. On ne sait si c'était là l'exemple destiné à illustrer, de façon non moins touchante que frappante, la grande maxime de cette « philosophie vraiment assortie au cœur humain ».

38. Et mon récit. On retrouvera souvent, à l'occasion de souvenirs de voyages à pied, de ces digressions où le narrateur se donne le temps de la réflexion avant de se rejoindre dans le temps du récit.

39. Sermon moralisateur, du nom des frères prêcheurs appelés capucins. Pierre l'Ermite fut le prédicateur de la première croisade en 1095.

40. Cf. livre I, p. 41 : « Je n'eus jusqu'à mon adolescence aucune idée distincte de l'union des sexes ».

41. En 219 avant J.-C., lors de la seconde guerre punique, le jeune général carthaginois avait en effet franchi les Alpes, avec ses éléphants, avant de vaincre les Romains.

42. La distance d'Annecy à Turin par le col du Mont-Cenis faisant près de trois cents kilomètres, le voyage dura certainement plus de sept ou huit jours.

43. H. Meister assure que c'est Diderot qui devait être livré à l'Inquisition à Rome, cf. *Correspondance littéraire*, XIII, juillet 1782. Rousseau était mis sous les Plombs à Venise – comme Casanova – et Grimm interné à l'hôpital des fous de Turin. En revanche, D.-J. Garat (*Mémoires historiques sur la vie de M. Suard*, 1820, II, p. 14-15) et Musset-Pathay (*Histoire de la vie et des ouvrages de J.-J. Rousseau*, 1827, II, p. 548) confirment la version de Rousseau, qui, candide victime des déclarations impies de ses deux amis, avait l'honneur d'un « bel autodafé » à Rome.

44. « Imprudence, témérité » (*Trévoux*).

45. (N) disait le contraire : « L'épée même resta dans leurs mains. » Il s'agissait de l'épée que lui avait donnée Abraham Bernard.

46. Sur tout ce qui suit, voir le récit romancé introduisant à la *Profession de foi du vicaire savoyard* : « Il y a trente ans que dans une ville d'Italie, un jeune homme expatrié se trouvait réduit à la dernière misère. Il était né calviniste ; mais, par les suites d'une étourderie, se trouvant fugitif, en pays étranger, sans ressource, il changea de religion pour avoir du pain. Il y avait dans cette ville un hospice pour les prosélytes : il y fut admis. En l'instruisant sur la controverse, on lui donna des doutes qu'il n'avait pas, et on lui apprit le mal qu'il ignorait : il entendit des dogmes nouveaux, il vit des mœurs encore plus nouvelles ; il les vit, et faillit en être la victime… » (*Émile*, IV, *OC*, IV, p. 558-559).

47. Fondé en 1661 pour accueillir et instruire les nouveaux convertis, l'Hospice des catéchumènes se trouvait à côté de l'église San Spirito. Rousseau y fut inscrit le 12 avril 1728, sous la mention

« Rosso, Gio[vanni] Giacomo di Geneva calvinista », comme en témoigne le registre de l'hospice, récemment retrouvé – on l'avait cru à tort détruit pendant la Deuxième Guerre mondiale.

48. Ils étaient quatre : Abraham Ruben, juif levantin d'Alep (vingt ans), Abraham Neve, Genevois (vingt-deux ans), Isaac Levi, juif italien (dix-huit ans), Giacomo Pasqualetti, protestant vaudois (cinquante et un ans) accompagné de sa fille Anna (treize ans), auxquels viendra s'ajouter un musulman d'Alger, Abes Francesco (quinze ans), qui entrera à l'hospice le 25 mai.

49. Habitants de la Slavonie ou Esclavonie, sur la côte dalmate.

50. Sans doute une certaine Judith Komès, juive d'Amsterdam âgée de dix-huit ans, entrée le 18 avril (et non deux mois plus tôt).

51. Au livre IV (p. 215), il écrira pourtant : « Quoique né homme à certains égards, j'ai été longtemps enfant et je le suis encore à beaucoup d'autres. »

52. Cf. *Émile*, IV (*OC*, IV, p. 554-556) : « Je prévois combien de lecteurs seront surpris de me voir suivre tout le premier âge de mon élève sans lui parler de religion. À quinze ans il ne savait s'il avait une âme, et peut-être à dix-huit n'est-il pas encore temps qu'il l'apprenne ; car, s'il l'apprend plus tôt qu'il ne faut, il court le risque de ne le savoir jamais [...]. Quand un enfant dit qu'il croit en Dieu, ce n'est pas en Dieu qu'il croit, c'est à Pierre ou à Jacques qui lui disent qu'il y a quelque chose qu'on appelle Dieu [...]. Gardons-nous d'annoncer la vérité à ceux qui ne sont pas en état de l'entendre, car c'est vouloir y substituer l'erreur. Il vaudrait mieux n'avoir aucune idée de la Divinité que d'en avoir des idées basses, fantastiques, injurieuses, indignes d'elles. »

53. (N) poursuivait : « ce n'était qu'à l'église qu'ils me faisaient peur, j'aimais fort à les voir au presbytère ».

54. De Le Sueur. Cf. livre I, p. 33.

55. Langage de pugiliste : à lui décocher quelques arguments frappants comme autant de crochets à la mâchoire et de directs au foie.

56. Abraham Ruben.

57. Ce « baragouin franc » était du sabir ou *lingua franca*, jargon composé d'arabe, d'italien, d'espagnol et de français, en usage sur les bords de la Méditerranée.

58. (N) : « sans respect de l'autel et du crucifix qui étaient devant lui ».

59. L'épilepsie.

60. « Maudit chien ! sale bête ! » en patois piémontais.

61. Reproche, remontrance. Le terme vient du nom d'une assemblée du Parlement de Paris, qui se tenait certains mercredis (*dies mercurialis*), et où le président avait coutume de s'élever contre les abus dans l'administration de la justice. « Il arriva au mois d'avril 1559, dans une assemblée qu'on nomme *mercuriale*, que les plus savants et les plus modérés du Parlement proposèrent d'user de moins de cruauté à l'égard des protestants, et de chercher à réformer l'Église » (Voltaire, *Histoire du Parlement de Paris*, 1769, chap. XXI).

62. Au sens de compromettre, encore en usage au XVIIIe siècle.

63. Depuis le « Écrasez l'infâme » de Voltaire, le terme vise l'intolérance fanatique des prêtres. Ici c'est plutôt sa trop généreuse tolérance qui mérite au bon père ce qualificatif. Mais l'une n'empêche pas l'autre, au contraire.

64. Ainsi, il ne se résout à embrasser la « vraie religion » que pour échapper à la menace d'une conversion pire encore. Se faire catholique, passe. Mais catholique « ultramontain », jamais !

65. Les hommes ayant des goûts « ultramontains », autrement dit les pédérastes (cf. livre III, note 91). Au XVIIIe siècle, le titre de chevalier de la manche ou la manchette était porté par les gentilshommes qui faisaient partie de la suite d'un jeune prince du sang (n'ayant pas le droit de le prendre par la main, ils le prenaient par la manchette). D'où, selon P. Guiraud, l'équivoque grivoise sur l'idée de « serviteur, suivant », de « prendre par derrière », peut-être d'*emmancher* (P. Guiraud, *Dictionnaire érotique*, Payot, 1993, p. 426). Réputé extrêmement actif en Italie, notamment chez les hommes d'Église, le « parti de la manchette » comptait aussi nombre de prosélytes à Lyon (cf. livre IV, p. 205-208). Après la Révolution, qui abolit les titres mais non tous les usages de l'Ancien Régime, les ci-devant chevaliers de la manchette se choisirent des noms bourgeois de meilleur aloi : P. Guiraud signale qu'en 1864, par exemple, la police de Paris dut sévir contre les agissements d'une société baptisée *Les Émiles* (*Dictionnaire érotique*).

66. Dans (N), phrase intercalée : « les idées qu'elle me fit naître changèrent en désir et en charme le dégoût que j'avais eu jusqu'alors pour leur jouissance ».

67. Baptisé le 1er mai 1728, Abraham Ruben quitta l'Hospice le 8 mai.

68. D'après le registre de l'Hospice, Rousseau abjure le 21 et reçoit le baptême le 23, soit onze jours seulement après son entrée, et non un mois et demi. Loin d'avoir opposé une longue et opiniâtre résistance à cette conversion, il semble s'y être plus facilement prêté qu'il ne le prétend – pour des raisons aisées à comprendre, à l'époque de la rédaction de ce passage. Cette conversion aurait même été particulièrement rapide, puisque la plupart des catéchumènes restaient à l'Hospice au moins six semaines, souvent plusieurs mois.

69. En fait, quoique déjà baptisé à sa naissance, *Gio. Giaco. Fran. Rosso figlio di Isach di Geneva* reçut le sacrement du baptême dans les formes.

70. Il aura cependant l'honneur de passer pour tel aux yeux de Diderot, qui osera l'accuser d'avarice sordide en lui reprochant de faire semblant d'avoir besoin de travailler pour vivre. À en croire en effet le *Rousseau* des *Dialogues*, si *J.-J.* n'avait pas exercé le métier de copiste, il « ne se fût point fait mépriser du peuple et traiter de Juif par le philosophe Diderot » (*OC*, I, p. 843).

71. Présidé à Turin par le dominicain Giovanni Alberto Alfieri, vicaire général du Saint-Office, le tribunal de l'Inquisition statuait sur les questions de foi ; c'est lui qui examinait les nouveaux convertis. En 1593, Henri IV avait abjuré le protestantisme dans la basilique de

Saint-Denis. Mais il avait dû aussi faire pénitence publique à Rome, par le truchement de son ambassadeur.

72. Le registre n'indique pas la date de son départ de l'Hospice. Or Rousseau relate des faits qui sont postérieurs à la date de son baptême. Il est donc fort possible qu'il ait prolongé son séjour dans ce lieu d'infamie, et qu'il n'en soit sorti qu'après le 13 juin, date à laquelle la « jolie Juive » aux yeux fripons quitta l'Hospice, sans qu'il ait eu l'occasion de succomber à de plus douces séductions que celles qu'avait à lui offrir son frénétique coreligionnaire. Désespérant de le convertir au culte de la manchette, les bons pères finirent-ils par le jeter dehors ? Ou s'est-il évadé, grâce à la complicité d'un « honnête ecclésiastique », l'abbé Gaime, ainsi que la version romancée de l'*Émile* le donne à croire ? « Il était perdu sans un honnête ecclésiastique qui vint à l'office pour quelque affaire, et qu'il trouva le moyen de consulter en secret. L'ecclésiastique était pauvre et avait besoin de tout le monde : mais l'opprimé avait encore plus besoin de lui ; et il n'hésita pas à favoriser son évasion » (*Émile*, IV, *OC*, IV, p. 559).

73. (N) : « pendant près de trois mois ».

74. Faux-bourdon : « Musique à plusieurs parties, mais simples et sans mesure, dont les notes sont presque toutes égales et dont l'harmonie est toujours syllabique. C'est la psalmodie des catholiques romains chantée à plusieurs parties » (*DM*).

75. *Giunca* : de l'ancien *giuncata*, lait caillé. *Grisses* : mot savoyard, pour désigner ce que les Italiens nomment *gressini* (gressins). Après le lait caillé quand ils sont tout bébés, c'est de ces « petits bâtons de pain dur ou de biscuit » que Rousseau recommande d'alimenter les enfants en train de faire leurs premières dents (*Émile*, I, *OC*, IV, p. 275 et 283).

76. Donnait asile, retraite, refuge.

77. Giambattista Somis (1676-1763) violon soliste et maître de chapelle du roi, avait été l'élève de Vivaldi. Rousseau a pu l'entendre, ainsi que Felice De Giardini dit Desjardins (1716-1796). Mais en 1728, les frères Bezuzzi ou Bezozzi, hautboïstes, n'appartenaient pas encore à la chapelle royale. L'aîné, Giuseppe, n'y entra que le 20 avril 1731, et Paolo Girolamo, le cadet, un peu plus tard.

78. Vignoble réputé au sud de Turin. Sur la frugale rusticité de ces goûts alimentaires, cf. *Émile*, IV, *OC*, IV, p. 687 : « si j'étais riche [...] j'aurais pour cour une basse-cour, et pour écurie une étable avec des vaches pour avoir du laitage que j'aime beaucoup. J'aurais un potager pour jardin et pour parc un joli verger ».

79. Principale rue de Turin, aujourd'hui via Roma.

80. La construction « hésiter de » (plutôt que « à ») est courante à l'époque. On notera la récurrence, dans les lignes qui suivent, de « petit » : « petit talent », « petite histoire », « petit travail ».

81. On ne connaît de cette Mᵐᵉ Basile, probablement épouse d'un marchand de tissus turinois, que ce qu'en dit Rousseau.

82. Amant légendaire de Clytemnestre, l'épouse d'Agamemnon, lequel la lui avait confiée en partant pour le siège de Troie. À son retour, Égisthe et elle l'assassineront.

83. Voir note 81 du livre I.

84. Comme le faisait la tante Suzon, comme le fera Julie de Wolmar, dans la scène fameuse de « la matinée à l'anglaise ». « Mme de Wolmar brodait près de la fenêtre vis-à-vis des enfants » (*NH*, V, *OC*, II, p. 559).

85. Le passage qui suit a fait l'objet d'une première rédaction, antérieure même au manuscrit (N) – par rapport auquel il présente de nombreuses variantes, témoignant du soin et du plaisir que Rousseau a pris à le composer, en romancier parfaitement maître de son art. Nous reproduisons cette première rédaction, d'après le texte publié in *OC*, I, p. 1160-1161 : « Mais j'ignorais qu'en la dévorant ainsi du cœur et des yeux elle me voyait elle-même dans une glace, à laquelle je n'avais pas songé. Elle se retourna et me surprit dans un transport qui me faisait soupirer en étendant les deux bras vers elle. On ne peut rien imaginer d'égal au subit effroi dont je fus saisi en me voyant découvert dans cette attitude : je pâlis, je tremblai, je me sentis défaillir. Elle me rassura en me regardant d'un œil assez doux et me montra du doigt une meilleure place à ses pieds. On peut juger que je ne me le fis pas dire deux fois. Jusques ici tout était peut-être assez simple, mais la suite de ce petit manège me paraît plus étrange : c'était là, comme on voit, une déclaration peu équivoque de part et d'autre, et il semblait qu'il ne devait plus rien manquer entre nous à cette familiarité de deux amants déclarés. Point du tout, à genoux devant elle je me trouvai dans la situation la plus délicieuse il est vrai, mais la plus contrainte où j'eusse été de ma vie ; je n'osais ni respirer ni lever les yeux et si j'avais la témérité de reposer quelquefois ma main sur son genou, c'était si doucement que dans ma simplicité je croyais qu'elle ne le sentait pas. Elle de son côté attentive à sa broderie, ne me parlait ni ne me regardait. Nous ne faisions pas le moindre mouvement ; un silence profond régnait entre nous ; mais que le cœur disait et sentait de choses ! Cette situation paraîtra très plate à bien des lecteurs ; cependant j'eus lieu de penser qu'elle ne déplaisait pas à la jeune personne, et pour moi j'y aurais passé ma vie entière, j'y aurais passé l'éternité sans rien désirer de plus. »

86. Comptabilité à deux parties, recettes et dépenses.

87. Religieux de l'ordre des dominicains.

88. « Le patron ou le maître chez lequel un ouvrier travaille » (*Littré*).

89. Bâton servant à mesurer les tissus.

90. 1) « rendre friand », gourmand de quelque chose. 2) « attirer par quelque chose d'agréable au goût. On affriande les poissons, les oiseaux avec de l'appât » (*DA*).

91. « Cordon ferré par les deux bouts, qui ne sert quelquefois que d'ornement » (*DA*). Sur la livrée des domestiques, l'aiguillette servait à indiquer leur état.

92. THÉRÈSE de Chabod Saint-Maurice (1669-1728), veuve depuis 1696 du comte Hippolyte de Vercellis. Elle était effectivement savoyarde, et habitait le Palazzo Cavour. Rousseau servira chez elle de la fin juillet à la fin décembre 1729, soit pendant cinq mois, et non trois, comme il l'écrit un peu plus bas.

93. Au livre III (p. 128), Rousseau rappellera que « les Piémontais ne sont pas pour l'ordinaire consommés dans la langue française ».

94. Jusqu'au milieu du siècle, le terme avait même une connotation nettement péjorative. Cf. lexique.

95. Giuseppe Ottaviano della Rocca, qui deviendra gentilhomme de la chambre du roi de Sardaigne. C'était le fils de la sœur cadette de Mme de Vercellis.

96. Les époux Lorenzini – et non pas Lorenzi – étaient au service de la comtesse de Vercellis depuis 1706.

97. Ce testament date du 27 août 1728. Mme de Vercellis mourra le 19 décembre suivant.

98. Leur défunte patronne (qui les avait déjà couchés sur un premier testament en 1717) laissait aux Lorenzini une rente viagère de deux cents livres par an, à leur nièce Marie Pontal six cents livres, et aux « bas domestiques » se trouvant à son service le jour de sa mort, au moins trente livres chacun. Contrairement à ce qu'il dit, Rousseau n'a pas été excepté, et reçut ses trente livres des mains du comte de la Roque.

99. Trouver quelque chose de manque : « le trouver de moins où il devrait être » (*DA*).

100. « Quiconque rougit est déjà coupable : la vraie innocence n'a honte de rien » (*Émile*, IV, *OC*, IV, p. 498).

101. Cessant de recevoir du monde à sa table.

102. Dans (N), Rousseau ajoutait : « Mais ma punition n'est pas toute intérieure, et David Hume ne fait aujourd'hui que me rendre ce que je fis jadis à la pauvre Marion ».

103. (N) : « Qu'on juge de celui d'avoir pu la rendre infâme, d'honnête qu'elle eût pu être sans moi ».

104. (N) poursuivait par : « Cent fois j'ai cru l'entendre me dire au fond de mon cœur, tu fais l'honnête homme et tu n'es qu'un scélérat. Je ne saurais dire combien cette idée a empoisonné d'éloges que j'ai reçus, et combien souvent en moi-même elle me rend tourmentante l'estime des hommes. Cela va quelquefois au point de me faire regarder comme une confirmation de mon crime de souffrir que l'on pense du bien de moi. Cependant je n'ai jamais pu… »

105. (N) ajoutait : « car si je connaissais quelqu'un qui en eût fait une pareille dans toutes ses circonstances, je sens qu'il me serait impossible de ne pas le prendre en horreur. Ce poids… ».

106. (N) : « je suis parfaitement sûr qu'à l'instant j'aurais avoué. Jamais dans ce fatal moment ni dans aucun autre, le crime réfléchi n'approcha de mon cœur ».

107. La faute, du latin *culpa*.

108. Il s'en reparlera pourtant dans la Quatrième promenade des *Rêveries* (*OC*, I, p. 1025).

NOTES DU LIVRE III

1. « Fâcheux, qui cause quelque peine » (*DA*).

2. Il y avait beaucoup de vérité dans ce petit roman autobiographique improvisé. Et son auteur ne disait pas moins vrai en promettant à l'homme au sabre que, si ce dernier voulait bien l'épargner, il en serait un jour payé de retour. En lui faisant l'honneur de figurer dans cette page de ses *Confessions*, ne lui permet-il pas d'accéder à une immortalité inespérée ?

3. Diminutif de trique, « bâton gros et court ».

4. Forme italianisée de notre *couillon* français, cf. livre VII, vol. II, p. 55 : *per non parer troppo coglione*. Du latin *coleus*, couille, le terme en est venu à désigner, par antiphrase sans doute, le lâche qui n'en a pas, ou l'imbécile qui s'est fait « coyonner ».

5. Jean-Claude Gaime (1692-1761), genevois d'origine. Après des études à Turin, il devint précepteur du fils du comte de Mellarède, ministre de l'Intérieur, puis enseigna à l'Académie des jeunes nobles.

6. On dit de quelqu'un qu'il est « fort répandu dans le monde, ou simplement fort répandu, pour dire qu'il voit beaucoup de monde » (*DCLF*, 1787).

7. Variante du César ou Laridon de la fable, cf. livre I, p. 57. Thersite incarne dans *L'Iliade* la lâcheté et la basse insolence, opposée à la noblesse du bouillant Achille. Après « tantôt héros et tantôt vaurien », (N) ajoutait : « jamais homme ».

8. Cf. *supra*, livre II, note 72. Le bon vicaire tiendra aussi d'un autre « honnête ecclésiastique », l'abbé Gâtier, notamment pour avoir eu comme lui le malheur, nonobstant sa soutane, d'engrosser une demoiselle, cf. *infra*, p. 155-156.

9. Cette « main verte » en matière spirituelle, aux soins de laquelle les leçons de M. Gaime devront de porter leurs fruits, ce sera celle de *Maman*.

10. Né en 1648, Ottavio Francisco Solaro, comte de Gouvon et marquis de Broglie, gentilhomme de la chambre du roi, avait été ambassadeur en Suisse et en France, ministre d'État et gouverneur du prince Amédée de Savoie-Carignan. Il habitait un palais dans la via San Domenico. Rousseau servit chez lui de février à juin 1729.

11. Maria Vassalo di Favria était l'épouse du fils aîné du comte de Gouvon, Giuseppe Roberto, marquis de Breil, ambassadeur à Vienne depuis 1720. Carlo Vittorio di Govone, né d'un second mariage du comte de Gouvon (qui lui donna neuf autres enfants), avait fait ses études à l'université de Sienne, et deviendra abbé de Santa Maria del Venezzolano (1743), puis maître des cérémonies de l'ordre de l'Annonciade (1747), avant de mourir trois ans plus tard.

12. Carlo Giuseppe Solaro, comte de Favria, fils du marquis et de la marquise de Breil.

13. Le roi de Sardaigne s'était montré fort irrité des spéculations de ses courtisans sur son prochain mariage avec la comtesse de Saint-Sébastien.

14. Pauline Gabrielle de Breil, née semble-t-il en 1712. Elle épousera en 1730 Cesare Giustiniano Alfieri di Sostegno.

15. La cour continuait à porter le deuil de la reine de Sardaigne, Anne-Marie d'Orléans, décédée le 26 août de l'année précédente.

16. (N) : « mon ambition n'allait point au-delà du plaisir de la servir, mais je me sentais pour ce plaisir de mon état une passion extrême ».

17. Cf. livre II, p. 112, à propos de Mme de Vercellis. En fait, on parlait parfaitement français à la cour et dans la haute société piémontaise qui fréquentait chez les Solar.

18. Dans (N), la catastrophe n'arrivait pas si tôt. Beau joueur, l'auteur des *Confessions* s'accordait vingt-quatre heures pour savourer les rares délices de ce jour de gloire. On se reportera aux pages que J. Starobinski a consacrées à ce « dîner de Turin » (in *La Relation critique*, Gallimard, 1970, p. 98-169).

19. Pour le conduire jusqu'au bonheur suprême, l'histoire de ses amours avec Mlle de Breil aurait-elle dû s'achever à la manière de ces romans de chevalerie qu'il se montait naguère sur la route d'Annecy, quand se rebâtissant à chaque virage un nouveau château en Espagne, il se voyait devenu « favori du seigneur et de la dame, amant de la demoiselle, ami du frère et protecteur des voisins » ? Peut-être. Rien n'interdit cependant d'imaginer à ce « roman » une *happy end* moins à l'eau de rose, mais parfaitement logique, compte tenu de ce que ses précédentes expériences – depuis Bossey jusqu'aux allées de Turin, en passant par les leçons complaisamment administrées par Mlle Goton – nous ont appris du caractère du personnage, et de ce qui constitue pour lui le « bonheur suprême » dans les choses de l'amour. Car que se passe-t-il ici ? Le jeune Hermès maître d'école, qui vient de s'approprier par son savoir la devise des Solar, leur en décoche une interprétation érotique qui va se ficher droit dans le cœur de la petite Solar. À en juger par l'éloquente œillade de la cruelle, il ne doute pas que ce cœur, loin de cesser de battre, s'est mis à faire tic-tac à une vitesse accélérée. Dès lors, tous les espoirs lui sont permis. Après cette magistrale explication de texte, n'est-il pas en droit de s'attendre à ce que la demoiselle, ayant compris la leçon, lui fasse sentir à sa manière que la devise familiale vaut également au féminin, et qu'une petite Solar ne craint pas de *férir* son homme aussi bien qu'un Solar, sans pour autant le faire mourir, – si ce n'est de plaisir ? Mais elle semble ne pas avoir la perspicacité d'une petite demoiselle Goton, et il ne peut décemment pas tenter de lui signifier en silence la conduite à tenir, en se livrant ici aux mêmes « extravagantes manœuvres » que devant les filles de ferme venues puiser de l'eau. Aussi, lorsqu'il s'entend prier par elle de lui en apporter une carafe, saute-il sur l'occasion d'aller lui mettre les points sur les *i*. En apparence, il rate lamentablement son coup, puisque, une compulsion immaîtrisable l'ayant poussé à dépasser la mesure autorisée pour un simple verre d'eau, il s'oublie dans l'assiette et va même jusqu'à se répandre sur la robe de la belle. Mais

cet acte manqué, quelque muet qu'il soit, n'est-il pas un nouvel acte de parole aussi parfaitement réussi que le précédent ? Ne peut-il pas s'interpréter comme une nouvelle « extravagante manœuvre », celle-là soufflée à point nommé par l'inconscient, mais recourant au même genre de moyen (exhibition provocatrice du côté ridicule) pour atteindre à la même fin (se faire fesser) vainement recherchée auprès d'un puits, quelques semaines plus tôt ? Pareille incontinence – d'aucuns diagnostiqueront dans cette éjaculation d'eau les signes d'une jouissance *ante portas* – ne lui méritait-elle pas de se voir infliger, séance tenante, le traitement désiré ? Quelle *happy end* à ses amours s'il l'avait reçu de la main gantée de cette fille de château ! Hélas… Si noblesse obligeait une Solar à honorer sa devise, noblesse l'obligeait plus sévèrement encore à s'abstenir de l'honorer de cette manière. D'ailleurs, si châtiment il y avait eu, c'est plutôt le frère qui se serait chargé de venger l'outrage fait à sa sœur. Et avec un Solar dans le rôle de l'homme au sabre, même réduit aux dimensions d'un couteau de table, notre héros avait de sérieuses raisons de trembler, non de désir, mais d'effroi. Sans doute, devise oblige, n'y aurait-il pas eu mort d'homme. En revanche, après s'être entendu traiter de *coglione* d'un ton terriblement blessant, il risquait de le devenir jusqu'à la fin de ses jours.

Au reste, et de son propre aveu, il se conduira bien comme tel dans l'épilogue du roman. Car fallait-il être couillon, quand la chance s'en présenta, pour ne pas relever le défi (Récidive, si tu l'oses !) que lui lançait la demoiselle en lui offrant à ramasser son gant, comme pour lui signifier qu'elle était prête à en chausser sa main s'il se montrait à nouveau digne du délicieux supplice. Quelle occasion rêvée, et stupidement perdue, de se livrer alors à quelque nouvelle extravagante manœuvre, et de réussir avec brio une nouvelle gaffe. Sur un parquet ciré, se retrouver cul par-dessus tête en se précipitant pour ramasser ce gant était pourtant un jeu d'enfant ! Décidément c'était écrit : pas plus que Jacques le fataliste, jamais il ne serait heureux dans la conclusion de ses amours…

20. Purisme cultivé par l'Académia della Crusca, fondée à Florence en 1582 pour la défense et l'illustration de la langue italienne, dont le toscan était censé donner le meilleur grain à moudre à ses membres, qui se voulaient meuniers du beau langage. Le président de Brosses s'amusera à décrire cette « espèce de ménagerie » qu'est la salle de cette célèbre Académie, « où le siège de toutes les chaises sur lesquelles on se met est une hotte et une pelle à four ; le directeur est élevé sur un trône de meules ; la table est un pétrissoir ; les garde-robes sont des sacs ; on tire les papiers d'une trémie ; celui qui les lit a la moitié du corps passée dans un blutoir et cent autres coïonneries relatives au nom de della Crusca, qui signifie son de farine ; car le but de cette institution est bluter et ressasser la langue italienne, pour en tirer ce qu'il y a de plus fine fleur de langage, rejetant ce qu'il y a de moins pur » *(Lettres d'Italie*, XXIV, Mercure de France, 1986, t. II, p. 320-321).

21. Louis de Courcillon, abbé de Dangeau (1643-1723), académicien et grammairien, avait été lecteur de Louis XIV.

22. Voire... Il a beau se plaire à confesser qu'il a toujours été nul en latin (probablement pour qu'on ne l'accuse pas de pécher par pédantisme), n'empêche qu'à onze ans il criait « *Carnifex ! carnifex ! carnifex !* », et qu'il est parvenu, à force de labeur, par en savoir assez pour vaincre les difficultés de la langue de Virgile (« *omnia vincit labor improbus* ») et composer de remarquables versions, tant de l'*Apocoloquintose (*ou *Transfiguration en courge du divin Claude)* de Sénèque que du livre I des *Histoires* de Tacite. Cf. *OC*, V, p. 1213-1226 et 1227-1275.

23. Probablement de François Robert Mussard (1713-1777), établi peintre en miniatures à Paris en 1735. À ne ne pas confondre avec le joaillier genevois François Mussard (1691-1755), dans la maison duquel, à Passy, Rousseau se passionnera pour les coquilles fossiles et composera les airs du *Devin du village* (cf. livre VIII, vol. II, p. 16 sq.).

24. Étienne ou Pierre Bâcle, deux des fils du chirurgien Joseph Bâcle. L'un et l'autre avaient été apprentis faiseurs de boîtes à Genève en même temps que Jean-Jacques. Vu ce qu'on sait par ailleurs du caractère aimablement loufoque du second, né en 1714 et mort à dix-sept ans, il semble que ce soit de ce Bâcle-là qu'il soit question ici. La mention sur le registre des catéchumènes d'un nommé « Bacle Luigi Calvinista di Geneva » – leur oncle paternel, qui y a séjourné en juin 1729 – n'est sans doute pas étrangère au fait que son neveu se soit trouvé à Turin pendant cette période.

25. Héron l'Ancien, célèbre mathématicien et mécanicien d'Alexandrie (IIᵉ siècle après J.–C.). La fontaine dont il est l'inventeur est composée d'une vasque et de deux vessies, de verre ou de métal, superposées et à demi remplies, communiquant entre elles par des tuyaux (voir la description dans l'*Encyclopédie*, t. V des planches, figure 24). En versant de l'eau dans l'une des deux vessies, on provoque une compression sur le liquide que contient l'autre vessie, lequel jaillit à l'extérieur avec plus ou moins de puissance – ce qui, lorsque l'opérateur est maladroit ou s'est trop approché de son public, peut entraîner des aspersions inattendues. En pays catholique, où la science aime voler au secours de la religion, cette ingénieuse machine peut être utilisée à des fins apologétiques, en permettant au prosélyte, même fraîchement converti, de se transformer en authentique faiseur de miracles. Il lui aura suffi d'introduire secrètement le contenu d'une demi-fiasque de chianti dans l'une des deux vessies, pour que, en versant de l'eau par l'orifice supérieur, il fasse rejaillir celle-ci miraculeusement changée en vin. Le lecteur attentif des *Lettres écrites de la montagne* (1764) regrettera que dans la troisième, consacrée aux miracles, l'auteur n'ait pas cru bon de faire mention de la fontaine de Héron.

26. La traversée des Alpes, par le col du Mont-Cenis, étant impraticable en plein hiver, ce n'est pas avant le printemps 1729 que les deux Jésus quittèrent Turin munis de leur fontaine miraculeuse.

27. Ou Bramans, bourg savoyard proche de Saint-Jean-de-Maurienne.

28. « Répondre par ses sentiments, ses actions » (*DA*).

29. Allusion à *La Nouvelle Héloïse* : de retour à son port d'attache sur les bords du Léman après quatre années de galère outre-mer qui l'ont conduit aux antipodes, Saint-Preux, le cœur chaviré – « je fus saisi d'une violente palpitation qui m'empêchait de respirer » – double le cap de Vevey, berceau de ses premières amours, et débarque à Clarens, où Mme de Wolmar, son ex-amante, l'accueille comme une mère ferait d'un premier-né qu'elle croyait mort, sous le regard froidement clinique de son époux. « Après cette courte scène, raconte le voyageur, j'observai du coin de l'œil qu'on avait détaché ma malle et remisé ma chaise. Julie me prit sous le bras, et je m'avançai avec eux vers la maison, presque oppressé d'aise de voir qu'on y prenait possession de moi » (*NH*, IV, 6, *OC*, II, p. 421).

30. État des corps organisés (végétaux et animaux). Sur le rôle des « causes occasionnelles » dans la prise de conscience de soi et le développement des « facultés virtuelles », voir le second *Discours* (première partie). Tout l'art du gouverneur d'Émile sera de permettre à ces causes occasionnelles de ne produire leur effet qu'au moment voulu par la nature.

31. La maison qu'habitait alors Mme de Warens appartenait à Jacques de Boëge. Elle était située dans une impasse officiellement nommée rue Saint-François, mais qu'on appelait le Cul-de-sac (aujourd'hui rebaptisé rue Jean-Jacques-Rousseau), à côté de l'église et du couvent des Cordeliers. Démolie en 1784, la vieille bâtisse a fait place au palais de l'évêché, devenu plus tard – ironie de l'histoire, quand on sait quel panier percé fut cette pauvre *Maman* (cf. livre V, p. 247) – le siège de la Trésorerie générale.

32. « Se prend collectivement pour tous les serviteurs d'une maison » (*DA*).

33. Anne-Marie Merceret (1710-1783). Son père était organiste à la collégiale d'Annecy depuis 1720.

34. Claude Anet (1706-1734), fils d'un fermier du pays de Vaud, semble avoir fui Vevey en même temps que Mme de Warens. Arrivé seul au séminaire d'Annecy en août 1726, il se convertit quelque temps plus tard au catholicisme. C'est pendant le séjour outre-mont du jeune Rousseau qu'il deviendra l'homme à tout faire de Mme de Warens. Un Claude Anet réapparaît discrètement dans *La Nouvelle Héloïse*. Compte tenu du passé de son homonyme, cet Anet-là pouvait espérer se voir confier les premiers rôles auprès de Mme de Wolmar. Mais il devra se contenter d'épouser la femme de chambre.

35. En Savoie, on appelait souvent « maman » la maîtresse de maison, qu'elle vous ait donné le jour ou pas. En France, le terme pouvait être employé par un jeune homme normal s'adressant à sa petite amie sans que celle-ci s'en formalise. Diderot appelle sa Toinette « chère maman », mais lui écrit aussi « bonjour Tonton » (*Correspondance*, Robert Laffont, 1997, p. 3 sq.). De même Voltaire, dans

ses lettres à ses intimes, appelle « Maman » sa nièce Mme Denis, devenue sa maîtresse. Sur son lit de mort, ses derniers mots auraient été : « Prenez soin de maman ». Mais on verra que Rousseau, une fois rebaptisé *Petit* par celle qu'il aime, et qu'en retour il nomme *Maman*, prendra le mot au pied de la lettre. Chez lui, la parole donnée fait loi, pour le meilleur et pour le pire.

36. Pièce de linge cachant la poitrine.

37. Cf. livre II, p. 92 : « la cloche de la messe me rappelait un déjeuner, un goûter, du beurre frais, des fruits, du laitage ».

38. Aux Charmettes (cf. livre VI, p. 293). Comme quoi il n'aura pas toujours été un prophète de malheur.

39. Il ne s'en faudra que d'un cheveu pour que Saint-Preux – sans contredit « l'amant le plus passionné » – s'avise de recourir à ce genre de moyen pour prouver à sa bien-aimée qu'il ne saurait se contenter de la dévorer des yeux. Seul dans le cabinet de Julie, ne se livre-t-il pas à la même folle adoration – « me voici dans le sanctuaire de tout ce que me cœur adore… » – que *Petit* dans la chambre de parade de *Maman ?* À ceci près que, vu le caractère intime des reliques que son idole y a laissé traîner, le culte qu'il leur rend confine au fétichisme – « Toutes les parties de ton habillement éparses présentent à mon ardente imagination celles de toi-même qu'elles recèlent » (*NH*, I, *OC*, II, p. 54).

40. Distinguo aujourd'hui tombé en désuétude. Il n'est d'ailleurs pas sûr que le commun des lecteurs ou lectrices de l'époque aient fait la différence entre les mots. Aussi le savant philologue du dîner de Turin aurait-il été bien venu de leur citer – comme le fera Littré dans son article « Pucelage » – ce bref extrait d'un *Lancelot du Lac* du XVe siècle : « Virginité et pucellaige ne sont pas une mesme chose ne une mesme vertu […]. Pucellaige est une vertu que tous ceulx et toutes celles ont, qui n'ont attouchement de charnelle compaignie ; mais virginité est trop plus haulte chose et plus merveilleuse, car nul ne la peut avoir, soit homme ou femme, qu'il ait volunté de charnel attouchement ». Sur la disparition précoce des pucelages chez les jeunes Parisiennes du XVIIIe siècle, cf. livre VII, vol. II, p. 71 : « Pucelage, m'écriai-je, c'est bien à Paris, c'est bien à vingt ans qu'on en cherche ! »

41. Cf. la solennelle mise en garde du gouverneur d'Émile : « S'il connaît une fois ce dangereux supplément, il est perdu » (IV, *OC*, IV, p. 663). Quoique n'ayant pas eu la possibilité de méditer l'ouvrage du docteur Tissot, *L'Onanisme, ou dissertation physique sur les maladies produites par la masturbation*, Lausanne, 1760, ni le long article « Manstupration » de l'*Encyclopédie*, qui la dépeint comme « cause d'une infinité de maladies très graves, le plus souvent mortelles », Julie s'effraie d'apprendre que son amant, en exil à Paris, prend un furieux plaisir à se livrer loin d'elle à d'aussi périlleux jeux de main : « Je redoute ces emportements trompeurs, d'autant plus dangereux que l'imagination qui les excite n'a point de bornes, et je crains que tu n'outrages ta Julie à force de l'aimer. Ah tu ne sens pas, non, ton cœur peu délicat ne sent pas combien l'amour s'offense d'un vain

hommage ; tu ne songes ni que ta vie est à moi ni qu'on court souvent à la mort en croyant servir la nature… » (*NH*, II, 15, *OC*, II, p. 236-237)

42. Le lieu, l'endroit. Le *DA* (1762) ne donne ce mot que comme adjectif.

43. Le gouverneur d'Émile obtiendra le même salutaire effet prophylactique, en brossant au jeune homme le portrait type de la future femme de ses rêves. Pour donner plus de vérité encore à cette adorable « chimère », et faire en sorte que son élève, en pleine crise d'adolescence, ne soit pas tenté d'en caresser de plus réelles, « je voudrais aller jusqu'à la nommer […]. Je dirais en riant : appelons Sophie votre future maîtresse : Sophie est un nom de bon augure… » (*Émile*, IV, *OC*, IV, p. 657). Émile sait en effet quelle Sagesse enveloppe en grec le nom de sa chimère bien-aimée. Les yeux de l'âme incessamment fixés vers son Idole, Émile brûlera pour elle platoniquement, sans « volonté de charnel attouchement ».

44. Fille de guérisseur amateur, Mme de Warens était friande de « recettes » d'apothicaire en tout genre, qu'elle concoctait elle-même avec un talent de cordon-bleu peu ordinaire (Cf. W. Acher « Recettes de la famille de Mme de Warens », in *DJJR*).

45. « Se dit du soin qu'on a qu'une chose soit en bon état » (*DA*).

46. « Laïc qui n'est pas destiné aux ordres sacrés » (*DA*). Par un caprice de la nature, il arrive qu'une belle dame soit la sœur d'un frère lai – même à faire peur. On notera, outre le chiasme, le discret effet de sens volontairement produit par l'homophonie finale.

47. « Plus pernicieux aux hommes que tous les maux qu'il prétend guérir », écrit-il dans l'*Émile* (I, *OC*, IV, p. 269), avant de se lancer dans une critique en règle de la médecine et des médecins.

48. « Malgré mes dents » : déjà usée à l'époque, l'expression n'est plus guère employée que comme l'équivalent de « malgré moi ».

49. « Opiat, ou opiate, *s. m.* Sorte de composition médicinale, d'une consistance un peu molle, et dans laquelle il entre divers ingrédients. *De l'opiat purgatif*. On appelle aussi *opiat* une certaine pâte, et une certaine poudre rouge, dont on se sert pour nettoyer les dents. *De l'opiat pour les dents* » (*DA*).

50. *Le Spectateur ou Le Socrate moderne*, d'Addison et Steele, traduit en français en 1714 à Amsterdam, était un périodique très lu à l'époque.

51. Samuel Pufendorf (1632-1694), juriste allemand dont *Le Droit de la nature et des gens* – un classique du droit naturel – avait été traduit en français en 1718 par Jean Barbeyrac. Ce dernier en avait donné un abrégé en 1707, sous le titre de *Devoirs de l'homme et du citoyen*.

52. Charles de Saint-Évremond (1610 ?-1703). Compromis avec Fouquet, condamné à la Bastille en 1661, il se réfugie en Hollande puis en Angleterre où il termine sa vie. Ses *Œuvres*, augmentées de la *Vie* de l'auteur par Des Maizeaux, avaient commencé à paraître en 1711.

53. Commencée par Voltaire en 1717-1718, lors d'un séjour d'un an à la Bastille, parue clandestinement en 1724 sous le titre *La Ligue*

ou Henri le Grand, puis remaniée et rebaptisée *Henriade* en 1728 et dans les éditions suivantes, cette épopée relate la sanglante guerre de religion qui déchira la France du temps de la jeunesse du héros et chante l'accession du Béarnais au trône de France.

54. Partie de la rhétorique qui traite du choix et de l'arrangement des mots.

55. *Henriade*, chant II, v. 337-338. La fin de ce chant est consacrée au long récit rétrospectif, confié par le poète à son héros lui-même, de la nuit de la Saint-Barthélemy (23 au 24 août 1572). Après avoir dépeint les scènes d'atrocité auxquelles l'intolérance et le fanatisme portèrent les antihuguenots durant ces heures où il ne rêvait que de paix – car, inconscient de la tragédie qui se déroulait autour de lui, le jeune Henri dormait, « tranquille au fond du Louvre » –, il se rappelle comment, ouvrant les yeux à l'aube, il avait manqué d'être assassiné lui-même par les hommes de la Ligue. Ne doutant pas que son tour est venu d'être immolé à la férocité de leur Dieu sanguinaire, il s'abandonne aux coups de ces noirs Messieurs...

« Mais, soit qu'un vieux respect pour le sang de leurs maîtres
Parlât encor pour moi dans le cœur de ces traîtres »,

soit plus probablement que ses bourreaux voulussent garder vivante leur innocente victime pour se donner le malin plaisir de la martyriser interminablement, toujours est-il que les poignards restèrent suspendus, et que le parricide fut évité.

On aura remarqué qu'en citant ces deux vers de son ancien maître, l'ex-écolier – trahi par sa méchante mémoire ? – y introduit quelques variantes de son cru. *Lui*, par exemple, est substitué au *moi* du roi Voltaire.

56. *Sic.* (G) porte bien le *présent*, et non le *parfait* de l'indicatif – « Décidément, il est incorrigible... », entend-on ricaner, au fond de la crypte du Panthéon.

57. Comme autrefois auprès de son père, c'est à haute voix que *Petit* s'exerçait à bien lire auprès de *Maman*. Piètre causeur, voire incapable de lâcher un mot dans un salon mondain sans proférer une sottise, savoir bien lire à défaut de bien parler lui sera en effet d'un grand secours pour ne pas faire trop mauvaise figure auprès de certaines dames (cf. livre VII, vol. II, p. 25 et livre X, vol. II, p. 282 et 295).

58. Pierre Bayle (1647-1706). Né près de Foix, au pied des Pyrénées, dans une famille protestante, il fut d'abord précepteur à Genève, puis professeur de philosophie à l'académie protestante de Sedan, avant de s'installer à Rotterdam, en 1681. Il y fonde, en 1684, les *Nouvelles de la république des lettres*, un périodique mensuel ayant pour vocation de rendre compte de tout ce qui se publiait de neuf dans une Europe où l'esprit de tolérance était encore à naître – lui-même en fera jusqu'à sa mort la dure expérience –, et de favoriser le débat d'idées entre les esprits éclairés de l'époque, de quelque bord qu'ils soient. Il s'y consacre aussi, et surtout, à la préparation de son monumental *Dictionnaire historique et critique*, publié en 1697, qui restera la référence majeure des Lumières – de Voltaire à Rousseau,

en passant par Mme de Warens – dans leur combat contre la superstition et le fanatisme.

59. Il s'agit de la cour de Victor-Amédée II à Turin.

60. Déjà lu par *Petit*, quand il était enfant, dans l'atelier de son père. Et récemment relu par Rousseau, à Môtiers, où son libraire parisien Duchesne venait de lui envoyer un exemplaire des *Caractères*.

61. Pas plus que *Maman*, Julie n'aimera la morale désabusée et le froid cynisme de l'auteur des *Maximes*. Elle ne le cite qu'une fois, dans une lettre à Saint-Preux, où se faisant une raison de son récent mariage avec M. de Wolmar elle bénit le ciel de n'être pas devenue Mme Saint-Preux, tant il est vrai que s'il y a de bons mariages, il n'y en a pas de délicieux, et que les pires sont les mariages d'amour. Car on n'épouse alors qu'une illusion. Bientôt l'illusion disparaît. « On se voit réciproquement tels qu'on est. On cherche avec étonnement l'objet qu'on aima ; ne le trouvant plus on se dépite contre celui qui reste, et souvent l'imagination le défigure autant qu'elle l'avait paré ; il y a peu de gens, dit La Rochefoucauld, qui ne soient honteux de s'être aimés, quand ils ne s'aiment plus. » Ici, l'« éditeur » note en bas de page : « Je serais bien surpris que Julie eût lu et cité La Rochefoucauld en toute autre occasion. Jamais son triste livre ne sera goûté des bonnes gens » (*NH*, III, 20, *OC*, II, p. 375).

62. Bernard Paul d'Aubonne, dit Regard d'Aubonne (1676-1755), originaire de Nyon. Après avoir servi le roi de Prusse, puis dans les milices bernoises, ce Casanova au petit pied se lance dans de mirobolants projets de loteries en France, en Lorraine, en Prusse, en Autriche, qu'il réalise avec des fortunes diverses (séjour à la Bastille en 1725-1726). Vu le piteux état des finances du royaume, il venait de tenter de vendre sa loterie au cardinal de Fleury (1654-1743), évêque de Fréjus et premier ministre depuis 1727, mais c'est finalement à Turin qu'il touchera le gros lot. Sa remarquable souplesse de conscience lui permit aussi de jouer un rôle discret de diplomate marron, dans des affaires assez peu catholiques.

63. Apolline Catherine Guilloty était l'épouse de Lazare Corvesi, intendant de justice, police et finances du roi de Sardaigne pour la province du Genevois.

64. Rousseau a pu lire l'anecdote dans les *Illustres Proverbes* (1655). Sur le point de quitter Paris pour retourner dans ses États, ce duc de Savoie faisait la fine bouche devant un objet de prix que lui proposait un marchand en guise de souvenir. Exaspéré de ne s'en voir offrir qu'une misère par ce riche client, le marchand finit par remballer sa marchandise, et lâche au duc le mot de cinq lettres. Le duc accuse le coup, monte dans son carrosse, rumine ce *merde* durant la route, médite des lieues durant un foudroyant retour à l'envoyeur, et, parvenu à Lyon une petite semaine plus tard, crie de là-bas à l'insolent : « À votre gorge, marchand de Paris ! » Soit en substance : « Avale ! »

65. Eu égard à l'usage métaphorique que Rousseau lui confère pour tenter d'éclairer son lecteur sur la « manœuvre » dont son cer-

veau est le théâtre, lorsqu'il y est entré dans l'intention d'écrire ce qui s'y représente (« j'écris dans mon cerveau ») on ne saurait assez souligner l'importance de cette référence à l'opéra *en Italie*. Prendre pour modèle une tragédie lyrique représentée sur la scène *de l'opéra de Paris* serait en effet se condamner à tout interpréter à contresens, puisque cette autre scène est le monde renversé. Car ce n'est pas seulement pendant l'entracte, c'est depuis les trois coups de masse annonciateurs de l'ouverture du chantier – nécessairement situé, prologue mythologique oblige, sur un Olympe préfabriqué où un Mercure aux pieds ailés suivi d'une voiturée de dieux et de déesses atterriront à grand renfort de grincements de poulies – jusqu'aux ultimes craquements de colonnes, balancements de portiques et chutes d'architraves provoqués par une sarabande de nymphes venues saluer, main dans la main avec des diables, l'heureux achèvement de ces travaux d'Hercule – c'est du début à la fin que ça déménage, qu'« on voit de toutes parts un tiraillement qui fait peine », qu'« on croit que tout va renverser », écrit Saint-Preux, à qui « les cris affreux, les longs mugissements dont retentit le théâtre durant la représentation » ont donné la migraine (*NH*, II, 28, *OC*, II, p. 285).

On frémit en songeant à ce qu'eussent été les écrits de notre auteur s'il avait eu le cerveau structuré comme l'opéra de Paris... Restés à l'état de manuscrits raturés, barbouillés, mêlés, indéchiffrables, jamais ils ne seraient parvenus au stade de l'impression.

66. Ce sera la cas, par exemple, lors de la composition du premier *Discours*, cf. livre VIII, p. 93.

67. (N) détaillait les symptômes cliniques de cette terrible « gêne », ici au sens fort de *torture* d'enfer, que le mot tient de la *Géhenne* biblique. « Cela me trouble au point de perdre la tête sur les moindres choses : je sens une angoisse, une sueur froide, des nuages obscurs troublent mon cerveau, je m'intimide, je m'embarrasse, et il suffit qu'il faille absolument que je parle pour que je dise une sottise infailliblement... »

68. Dans (N) ces deux grandes dames étaient nommées : « J'étais un soir chez Mme la Maréchale de Luxembourg ; Mme la Maréchale de Mirepoix et M. le duc de Gontaut y étaient aussi. » Le trait d'esprit qui va suivre fut asséné à Mme de Luxembourg un soir d'avril 1760, dans cette même chambre du château de Montmorency où, l'été précédent, elle se pâmait en écoutant son cher Rousseau lui faire lecture, chaque matin, de longs passages de sa *Julie*, cf. livre XI, vol. II, p. 282.

69. Filant la métaphore monétaire « pour payer plus tôt ma dette » utilisée au début du paragraphe, il écrivait dans (N) : « je m'efforçais de fournir quelques mots, Dieu sait quels ! à une conversation entre quatre personnes, dont trois faisaient à peu près tous les frais ».

70. (N) : « Mme de Luxembourg se fit apporter un opiat [sans *e* final] ». Quelques pages plus haut, Rousseau orthographiait déjà *opiat* la peu ragoûtante mixture que *Maman* voulait le forcer à ingurgiter. En 1740, le *DA* l'aurait encore autorisé à écrire *un opiate*. Cette

liberté disparaîtra dans l'édition de 1762, qui donne : *Opiat, s. m.* (en ajoutant : « le *t* se prononce »). La forme *opiate* serait-elle donc fautive ? Non : en 1752, les auteurs du *Dictionnaire de Trévoux* l'autorisent. Certes, attendu qu'ils ne sont pas jésuites pour rien, ils laissent à chacun la liberté de suivre sa conscience linguistique. Pourvu que l'intention soit droite, il est indifférent d'écrire *un opiat* (*s. m.*) ou *une opiate* (*s. f.*), concèdent-ils. Leur indulgence a cependant des limites : de même qu'*opiat* sans *e* final exige l'article masculin, il faut l'article féminin devant *opiate* avec un *e*. Monstrueuse mixture de masculin et de féminin, *un opiate* est donc inadmissible, sauf à pécher gravement contre la langue. Ce dont n'hésite pas à se rendre coupable le médecin Venel, à l'entrée de l'article *Opiate s. m.* qu'il consacre à la chose dans l'*Encyclopédie*. Non sans avertir les éventuels utilisateurs que, quelle qu'en soit la composition, le goût en est infect : « la consistance d'un opiate ne permet pas de *le* former en bol. Les malades les plus courageux *le* prennent au bout d'un couteau ou de la queue d'une cuiller, ou bien délayée (*sic*) dans quelque liqueur appropriée ». Le surprenant féminin *délayée* trahirait-il un discret remords de conscience ? Il y a des mots, décidément, avec lesquels il vaut mieux ne pas plaisanter. Ce qui suit en est la preuve.

71. Théodore Tronchin (1709-1781). Célèbre médecin genevois. Après avoir été l'élève du grand Boerhave à Leyde, il s'installe à Genève en 1755, où Voltaire devient son malade et ami. C'est vers cette date que Rousseau est entré en relation avec lui, non pour se faire soigner, mais pour lui recommander discrètement Mme d'Épinay. Ils eurent l'occasion de se voir à Paris au printemps 1756, lors du séjour qu'y fit Tronchin, à qui le duc d'Orléans avait confié le redoutable honneur d'inoculer ses enfants contre la petite vérole. D'abord cordiaux, leurs rapports tournèrent vite à l'aigre. Si, en ce mois d'avril 1760, Rousseau ne voyait pas encore en lui l'âme damnée du patriarche de Ferney, il n'avait déjà plus qu'une piètre estime pour ce « satimbanque », cf. livre VIII, p. 143. En revanche les gens du monde ne juraient que par lui. Quand on ne se transportait pas à Genève comme l'*Irène* de La Bruyère en Épidaure, on le consultait par correspondance. Une fois le diagnostic établi, il envoyait à chaque patient la recette détaillée d'*un opiate* spécifique à son mal d'estomac, par exemple, voir *CC*, t. VI p. 56. Sauf lorsqu'il s'agissait d'un de ces maux de Vénus : il répandus dans la bonne compagnie que ce qui valait pour un ou une malade valait aussi pour l'ensemble de la clientèle. Ainsi, le tout-Paris savait par le bouche-à-oreille que pour se débarrasser d'une chaude-pisse, d'une vérole, ou d'un futur bâtard, ou des trois à la fois, rien ne valait une bonne cure d'opiate dit *de M. Tronchin*. La recette étant tombée dans le domaine public, votre apothicaire habituel vous concoctait de l'opiate de Tronchin, ni plus ni moins qu'un charcutier de Toulouse ferait d'une saucisse dite de Francfort. Il est donc fort possible que Mme de Luxembourg, suite à d'innocents excès de table, ait pris deux fois par jour un verre, non pas d'*opiate de Tronchin*, mais d'un opiate dont le docteur Tronchin lui avait envoyé la recette. En lui demandant « en riant » si c'était « de

l'opiate de M. Tronchin », la Mirepoix jouait sur les mots, sachant
très bien que la malade ne se formaliserait pas de cette amicale per-
fidie, qu'on peut se permettre de maréchale à maréchale, et qui ne
laissait pas d'être flatteuse pour cette ancienne combattante déjà
chargée de lauriers.

72. *Sic.* Dans la plupart des éditions modernes des *Confessions*, on
a cru bon, soit de remplacer par *il* ce *elle* – qui vient ici comme un
cheveu sur la soupe, puisque, de toute évidence, ce pronom se rapporte à *un opiate* –, soit de remplacer le *un* par *une opiate*. Si l'on suit
l'une ou l'autre de ces versions revues et corrigées pour enfants des
écoles, le « spirituel Rousseau », compatissant avec la malheureuse
qu'il voyait grimacer de dégoût, lui aurait signifié simplement que
ce qu'elle avalait là pour ses maux d'estomac ne lui paraissait guère
moins infect qu'une de ces mixtures dont un docteur Tronchin
aurait pu lui envoyer la recette. Ce qui n'était assurément pas très
aimable pour ce dernier, qu'il détestait, mais n'avait rien de blessant
pour Mme de Luxembourg, sa puissante protectrice, qu'il respectait
comme une mère. Mais alors on ne comprend pas pourquoi elle et
les deux témoins auraient été saisis de stupeur en l'entendant.

Tout s'explique, en revanche, si, au lieu de se mêler de corriger le
lapsus que le « spirituel » et inconscient Rousseau fait commettre à
Jean-Jacques (qui, en toute bonne conscience, visait le seul Tronchin,
via son *opiate* au féminin), on respecte le texte. Or le manuscrit
porte : « Je crois qu'*elle* ne vaut guère mieux. » Attendu qu'il porte
aussi « *un* opiate », le seul antécédent possible de ce pronom féminin
est : « la maîtresse de maison ». Du coup c'est elle – Mme la Maréchale
de Luxembourg – qui ne valait guère mieux. Mieux que quoi ?
Qu'une de ces filles des rues pourries de vérole, qui sont en perma-
nence *sous opiate de Tronchin.* On conviendra que la maréchale en soit
restée estomaquée.

73. (N) : « épouvantable ».

74. D'éclater de rire, comme c'était déjà le cas *supra* p. 145, ou
d'éclater d'indignation ? Employé absolument, le verbe peut en effet
être entendu dans l'un et l'autre sens. Dans (N), la phrase s'achevait
par : « mais les gens de cour savent se contenir et il n'y parut point du
tout ».

75. Cf. livre XII, note 81.

76. Désigne ici le fait de détailler, d'expliquer par le menu.

77. Louise Marie Madeleine Dupin (1706-1799), épouse du fermier-général Claude Dupin. Son salon parisien fut un des plus
célèbre de l'époque. Débarquant à Paris, Rousseau lui fut présenté
en mars 1743 (cf. livre VII, vol. II, p. 26 sq.) et lui servit de « secrétaire » jusqu'en 1751. Il n'est pas sûr qu'elle ait fini par revenir sur
ses premières erreurs de jugement : « C'était un vilain coquin »,
aurait-elle chevroté peu de temps avant sa mort, à quatre-vingt-
treize ans, à l'oreille du baron de Frénilly, qui s'en est fait l'écho dans
ses *Mémoires.*

78. Cf. livre I, p. 56.

79. Aimé Gros (1677-1742). La congrégation des prêtres de la Mission, ou lazaristes, du nom de leur maison de Saint-Lazare à Paris, avait été fondée en 1625 par saint Vincent de Paul, dans un double but : l'apostolat missionnaire (ils se substitueront aux jésuites en Chine à la fin du siècle) et la formation du clergé séculier.

80. « Se dit de la disposition des objets, de l'aspect des sites, de l'attitude des figures que le peintre croit le plus favorable à l'expression » (*Trévoux*, 1771). Dans l'*Émile*, Rousseau se montre très sévère contre l'usage des corsets ou « corps de baleine », ces « entraves gothiques » que ne connaissaient pas les Anciens. Il est peut-être *pittoresque*, mais « il n'est pas agréable de voir une femme coupée en deux comme une guêpe [...]. Je n'ose presser les raisons sur lesquelles les femmes s'obstinent à s'encuirasser ainsi : un sein qui tombe, un ventre qui grossit etc., cela déplaît fort, j'en conviens, dans une personne de vingt ans, mais cela ne choque plus à trente », âge qu'avait *Maman* quand M. Gros, tel le pêcheur entraîné par sa prise, tentait de lui lacer son corps de baleine afin de lui rendre la taille de guêpe de ses vingt ans (V, *OC*, IV, p. 705-706).

81. Louis Nicolas Clérambault (1676-1748), compositeur et organiste de Saint-Sulpice, maître de musique de la maison royale de Saint-Cyr. Il a laissé cinq livres de cantates (pièces chantées, à une ou plusieurs voix, avec accompagnement instrumental).

82. Transposition : « Changement par lequel on transporte un air ou une pièce de musique d'un ton à un autre. » Quantité : « Ce mot, en musique de même qu'en prosodie, ne signifie pas le nombre des notes ou des syllabes, mais la durée relative qu'elles doivent avoir » (*DM*).

83. Dans un opéra, partie narrative, simplement déclamée et accompagnée au clavecin. « Discours récité d'un ton musical et harmonieux. C'est une manière de chant qui approche beaucoup de la parole, une déclamation en musique, dans laquelle le musicien doit imiter, autant qu'il est possible, les inflexions de voix du déclamateur » (*DM*).

84. « Quelque effroi que j'eusse naturellement de ce *visage de pain d'épice...* », écrivait-il déjà à propos du Maure de Turin. Mais si ce « faux Africain » tenait d'un maudit chien – *can maledet ! Brutta bestia !* –, que dire du terrifiant portrait animalier que brosse ici Rousseau de ce maudit lazariste. On comprend que *Petit* se soit senti frémir, quand un tel monstre lui faisait signe de venir dans sa chambre...

85. L'abbé de Gouvon.

86. Jean-Baptiste Gâtier (1703-1760), originaire du Faucigny (« faucigneran »), terre du duché de Savoie, avait fait ses études de théologie au Collège des dominicains de Chambéry, puis au grand séminaire d'Annecy. Après un séjour d'un an à Turin, il sera nommé, en 1730, régent de Collège, et deviendra vingt ans plus tard curé de Saint-Pierre-de-Curtille.

87. « Faculté de comprendre les choses » (*DA*).

88. Grade ecclésiastique au-dessous de la prêtrise.

89. Malgré une enquête historico-policière approfondie, on n'a jamais retrouvé trace de ce prétendu scandale.

90. « Le chien du jardinier ne veut pas de sa pâtée et grogne si les bœufs la mangent », proverbe castillan, d'où Lope de Vega a tiré le sujet et le titre d'une de ses comédies.

91. Les goûts qu'on a « de l'autre côté des Alpes », du moins à ce qu'on assure de ce côté-ci depuis le XVIe siècle. Au sens religieux, on est « ultramontain » si l'on affirme le pouvoir absolu du pape en toute matière, et « gallican » si on le nie, en revendiquant l'indépendance du coq gaulois. Ce qui n'empêche nullement un gallican d'avoir des « goûts ultramontains », ni un ultramontain de préférer les poules.

92. « Un Provençal menace, dit-on, son ennemi d'une *chanson*, comme un Italien menacerait le sien d'un coup de stylet ; chacun a ses armes. Les autres pays ont aussi leurs provinces chansonnières ; en Angleterre c'est l'Écosse, en Italie c'est Venise (voyez *barcarolles*) » (*DM*).

93. Dans (N), il ajoutait : « mais il est certain que je n'en avais pas vingt-deux, et il n'y a rien qui n'y paraisse ». Ce serait donc en 1733-1734 que, pour se guérir de la blessure narcissique infligée par M. d'Aubonne, il aurait écrit cette comédie de *Narcisse ou l'Amant de lui-même*. En fait il l'a probablement retouchée plusieurs fois – peut-être Marivaux y a-t-il mis la main (cf. livre VII, vol. II, p. 23) – avant de la voir représenter au Théâtre-Français, en décembre 1752 (cf. livre VIII, vol. II, p. 132). Il en fera imprimer le texte l'année suivante, accompagné d'une longue préface, au début de laquelle il envoie promener ce *Narcisse*, méprisable rejeton de l'amour-propre d'un jeune auteur en la petite personne de qui il ne se reconnaît plus : « J'ai écrit cette comédie à l'âge de dix-huit ans, et je me suis gardé de la montrer, aussi longtemps que j'ai tenu quelque compte de la réputation d'auteur. Je me suis enfin senti le courage de la publier, mais je n'aurai jamais celui d'en rien dire. Ce n'est donc pas de ma pièce, mais de moi-même qu'il s'agit ici » (*OC*, II, p. 959 sq.). Et de se lancer, avec un narcissisme redoublé, dans un étourdissant portrait de lui-même en Narcisse repenti et reconverti en censeur impitoyable des mœurs efféminées de ses contemporains.

94. Le dimanche 16 octobre 1729.

95. Fagots.

96. Les religieux appartenant à l'ordre des Antonins, fondé au XIe siècle, avaient à l'origine pour spécialité de soigner une maladie pestilentielle appelée le « feu de Saint-Antoine ».

97. En fait, c'est le 12 avril 1742, soit douze ans après l'incendie, que Rousseau remit cette « attestation » au père Claude Boudet (1705-1774), auteur de la *Vie de M. de Rossillon de Bernex* (1771). Cf. *OC*, IV, p. 1040-1043.

98. Élie Catherine Fréron (1718-1776), journaliste et critique littéraire, membre influent du parti « dévot » et champion de la lutte « antiphilosophique ». Sur la question, voir Didier Masseau, *Les Ennemis des philosophes, l'antiphilosophie au temps des Lumières*, Albin Michel, 2000.

Fréron est injustement resté célèbre pour avoir été la bête noire de Voltaire : « Un jour, dans un vallon / Un serpent piqua Jean Fréron / Que croyez-vous qu'il arriva ? / Ce fut le serpent qui creva ! » En fait, lancé dans la carrière par sa collaboration avec l'abbé Desfontaines – *Observations sur les écrits modernes* puis *Jugements sur quelques ouvrages nouveaux* (1735-1745) –, Fréron fut le véritable créateur du journalisme et de la critique modernes. Après les *Lettres de Mme la comtesse de*** sur quelques écrits modernes* (1745-1746), il crée les *Lettres sur quelques écrits de ce temps* (1749-1754), qui deviendront, et resteront jusqu'en 1790, *L'Année littéraire* – l'« *Âne littéraire* », selon Voltaire.

C'est dans une livraison de 1765 que paraîtra le mémoire de Rousseau. Les attaques de Fréron contre les ambitions hégémoniques de la « secte » encyclopédiste expliquent sans doute que Rousseau se montre ici beau joueur à son égard.

« Fréron vient de mourir », écrira-t-il dans une note au deuxième *Dialogue*. « On demandait qui ferait son épitaphe. *Le premier qui crachera sur sa tombe*, répondit à l'instant M. Marmontel. Quand on ne m'aurait pas nommé l'auteur de ce mot, j'aurais deviné qu'il partait d'une bouche philosophe, et qu'il était de ce siècle-ci » (*OC*, I, p. 890).

99. Jacques Louis Nicolas Le Maître, né en 1701, était maître de musique du chapitre de la cathédrale Saint-Pierre de Genève résidant à Annecy. C'est probablement au mois d'octobre 1729 que Rousseau entra à la maîtrise.

100. « Nom générique de tout ce qui se chante à voix seule, ce mot s'applique même en ce sens aux instruments » (*DM*).

101. « Ô doux créateur des astres » ; hymne du premier dimanche de l'avent. *Iambes* : vers latins composés d'une syllabe brève et d'une syllabe longue.

102. Pièce vocale religieuse, à une ou plusieurs voix, accompagnées ou non d'instruments. « On donne le nom de motet à toute pièce de musique faite sur des paroles latines à l'usage de l'Église romaine, comme psaumes, hymnes, antiennes, répons, etc. » (*DM*). *Afferte* signifie « Apportez ».

103. « Avoir grand dépit de quelque chose. Populaire » (*DA*). On dirait aujourd'hui : « enrager ».

104. « Mot familier par lequel les musiciens d'Église expriment ce que font ceux d'entre eux qui courent de ville en ville, et de cathédrale en cathédrale, pour attraper quelques rétributions, et vivre aux dépens des maîtres de musique qui sont sur leur route » (*DM*).

105. « Qui ne s'arrête point dans un lieu » (*DA*).

106. « Linge qui est effilé par le bout en espèce de frange et qu'on porte dans le deuil » (*DA*).

107. Faisant métier de demander l'aumône.

108. Si l'on connaît, à l'époque, des musiciens nommés Villeneuve, on n'a pas retrouvé trace d'un Venture de Villeneuve. Peut-être s'agit-il d'un pseudonyme. « Il *s'était appelé* Venture de Villeneuve », écrit plus loin Rousseau (livre IV, p. 186) qui se forgera lui-même un pseudonyme à partir de ce possible pseudonyme. Mais qu'importe

la vérité de l'état civil ? L'inquiétante étrangeté de son entrée en scène, son allure équivoque, et le rôle un peu diabolique qu'il jouera dans la suite, méritaient bien son nom de Venture à ce visiteur du soir. N'était-il pas celui qui fatalement devait venir (*venturus*), pour séduire *Petit* redevenu un enfant sage auprès de *Maman*, et l'entraîner à faire des folies ?

109. « Celle des quatre parties de la musique qui appartient aux voix d'hommes les plus aiguës. En Italie, cette partie est presque toujours chantée par des « bas-dessus », soit femmes soit *castrati*. En effet la haute-contre en voix d'homme n'est point naturelle ; il faut la forcer pour la porter à ce diapason : quoi qu'on fasse, elle a toujours de l'aigreur, et rarement de la justesse » (*DM*).

110. À étudier d'avance ; cet emploi de prévoir rare est rare.

111. Depuis 1571, à la suite de la Réforme, le chapitre (l'assemblée des chanoines) de Genève était établi à Annecy.

112. Joseph Auguste Vidonne de Saint-Ange. Le chantre était le dignitaire présidant au chant et donnant le ton aux autres dans une église cathédrale ou collégiale et dans les chapitres.

113. Un déjeuner traditionnel en cette époque de l'année.

114. Et pas seulement pour des raisons matérielles. Car le chapitre pouvait légitimement revendiquer la propriété de cette musique, dont il avait été le commanditaire.

115. Et faire passer le jeu de mots : tout maître de musique qu'il était, Le Maître s'était fait le très humble serviteur de son élève, jusqu'à se mettre à quatre pattes devant elle et jouer les *petit chat*.

116. Petite ville à trente-cinq kilomètres d'Annecy. C'est de là que partait le coche pour Lyon.

117. Louis Emmanuel Reydellet (1692-1743). Avant d'être nommé curé de Seyssel, il avait appartenu au chapitre de Saint-Pierre (cathédrale de Genève) à Annecy.

118. L'auberge Notre-Dame-de-Pitié, autrefois située rue Sirène, et démolie en 1864. Rousseau y descendit de nouveau en 1768.

119. Philibert Caton (né vers 1675-1680, mort vers 1739), dont on apprendra les mésaventures au livre V (p. 228-229), et peut-être l'abbé Jean-François de Dortan, à qui le titre de « comte » revenait de droit, en tant que chanoine de la cathédrale de Saint-Jean de Lyon. Leur « trahison » sera évoquée au début du livre IV.

120. Dans (N), le livre III s'arrêtait ici, ce qui donnait d'autant plus de relief à ce « troisième aveu », après celui de la fessée de Mlle Lambercier et de l'affaire du ruban volé.

121. Le *ton* est le « degré d'élévation que prennent les voix ou sur lequel sont montés les instruments pour exécuter la musique ; c'est en ce sens qu'on dit dans un concert que le ton est trop haut ou trop bas » (*DM*). Le *diapason* est l'« étendue convenable à une voix ou à un instrument. Ainsi, quand une voix se force, on dit qu'elle sort du diapason, et l'on dit la même chose d'un instrument dont les cordes sont trop lâches ou trop tendues, qui ne rend que peu de son, ou un son désagréable, parce que le ton en est trop haut ou trop bas » (*DM*). C'est à Venture et à « sa voix de tête » ou de « haute-contre »

que pense ici Rousseau, en parlant de l'« instrument étranger » au ton déjà forcé duquel sa propre tête va se monter et s'écarter dangereusement de son diapason.

122. Ancien terme de musique : qui s'accorde, par opposition à *discordant*. Aujourd'hui, on dirait plutôt *consonant*.

123. En fait, Victor-Amédée II n'abdiqua que cinq mois plus tard, en septembre 1730. Il semble que les raisons du voyage de *Maman* aient été politiques. Selon un agent secret sarde, elle aurait quitté Annecy en avril accompagnée de Claude Anet et de M. d'Aubonne. Arrivée à Seyssel, elle serait montée avec eux, masquée, dans le coche de Paris, où M. d'Aubonne, qui espérait vendre aux Sardes un machiavélique plan de révolution dans le pays de Vaud, allait chercher l'appui de la France. Mme de Warens devait, semble-t-il, user de ses charmes pour convaincre le comte Maffei, agent du roi de Sardaigne, de marcher dans l'affaire. On ne sait jusqu'où les choses allèrent, mais le plan fut acheté, avant d'être classé sans suite par Victor-Amédée II. Brouillée on ne sait pourquoi avec d'Aubonne, Mme de Warens quitte Paris le 24 juillet 1730. *Via* Lyon et Chambéry, elle gagne Turin où elle arrive au mois de septembre. Ayant fait ce qu'il fallait pour obtenir du nouveau roi, Charles-Emmanuel III, confirmation de sa pension, elle revient en Savoie, et emménage fin septembre à Chambéry.

NOTES DU LIVRE IV

1. Tant il est vrai qu'en musique comme ailleurs « le plus fort n'est jamais assez fort pour être toujours le maître, s'il ne transforme sa force en droit… » (*Du contrat social*, I, 3).

2. Dans (N), l'alinéa se poursuivait ainsi : « Le temps efface tous les autres sentiments, mais il aigrit le remords et le rend plus insupportable ; surtout quand on est malheureux, qu'on se dit que l'on mérita de l'être, et qu'au lieu de trouver en soi la consolation qu'on y cherche on n'y trouve qu'un nouveau tourment. Je crois que les heureux ont peu de remords ; mais celui qui commit le mal doit s'assurer de l'être toute sa vie ; autrement il ne sait pas quel avenir il se prépare dans ses malheurs ».

3. Mme Corvesi, « pour qui j'avais de l'inclination », ajoutait (N), « mais je n'osais jamais ». En tentant d'imiter M. d'Aubonne, ne risquait-il pas de faire grogner le chien du jardinier ? Ou pire : de servir de pâtée à cet amateur de garçons ? Cf. livre III, p. 155.

4. De bec.

5. Esther Giraud (1702-1774). Fille d'un imprimeur français réfugié à Genève, elle avait abjuré le protestantisme au couvent de la Visitation en 1727, avec Mme de Warens pour marraine. Elle était lingère et couturière.

6. Dans (N), il disait : « C'était comme si elle m'eût voulu mordre. Mais je prenais patience… »

7. Allusion à une *Satire* d'Horace (I, 2, vers 69) dans laquelle le poète déclare qu'au lit, la cuisse d'une fille du peuple est aussi belle à voir lever que celle d'une noble matrone. C'est sans doute chez Montaigne (*Essais*, II, 12), que Rousseau a trouvé cette référence, assaisonnée d'une citation qui lui offrait une excellente occasion d'enrichir son vocabulaire latin : ma *libido* n'a rien de snob, disait Horace, en précisant crûment :

neque illa
Magno prognatum deposcit consule cunnum.
(Et elle n'exige pas le c… de Mademoiselle la fille d'un consul).

8. Cette année-là, la Saint-Jean tombait le samedi 24 juin. Les chercheurs ayant établi que la pluie tomba sans discontinuer jusqu'au samedi suivant, c'est donc à l'aube du 1er juillet que Rousseau vit le soleil illuminer de ses premiers rayons cette page d'anthologie qu'allait devenir sous sa plume la « journée des cerises ».

9. (P) précise en marge : « À Wootton en Stafforshire » – où Rousseau était venu s'installer en mars 1766, dans une résidence champêtre appartenant à Richard Davenport. Sa correspondance de l'époque n'est pas toujours aussi sévère pour la campagne anglaise. Mais, au moment où il écrit ces lignes, ses rapports avec David Hume – qu'il accuse des pires noirceurs à son égard – devaient contribuer à assombrir un ciel généralement couvert. Les seules embellies dont il puisse jouir sont celles qui lui reviennent en mémoire, et que son imagination lui recrée plus belles encore qu'elles ne le furent. D'où le côté radieux de cette page idyllique et très travaillée – les manuscrits le montrent.

10. Claudine Galley (1710-1781), fille de François Marie Galley de Saint-Pierre et de Charlotte Menthon du Marest, habitait une maison contiguë à celle de Mme de Warens. Elle épousera en 1740 un membre du Sénat de Savoie ayant deux fois son âge, comme le futur mari de Julie. Mlle de Graffenried, née en 1713, jeune Bernoise sans ressources convertie depuis peu, lui tenait lieu de demoiselle de compagnie, ou de « jeune duègne » : « tu verras ce que c'est qu'une duègne de dix-huit ans », écrit Claire à Julie, en se mettant à son service *(NH,* I, 7, *OC,* I, p. 46). Elle mourra célibataire dans un couvent de bernardines, en 1748.

11. Thônes, à quinze kilomètres au sud d'Annecy ; Rousseau orthographie Toune, selon la prononciation locale.

12. « Propriété des corps qui, étant frottés, en attirent d'autres » (*DA*).

13. Cf. livre VI, p. 316 : « Prenez la femme la plus sensée, la plus philosophe, la moins attachée à ses sens ; le crime le plus irrémissible que l'homme, dont au reste elle se soucie le moins, puisse commettre envers elle, est d'en pouvoir jouir et de n'en rien faire. »

14. Déparler : « Cesser de parler. Il ne se dit qu'avec la négative et dans le style familier » (*DA*).

15. Grangère : terme utilisé dans le Dauphiné et la Savoie pour désigner la femme d'un « granger », ou métayer. On laisse à deviner l'identité du pauvre marmiton qui voudrait être à la place des enfants.

16. (N) : « les deux poulettes assises sur des bancs aux deux côtés de la table, et leur petit coq en haut entre elles deux sur une escabelle à trois pieds ». Pour d'évidentes raisons d'économie libidinale et d'esthétique narrative – tout le récit repose sur une relation ternaire – cet escabeau devait avoir trois pieds seulement. Ne pas le préciser, ou lui en donner un de plus risquait de nuire au délicat équilibre harmonique qui s'établit dans ce trio.

17. Maisons discrètes, devenues fort en vogue dans la seconde moitié du siècle où l'on ne se contentait pas de venir souper, cf. Vivant Denon, *Point de lendemain* suivi de J.-F. de Bastide, *La Petite Maison*, éd. M. Delon, Folio-Gallimard, 1995. Les folies qu'on y faisait coûtaient une folie. De là peut-être, à côté de celui de « folies », leur nom de « Petites Maisons », qui désignait aussi les maisons de fous.

18. Entre les deux, autrement dit au fond de la gorge. En 1765, le peintre Baudoin, un élève de Boucher, exposait au Salon une version moins décente, voire franchement obscène, de cette scène de genre (*Le Cueilleur de cerises*) : « On voit sur un arbre un grand garçon jardinier qui cueille des cerises ; au pied de l'arbre une jeune paysanne prête à les recevoir dans son tablier. Une autre paysanne assise à terre regarde le cueilleur […]. Le jardinier a jeté sa poignée de cerises dans le giron de la paysanne, il ne lui en est resté dans la main que deux accouplées sur la même queue qui les tient suspendues au doigt du milieu. Mauvaise pointe, idée plate et grossière » (Diderot, *Salon de 1765*, *Œuvres*, t. IV, Bouquins-Laffont, 1996, p. 372-373).

19. Ainsi s'achève, ou se suspend, sur un accord qui n'en finira plus de résonner dans la mémoire, ce lumineux trio pour coq et deux poulettes, sans que le moindre canard en soit venu rompre un instant l'harmonie. Dans le *DM*, Rousseau souligne que, si chaque espèce de composition doit obéir à des règles strictes, à commencer par celles du contrepoint, « il y en a pour le *trio* de plus rigoureuses dont la parfaite observation tend à produire la plus agréable de toutes les harmonies. Ces règles découlent toutes de ce principe que l'accord parfait étant composé de trois sons différents, il faut dans chaque accord, pour remplir l'harmonie, distribuer ces trois sons, autant qu'il se peut, aux trois parties du trio ». Ainsi, il s'en serait fallu d'un rien – après avoir baisé sa main, monter en croupe de Mⁱⁱᵉ Galley, par exemple – pour que ce trio ne dégénérât en un vulgaire duo sur fond de grincement de dents.

20. Juge-maje, ou mage : titre donné en Savoie au magistrat chargé de rendre la justice en première instance.

21. Jean Joseph Mouret (1682-1738), compositeur français originaire d'Avignon, auteur de plusieurs opéras et opéras-ballets. Son ballet héroïque *Les Amours des dieux* ayant été créé en 1727, il se peut que ce soit sur un de ces airs-là qu'ait été composé le « couplet » en question, autrement dit une parodie, probablement assez grivoise.

22. Jean-Baptiste Simon (1692-1748). Il avait été nommé juge-mage à Annecy en 1730.

23. Allusion au chapitre VII du *Roman comique* (1651) de Scarron, dans lequel les comédiens voient arriver successivement dans leur auberge quatre « brancards » portés par des chevaux, et occupés par des personnages inattendus. Cette allusion donne le ton aux épisodes burlesques qui vont suivre, visiblement narrés « à la manière » de Scarron.

24. Terme de musique, qui paraît désigner le saut inopiné, chez un instrumentiste débutant, d'une octave à une ou plusieurs octaves supérieures : soufflant trop fort dans son basson, il en fera sortir un couinement de *piccolo*.

25. Coiffure à coins relevés comme des cornes « que les femmes mettent la nuit sur leurs têtes, et quand elles sont en déshabillé » (*Trévoux*, 1732). Une fontange était une échelle de ruban que les femmes portaient sur le devant de leur coiffure. La mode en avait été lancée par la duchesse de Fontanges, une des maîtresses de Louis XIV.

26. Recueils de citations, de bons mots et d'anecdotes attribués à des auteurs ou à des hommes célèbres (*Virgiliana, Menagiana*, etc.). Il y aura des *Voltairiana*, des *Rousseana*…

27. Petit souvenir, lui-même fortement inspiré par le souvenir du minucule avocat Ragotin, dans le *Roman comique*, dont ce bon petit homme ressort un peu grandi.

28. Il le disait déjà à propos de Mme Basile (cf. livre III, p. 108).

29. À la façon de ces amoureux transis qui, dans les nouvelles espagnoles de Scarron, n'osent se déclarer à l'idole de leur cœur que par le truchement de quelque vieille entremetteuse.

30. Selon Littré, on attendrait plutôt *courtepointière*. Rousseau le savait probablement, mais il a préféré utiliser ici *contrepointière* (provincialisme genevois pour désigner la couturière qui confectionne des courtes-pointes en contre-pointant des étoffes), comme pour laisser entendre que cette couturière possédait aussi un petit talent de *contrepointiste* (ou contrapuntiste), autrement dit qu'elle connaissait l'art de la fugue et du contrepoint. « Ce mot de *contre-point* vient de ce qu'anciennement les notes ou signes des sons étaient de simples points, et qu'en composant à plusieurs parties on plaçait ainsi ces points l'un sur l'autre, ou l'un contre l'autre. Aujourd'hui le nom de *contre-point* s'applique spécialement aux parties ajoutées sur un sujet donné » (*DM*). De fait le peu harmonieux trio qu'il exécute avec la Giraud et la Merceret a quelque chose d'une parodie écrite en contrepoint de ce qu'aurait été l'autre, s'il avait pu librement développer son sujet avec ses « demoiselles ». Et n'est-ce pas une espèce de fugue, avec la Merceret, que sa *contrepointière*, dépitée, se prépare à lui composer ?

31. Dépôt pour les marchandises en transit.

32. Elle avait dix ans de moins.

33. « *Imitation*, dans son sens technique, est l'emploi d'un même chant, ou d'un chant semblable, dans plusieurs parties qui le font entendre l'une après l'autre » (*DM*). Cet emploi est de règle dans une *fugue*, « du latin *fuga*, fuite », ainsi nommée parce que les parties « semblent se fuir et se poursuivre l'une l'autre » jusqu'à ce qu'elles

finissent par se rencontrer dans un accord final (*DM*). Entre un garçon de vingt ans et une fille de vingt-cinq, initiée de surcroît par un père organiste à la technique de la fugue, cet accord final aurait dû se produire au bout de quelques mesures...

34. Ou comme il y était revenu, au soir de la journée de Thônes.

35. Ulcéré par la conduite de sa patrie à son égard, Rousseau avait renoncé à son titre de Citoyen de Genève depuis le 12 mai 1763.

36. Ce fils chéri dut prendre congé de son père bien-aimé moins content qu'il ne le dit ici : « Malgré les tristes assurances que vous m'avez données que vous ne me regardiez plus pour votre fils, lui écrit-il l'été suivant, j'ose encore recourir à vous comme au meilleur des pères et quels que soient les justes sujets de haine que vous devez avoir contre moi, le titre de fils malheureux et repentant les efface dans votre cœur, et la douleur vive et sincère que je ressens d'avoir si mal usé de votre tendresse paternelle me remet dans les droits que le sang me donne auprès de vous ; vous êtes toujours mon cher père et quand je ne ressentirais que le seul poids de mes fautes, je suis assez puni dès que je suis criminel... » (*CC*, t. I, p. 12-14).

37. Monnaie bernoise (Moudon, à une vingtaine de kilomètres de Lausanne, appartenait alors à la République de Berne). 4 kreutzers faisaient 1 batz, et 30 batz 1 thaler ou 1 écu. La *dînée* et la *couchée* désignent ce que l'on paie à l'auberge pour y manger et y dormir.

38. « grâce, agrément » (*DA*).

39. L'écu blanc, en argent, valait trois francs.

40. Cf. livre III, p. 154 : « je n'ai jamais pu rien apprendre avec des maîtres, excepté mon père et M. Lambercier ».

41. À l'époque, U s'écrit V. Un an plus tard, quoiqu'il ne se soit pas particulièrement illustré en le portant, il utilise toujours ce pseudonyme : « Ce n'est pas par divertissement que j'ai changé de nom et de patrie et que je risque à chaque instant d'être regardé comme un fourbe et peut-être un espion », confiera-t-il à la Giraud, dans une lettre vraisemblablement datée de mai ou juin 1731 (*CC*, t. I, p. 9).

42. « Chanson qui court par la ville » (*DA*). Plus précisément, il s'agissait d'une forme de parodie, composée de paroles un peu lestes et satiriques chantées par les acteurs ou les spectateurs sur un air connu, dans les théâtres de la Foire ou aux « Italiens », d'où le nom de « pièces en vaudeville ».

43. François Frédéric de Treytorens (1687-1737).

44. Autrement dit de copier la partie de chaque musicien, *partie* étant « le nom de chaque voix ou mélodie séparée, dont la réunion forme le concert » (*DM*).

45. Avec son accompagnement, cf. *DM*, art. « Basse » et « Basse-fondamentale ».

46. Rituel indispensable pour avoir l'air d'un authentique « maître de concert » français. Du moins dans un salon, où quelques coups frappés avec un rouleau de papier suffisent à avertir les symphonistes que le jeu de massacre va commencer. En revanche, « à l'opéra de Paris il n'est pas question d'un rouleau de papier, mais d'un bon gros bâton de bois bien dur, dont le maître frappe avec force pour être

entendu de loin » (*DM*), au risque de s'écraser le gros orteil, à l'instar de Lully, et de mourir comme lui en martyr de son art.

47. Cf. livre III, note 65.

48. Instrumentiste. « Celui qui joue des instruments de musique ou qui compose des pièces qu'on joue dessus » (*DA*, 1762).

49. L'hôpital des Quinze-Vingt, à Paris, hébergeait des aveugles. Ils étaient réputés pour la délicatesse de leur ouïe.

50. Le 18 octobre 1752, jour de la première représentation triomphale à Fontainebleau du *Devin du Village*, cf. livre VIII, vol. II, p. 122-123.

51. Mis à la mode par Lully, cet air de danse concluait généralement les compositions orchestrales dans le goût français.

Ce que tout le monde chantait alors sur cet air de menuet courant les rues était un *vaudeville* ou une *parodie*, autrement dit un « air de symphonie dont on fait un air chantant en y ajustant des paroles ». Certes, « dans une musique bien faite le chant est fait sur les paroles, et dans la *parodie* les paroles sont faites sur le chant » (*DM*). Quoique cette parodie-là fût donc nécessairement médiocre, les paroles citées ici ne s'ajustaient pas trop mal à un air de *menuet*, dont le caractère est « une élégante et noble simplicité » (*DM*). En substituant à ces paroles fameuses d'autres « paroles infâmes » par le truchement desquelles cet air de menuet là s'était gravé dans la mémoire de son naïf émule, ce diable de Venture avait transformé l'inoffensif vaudeville en une chanson de corps de garde. Il fallait que le jeune fugueur, s'improvisant compositeur, fût aussi ignorant dans les choses de l'amour que dans celles de son art pour ne pas percevoir qu'il y avait là un grossier *contresens*, « vice dans lequel tombe le musicien quand il rend une autre pensée que celle qu'il doit rendre ». Car la musique « n'étant et ne devant être qu'une traduction des paroles qu'on met en chant, il est visible qu'on y peut tomber dans des *contre-sens* ; et ils n'y sont guères plus faciles à éviter que dans une véritable traduction » (*DM*).

52. Angoisse à l'idée de se savoir démasqué comme un petit imposteur doublé d'un imbécile petit pillard, dont le larcin s'entendait gros comme une maison. *Pauvre Jean-Jacques !* Mais s'il était loin de se douter, dans le cruel moment qui précédait, que son *Devin* lui vaudrait d'être salué, en 1752, comme un nouvel Orphée capable d'éclipser le grand Rameau son ancien maître, il ne pouvait pas non plus deviner, dans ce moment plus cruel encore où il se faisait éreinter par les éloges outrés qui fusèrent dès les premières mesures de ce galant menuet, qu'un jour de 1745, cette fois dans le salon très parisien de M. de La Poplinière, ce même Rameau réagirait exactement comme les invités de M. de Treytorens, en l'écoutant diriger ses *Muses galantes*. « Rameau commença dès l'ouverture à faire entendre par ses éloges outrés qu'elle ne pouvait être de moi », et finit par conclure que « je n'étais qu'un ignorant qui ne savait pas même la musique », doublé « d'un petit pillard sans talent et sans goût » (livre VII, vol. II, p. 74).

53. Terme de mépris utilisé en Suisse romande pour désigner les Suisses-Allemands, toujours « gros et stupides ».

54. « *Croque–note* ou *croque–sol* : nom qu'on donne par dérision à ces musiciens ineptes qui, versés dans la combinaison des notes, et en état de rendre à livre ouvert les compositions les plus difficiles, exécutent au surplus sans sentiment, sans expression, sans goût. Un *croque-sol*, rendant plutôt les sons que les phrases, lit la musique la plus énergique sans y rien comprendre, comme un maître d'école pourrait lire un chef-d'œuvre d'éloquence écrit avec les caractères de sa langue dans une langue qu'il n'entendrait pas » (*DM*). Le terme est un néologisme de Diderot.

55. Cf. livre III, p. 142 : « combien de fois j'ai baisé mon lit en songeant qu'elle y avait couché ; mes rideaux, tous les meubles de ma chambre… ».

56. De retour à Vevey après son tour du monde, Saint-Preux n'ose pas non plus s'enquérir de sa Julie, ni prononcer son nom. La « voix altérée et tremblante […] j'eus peine à me faire entendre en demandant M. de Wolmar ; car je n'osai jamais nommer sa femme » (*NH*, IV, 6, *OC*, II, p. 420).

57. Elle était surnommée « la folle » dans son ancienne patrie.

58. Trouvant la pose belle, la Muse romantique ne manquera pas de transporter cette grosse pierre sur les bords du lac du Bourget, afin que ses « flots chéris » servent de miroir aux épanchements d'un Lamartine, et que le poète des *Méditations* y soit à l'aise pour gémir, à l'instar de l'auteur des *Confessions* : « Regarde, je viens seul m'asseoir sur cette pierre » où le Léman le vit s'asseoir.

59. Même conseil d'ami dans la première et la seconde préfaces du roman.

60. L'église d'Assens, à une dizaine de kilomètres au nord de Lausanne, servait aux offices des deux religions.

61. « Bonhomme comme un Champenois » ne semble pas être passé en proverbe. Mais La Fontaine était un Champenois, et nul n'ignore sa proverbiale bonhomie.

62. David de Crousaz (1656-1733), frère aîné du mathématicien et philosophe Jean-Pierre de Crousaz (1663-1750), professeur à Lausanne de 1735 à 1748 et auteur d'un *Traité de l'éducation des enfants* (La Haye, 1722), dont l'auteur d'*Émile* ne pense pas beaucoup de bien. Cf. *Émile*, « le pédant de Crousaz », II, *OC*, IV, p. 371. Dans le pays de Vaud, le lieutenant-baillival siégeait avec le bailli pour les procès en première instance.

63. Sur la rive sud de l'île de la Cité.

64. Vifs, marquants. L'emploi du participe présent de *rappeler* comme adjectif semble être une création de Rousseau.

65. (N) s'interrompt brusquement sur ces mots : « *Je sais seulement que…* » C'est fin août ou début septembre 1766, dans son refuge de Wootton, que Rousseau a tout à coup posé la plume. Pourquoi ? Il est alors en plein délire paranoïaque – ce sont les moments les plus noirs de la ténébreuse « affaire Hume ». Si le blanc qui suit ce « je sais seulement… » semble donner clairement à voir que ces quelques mois de préceptorat à Lausanne, de la mi-juillet à la mi-novembre 1730, n'ont pas laissé de traces dans sa mémoire, il n'interdit donc

pas pour autant les suppositions les plus folles, ou les plus roma-nesques : Saint-Preux avait le même âge lorsque Mme la baronne d'Étange l'invita à donner des leçons à sa fille Julie.

66. Apprendre en enseignant, c'est être à soi-même son propre maître, autrement dit, ne s'assujettir qu'à la loi qu'on s'est soi-même donnée. Ce qui est la formule de la liberté, politique aussi bien qu'intellectuelle. On verra comment, au livre VI, Rousseau se fera autodidacte méthodique.

67. Bourg au sud-ouest de Neuchâtel.

68. D'interprète.

69. Archimandrite : « nom du supérieur de quelque monastère » (*DA*). Ce soi-disant prélat se présentait comme « le R. P. Athanasius Paulus, de l'ordre des Saints Pierre et Paul de Jérusalem ». Les archives locales témoignent de son passage à Fribourg le 16 avril 1731, à Berne, le 15 mars et à Soleure le 25 avril.

70. Celle que baragouinait le faux Africain de Turin, cf. livre III, p. 96.

71. Si mal vêtu.

72. « Regardez, messieurs, ceci est du sang pélagien ». Au Ve siècle, le moine Pélage diffusa dans tout l'orient méditerranéen des thèses niant que de la grâce divine fût nécessaire à l'homme pour échapper au péché, hérésie que saint Augustin dénonça avec la plus extrême fermeté, sans parvenir à l'extirper.

73. Cette phrase, ajoutée en marge de (P) et de (G), semble être une erreur de copie, puisque la seconde partie ne fait que répéter ce qui a déjà été dit à l'alinéa précédent.

74. Le mot désigne ici l'autorité détenant le pouvoir souverain (en l'occurrence le sénat de Berne). C'est dans ce sens que Rousseau l'utilise dans le *Contrat social* (I, 6) où le peuple est le seul souverain légitime.

75. « C'est assez qu'il faille absolument que je parle pour dire une sottise infailliblement », assurait-il au livre III, en ajoutant : « moi présent, on n'aurait jamais su ce que je valais » (p. 150-151). Il annonçait cependant « quelques exceptions ». Sa performance lors du dîner de Turin en était déjà une – absolument obligé de parler pour obéir à l'ordre du vieux comte de Gouvon, ce qu'il avait dit n'était pas sot. À Berne aussi, il faut absolument qu'il parle, et cette fois devant le sénat. Or loin de dire une sottise, il brille par son éloquence. Mais cette exception-là n'infirme pas la règle. Car le *moi* ici présent n'est pas vraiment son *moi* à lui : c'est le faux-*moi* venturisé du soi-disant Vaussore, qui ne parle même pas en son (pseudo) nom propre, puisqu'il se fait le truchement du faux–archimandrite.

76. Les formes « mon vieux ami », et plus loin, p. 200, un « vilain vieux avare », sont courantes au XVIIe siècle, où l'on emploie « vieux » devant une voyelle de préférence à « vieil », peu usité au masculin. L'usage actuel fut imposé par l'Académie au XVIIIe siècle.

77. Il s'agissait des dix volumes d'une édition de ses *Œuvres*. En juin 1764, Rousseau les avait fait remettre à la bibliothèque d'Yverdon par l'intermédiaire de Daniel Roguin (alias « papa Roguin », le

« doyen » de ses amis), dont il avait fait connaissance en 1742, et qui l'accueillera après sa fuite de Montmorency, en juin 1762, suite à la condamnation d'*Émile*.

78. Jérusalem appartenait alors à l'Empire ottoman. Avant de devenir ambassadeur de France auprès du Corps helvétique, de 1717 à 1736, Jean-Louis d'Usson, marquis de Bonac (1672-1738) avait été ambassadeur en Turquie (« la Porte »).

79. La résidence de l'ambassade.

80. Laurent Corentin de La Martinière. Il allait mourir quelques mois plus tard, le 16 novembre 1731.

81. Le poète Jean-Baptiste Rousseau (1671-1741). Après s'être essayé dans la comédie, ce fils de cordonnier s'imposera comme « le Pindare de la Régence » (Sainte-Beuve) avec ses *Odes sacrées* (1702) et ses *Cantates* (1703), sans nullement dédaigner des genres moins nobles, comme l'épître, la satire ou l'épigramme. Mais la brillante carrière que ses succès lui ouvraient en France fut stoppée en 1710 par l'affaire dite « des couplets » : accusé d'avoir composé contre certains de ses rivaux des vers obscènes et infamants – dont il se défendait d'être l'auteur, et qu'il attribuait à un certain Joseph Saurin (cf. livres VIII, vol. II, p. 262 et X, vol. II, p. 372), il est condamné au bannissement à perpétuité. Il trouve refuge chez le comte du Luc, ambassadeur de France à Soleure, où il publie en 1712 une édition de ses *Œuvres diverses* – celles qu'il avouait. Après y avoir séjourné près de quatre ans, il voyage un peu partout en Europe, et se fixe définitivement à Bruxelles en 1722. La même année, il y reçoit la visite de Voltaire, qui respectait encore suffisamment ce Rousseau-là pour lui avoir très humblement demandé, peu de temps auparavant, ce qu'il pensait de sa *Ligue* (premier titre de *La Henriade*). Mais ce respect ne durera pas. En 1735, Rousseau est esquinté dans *Le Temple du goût* ; son *Épître sur la comédie* lui vaut d'être traité de « grand faquin » doublé de « fat » (*Lettre à Mlle Quinault*, le 19 octobre 1736). « Eh ! morbleu qu'on brûle le portrait de Rousseau. Depuis qu'il fait des sermons, il mérite mieux que jamais d'être brûlé » (*Lettre à Thiriot*, le 6 décembre 1738). Et à Mme Denis, quand paraîtra (posthume) un recueil de *Lettres sur divers sujets* : « Les plates lettres que celles de Rousseau ! » (12 août 1749).

Certes, ce n'est pas pour des couplets obscènes et injurieux que Jean-Jacques se verra condamné au même sort que Jean-Baptiste. C'est pour la bonne parole – plus infamante encore au jugement de ses censeurs ecclésiastiques – que prêchera son Vicaire savoyard. Mais dès avant son bannissement de fait, les réactions de Voltaire à la *Lettre sur la providence* (1756), puis à la *Lettre sur les spectacles* (1758), ainsi qu'à celles qu'échangeront, sur mille autres divers sujets, les différents protagonistes de *La Nouvelle Héloïse*, annonçaient au second Rousseau qu'il avait pris la place du premier dans le cœur de son ancien maître – ce que ne fera que lui confirmer le déchaînement de calomnies provoqué par les *Lettres écrites de la montagne*. Aussi, devant tant de coïncidences, se sentira-t-il fondé à déclarer à Mme de la Tour, le 20 janvier 1768 : « La destinée du grand R[ousseau] avec laquelle j'ai tant de choses communes, sera la mienne jusqu'au bout », en ajoutant : « Il n'a pas eu le bonheur de se voir justifié de son vivant, mais il l'a été par l'un de ses plus cruels ennemis [Saurin] après la mort de l'un et l'autre » (*CC*, t. XXXV, p. 40). Seule la première partie de cette prédiction se vérifiera.

82. La Bibliothèque de Genève a conservé un cahier intitulé *Réflexions critiques et morales* dans lequel figurent en effet quelques fragments d'une *Cantate* (*OC*, II, p. 1117-1119). Parodiant une *Idylle* de Jean-Baptiste, le jeune Jean-Jacques y tourne en dérision une vieillarde dévorée par les feux de l'amour (louange indirecte à Mme de Bonac, alors âgée de trente-huit ans ?). Dans le même cahier figurent aussi une *Épître* dans le style marotique, ainsi qu'une retranscription au crayon de la dernière strophe des « Stances irrégulières contre les ambitieux » (*OC*, II, p. 1119-1120). L'ambitieux petit Rousseau les prenait-il pour lui ? Toujours est-il qu'il semble s'être mis à rimailler avec ardeur, conscient qu'il lui restait encore du chemin à faire avant d'être salué comme le second Rousseau : « Si vous agréez pour vous désennuyer que je vous envoie quelques-unes de mes pièces, je le ferai avec joie, toutefois sous le sceau du secret, car je n'ai pas encore assez de vanité pour vouloir porter le nom d'auteur », écrivait-il à la Giraud en mai-juin 1731 (*CC*, t. I, p. 9). Hâtivement *venturisé*, le pseudo Vaussore de Villeneuve avait cru un peu vite pouvoir se faire un nom de compositeur. On comprend que, avant de briguer le nom d'auteur, Jean-Jacques ait estimé plus sage d'attendre de s'être parfaitement *jeanbaptisé*.

83. Comme on le verra, il s'y est tout de même livré assez longtemps avec une louable application, en s'efforçant d'imiter son illustre homonyme. Ce n'est qu'une fois drapé dans sa toge de Caton qu'il raccrochera sa lyre. Cela ne l'empêchera pas de composer les vers français de son *Devin*. Mais ensuite, il ne rimera qu'à de rares occasions. À son ami Moultou, qui lui demandait d'écrire une Cantate, il répond, le 30 mai 1762 : « Je n'ai jamais aimé la poésie française, et [...] n'ayant pas fait de vers depuis très longtemps j'ai absolument oublié cette petite mécanique » (*CC*, t. X, p. 311). C'est probablement de la même époque que date un fragment autobiographique, où il redéfinit l'étalon de grandeur à l'aune duquel il entend désormais qu'on le mesure pour comparer son envergure présente à celle de Jean-Baptiste, que de méchantes langues s'obstinent à appeler « le grand Rousseau ». Laissons-les dire, note-t-il. La postérité se chargera de mettre les choses au point : « Quand je serai mort, le poète Rousseau sera un grand poète. Mais il ne sera plus le grand Rousseau. Car s'il n'est pas impossible qu'un auteur soit un grand homme, ce n'est pas en faisant des livres ni en vers ni en prose qu'il deviendra tel » (« Mon portrait », fragment 38, *OC*, I, p. 1129).

84. Antoine Marianne assura l'intérim entre le départ de M. de Bonac, en 1736, et l'arrivée de son successeur, M. de Courteille, en 1738.

85. Chrétien Guillaume de Lamoignon de Malesherbes (1721-1794). Il sera longuement question de lui dans la seconde partie.

86. Au moment d'entreprendre la rédaction de ses *Confessions*, Rousseau s'était constitué un dossier contenant une partie de sa correspondance, non seulement pour soutenir sa mémoire défaillante, mais avec l'idée de joindre à son récit les pièces à conviction qui prouveraient, s'il en était besoin, qu'il avait dit la vérité sur lui-même et sur ceux qui s'acharnaient à le défigurer. On a perdu la lettre en question. Mais on sait, par des sources indirectes, qu'il y relatait de façon détaillée toute l'histoire de sa vie depuis sa fuite de Genève (cf. *CC*, t. I, note 1, p. 6-7).

87. « Faculté de succéder à un homme dans sa charge après sa mort » (*DA*).

88. David François Merveilleux (et non *de* Merveilleux), mort en 1748. Avant de devenir secrétaire interprète de l'ambassade, avait lui-même servi dans les régiments des gardes-suisses.

89. Jean-François Gaudard (1649-1738), lieutenant-colonel aux gardes-suisses de 1714 à 1737.

90. Ce « j'en fus dans la joie de mon cœur » semble sorti d'un psaume. Il est vrai qu'il y a peu, c'était Jérusalem qui se trouvait au bout du chemin. En fait, entre son arrivée à Soleure (avril 1731) et son départ pour Paris (mi-juin 1731), Rousseau était retourné à Neuchâtel, où, se trouvant sans ressources, il écrivit à son père pour lui demander de l'aide, ainsi qu'à la Giraud dont il espérait qu'elle lui donnerait des nouvelles de Mme de Warens. C'est probablement grâce à une recommandation de Mgr de Bernex qu'il obtint de M. de Bonac le pécule nécessaire pour entreprendre son voyage. Arrivé à Paris début juillet, il y séjournera pendant deux mois.

91. Jeune gentilhomme qui sert comme simple soldat pour apprendre le métier des armes.

92. Cf. livre I, p. 51.

93. Armand-Frédéric, duc de Schomberg, maréchal de France (1615-1690).

94. « Grands paniers qu'on remplit de terre, dans les sièges, pour couvrir les travailleurs et les soldats » (*DA*).

95. Quartier au sud-est de Paris, hors de l'enceinte (voir la description qu'en donnera L.-S. Mercier, *Tableau de Paris*, chap. LXXXV, Bouquins-Laffont, 1990, p. 72-74). Comme le jeune Rousseau, le jeune Candide entra dans Paris « par le faubourg Saint-Marceau, et crut être dans le plus vilain village de la Vestphalie » (*Candide ou l'optimisme*, chap. XXII).

Aux yeux de Saint-Preux, Paris n'apparaît pas non plus comme le meilleur des mondes possibles (*NH*, II, 14, *OC*, II, p. 231). Et lorsque le gouverneur d'Émile quittera la capitale où il n'avait conduit son élève que pour l'en dégoûter à tout jamais, il lancera : « Adieu donc Paris, ville célèbre, ville de bruit, de fumée et de boue » (*Émile*, IV, *OC*, IV, p. 681).

96. Capitale de l'antique Chaldée, souvent assimilée à la mythique Babel par les auteurs du temps. Notamment par Voltaire qui, dans ses *Contes*, en donne des descriptions très parisiennes. Les langues s'agi-

tent en effet beaucoup dans cette Babel babillarde, où le sage Zadig est bien le seul à ne pas participer « à ces propos si vagues, si rompus, si tumultueux, à ces médisances téméraires, à ces décisions ignorantes, à ces turlupinades grossières, à ce vain bruit de paroles, qu'on appelait conversation dans Babylone » (*Zadig*, chap. I).

97. Le Pont du Gard fera seul exception (cf. livre VI, p. 306).

98. Pierre-Eugène de Surbeck (1676-1744), ancien officier du régiment des gardes-suisses.

99. En quoi Mme Merveilleux (sans particule) rappelait un peu la tante Suzon, cf. livre I, p. 35 : « Je dirais comment elle était vêtue et coiffée, sans oublier les deux crochets que ses cheveux noirs faisaient sur ses tempes, selon la mode de ce temps-là. ».

100. Après avoir décrit à son amante ses premières impressions de Paris, Saint-Preux conclut : « Juge si j'ai raison d'appeler cette foule un désert, et de m'effrayer d'une solitude où je ne trouve qu'une vaine apparence de sentiments et de vérité qui change à chaque instant et se détruit elle-même, où je n'aperçois que larves et fantômes qui frappent l'œil un moment, et disparaissent aussitôt qu'on les veut saisir. Jusqu'ici j'ai vu beaucoup de masques ; quand verrai-je des visages d'hommes ? » (*NH*, II, 14, *OC*, II, p. 236). Julie, sévère, lui répondra qu'il ne faut pas exagérer. Comme on le constate ici, l'auteur des *Confessions* a tenu compte des avis de sa Julie.

101. « Argent, valeurs, qu'un négociant fait remettre à son correspondant » (*DA*, 1762).

102. En fait, Mme de Warens avait quitté Paris le 24 juillet de l'année précédente.

103. Même certitude chez le gouverneur d'Émile, qui feint de chercher dans Paris l'original du portrait idéal qu'il lui a peint de Sophie (cf. livre III, note 43). « Nous cherchons toujours Sophie et nous ne la trouvons point. Il importait qu'elle ne se trouvât pas si vite, et nous l'avons cherchée où j'étais bien sûr qu'elle n'était pas » (*Émile*, V, *OC*, IV, p. 691).

104. Draper quelqu'un : « railler fortement de quelqu'un et en dire du mal. Il est du style familier » (*DA*).

105. Créée en 1759 par Silhouette, la « petite poste » servira la ville et la banlieue, la « grande poste » étant alors réservée à la province et à l'étranger.

106. « Terme injurieux qu'on dit quelquefois. *C'est un vieux pénard qui crache sur les tisons, qui ne sait ce qu'il dit* » (*Furetière*). Godard avait alors plus de quatre-vingts ans.

107. Sinon dans son cerveau. Cf. livre III, p. 149 : « Je n'ai jamais pu rien faire la plume à la main, vis-à-vis d'une table et de mon papier : c'est à la promenade, au milieu des rochers et des bois [...] que j'écris dans mon cerveau. »

108. « Selon les apparences. Vraisemblablement » (*DA*). Mais ce mot conserve chez Rousseau un sens plus positif : *évidemment*.

109. Phrase ajoutée par Rousseau en marge dans les manuscrits (P) et (G), probablement vers 1773-1774, à l'époque de la rédaction du deuxième *Dialogue*. Le nommé *Rousseau*, qui vient de passer de

longs moments en tête à tête intime avec *J.-J.*, y expose au *Français*
la stratégie de défiguration systématique qu'ont mise en œuvre ses
persécuteurs, en répandant dans le public une série de portraits de
lui méthodiquement falsifiés et noircis (*OC*, I, p. 780-782).

110. « Commis des aides qui visitent le vin dans les caves » (*DA*).

111. Aides : impôts « établis sur le vin et les autres boissons pour
aider à soutenir les dépenses de l'État » (*DA*). Taille : « une certaine
imposition de deniers qui se lève sur le peuple » (*DA*), et sur le peuple
seul. Établie sur une estimation arbitraire des ressources de chaque
contribuable, la taille était particulièrement impopulaire.

112. Dans l'Empire romain, c'est aux publicains que revenait la
juteuse mission de lever les impôts. Jésus leur a fait la réputation que
l'on sait, et dont les fermiers généraux, sous l'Ancien Régime, ont
hérité.

113. Diane et Sylvandre sont un des couples d'amants de *L'Astrée*
(quatrième partie). Dans la Septième promenade des *Rêveries*, le
« forgeron » est présenté comme la figure emblématique de l'homme
contemporain dégénéré : au lieu de se contenter de jouir de ce que
lui offre la surface de la Terre et d'admirer la robe de noces dont se
pare au printemps notre mère Nature, il ose la pénétrer et fouiller ses
entrailles à la recherche de biens imaginaires qui ne font qu'accroître
son malheur. Ce n'est plus seulement dans l'ancien pays de *L'Astrée*,
c'est à présent dans tout le royaume que « des carrières, des gouffres,
des forges, des fourneaux, un appareil d'enclumes, de marteaux, de
fumées et de feu succèdent aux douces images des travaux champêtres. Les visages hâves de malheureux qui languissent dans les
infectes vapeurs des mines, de noirs forgerons, de hideux cyclopes
sont le spectacle que l'appareil des mines substitue au sein de la terre
à celui de la verdure et des fleurs, du ciel azuré, des bergers amoureux et des laboureurs robustes sur sa surface » (*Rêveries*, *OC*, I,
p. 1067).

114. Le couvent des Chazeaux (ou Chazottes) était situé sur la
colline de Fourvières. On ne sait rien de cette Mlle du Châtelet, sinon
qu'elle y demeurait à titre de simple pensionnaire.

115. À l'étroit, financièrement parlant. Il est possible en effet que
Rousseau, chargé de diverses commissions par Mme de Warens, ait
fait plusieurs séjours à Lyon en 1731-1732.

116. La célèbre place Bellecour, non loin de l'auberge Notre-
Dame de la Pitié, où Rousseau avait logé avec M. Le Maître, lors de
son séjour au printemps 1730.

117. Comme on dit « battre le briquet », le fusil étant ici « une
petite pièce d'acier avec laquelle on bat un caillou pour en tirer du
feu » (*DA*).

118. Qui menaçaient apparemment de lui faire subir le sort
d'Orphée, déchiqueté par les femmes de Thrace que son mépris pour
l'autre sexe avait rendues folles furieuses.

119. Depuis l'important article de F. Davernay, « Le séjour de
J.-J. Rousseau à Lyon », *Le Vieux Lyon à l'Exposition de 1914*, Lyon,
1914, on pensait avoir identifié le lieu où Rousseau s'endormit

cette nuit-là, au chant du rossignol : c'était sous une arcade située au n° 22 du quai des Étroits, sur les bords de la Saône. La vérité était tout autre. Grâce aux recherches de D. Paquette, on sait maintenant qu'il s'agissait d'une grotte dominant la Saône, cf. D. Paquette, *J.-J. Rousseau et la musique*, Académie musicologique du Forez, Saint-Étienne, juin 1987. Dont acte. Mais on ne sait toujours pas ce que chantait *exactement* le rossignol.

120. Jean-Baptiste Struck (1680-1755), dit Batistin, allemand d'origine, né à Florence, musicien du duc d'Orléans, auteur de ballets écrits pour la cour, ainsi que de quatre livres de cantates. Les paroles de celle qu'à son réveil, prenant le relais du rossignol, se souvient avoir entonné Jean-Jacques, étaient de Jean-Baptiste (*Cantates*, XII, in J.-B. Rousseau, *Œuvres*, Slatkine, 1972, t. I, p. 383-386).

121. Un joli petit menuet, par exemple… Mais plutôt qu'à sa mésaventure de *copieur*, c'est à son expérience de *copiste* qu'il entendait faire allusion en assurant à l'Antonin qu'il en avait copié souvent.

122. C'est en 1751 qu'il a choisi de gagner sa vie en copiant de la musique à tant la page, pour ne plus avoir à dépendre financièrement de riches protecteurs (cf. livre VIII, vol. II, p. 105). Même si ses livres lui rapporteront de quoi vivre dans une modeste aisance, il continuera d'exercer ce métier jusqu'en 1777, quitte à se faire traiter de « Juif » par le « Philosophe Diderot ». Le *DM* contient un long article « Copiste », où il a jugé utile d'exposer en détail ce que l'on doit attendre d'un véritable homme du métier : « Je sens combien je vais me nuire à moi-même si l'on compare mon travail à mes règles : mais je n'ignore pas que celui qui cherche l'utilité publique doit avoir oublié la sienne. Homme de lettres, j'ai dit de mon état tout le mal que j'en pense ; je n'ai fait que de la musique française, et je n'aime que l'italienne ; j'ai montré toutes les misères de la société quand j'étais heureux par elle : mauvais *copiste*, j'expose ici ce que font les bons. Ô vérité ! Mon intérêt ne fut jamais rien devant toi ; qu'il ne souille en rien le culte que je t'ai voué » (*OC*, V, p. 735).

123. Selon Littré, le verbe *collationner*, quand on prononce les deux *l*, signifie : faire la *collation* d'une copie avec l'original. En revanche, quand on le prononce « colationner », il signifie « faire le repas appelé *collation* ». Comme il travaillait presque d'aussi bon cœur qu'il mangeait – autrement dit comme il *collationnait* au premier sens avec presque la même voracité qu'il *collationnait* au second – rien d'étonnant que, se jetant sur sa portée en la prenant pour son assiette, le jeune apprenti copiste ait par inadvertance mangé des notes.

124. La publication de l'*Histoire de Gil Blas de Santillane* s'étend de 1715 (les deux premiers volumes) à 1724 (3ᵉ vol.) et 1735 (4ᵉ vol.). Ce dernier volume n'était donc pas encore paru lorsque le picaro genevois se plongea dans ce roman qui contait un peu sa propre histoire. Cf. préambule de (N) : « Sans avoir aucun état moi-même, j'ai connu tous les états. »

125. Suzanne Serre (1720-1755). Au livre VII, vol. II, p. 16, on apprendra que cette charmante Suzanne aurait pu devenir

Mme J.-J. Rousseau, si le prétendant avait eu les moyens d'en faire sa femme. À défaut de Jean-Jacques, elle épousera en 1744 un certain Jean Victor Genève, devenant ainsi Mme Suzanne Genève, future mère de six enfants, au moins. Pour le « citoyen », c'était une petite consolation.

126. Deviner veut dire ici être devin.

127. Pour qu'il soit qualifié de vraiment *beau* par Rousseau, qui rompt ici avec les canons de l'esthétique classique, il faut donc que le paysage ait un aspect horrifiant. Il faut qu'il soit tellement *accidenté* que, surpris à chaque détour du chemin par ces accidents de la nature dont certains défient l'entendement autant qu'ils dépassent l'imagination (vertigineux abîmes ou hauteurs écrasantes), le sujet percevant se sente tout à la fois menacé d'anéantissement – qu'il tombe lui-même au fond du précipice, ou qu'un rocher lui tombe dessus –, et assez en sécurité pour ne pas risquer un accident fatal. Sans quoi il ne pourrait pas jouir esthétiquement de cette nature belle à faire peur. La jouissance qui naît de cette contemplation et qui ne se réduit pas au pur plaisir des sens relève de ce que Kant, à la suite de Burke, définira comme le sentiment, non pas du beau, mais du sublime (Kant, *Critique de la faculté de juger*, « Analytique du sublime », § 28).

C'est ce même sentiment qu'éprouvait déjà Saint-Preux dans les montagnes du Valais : « je voulais rêver, et j'en étais toujours détourné par quelque spectacle inattendu. Tantôt d'immenses roches pendaient en ruines au-dessus de ma tête. Tantôt de hautes et bruyantes cascades m'inondaient de leur épais brouillard. Tantôt un torrent éternel ouvrait à mes côtés un abîme dont les yeux n'osaient sonder la profondeur » (*NH*, I, 23, *OC*, II, p. 77). Évoquant le souvenir d'une herborisation dans les montagnes du Jura, le promeneur solitaire se décrit délicieusement perdu au fond d'une forêt sans âge. Entre de formidables arbres s'apercevaient « des roches coupées à pic et d'horribles précipices que je n'osais regarder qu'en me couchant sur le ventre » (*Rêveries*, *OC*, I, p. 1070-1071).

« Tout ce qui étonne l'âme, tout ce qui imprime un sentiment de terreur conduit au sublime », déclare lui aussi Diderot (Diderot, *Salon de 1767, op. cit.*, p. 633).

128. Rousseau confond ici « le Pas-de-l'Échelle », un sentier du mont Salève, près de Bossey, qu'il a gravi plus d'une fois quand il était petit garçon, et un village à la sortie des gorges du Guiers baptisé Les Échelles parce qu'un énorme rocher obstruait le défilé, et qu'il fallait l'escalader au moyen d'échelles, avant qu'on ne le perce, au XVIIe siècle, pour aménager un « grand chemin taillé dans le roc ». Question échelle, on ne se fiera pas à celle, très subjective, qu'utilise Rousseau plus bas pour évaluer de quelles vertigineuses hauteurs il surplombait « les corbeaux et les oiseaux de proie » qui tournoyaient au-dessus de la « petite rivière » : cent toises font deux cents mètres, et les gorges du Guiers ne sont profondes que de quatre-vingts. Serait-ce que, vue de si haut dans son souvenir lui-même si lointain, la petite rivière apparaît rétrospectivement

comme un petit ruisseau ? Un petit ruisseau sans âge rêvant en bouillonnant de devenir grande rivière, et dans le mince filet d'eau duquel le grand Rousseau, qui semble se jeter la pierre avec une ironie mêlée de tendresse, se regarderait de haut creuser perpétuellement son chemin en direction d'un lac ou de la mer – ou de *Maman* vers quoi un toujours même penchant l'entraîne ? Pourquoi pas ? Il met toujours tellement du sien dans ce qu'il voit. Témoin cette chanson, recueillie dans les *Consolations des misères de ma vie* : (*OC*, II, p. 1168-1169) :

« Ruisseau, se chante-t-il,

> Je te ressemble en bien des traits
> Toujours même penchant t'entraîne :
> Le mien ne changera jamais... »

129. Dans (P), c'est « à travers les cris des corbeaux et des éperviers » que le ruisseau se faisait entendre. Désignés clairement comme « oiseaux de proie » dans (G), contemporain des *Dialogues*, ces oiseaux-là, déjà d'assez mauvais augure, sont devenus plus noirs et plus rapaces encore, et la menace que laisse planer leur tournoiement sinistre a quelque chose d'hitchcockien. Car ce n'est plus de son nid d'aigle et en toute sécurité qu'il les contemple maintenant, mais du fond de l'abîme où il s'est vu précipité sans savoir pourquoi ni comment. Ce dont il a la certitude (délirante), en tout cas, c'est que ces charognards n'attendent que la mort de leur innocente proie pour se jeter sur son cadavre défiguré.

130. Don Antoine Petitti, intendant général des Finances de Savoie.

131. Charles-Emmanuel III (1701-1773), qui avait succédé à son père Victor-Amédée II, après l'abdication de ce dernier en septembre 1730. Cette réforme fiscale audacieuse – la noblesse savoyarde était très attachée à ses privilèges hérités de l'âge féodal, et il y avait eu récemment de violentes émeutes paysannes – s'intégrait à un programme plus vaste qui visait également la suppression de tous les droits seigneuriaux. En imposant la cadastration des terres, le gouvernement de Turin espérait pouvoir déterminer le poids des redevances seigneuriales, et imposer les détenteurs de fiefs au prorata de la valeur de leurs parcelles (édit de péréquation fiscale du 15 septembre 1738). Trop ambitieux et mal conçu techniquement, le plan échoua. Mais l'idée fut reprise une quarantaine d'années plus tard avec le grand édit d'affranchissement général du 19 décembre 1771.

132. Écrivain : commis chargé des écritures.

133. Le service de la « Péréquation générale de la Savoie » engagea en effet du personnel en automne 1731. Arrivé à Chambéry à la fin de septembre, Rousseau y travaillera d'octobre 1731 à juin 1732. Déjà rendu conscient de l'injustice de la fiscalité de l'époque par sa récente visite au paysan français, quelques semaines plus tôt, il assista, et même contribua pour une très modeste part, à la naissance d'une réforme étatique alors inédite en Europe. Voir J. Nicolas, « La

Savoie au temps de Rousseau », in *Jean-Jacques Rousseau au présent*, Grenoble, 1978).

NOTES DU LIVRE V

1. En fait, fin septembre ou début octobre 1731.

2. Au prix de ces souffrances.

3. Cela valait peut-être mieux. Il aurait pu faire des cauchemars, obsédé qu'il était par les rats qui grouillaient sous ces planchers pourris, et menaçaient – qui sait ? – de s'en prendre à *Maman* (cf. *infra*, p. 255). *Petit* semble en tout cas avoir mené contre eux une véritable guerre, ce qui lui permettait de satisfaire poétiquement ses ambitions militaires. Ne fera-t-il pas tout un poème, dédié à Mme la baronne de Warens, d'une de ses batailles les plus mémorables ? « Madame », lui annonce-t-il dans un bulletin de victoire (non daté) en forme de *virelai* :

> Madame, apprenez la nouvelle
> De la prise de quatre rats.
> Quatre rats n'est pas bagatelle
> Aussi ne badiné-je pas,
> Et je vous mande avec grand zèle
> Ces vers, qui vous diront tout bas :
> Madame, apprenez la nouvelle [...] (*OC*, II, p. 1122).

La répétition obsessive des deux premiers vers à la fin de chaque couplet était, comme on sait, la caractéristique du *virelai*, forme poétique pratiquée par Marot et remise au goût du jour par le grand J.-B. Rousseau.

4. Victor Amédée Chapel, comte de Saint-Laurent (1682-1756), contrôleur général des finances au royaume de Sardaigne en 1733. En devenant le locataire de cette bicoque – elle existe toujours, au 13, rue de Boigne, ancienne rue des Portiques –, Mme de Warens obtenait, pour prix de ce service, la garantie que son puissant propriétaire continuerait à lui verser sa pension.

5. Rousseau orthographie « Moutru », comme on le prononçait alors.

6. Tisane médicinale composée de plantes aromatiques cueillies dans les montagnes.

7. « Le chien du jardinier ne veut pas de sa pâtée, mais grogne si les bœufs la mangent... » (cf. livre III, p. 155).

8. « Cette Julie, telle qu'elle est, doit être une créature enchanteresse ; tout ce qui l'approche doit lui ressembler ; tout doit devenir Julie autour d'elle », déclare « l'éditeur », dans la seconde préface de *La Nouvelle Héloïse*.

9. Richard Davenport (1706 ou 1707-1771), un des riches propriétaires anglais avec lesquels Hume avait mis Rousseau en relations, lorsque ce dernier lui avait exprimé son souhait de quitter Londres pour une retraite campagnarde. Rousseau se décidera fina-

lement pour Wootton Hall (Stafforshire), que lui offrait Davenport, moyennant une pension annuelle de trente livres sterling pour Thérèse et pour lui-même.

10. Cartes, plans.

11. On pourrait s'étonner que cet ancien goût d'enfant (cf. livre I, p. 51) ne lui soit pas revenu à Annecy, où le charmant paysage de fleurs et de verdure qu'il voyait s'encadrer dans la fenêtre de sa chambre semblait avoir été mis là par *Maman* pour qu'il la peigne d'après nature au milieu de ce décor. Ce serait oublier ce qu'il déclarait plus haut : « Ma mauvaise tête ne peut s'assujettir aux choses. Si je veux peindre le printemps, il faut que je sois en hiver ; si je veux décrire un beau paysage, il faut que je sois dans des murs », emprisonné à la Bastille, « j'y ferais le tableau de la liberté » (livre IV, p. 212). À Chambéry, « plus de jardin, plus de ruisseau, plus de paysage » à contempler. Quand il se met à la fenêtre de son trou à rats, il n'a « qu'un mur pour vue » (p. 217). N'était-ce pas l'occasion ou jamais de barbouiller une « Liberté à l'état de pure nature », avec une naïveté telle que le Douanier, plus tard, eût été surnommé Rousseau second ? Mais, l'auteur du *Discours sur l'inégalité* se sentira plus à son aise avec la plume pour peindre ce genre de trompe-l'œil.

12. La botanique. C'est à Môtiers, en 1764, qu'il s'y est mis, et il ne cessera pas de la pratiquer à Wootton avec une passion et un plaisir croissants : « Je suis très heureux d'avoir pris du goût pour la botanique », écrivait-il le 20 juillet 1766 à Mylord Maréchal. Certes, « ce goût se change insensiblement en une passion d'enfant, ou plutôt en un radotage inutile et vain, car je n'apprends aujourd'hui qu'en oubliant ce que j'appris hier ; mais n'importe : si je n'ai jamais le plaisir de savoir, j'aurai toujours celui d'apprendre » (*CC*, t. XXX, p. 124).

13. Qui ne l'auront pas corrigé, puisqu'il récidivera dans ses *Rêveries* : « Ces idées médicinales ne sont assurément guère propres à rendre agréable l'étude de la botanique, elles flétrissent l'émail des prés, l'éclat des fleurs, dessèchent la fraîcheur des bocages, rendent la verdure et les ombrages insipides et dégoûtants ; toutes ces structures charmantes et gracieuses intéressent fort peu quiconque ne veut que piler tout cela dans un mortier, et l'on n'ira pas chercher des guirlandes pour les bergères parmi les herbes pour lavements » (*Rêveries*, Septième promenade, *OC*, I, p. 1064).

14. « Chanter ou jouer *à livre ouvert*, c'est exécuter toute musique qu'on vous présente en jetant les yeux dessus. Tous les musiciens se piquent d'exécuter à *livre ouvert*, mais il y en a peu qui [...], s'ils ne font pas des fautes sur la note, ne fassent pas du moins des contresens dans l'expression » (*DM*).

15. « Le *duo* est de toutes les sortes de musiques celle qui demande le plus de goût, de choix, et la plus difficile à traiter sans sortir de l'unité de mélodie. » À cet égard, Pergolèse est le maître, déclare Rousseau. Et de citer en exemple le premier verset du *Stabat Mater*, « *duo* le plus parfait et le plus touchant qui soit sorti de la plume

d'aucun musicien », dans aucune œuvre de musique sacrée (*DM*). Mais l'auteur du *Stabat Mater* est aussi le maître en matière de duos « bouffons » : pour n'en donner qu'un seul exemple « je citerai le premier duo de la *Serva Padrona* : *lo conosco a quelgl'occhietti* [Je le reconnais à certains clins d'œil] ». Voici un duo charmant pour lequel l'amateur laisserait brûler de gaieté de cœur tout le fatras de partitions accumulées depuis Lully à l'Opéra de Paris.

16. Terme de chimie, désignant l'odeur âcre et désagréable que dégagent certaines matières organiques soumises à l'action d'un feu violent.

17. La guinguette est, ici, une petite maison de campagne, un cabanon, qui comporte pour seuls meubles ceux que la loi (l'« Ordonnance ») ne permettait pas de saisir, sauf à la rendre inhabitable.

18. La guerre de succession de Pologne, déclarée par la France à l'empereur d'Autriche le 10 octobre 1733. Hostile à la candidature au trône de Pologne de l'électeur de Saxe, neveu de l'empereur, la France soutenait celle de Stanislas Leczinski, beau-père de Louis XV. Elle s'était alliée au roi de Sardaigne, à qui elle avait promis le Milanais en cas de victoire sur l'Autriche. En échange, elle devait annexer la Savoie. Cf. p. 226 : « on prétendait alors que nous appartiendrions à la France, et l'on faisait de la Savoie un échange pour le Milanais ». Fin octobre, les troupes françaises passèrent les Alpes pour faire leur jonction avec leurs alliées piémontaises.

19. Charles André René de la Trémoille (1708-1741), colonel du régiment de Champagne de 1731 à 1741. Il repassera par Chambéry en février 1734.

20. Dans une note de l'*Extrait du Projet de paix perpétuelle de l'abbé de Saint-Pierre* (1761), il prophétise en effet que « dans vingt ans d'ici l'Angleterre, avec toute sa gloire, sera ruinée, et de plus aura perdu le reste de sa liberté. Tout le monde assure que l'agriculture fleurit dans cette île, et moi je pense qu'elle y dépérit. Londres s'agrandit tous les jours ; donc le royaume se dépeuple. Les Anglais veulent être conquérants, donc ils ne tarderont pas d'être esclaves » (*OC*, III, p. 573). Depuis le traité de Paris (1763), l'Angleterre possédait toute l'Amérique du Nord. Mais dès 1764, elle avait à faire face aux premiers conflits avec les colons, qui devaient aboutir à la Déclaration d'indépendance des États-Unis d'Amérique, le 4 juillet 1776.

21. Écrit à Wootton vers la fin de 1766 (ou printemps 1767). Ne doutant plus maintenant qu'il est victime d'un diabolique complot ourdi de longue date contre lui, Rousseau a la certitude qu'en le livrant à Hume pour l'attirer en Angleterre, ses ennemis avaient pour objectif de l'y retenir prisonnier.

22. Pierre de Bourdeilles, abbé de Brantôme (1540-1614), auteur des *Vies des hommes illustres et grands capitaines français*, de *Vies des grands capitaines étrangers* (ainsi que de leur pendant les *Vies des dames galantes*). Tous ces ouvrages ne seront publiés qu'en 1665-1666.

23. Troupes de lansquenets allemands au service de la France, qui allaient combattre en Italie au XVIe siècle. On les appelait « bandes noires » en raison de la couleur de leur drapeau, peut-être aussi de celle de leur armure.

24. Allusion à la guerre dite « guerre de Sept Ans », que s'étaient livrée l'Autriche et les puissances coloniales (France, Angleterre, Espagne) sur divers champs de batailles européens, ainsi que sur les mers. Commencée en 1756, elle s'était achevée par le traité de Paris (1763) : la France perdait, au profit de l'Angleterre, ses possessions au Canada, en Louisiane et en Inde, mais la bataille de l'*Encyclopédie* était gagnée.

25. Aussi ardent français qu'il était juste grec ou vertueux romain, quand à sept ans il lisait *Les Vies* de son Plutarque. Et de même qu'il lui faudra faire un long travail de deuil avant de renoncer à voir, dans la Genève de son temps, une Sparte ou une Rome à la Plutarque, de même aura-t-il bien du mal à cesser de voir dans la France contemporaine cette vieille France de légende, « mère des arts, des armes et des lois », peuplée de personnages sortis des *Vies* de son Brantôme ou des anciens romans de chevalerie qu'il avait dévorés depuis qu'il savait lire. En sorte qu'il pourrait reprendre ici, pour parler de l'effet produit sur lui par ces lectures, ce qu'il écrivait au livre I : qu'« elles me donnèrent [de la nation française] des notions bizarres et romanesques dont l'expérience et la réflexion n'ont jamais bien pu me guérir » (p. 33). Voilà pourquoi le constat : « je ne suis pas heureux dans la conclusion de mes amours » (livre III, p. 129) vaut aussi pour ce fol amour, si mal payé de retour, dont il brûla pour elle. « On devrait, conseille-t-il dans sa *Lettre à d'Alembert*, apprendre aux jeunes gens à se défier des illusions de l'amour, à fuir l'erreur d'un penchant aveugle qui croit se fonder sur l'estime, et à craindre quelquefois de livrer son cœur vertueux à un objet indigne de ses soins » (*OC*, V, p. 52). Si cet Alceste avait reçu à temps ce sage conseil, il ne se serait pas éperdument amouraché de la traîtresse, qui devait le traiter comme la pire des Célimènes.

26. « Qui est curieux de savoir des nouvelles et qui aime à en débiter » (*DA*). Dans les *Lettres persanes* (CXXX), Montesquieu s'était déjà moqué de ce type de personnage, fort répandu au XVIIIe siècle. Voir F. Funck-Brentano, *Les Nouvellistes*, Paris, 1905).

27. Qui croit toutes les nouvelles que l'on débite.

28. Celle de La Fontaine, « Le vieillard et l'âne » (VI, 8). Un vieillard avait lâché son âne dans un pré (peut-être savoyard). La bête se régale, quand un ennemi survient. « Fuyons ! » fait le vieillard, qui ne veut pas laisser son âne à l'autre. Et que m'importe donc, dit l'âne, à qui je sois ?

> Et que m'importe donc, dit l'âne, à qui je sois ?
> Sauvez-vous, et me laissez paître.
> Notre ennemi c'est notre maître :
> Je vous le dis en bon françois.

29. François Marie, comte de Broglie (1671-1745) et maréchal de France. Le 14 septembre 1734, le comte de Broglie se laissa surprendre à La Secchia par les troupes autrichiennes dans son som-

meil, et l'on raconte qu'il dut s'enfuir précipitamment, en pantoufles et bonnet de nuit, laissant sa culotte aux mains de l'ennemi. Rousseau avait été marqué par l'événement, puisque, huit ans plus tard, cette déculottée lui inspirera une épigramme, où le maréchal, suite à un autre brillant fait d'armes, aura le malheur – ou le bonheur – de recevoir une impériale fessée de la propre main de S.A. Marie-Thérèse d'Autriche (*OC*, II, p. 1136).

30. Né à Dijon en 1683 d'un père organiste, organiste lui-même pendant toute la première partie de sa carrière, tour à tour en Avignon, à Clermont-Ferrand, Paris, Dijon, Lyon, Clermont de nouveau, Rameau s'installe à Paris en 1722. En 1726, il est introduit chez le fermier général et mécène La Pouplinière qui, mélomane éclairé, lui confiera la direction de son orchestre. Ce n'est qu'à partir d'octobre 1733 – il avait cinquante ans – qu'il commença à s'acquérir la renommée de compositeur d'opéras que l'on sait, en donnant *Hippolyte et Aricie*, la première de ses tragédies lyriques. Jusque-là, il n'avait fait de bruit, plus discrètement, que par d'harmonieuses pièces de clavecin (trois livres publiés successivement en 1706, 1724 et 1728), ou des *Motets* (1716-1722), *Cantates* (1721-1728), sans dédaigner non plus de la musique pour la Foire, comme *L'Enlèvement d'Arlequin* (1724-1726). Mais il s'était surtout acquis une grande réputation de théoricien, en publiant son *Traité de l'harmonie réduite à ses principes naturels* (1722), passablement abstrus, quoique d'un cartésianisme déclaré. Jusqu'à sa mort en 1764, il continuera de produire de nombreux textes théoriques justifiant et amplifiant la thèse centrale de son *Traité* : que la mélodie se fonde sur l'harmonie – et non l'inverse, comme le soutiendra Rousseau.

Sur cet immense musicien, et pour mesurer les enjeux esthétiques et philosophiques du débat qui l'oppose à Rousseau, on pourra lire, outre l'ouvrage classique de C. Girdlestone, *Jean-Philippe Rameau, sa vie, son œuvre*, Desclée de Brouwer, 1962, celui de C. Kintzler, *Jean-Philippe Rameau, Splendeur et naufrage de l'esthétique du plaisir à l'âge classique*, Le Sycomore, 1983. Pour les aspects théoriques de son esthétique musicale, voir *Musique raisonnée*, textes choisis, présentés et commentés par C. Kinzler et J.-C. Malgloire, Stock, 1980.

31. « Bruit : se dit figurément de la renommée, de la réputation. Cet auteur a fait grand *bruit* dans son temps » (*Furetière*). À la fin de l'article « Bruit » du *DM*, Rousseau rappelle qu'« on donne aussi, par mépris, le nom de *bruit* à une musique étourdissante et confuse, où l'on entend plus de fracas que d'harmonie, et plus de clameurs que de chant : *ce n'est que du* bruit ; *cet opéra fait beaucoup de* bruit *et peu d'effet* ».

Si l'on ne se battit pas à l'Opéra de Paris, en octobre 1733, comme on se battait en Italie, l'originalité d'*Hippolyte et Aricie* provoqua néanmoins de vifs débats, notamment en raison de la richesse harmonique des accompagnements. « Il y a dans cet opéra assez de musique pour en faire dix ; cet homme nous éclipsera tous », déclare avec admiration Campra, un des premiers compositeurs de l'époque. Pour beaucoup d'autres, en revanche, le chant était « étouffé à force d'harmonie » (Girdlestone, *op. cit.*, p.156). « C'est un vacarme affreux, ce n'est que du bruit, on en est étourdi », gémit une dame, à propos de « ce chef-d'œuvre qui a été tant vanté et qui nous a fait tant bâiller » (Girdlestone, *op. cit.*, p. 157). Paradoxalement, on trouvait la musique de Rameau trop « italienne », et l'on regrettait celle de Lully, modèle insurpassable de musique « française ».

32. Étranges coïncidences… Devenu « Français ardent » au spectacle enivrant du régiment de Champagne qui défilait en fanfare devant sa guinguette, c'est *par hasard* qu'il entend parler du *Traité* de Rameau. À peine l'a-t-il acheté, c'est *par hasard* aussi qu'une forte fièvre inflammatoire le terrasse. Il ne précise pas la cause de cette inflammation – refroidissement, comme ce sera le cas lors d'une rechute assez semblable (cf. livre VII, vol. II, p. 29). Mais tout se passe comme s'il était tombé malade du grand Rameau, le plus brillant et bruyant représentant de cette nation française pour laquelle il brûlait déjà d'une mauvaise fièvre. « Ma convalescence fut longue » : de fait, il lui faudra, non pas un mois, mais près de vingt ans pour s'aviser qu'il était, depuis le départ, allergique à Rameau.

En se le choisissant étourdiment pour maître, n'avait-il pas été, là aussi, « plus bête que l'âne de la fable » ? D'une ruade bien appliquée, celui de La Fontaine se serait en effet débarrassé du vieux Rameau et de son accablant bât d'harmonies, en ajoutant : « Laissez-moi paître : *Notre ennemi c'est notre maître / Je vous le dis en bon françois…* » Mais ce coup de pied de l'âne, Rameau ne le recevra qu'en 1753, avec la *Lettre sur la musique française.*

33. Nicolas Bernier (1664-1734) fut le successeur de M.-A. Charpentier à la Sainte-Chapelle, et celui de Lalande à la chapelle de Versailles.

34. Du val d'Aoste.

35. Un abbé piémontais du nom de Jean-Antoine Palazzi – francisé en Palais ? – séjourna en effet à Chambéry de 1732 à 1734. Selon J.-M. Baffert, il s'agirait plutôt de Jean-Joseph Palais (1712-1793), futur organiste de la cathédrale d'Auxerre, voir « Deux organistes amis de Rousseau : Jean-Joseph Palais, Gilbert Trouflaut », in *Dix-huitième siècle*, n° 25, 1993, p. 505-514. En 1791, la nation reconnaissante lui accorda une pension de 800 livres, pour avoir eu « l'honneur de donner les premiers éléments de musique à J.-J. Rousseau ». Mais en toute logique, cette pension aurait dû lui être versée en *faux* assignats. Car si elle avait tenu compte en la lui octroyant de ce que son ancien élève avait dit de lui dans les *Confessions*, la nation ne pouvait pas non plus ignorer ce bémol ajouté par Rousseau dans les *Rêveries* : « le bon abbé Palais jadis mon obligé et mon ami brave et honnête dans sa jeunesse, s'est procuré un établissement en France en devenant traître et faux à mon égard » (*Rêveries*, Sixième promenade, *OC*, I, p. 1055).

36. Personnages non identifiés.

37. Gianbattista Canavazzo. En 1741, il quitte Chambéry pour Paris, où son mariage le fait entrer dans la famille de Mme Van Loo, épouse du peintre Carl Van Loo. Proche parente des fameux

frères Somis, cette dernière était célèbre par sa beauté et ses talents de chanteuse.

38. À Lausanne, où il n'était encore que « venturisé », *Petit* s'était contenté d'un rouleau de papier. À présent qu'il commençait à se *ramifier*, il ne pouvait évidemment se passer du bâton de bûcheron – équivalent de celui de maréchal quand on mène à l'assaut un bataillon de symphonistes français. La comparaison du chef d'orchestre avec un bûcheron est empruntée à un pamphlet de Grimm, *Le Petit Prophète de Boehmischbroda*, datant du début de la guerre des Bouffons.

39. « Ne se dit que par mépris d'un nombre de gens attachés à un parti » (*DCLF*, 1787).

40. Cf. livre III, p. 165 et note 119.

41. « Être faufilé avec quelqu'un : se lier avec quelqu'un d'amitié, d'intérêt, de plaisir » (*DA*).

42. Jean-François Noyel de Bellegarde, marquis de La Marche et comte d'Entremont (1661-1742).

43. « Bigot, hypocrite. Il se dit particulièrement des gens qui font leurs affaires sous prétexte de Religion, en abusant de la simplicité et de la confiance des autres. Ménage dérive ce mot de l'arabe *cafar*, qui se dit proprement d'un homme qui de chrétien s'est fait Turc, ou de Turc chrétien. Il a été fait de l'hébreu *caphar*, qui signifie renier » (*Furetière*).

44. En 1729, le P. Caton avait été nommé « définiteur » (préposé à l'administration des affaires de l'ordre) des Cordeliers, et en 1732 gardien du couvent de Sainte-Marie l'Égyptienne. Le « collier » désigne les grades supérieurs d'un ordre ou d'une décoration.

45. Néologisme inventé par Rousseau, sur *barbouilleur*, apprenti peintre qui gâte son métier.

46. Sans cérémonie.

47. En langage militaire, partie de la cuirasse qui protège le devant de la poitrine. Le mot appartient aussi au lexique de l'escrime, par conséquent de la conversation de salon. Être le plastron : « être en butte aux railleries, aux brocards de tout le monde » (*DA*). L'abbé Palais devait peut-être mugir faux.

48. Cf. livre III, p. 147.

49. Proverbe attesté dans le pays de Vaud.

50. En fait, huit mois seulement, puisque c'est le 7 juin 1732 que l'administration lui régla son salaire (110 livres pour 55 jours de travail effectif). Selon G. Daumas, il est possible que, loin d'avoir quitté sa place volontairement, il ait été congédié en même temps que d'autres « secrétaires » en surnombre. Voir « En marge des *Confessions* », *AJJR*, t. XXXIII, p. 211-219. Mais l'avocat Cocelli, sous les ordres de qui il travaillait, ne se serait pas permis de remercier ainsi le protégé de Mme de Warens et de l'intendant général Petitti. Reste que, s'il a quitté volontairement son emploi au cadastre, ce n'est sans doute pas seulement en raison de l'insupportable promiscuité de ses collègues de bureau. Car enfin, tout révolté qu'il pouvait être au fond du cœur par l'iniquité du système d'imposition en vigueur, il avait sa

carrière à faire dans le beau monde. Or, travaillant au cadastre, ne collaborait-il pas à une opération qui devait être assez mal vue de la noblesse locale, menacée à terme de perdre ses privilèges (cf. livre IV, note 131) ?

51. Allusion à un épisode fameux de la *Vie de Pyrrhus*, par Plutarque. Au roi d'Épire qui lui faisait part de son ambitieux projet de prendre Rome, le sage Cinéas répond : « Ce sera dur, sire. Et après ? – Après ? Au tour de la Sicile ! répond Pyrrhus. – Pas facile. Et après ? – À nous Carthage et toute l'Afrique ! – On en bavera. Et après ? – Sus à la Grèce entière ! Après quoi, devenus les maîtres du monde, nous pourrons nous reposer et faire la fête. » Alors le sage Cinéas, dans le langage d'Amyot : « Et qui nous empêche, sire, de nous reposer dès maintenant, et de faire bonne chère ensemble, puisque nous avons tout présentement, sans plus nous travailler, ce que nous voulons chercher avec tant d'effusion de sang humain, et tant de dangers ? Encore ne savons-nous si nous y parviendrons jamais, après que nous aurons souffert, et fait souffrir à d'autres des maux et travaux infinis » (Plutarque, *Vie de Pyrrhus*, XXX).

52. Marie-Anne, fille de Pierre de Mellarède, ministre d'État. On se souvient qu'à Turin l'abbé Gaime était le précepteur de son fils. Cette brune très vive était alors âgée de quinze ans.

Mme Basile, « une brune extrêmement piquante », avait aussi cette même « vivacité touchante » qu'on retrouve chez Claire d'Orbe, décrite comme « une brune piquante », mais « l'air plus fin, plus éveillé, plus gai que sa blonde cousine » (*NH*, « Sujets d'estampes », *OC*, II, p. 762).

53. « État d'un homme qui est en bon point, c'est-à-dire en bon état, en bonne santé » (*Trévoux*). L'idée de corpulence n'y est pas nécessairement associée.

54. Née en 1719, Françoise-Sophie de Menthon, fille du comte Bernard de Menthon et de Marguerite de Lescheraines, n'avait que quatorze ans lorsque Rousseau lui donna ses premières leçons. Ses cheveux blonds font d'elle la complémentaire, et presque la cousine, à la mode vaudoise, de Mlle de Mellarède, puisque le portrait de Julie, ou si l'on veut de *Maman* au même âge, la décrit comme : « Blonde, une physionomie douce, tendre, modeste, enchanteresse : une élégante simplicité, même un peu de négligence dans son vêtement, mais qui lui sied mieux qu'un air plus arrangé : peu d'ornements, toujours du goût ; la gorge couverte en fille modeste, mais non pas en dévote » (*NH*, « Sujets d'estampes », *OC*, II, p. 762).

55. « Chenille : Insecte venimeux du genre des vers, qui ronge les feuilles des arbres, et qui à la fin se change en papillon. Est aussi une espèce de bout de passement, ou ornement de soie qu'on met sur des habits et des baudriers, et qui a la figure d'une chenille » (*Furetière*).

56. Gasparde Balthazarde de Challes, fille de Jean-Baptiste Milliet, marquis de Challes, née en 1702. Sa sœur aînée Catherine, née en 1697, avait épousé Marc Antoine Costa, comte de Charlier

– et non pas Charly comme l'écrit Rousseau. Françoise-Catherine, leur fille, était née en 1725.

57. Rousseau n'aime pas les rousses (cf. livre VI, p. 316). Dans (P), il était moins sévère : la petite avait seulement « les cheveux un peu trop blonds ».

58. « Le poids de l'obligation me fait un fardeau des plus douces jouissances, et, comme je l'ai déjà dit dans l'*Émile* [*sic*] à ce que je crois, j'eusse été chez les Turcs un mauvais mari à l'heure où le cri public les appelle à remplir les devoirs de leur état », répétera-t-il dans les *Rêveries* (*OC*, I, p. 1052). L'origine de cette anecdote n'est pas connue. Peut-être Jean-Jacques la tient-il de son père.

59. Péronne Lard, fille de Jean Lard, épicier.

60. On a conservé le cahier de musique de cette statue grecque. Quelques notes de Rousseau y figurent, ainsi qu'un répertoire d'airs français de Lully et de Rameau, des bergeries, un hyménée, et une chanson bachique, qui aurait dû pourtant ne pas la laisser de marbre. Mais n'est pas Pygmalion qui veut.

61. Marie, épouse Lard, était née Beauregard.

62. Cette méchante langue avait été mêlée, en 1728, à une vilaine affaire de libelles injurieux contre un officier de police, qui faillit coûter cher au jeune comte de Bellegarde, fils du comte d'Entremont.

63. Cf. *supra*, note 7, ainsi qu'au livre VII, vol. II, p. 60 et note 187.

64. Au sens strict : parler comme Phœbus Apollon, dieu des poètes. Mais « on dit proverbialement qu'un homme parle *phœbus*, lorsqu'en affectant de parler en termes magnifiques, il tombe dans le galimatias et dans l'obscurité » (*Furetière*). L'expression vient du *Miroir de Phébus*, ouvrage de vénerie composé au XIVe siècle par le comte Gaston de Foix.

65. Au sens technique et quasi militaire que prend le mot sous la plume libertine de Crébillon fils et de ses imitateurs, chez qui *être heureux*, pour un homme, c'est parvenir à investir, la nuit et le moment venus, la place forte dont on faisait le siège en brandissant des « je vous aime » exhibés sans pudeur. Ajoutons qu'*être heureux* dans ce sens n'est usité qu'au masculin, tout le bonheur d'une femme étant de *rendre heureux*, en se rendant à lui après négociations d'usage, celui qu'elle a choisi pour l'assaillir. Cf. B. Fort, *Le Langage de l'ambiguïté dans l'œuvre de Crébillon fils*, Klincksieck, 1978.

66. Seule une Mme de Larnage lui permettra de satisfaire ce double désir « d'être homme et de le paraître » (cf. livre VI, p. 302-303). Double désir du reste parfaitement contradictoire, selon l'auteur d'*Émile* (V, *OC*, IV, P. 706 sq.), car désirer *paraître* est le propre d'une femme, ou d'un petit-maître efféminé, comme le Valère de *Narcisse ou l'amant de lui-même*.

67. Pour le comte de Conzié, par exemple, qui la décrit ainsi : « Sa taille était moyenne, mais point avantageuse, eu égard qu'elle avait beaucoup et beaucoup d'embonpoint, ce qui lui avait arrondi un peu les épaules et rendu sa gorge d'albâtre aussi trop volumineuse ; mais

elle faisait aisément oublier ces défauts par une physionomie de franchise et de gaîté intéressante. Son ris était charmant, son teint de lis et de rose, joint à la vivacité de ses yeux annonçaient celle de son esprit et donnaient une énergie peu commune à tout ce qu'elle disait » (*CC*, t. I, p. 293).

68. Allusion aux hommages anticipés qu'il ne pouvait se retenir d'offrir *in absentia* à Mᵐᵉ d'Houdetot, sur le chemin de l'Ermitage à Eaubonne (cf. livre IX, vol. II, p. 198).

69. Cette glace semble n'avoir été que de façade, la situation de « nouvelle convertie » de Mᵐᵉ de Warens l'obligeant à donner d'elle l'image que plus tard une Mᵐᵉ de Merteuil s'emploierait à offrir, dans la bonne société de Mᵐᵉ de Volange. Mais la comparaison s'arrête là.

70. Le lecteur désireux d'y voir plus clair encore dans ces idées déjà si clairement exprimées pourra se reporter à ce que dit Freud de certains hommes à problèmes œdipiens, dont il résume le cas ainsi : « Là où ils aiment, ils ne désirent pas et là où ils désirent, ils ne peuvent aimer » (Freud, « Contributions à la psychologie de la vie amoureuse », in *La Vie sexuelle*, PUF, 1969, p. 57-59).

71. Cf. livre VII, vol. II, p. 57-58.

72. Fort honorablement connu à Vevey, le pasteur Perret, de vingt-cinq ans plus âgé que Mᵐᵉ de Warens, était marié et père de plusieurs enfants.

73. Célèbre courtisane grecque du siècle de Périclès, chez qui le tout-Athènes avait ses habitudes, à commencer par Périclès lui-même, qui finira par l'épouser. On dit, rapporte prudemment Plutarque, que ce qui séduisait le grand homme d'État dans Aspasie, c'était moins la beauté de son corps que celle de son esprit, moins la professionnelle experte en choses de l'amour que « la femme savante et bien entendue en matière de gouvernement ; car Socrate même l'allait aussi voir avec ses amis [...] pour l'ouïr deviser, combien qu'elle menât un train qui n'était guère beau et honnête, parce qu'elle tenait en sa maison de jeune garces qui faisaient gain de leur corps » (Plutarque, *Vie de Périclès*, XLVI). Sur l'identification de Rousseau à Socrate, cf. aussi livre VII, p. 15, note a.

74. Exercice d'escrime pratiqué par les débutants pour apprendre à parer.

75. L'auteur d'*Émile* juge sévèrement le métier des armes et ceux qui s'y consacrent « pour aller tuer des gens qui ne nous ont point fait de mal ». Certes, il fut un temps où dégainer l'épée et se lancer à l'assaut demandait du courage et de la valeur. Mais aujourd'hui, « il ne s'agit plus de courage ni de valeur, si ce n'est auprès des femmes » (*Émile*, V, *OC*, IV, p. 834).

76. Termes d'escrime, désignant des coups portés selon la position de la main, en tierce ou en quarte.

77. Qui forme des projets. Cet emploi du participe présent comme adjectif est propre à Rousseau.

78. « Se dit figurément d'une malice, d'une tromperie qu'on fait à quelqu'un » (*DA*).

79. Cf. livre III, p. 150.

80. Occupation de salon consistant pour une personne du sexe à faire des nœuds à l'aide d'une navette sur un fil de soie, dans le but de bien montrer à ces messieurs, qui n'en croient rien, qu'on est trop absorbée dans son travail pour prêter attention à leur conversation.

81. « Terme de mépris. C'est un grand flandrin, un homme élancé, grand et fluet, de mauvais air, qui n'a nulle contenance » (*DCLF*, 1787).

82. Le mot fait l'objet de deux entrées dans l'*Encyclopédie*. « 1) *Magot*, hist. nat., voyez « Singe ». 2) *Magot*, s. m. « Figures en terre, en plâtre, en cuivre, en porcelaine, ramassées, contrefaites, bizarres, que nous regardons comme représentant des Chinois ou des Indiens. Nos appartements en sont décorés. Ce sont des colifichets précieux dont la nation s'est entêtée ; ils ont chassé de nos appartements des ornements d'un goût meilleur. Ce règne est celui des *magots* ». L'article (anonyme) témoigne sans indulgence de l'engouement du siècle de Voltaire pour tout ce qui vient d'Extrême-Orient, et notamment de la Chine dont l'exemple, en matière de décoration, encourage le caprice inventif et la poursuite de l'irrégulier dans la tradition des « grotesques ». Aux yeux de Rousseau, ces magots-là sont l'image en miroir de ces singes de salon qui passent leur temps à tourner et à retourner ceux qui grimacent sur la cheminée.

83. Minerve étant la déesse de l'intelligence, elle trône dans les méninges. À trop se les remuer, on la fatigue.

84. Cf. livre XII, vol. II, p. 369 et note 36.

85. Déjà pratiqué chez Rabelais (*Gargantua*, chap. XXII), c'est avec Henri III que le jeu du bilboquet est entré dans l'Histoire. En 1585, le roi se met à le pratiquer avec fureur, aussitôt imité par toute la cour, et bientôt par tous les habitants de Paris, petits et grands, tous sexes confondus. Certes, l'objet n'avait pas encore exactement la forme qu'il prendra dans la deuxième moitié du XVIIIe siècle – une boule percée d'un trou conique doit retomber sur la pointe qui termine le manche. Mais son usage ne laissa pas de donner matière à des rapprochements sans équivoque. Henri III, déjà, se voyait reprocher ses « parties de bilboquet » avec ses mignons. Corneille Blessebois, dans son poème *Le Rut ou la Pudeur éteinte*, semble accorder à ce jeu d'enfant, qui ne se joue que d'une main, une importante valeur d'éveil aux mystères de l'amour.

Jolie morale que nous propose ici l'auteur d'*Émile* !, s'indigneront des mères de famille, tandis que les plaisants riront. Mais ces derniers feraient mieux de méditer *Le Bilboquet*, un écrit de jeunesse de Marivaux, qu'on peut dater de 1712 – année qui vit une nouvelle épidémie de bilboquet s'abattre sur le royaume. Un amant esseulé y prend la plume pour faire part à un ami de la haine mortelle qu'il a conçue contre cet instrument de malheur qui, gémit-il, « m'a volé mille agréables moments, que ma maîtresse employait à jouer, et que sans lui j'aurais passés dans de doux entretiens avec elle... » (*Le Bilboquet*, éd. Françoise Rubellin, Publications de l'université de Saint-Étienne, 1995, p. 89). Après avoir conté comment, accompagnée par la Bêtise et l'Ignorance, la Folie a introduit le Bilboquet dans cette douce France où, naguère encore, l'Amour, l'Esprit et la Raison faisaient si bon ménage, et décrit les ravages qui se sont ensuivis, le malheureux conclut : « La douleur [...] ôte à ma main la force de continuer. Fasse le ciel, neveux futurs, que vous ignoriez de tels accidents, et surtout que vos tendres amours, moins infortunés que les miens, n'aient du moins à redouter que des revers ordinaires » (*Le Bilboquet, op. cit.*, p. 113). Condamné à marivauder tout seul, il a perdu goût à la vie. Il semble que Rousseau n'ait pas lu *Le Bilboquet* de Marivaux.

86. Cf. livre III, p. 143.

87. « Chercheurs de pierre philosophale » (*Littré*), qui soufflent sur leur fourneau.

88. François Grossi (1682-1752), médecin ordinaire de Victor-Amédée II, fut nommé protomédecin (médecin principal) de Savoie en 1727. Après la mort du roi, il était revenu pratiquer à Chambéry, en 1735.

89. Joseph Piccone, gouverneur de Savoie de 1731 à 1748.

90. « Espèce de perdrix rouge, plus grosse que les perdrix ordinaires » (*DA*).

91. Ou *génépi* : nom donné en Savoie à une espèce d'absinthe, réputée pour ses vertus toniques et sudorifiques.

92. Pas sûr... Car un mystère continue de planer sur les circonstances étranges, pour ne pas dire suspectes, de la disparition de Claude Anet. On sait en effet qu'il fut enterré le 14 mars 1734. Or une course en montagne à la recherche de génépi en plein mois de mars semble peu vraisemblable : c'est seulement après la fonte des neiges qu'on peut, sans trop courir de risques, cueillir le génépi. Avant, c'est du suicide. Laisser un être cher faire cette folie, c'est un crime.

93. Vêtements, sans nuance péjorative.

94. À l'évidence, *Petit* n'avait pas encore mis en pratique la « grande maxime morale » énoncée au livre II : « d'éviter les situations qui mettent nos devoirs en opposition avec nos intérêts, et qui nous montrent notre bien dans le mal d'autrui » (p. 85).

95. Dans *Les Aventures de Télémaque* de Fénelon, dont Rousseau était pénétré, le sage Mentor, alias Minerve, guide le jeune fils d'Ulysse qui a quitté Ithaque, sa patrie, pour partir à la recherche d'un père disparu depuis longtemps, mais qu'il ne désespère pas de retrouver un jour.

96. « Un *vilain* c'est un homme avare. Une *vilaine* est une femme prostituée » (*Furetière*).

97. Désigne évidemment ici, non pas un bébé singe ou un bibelot grotesque, mais le peu que contenait la bourse de *Petit*, autrement dit son « argent mignon ». Soit « en style familier, de l'argent comptant qu'on a mis en réserve pour quelque dépense superflue » (*DA*).

98. Autrement dit : des riens, la panoplie complète du « petit-maître », soucieux des apparences de sa petite personne, ne se servant de sa petite épée que pour ouvrir son courrier du cœur, et ayant

pour unique devise : « tout pour la montre ». En jouant ainsi avec *Maman* à ce jeu de « qui perd gagne », ce que *Petit* perd en *avoir* – sa maigre bourse, qu'il ne cachait que dans l'intention de la laisser grossir, espérant *être* enfin un homme digne de ce nom –, il trouve moyen de le regagner, mais converti par elle en monnaie de singe, puisqu'elle dépense ces espèces à lui acheter de quoi *paraître*, autrement dit singer ces semblants d'hommes que sont eux-mêmes les petits-maîtres. De sorte qu'en fin de partie son petit magot aura fait de lui un de ces petits magots dont le siècle raffole.

99. Les mines du Pérou (possession espagnole) produisaient la plus grande partie des espèces circulant en Europe au XVIIIe siècle. Signe des temps : pour le moderne Orphée, les fermiers généraux et autres hommes d'argent se sont substitués aux bêtes féroces qu'Orphée l'ancien attirait et charmait par ses sons.

100. Esprit Joseph Blanchard (1696-1770), maître de musique à la cathédrale de Besançon. En raison de ses absences et de son inconduite, il en fut congédié en 1732, et quitta Besançon deux ans plus tard, avant d'être nommé maître de chapelle du roi en 1737.

101. Ce voyage à Besançon, *via* Genève et Nyon, eut lieu en juin 1732. Sur l'accueil que lui réserva l'abbé Blanchard, et les mirobolants projets de carrière qu'il lui fit miroiter, voir *CC*, t. I, p. 16-17.

102. Il pourrait s'agir de Jean-Pierre Duvivier, maître-écrivain et ancien chanteur à l'Opéra de Lyon. Si c'était le cas, il faudrait supposer que ce Duvivier avait travaillé dans les services des frères Pâris, à la « chambre du *visa* », établie en 1721 pour vérifier et réduire les billets émis par le financier Law.

103. Allusion aux « nouvelles à la main », sortes de périodiques manuscrits rédigés sous forme de lettres et destinés à un petit nombre d'abonnés qui constituaient, à côté des gazettes, un moyen d'information très répandu à l'époque. Dans la seconde moitié du siècle, certaines de ces correspondances deviendront célèbres, telle la *Correspondance littéraire* que Grimm adressera régulièrement, de 1753 à 1773, à différents princes d'Europe.

104. Les vêtements neufs étaient considérés comme marchandise, donc soumis à des droits de douane.

105. Il s'agissait d'une parodie, déjà publiée dans les *Nouvelles littéraires de La Haye* en 1718, de la dernière scène de *Mithridate*, dans laquelle le Roi du Pont meurt en se félicitant d'avoir su résister à Rome, à laquelle il voue une haine que Rome lui rend bien. On comprend que cette scène ait pu se prêter à une parodie janséniste. Depuis la bulle *Unigenitus* promulguée par le pape le 8 septembre 1713, les jansénistes étaient persécutés en France comme hérétiques, et les feuilles jésuites ne cessaient pas de les attaquer férocement. Persécutés comme eux depuis la révocation de l'édit de Nantes (1685), les protestants leur manifestaient une certaine sympathie, et, avec la Hollande, Genève se faisait complaisamment l'écho de leurs ripostes, en diffusant leurs écrits et en les faisant entrer en France clandestinement. François Mugnier note qu'en fait, la parodie retrouvée par les douaniers des Rousses dans la poche d'un habit appartenant au Sieur

Rousseau, était plutôt une parodie *antijanséniste*, donc d'inspiration ultramontaine. Cf. F. Mugnier, *Mme de Warens et J.-J. Rousseau*, Slatkine, 1971, p. 146. Il est vrai que, n'en ayant « pas lu dix vers », ce dernier pouvait s'y tromper.

106. Claude Marie de Bellegarde (1700-1755). Après sa fuite de Savoie (cf. *supra*, note 62), il était devenu chambellan d'Auguste II, électeur de Saxe et roi de Pologne (mort le 1er février 1733) ; Jean-Baptiste de Nangis (1701-1778), général et inspecteur des Armées sardes ; Jeanne de Bellegarde, leur sœur, avait épousé en 1725 le comte de La Tour, futur ambassadeur auprès du roi d'Espagne.

107. La même accusation de plagiat sera reprise par Rameau, cf. livre VII, vol. II, p. 74. Loin d'être une tare rédhibitoire, cette difficulté à lire et à écrire de la musique est, en fait, pour Rousseau, le signe qu'il est un vrai musicien, aimant la vraie musique, celle qui vient du cœur et parle au cœur par le moyen de la mélodie : en un mot la musique italienne. Les partitions italiennes sont écrites juste ce qu'il faut pour dessiner un air, et laisser de l'air à cet air, sans l'étouffer sous un amas de notes inutiles. Toute chargée de savantes harmonies, au contraire, la musique française est faite pour être écrite et lue, pas pour être entendue. Cf. *DM*, *passim*. Par exemple : « Les mauvais musiciens [les musiciens français adeptes de Rameau] cherchent leurs *effets* à la lecture. Quand c'est exécuté, l'illusion disparaît », ou encore : « Les chanteurs italiens n'ont pas besoin qu'on leur écrive les ornements d'un trait de chant (*passi*), au lieu que la plupart des chanteurs français ne s'écartent jamais de la note, et ne font de *passages* que ceux qui sont écrits. »

108. Comme dans tout ce livre V, la chronologie de Rousseau est ici très incertaine : les préliminaires de paix entre la France et l'Autriche furent signés le 30 octobre 1735 et le traité de Vienne en 1738. De nombreux régiments ne repassèrent les Alpes qu'après 1736.

109. Daniel François, comte de Gelas de Voisins d'Ambres, vicomte de Lautrec (1686-1762) n'a jamais commandé le régiment d'Orléans, et ce serait plutôt en 1733, au premier passage des troupes, que Rousseau lui aurait été présenté (cf. *supra*, p. 224).

110. Jean-Charles de Saint-Nectaire ou de Sennecterre (1714-1785).

111. Tragédie lyrique de Montéclair, sur un livret de l'abbé Pellegrin, créée en février 1732 et publiée la même année.

112. Ce militaire mélomane ne pouvait pas mieux tomber, puisqu'il s'agit du refrain du *chœur des guerriers* (acte I, scène IV).

113. Victor Capperonnier de Gauffecourt (1691-1766), ancien apprenti horloger, avait été secrétaire de M. de La Closure, résident de France à Genève, avant de faire fortune dans la fourniture des sels. Il viendra s'établir à Paris en 1744, où il fréquentera les milieux philosophiques, notamment Grimm et Diderot, et l'entourage de Mme d'Épinay.

114. Aix-les-Bains, dont les eaux thermales, connues depuis l'époque romaine, revinrent à la mode dans la seconde moitié du XVIII᷉ siècle.

115. Cf. livre VIII, vol. II, p. 136, où le lecteur apprendra à quels moyens infâmes ce vieux satyre eut recours pour se rendre « aimable » à la chaste Thérèse.

116. François Joseph de Conzié, comte des Charmettes et baron d'Arenthon (1707-1789), futur syndic de Chambéry. Il était présent dans la suite du roi de Sardaigne, en juillet 1726, lorsque Mᵐᵉ de Warens, fuyant Vevey, se jeta aux pieds de Mᵍʳ de Bernex, et il se lia avec elle lors de son retour de la cour de Turin, en 1734. C'est lui qui annoncera à *Petit*, exilé à Môtiers, la mort dans la misère de sa pauvre *Maman* (*CC*, t. XIII, p. 165). Cf. livre XII, vol. II, p. 389 et note 83.

117. (P) ajoutait ici en marge : « Je l'ai revu depuis, et je l'ai trouvé totalement transformé. Ô le grand magicien que M. de Choiseul ! Aucune de mes anciennes connaissances n'a échappé à ses métamorphoses. »

118. Erreur. Le futur Frédéric (1712-1786) ne montera sur le trône qu'en 1740, mais il se montrait déjà tel qu'il apparaîtra bientôt aux yeux naïvement émerveillés des meilleurs esprits de l'époque : à savoir comme une incarnation de ce « roi philosophe » dont Platon avait brossé le portrait idéal dans *La République*, un « despote éclairé », épris de paix, ne cherchant que le bonheur de son peuple, ami des arts, poète et musicien lui-même, favorisant les sciences, et défenseur de la liberté de penser et d'écrire qui, en France notamment, faisait cruellement défaut. Aussi beaucoup de savants et philosophes français, tels Maupertuis, La Mettrie, Diderot ou d'Alembert, se laissèrent-ils attirer à sa cour, et devinrent membres de son Académie de Berlin, fondée en 1751. Voltaire n'avait-il pas été le premier à donner dans le panneau ? En 1734, l'édition française de ses *Lettres philosophiques* avait été condamnée au feu, et lui-même décrété d'arrestation. Réfugié à Cirey chez Mᵐᵉ du Châtelet, il reçoit, à la mi-août 1736, une lettre débordante d'admiration du jeune Frédéric, qui l'assure de sa sympathie : « Tel est le destin des grands hommes : leur génie supérieur les expose toujours en butte aux traits envenimés de la calomnie et de l'envie. » Flatté d'être enfin reconnu à sa juste valeur, Voltaire répond le 1ᵉʳ septembre, en rendant hommage à « un prince qui pense en homme, un prince philosophe qui rendra les hommes heureux ». Quatre ans durant leur correspondance se maintiendra sur ce ton. « Il me traitait d'homme divin ; je le traitais de Salomon. Les épithètes ne nous coûtaient rien » se souviendra, vingt ans plus tard, l'auteur des *Mémoires pour servir à la vie de M. de Voltaire, écrits par lui-même* – sans oublier que les épithètes avaient changé de nature, à la fin de son séjour à la cour du roi du Prusse (juillet 1750-mars 1753).

119. Suivez mon regard... Car si un grand talent peut aujourd'hui se flatter d'illustrer cette règle, c'est bien *moi*, pas *lui*. Et si c'est *moi*,

c'est bien à cause de lui, qui fait son bonheur des malheurs qu'il s'ingénie à me causer, ligué avec mes noirs persécuteurs, cf. livre III, note 55.

120. Erreur : elles avaient été publiées deux ans plus tôt, en 1734.

121. « Retrancher ce qui était de trop » à sa dépense (*DA*).

122. Terme injurieux, « un homme de néant, un misérable » (*DA*).

123. Camille Perrichon (1678-1768) était prévôt des marchands et membre de l'Académie de Lyon. En 1749, il deviendra l'associé de Mme de Warens dans une fabrique de poteries de fonte.

124. Gabriel Parisot (1680-1762), chirurgien-major à l'Hôtel-Dieu de Lyon, membre de l'Académie de Lyon à partir de 1737. En 1742, Rousseau lui écrira une épître en vers (*OC*, II, p. 1136 sq.).

125. Marie Anne Dareste, épouse de Pierre de Chaponay, seigneur d'Eybens, et Élisabeth Odos de Bonniot, dame de Bardonanche.

126. Cf. livre I, p. 31.

127. Jacques Barillot (1684 ?-1748), libraire de Lyon établi à Genève depuis 1705, et son fils Jacques François (1709-1750), éditeur notamment de *L'Esprit des lois* (1748). Rousseau, à l'époque, leur commanda de nombreux livres, du *Dictionnaire* de Bayle aux *Œuvres* de Cicéron, en passant par divers traités de mathématiques et de musique (cf. *CC*, t. I, p. 37-38).

128. Rappelons que la population de Genève, environ 30 000 habitants à l'époque, est composée d'une petite minorité de « Citoyens et Bourgeois », moins de 2 000 adultes qui jouissent seuls des droits politiques et des privilèges économiques dont sont privés les autres habitants, y compris les « natifs ». Pendant le XVIIe siècle, une division s'était peu à peu opérée à l'intérieur de cette classe minoritaire : concentrant entre leurs mains l'essentiel du pouvoir et une portion toujours croissante du revenu national, quelques grandes familles avaient fini par constituer un patriciat, qui se réservait l'exclusivité des places au Petit Conseil (organe dirigeant de la République, composé de vingt cinq « magistrats » exerçant le pouvoir exécutif), et tirait les ficelles au Conseil des Deux-Cents, organe consultatif habilité à se prononcer sur les affaires importantes. Au début du XVIIIe siècle, le gros des « citoyens et des bourgeois » commencèrent à réagir. Trouvant dans Pierre Fatio, pourtant de famille patricienne, le chef qu'il leur fallait, ils exigeaient que la souveraineté revînt au peuple, et n'admettaient pas qu'elle lui fût plus longtemps confisquée. En 1707, des troubles éclatèrent. Le Petit Conseil utilisa la force pour rétablir l'ordre, mais le patriciat devra désormais compter avec un « parti bourgeois » organisé, qui renouvellera périodiquement ses doléances ou « représentations » – d'où le surnom de « Représentants » que se donnent ses membres – devant un « parti des magistrats » qui s'obstinera à y répondre négativement – d'où le surnom de « Négatifs » que leur donneront les « Représentants ». En 1734, de nouveaux troubles se produisirent. Enfin, le 21 août 1737, les milices bourgeoises prirent les armes et montèrent à l'assaut de l'Hôtel de Ville, siège du Petit Conseil, où elles se heurtèrent aux

troupes de la garnison, dirigées par les « magistrats ». L'émeute fit une dizaine de morts, et provoqua l'intervention armée des cantons de Berne et de Zurich, ainsi que de la France. Le parti des magistrats conservait le pouvoir, mais dut néanmoins accepter le *Règlement de l'illustre Médiation* (1738) qui consacrait solennellement le droit de « représentation » des Citoyens et Bourgeois. Pour une première approche, voir Alfred Dufour, *Histoire de Genève*, Que sais-je ?, PUF, Paris, 1997, Louis Binz, *Brève histoire de Genève*, Chancellerie d'État, Genève, 1981, et Paul Guichonnet (dir.) *Histoire de Genève*, Privat-Payot, 1974.

129. L'« occasion délicate » à laquelle Rousseau fait ici allusion se présenta en 1763-1764, lorsque, réfugié à Môtiers et ayant renoncé à son titre de Citoyen de Genève, ses amis du parti des Représentants lui demandèrent conseil sur la stratégie à adopter, sans exclure le recours aux armes, pour faire céder les Négatifs (cf. livre XII, vol. II, p. 378). Il répondit à leur demande dans la deuxième partie des *Lettres écrites de la montagne* (publiées fin 1764). La rédaction primitive de la huitième lettre offre une première ébauche de ce passage des *Confessions*. Assurément, déclare-t-il au Genevois anonyme dont il fait son destinataire, « aucun peuple ne mérita mieux que vous de conserver le droit des armes par l'usage intrépide et ferme, mais équitable et modéré, qu'au besoin vous en avez fait. Toutefois je bénirai le ciel, quoi qu'il arrive, de ce qu'on ne reverra plus chez vous le spectacle affreux dont je fus témoin, lorsque je vis le père et le fils de partis opposés s'armer tous deux dans la même maison, presque dans la même chambre, sortir ensemble, s'embrasser, se séparer, pour se trouver peut-être dans une heure vis-à-vis l'un de l'autre et réduits à s'entrégorger. J'étais jeune ; ce spectacle affreux porta dans mon âme une impression qui n'a pu s'effacer. Je jurai que, si jamais je pouvais me faire entendre, je témoignerais l'horreur qu'il m'avait inspirée. Genevois, j'accomplis aujourd'hui mon serment. S'il se peut, redevenez libres ; mais soyez plutôt esclaves que parricides. Versez en gémissant le sang ennemi s'il est nécessaire, jamais celui de vos concitoyens » (*LM*, *OC*, III, p. 1698).

Jugeant probablement trop hardi le choix forcé formulé dans l'avant-dernière phrase, il a préféré supprimer tout le passage dans la rédaction définitive.

130. La ville de Charlestown, en Caroline du Sud, était déjà bâtie depuis une bonne cinquantaine d'années lorsque, son plan sous le bras, cet ingénieur de légende qu'était aux yeux de son neveu l'oncle Bernard y arriva pour la bâtir… En fait, il y passa trois ans à réparer les fortifications, et y mourut au mois de juillet 1737.

131. Probablement les *Œuvres mathématiques* du cartésien Jacques Rohaut (1620-1675), publiées en 1682.

132. Explications concernant des théorèmes.

133. Jacques Barthélemy Micheli du Crest (1690-1766), officier et ingénieur d'abord au service de la France. De retour à Genève, il exécuta divers travaux de topographie, dont une remarquable *Carte des environs de Genève*. Élu au Conseil des Deux-Cents, il critiqua les

projets de réfection des fortifications. Ne parvenant pas à se faire écouter, il exposa ses critiques par écrit dans un *Mémoire* qu'il fit imprimer à Strasbourg, en 1728, ce qui lui valut d'être censuré, et condamné à remettre aux autorités tous les exemplaires de ce mémoire, ainsi que ses plans et ses manuscrits. Plutôt que de céder, il se réfugie à Paris pour se défendre. Déchu de ses droits, il est finalement condamné à mort en 1735 pour crime de lèse-majesté. Dans son exil, il n'en continuera pas moins à critiquer la politique genevoise. Un nouveau procès lui est intenté, cette fois par les autorités de Berne, qui l'accusent de complot et le condamnent à l'emprisonnement perpétuel en 1749. Il est alors enfermé à la forteresse d'Aarbourg – Rousseau orthographie Arberg – où il meurt le 29 mars 1766. Son nom sera à nouveau évoqué au livre XII, vol. II, p. 418. Sur cette figure marquante de l'histoire genevoise, voir *Micheli du Crest (1690-1766), Homme des Lumières*, Maison Tavel, Genève, 1995.

134. Ironie d'autant plus savoureuse que le « Petit Conseil » se faisait appeler le « *Magnifique* Conseil ».

135. Rousseau confond ici au moins deux voyages qu'il fit à Genève dans cette période.

136. Rousseau fut en effet le parrain d'un petit Jean-Jacques Rateri, baptisé le 23 avril 1737, la marraine ou « commère » étant Marie-Christine Lingua, épouse Coccelli.

137. De l'imprimé.

138. « En termes d'École, ce qui peut arriver ou n'arriver pas » (*DA*).

Sur la probabilité quasi nulle que Genève soit assiégée, par le roi de Sardaigne ou un autre, la *Lettre à d'Alembert* était un peu plus réservée (cf. *OC*, V, p. 88). La ville fut d'ailleurs sérieusement menacée par les troupes espagnoles, en 1742-1743, lors de la guerre de succession d'Autriche.

139. Encore un trait bouffon à ajouter au portrait du juge-mage d'Annecy, déjà joliment arrangé au livre IV. Comme dernières « nouvelles de la république des lettres » – Rousseau joue sur le titre du périodique fondé par Bayle, en 1684 –, on pouvait en effet trouver plus frais que ce qui traînait depuis des lustres dans les *Jugements des savants sur les principaux auteurs*, d'Adrien Baillet (1649-1706), ou chez Paul Colomiès (1638-1692), érudit et théologien protestant dont les œuvres avaient été publiées à Hambourg (posthumes), en 1709.

140. (P) : « et aidé des *Récréations mathématiques* d'Ozanam ».

141. Encre incolore, grâce à laquelle on peut écrire des choses invisibles, qui ne deviennent lisibles, par « sympathie », que sous l'effet de la chaleur ou d'un révélateur approprié.

142. Orpiment : « arsenic jaune qu'on trouve tout formé dans les terres » (*DA*).

143. L'accident se produisit le 27 juin 1737, la veille du vingt-cinquième anniversaire de sa naissance, ce qui le rendait majeur selon la loi genevoise. *Petit* crut si bien mourir que, le même jour, il

s'empressa de faire appeler maître Rilliet, notaire, et lui dicta son testament devant six témoins. Il y léguait tout son avoir à *Maman*, y compris sa part de l'héritage maternel encore entre les mains de son père, « en la priant très humblement de vouloir accepter son hoirie comme la seule marque qu'il lui peut donner de la vive reconnaissance qu'il a de ses bontés ». L'homme de loi termine en certifiant la parfaite validité de l'acte, nonobstant le fait que le mourant n'a pu le signer « ayant les yeux fermés, ainsi qu'il a apparu à moi notaire et témoins, par l'appareil mis sur ses yeux » (*OC*, I, p. 1212-1213).

En voulant fabriquer cette « encre de sympathie », il avait donc bien failli s'infliger le sort d'Anet, son rival bien-aimé auprès de *Maman*. Mais il était sans doute écrit sur le grand rouleau de Jacques le Fataliste que, malgré sa bonne volonté, *Petit* ne parviendrait pas à s'identifier à ce tenant-lieu de père mort, et resterait indigne d'endosser le bel habit noir sous lequel l'autre avait su faire régner la loi dans la maison. On dira qu'en se crevant les yeux, il avait tout de même accompli un petit bout de son destin d'Œdipe, puisqu'il allait rester aveugle, affirme-t-il, « pendant plus de six semaines ». En fait, il le resta moins de trois semaines. Le 12 juillet, il y revoyait suffisamment clair pour signer une procuration à Barillot aîné, autorisant ce dernier à toucher en son nom la part de l'héritage de sa mère, dont son père avait jusque-là jalousement joui, sans en lâcher un seul centime. Et fin juillet, il se rend en personne à Genève, sous le couvert d'un prudent incognito, où il empoche son petit magot. C'est à l'occasion de son séjour qu'il assista au « spectacle affreux » décrit plus haut, du fils et du père Barillot prêts à s'entr'égorger.

144. Adage à ne pas entendre ici, comme la suite le démontre, au sens où Jacques l'utilise chez Diderot, dans une variante polissonne : « C'est la fable de la Gaîne et du Coutelet. Un jour la Gaîne et le Coutelet se prirent de querelle. Le Coutelet dit à la Gaîne : "Gaîne ma mie, vous êtes une friponne, car tous les jours vous recevez de nouveaux coutelets" », etc. (Diderot, *Jacques le Fataliste*, in *Œuvres*, Bouquins-Laffont, 1994, t. II, p. 795)

145. *Le Philosophe anglais ou Histoire de Monsieur Cleveland, fils naturel de Cromwell, écrite par lui-même et traduite de l'anglais*, par l'abbé Prévost, publié en quatre volumes entre 1732 et 1739. Cleveland a donc accompagné Rousseau, comme une sorte de double imaginaire, durant à peu près toute la période que couvrent les livres V et VI des *Confessions*. On sait la part que prend la question de l'inceste et du rapport au père dans ces pseudo-*Mémoires*, comme au reste dans toute l'œuvre de l'abbé Prévost (cf. J. Sgard, *Labyrinthes de la mémoire*, PUF, 1986).

146. Gabriel Bagueret (1671- ?). Après avoir mené une vie aventureuse en Allemagne et en Russie, il semble s'être fixé à Chambéry en 1733.

147. La tour étant une pièce essentielle dans la défense, « on donne sa tour » à l'adversaire, au début d'une partie, quand on

s'estime trop fort, sans ce handicap, pour ne pas être sûr de le battre en quelques coups, ce qui ôterait tout intérêt à la partie. Autrement dit quand on juge que, « de tous les futurs contingents », un des moins probables est qu'il vienne vous la prendre, et se retrouve en position de vous mettre échec et mat. Si Rousseau, par exemple, avait proposé à l'avocat piémontais Cocelli une partie d'échecs, il lui aurait très certainement « donné la tour », voire les deux, pour lui prouver que les Genevois n'ont rien à craindre des Piémontais – quand bien même ces derniers, grâce à un agent double, disposeraient du plan des fortifications de la ville, cf. *supra*, note 129.

148. Gioachino Greco, dit le Calabrais, célèbre joueur d'échecs du XVIIe siècle, auteur d'un traité traduit en français (*Le Jeu des échecs*, 1619).

149. Voir J. Berchtold, « Rousseau, joueur d'échecs au café (1770-1771) », *AJJR*, XLII, 1999, p. 95-145. L'*Essai sur le jeu des eschets*, du Syrien Philippe Stamma fut publié en 1737, et c'est en 1749 que parut l'*Analyse des échecs*, de François André Danican, dit Philidor, qui révolutionnait la conception du jeu, en insistant sur le rôle des pions. Philidor était aussi musicien. Rousseau fera sa connaissance à Paris, peut-être dès 1743, et le chargera du « remplissage » harmonique de quelques airs de ses *Muses galantes* (cf. livre VII, vol. II, p. 72-73).

150. « Une certaine maladie dont l'effet ordinaire est de rendre mélancolique, quelquefois même de faire pleurer, et qui resserre le cœur et embarrasse la tête » (*DA*). On parlerait aujourd'hui de symptômes dépressifs de nature névrotique, ayant pour origine un conflit œdipien mal résolu.

151. Faiseurs de projets.

152. Cf. livre I, à propos de tante Suzon : « J'étais né mourant ; on espérait peu de me conserver ». Mais « elle prit si bien soin de moi qu'elle me sauva ».

153. À entendre ici dans le sens médical : « soudain changement de la maladie, qui se tourne en santé ou en mort » (*Furetière*). Voir l'important article « Crise » rédigée par le médecin Bordeu pour l'*Encyclopédie*.

154. « Les Charmettes » ne sont pas le nom d'une maison, mais de tout un vallon, s'ouvrant au sud-est de Chambéry, et sur les flancs duquel se trouvaient plusieurs maisons appartenant à différents propriétaires, ainsi que quelques fermes. Fief héréditaire de la famille de Conzié, ce vallon des Charmettes devait son charme – que l'auteur des *Confessions* contribuera, par la magie de son verbe, à rendre ensorcelant pour des générations de pèlerins, aux arbres du même nom dont il était planté. Étymologiquement parlant, le *charme* (végétal) n'a d'ailleurs rien de charmant ni de charmeur. Son nom, où l'on retrouve une vieille souche celtique, vient en effet du latin *carpinus*. En bonne logique philologique, l'« Idylle des Charmettes » aurait donc dû s'appeler l'« Idylle des Carpinettes ». Ce qui lui aurait fait perdre, à des yeux romantiques, beaucoup de

son *charme* (poétique). Lequel vient du latin *carmen* : *chant, air, son de la voix* ; par extension, *composition en vers, poésie*. Attendu que, depuis Orphée, le poète passe pour un enchanteur doué de pouvoirs oraculaires, le mot a pris le sens de : *réponse d'un oracle, prophétie, paroles magiques, enchantements*. Curieusement – la langue a ses raisons que la raison ne connaît pas – *carmen* s'est retrouvé greffé sur *carpinus*, et comme par enchantement, ce qui n'était qu'un vallon planté de charmes s'est métamorphosé en une vallée de Thessalie.

155. Claude François de Noëray – Rousseau orthographie Noiret – capitaine des grenadiers du régiment de Tarentaise. Il n'y a donc pas eu un seul séjour aux Charmettes, mais au moins deux, fin de l'été 1736 et printemps 1737, dans au moins deux maisons différentes. D'abord celle de Noëray, puis celle, un peu en aval, d'une demoiselle Revil, puis à nouveau celle de Noëray, en juin 1738.

NOTES DU LIVRE VI

1. « Mon rêve, c'était une terre de dimension modeste, où il y aurait un jardin, une source d'eau [vive] à côté de la maison, et au-dessus, un [petit] peu de bois… » (Horace, *Satires*, II, 6, vers 1-3). Doté par Auguste d'une vaste propriété agricole aux environs de Rome, le poète y décrit son bonheur de pouvoir vivre à la campagne, loin de la ville et de ses tracas. La satire s'achève sur l'apologue du rat des villes et du rat des champs, où La Fontaine puisera la matière de sa fable.

On notera qu'en emboîtant le pas à Horace au seuil de ce livre VI, Rousseau oublie *jugis* et substitue *paululum* (un petit peu) à *paulum* (un peu). Cela fait clocher les hexamètres. Mais lui-même avouera n'avoir jamais été très fort en versification latine.

2. « Les dieux ont mieux et plus largement fait les choses », ajoutait le nouveau propriétaire, comblé au-delà de ses vœux par le divin Auguste.

3. Sur la différence entre propriété et possession (classique en droit romain), voir *Du contrat social* (I, chap. VIII). Expliquant que le « passage de l'état de nature à l'état civil produit dans l'homme un changement très remarquable », Rousseau distinguait soigneusement la *possession*, « qui n'est que l'effet de la force ou le droit du premier occupant », et la *propriété*, « qui ne peut être fondée que sur un titre positif ». La loi naturelle m'autorise à prendre possession de tout ce que je désire et à en jouir dans les limites de mes facultés. Mais je n'en acquiers la propriété que par un acte juridique faisant intervenir un tiers – un représentant de la « loi positive ». Rien ne m'empêche ensuite de céder à un autre le droit de jouissance, ou l'usufruit, qui s'attache à cette propriété. Contrairement à ce que pourrait laisser supposer son titre, « De l'état civil », ce chapitre du

Contrat social laisse à part la question de savoir si, lorsqu'une femme appartient à un homme au titre de légitime épouse, un amant peut se faire céder par le mari – gracieusement ou en échange d'une paire de cornes –, le droit de jouissance qu'il a sur elle. Mais Julie de Wolmar tranche la question : *non*, répond-elle à Saint-Preux au lendemain de son mariage à l'église. Non, même dans le cas où l'amant ferait valoir son droit de premier occupant (*NH*, III, 18). Audacieux paradoxe, car elle n'ignore pas que les « philosophes modernes » s'accordent à répondre : *oui, évidemment !*, en arguant que ce genre de transaction a pour effet de resserrer le lien social (*NH*, III, 18). Dans une note de *La Philosophie dans le boudoir*, Sade sera catégorique : « Il ne s'agit ici que de la jouissance, et non de la propriété ; je n'ai nul droit sur la propriété de cette fontaine que je rencontre dans mon chemin, mais j'ai des droits certains sur cette jouissance ; j'ai le droit de profiter de l'eau limpide qu'elle offre à ma soif ; je n'ai de même aucun droit réel sur la propriété de telle ou telle femme, mais j'en ai d'incontestables à sa jouissance, j'en ai de la contraindre à cette jouissance, si elle me la refuse par tels motifs que ce puisse être » (Sade, in *Œuvres*, Bibliothèque de la Pléiade, Gallimard, t. III, 1998, p. 133).

À sa façon, Rousseau revendique pour lui-même le même droit absolu à la jouissance, et se donne les moyens de l'exercer sans entraves. On a vu qu'il ne peut pas jouir pleinement de ce qu'il convoite quand il lui faut se l'approprier à prix d'argent (cf. livre I, p. 64). D'où son penchant au vol, dont il ne s'est jamais guéri, et qu'il ne se gêne pas pour satisfaire en menant des razzias sauvages auprès desquelles les pires exactions du Brigandos de Sade ne seront que de la petite délinquance. Le plus surprenant, c'est que ce n'est pas dans ses *Confessions* qu'il s'en avoue l'auteur, mais dans son traité d'éducation. « Le démon de la propriété infecte tout ce qu'il touche », y déclare-t-il. Voilà pourquoi, même s'il était riche, il continuerait de jouir à la dérobée, en hors-la-loi, sans rien changer à ses habitudes présentes qui font de ce paisible rêveur, à l'insu de ses victimes, la vraie terreur de Montmorency : « Plus riche maintenant du bien des autres que je ne serai jamais du mien je m'empare de tout ce qui me convient dans mon voisinage ; il n'y a pas de conquérant plus déterminé que moi ; j'usurpe sur les princes mêmes ; je m'accommode sans distinction de tous les terrains ouverts qui me plaisent ; je leur donne des noms, je fais de l'un mon parc, de l'autre ma terrasse, et m'en voilà le maître ; dès lors je m'y promène impunément, j'y reviens souvent pour maintenir la possession ; j'use autant que je veux le sol à force d'y marcher, et l'on ne me persuadera jamais que le titulaire du fonds que je m'approprie tire plus d'usage de l'argent qu'il lui produit que je n'en tire de son terrain. Que si l'on vient à me vexer par des fossés, par des haies peu m'importe ; je prends mon parc sur mes épaules et je vais le poser ailleurs ; les emplacements ne manquent pas aux environs, et j'aurai longtemps à piller mes voisins avant de manquer d'asile » (*Émile*, IV, *OC*, IV, p. 690). On regrettera qu'il ne dise rien de la façon dont il s'y prend pour jouir des femmes et des filles de ces voisins. Mais on le devine : de celles-là comme de tout le reste, confesserait-il comme il l'a déjà fait au livre I, « je n'ai pas laissé de jouir beaucoup à ma manière ; c'est à dire, par l'imagination » (cf. *supra*, p. 43).

4. Déterminable par un signe – un chiffre, un mot – qui désignerait telle et telle chose comme les composantes d'un bonheur qui en serait la somme, ou la synthèse. Pour Rousseau le vrai bonheur est inanalysable, il « ne se décrit pas, il se sent, et se sent d'autant mieux qu'il peut le moins se décrire, parce qu'il ne résulte pas d'un recueil de faits, mais qu'il est un état permanent » (cf. *infra*, p. 283). D'où l'usage de ce temps d'état qu'est l'imparfait pour parler de ce vrai, de ce parfait bonheur : « j'étais heureux ». En revanche, le semblant de bonheur, le bonheur imparfait, se conjugue au parfait. Cf. livre V, p. 240 : dans les bras de *Maman* « *fus*-je heureux ? Non. Je goûtai le plaisir ».

5. Pierre Alexandre Du Peyrou (1729-1794). Il sera de nouveau question de lui au livre XII. Richissime notable de Neuchâtel, Du Peyrou possédait une vaste propriété à Cressier, village situé entre les lacs de Bienne et de Neuchâtel. Rousseau y séjourna fin septembre 1764. À ce qu'on assure dans le pays, la pervenche neuchâteloise ne fleurit qu'entre fin avril et début juin. Les chercheurs s'interrogent : l'auteur des *Confessions* se serait-il encore trompé de date ? À moins que, le nom de « Belle-Vue » lui ayant échauffé l'imagination, il n'ait eu la berlue ? Certains critiques bergsonisants et nourris de Proust, trop heureux de lui découvrir en Rousseau un génial précurseur, ont proposé une autre explication : selon eux ladite pervenche aurait été tout simplement une petite madeleine *bleue*, oubliée là par un enfant.

6. « Prendre les eaux » était devenu une thérapeutique fort à la mode. Voir l'article « Eaux minérales » de l'*Encyclopédie*, dû à d'Holbach, qui se contente d'y résumer un traité latin sur la nature et l'usage des eaux minérales par M. Leroi, professeur de médecine à Montpellier – où Rousseau aura de nouveau l'occasion de vérifier l'efficacité de cette prétendue panacée (cf. *infra*, p. 307).

7. Eau crue : « Eau chargée de sels et qui ne peut dissoudre le savon ni cuire les légumes » (*Littré*).

8. Tel que Rousseau le décrit et l'analyse ici – comme il le ferait d'une partition d'orchestre –, ce quadruple bruit qui se déchaîne en lui a quelque chose du vacarme qui se ferait entendre à « l'acte des enfers » d'une tragédie lyrique façon Rameau. À ce cacophonique concert, il ne manque pas même le « batteur de mesure », jouant les bûcherons dans les artères. On verra que ce « bûcheron » prendra corps, en effet, et combien bruyamment, en la personne de Wintzenried, diabolique homme-orchestre. Comme si ces harmonies avaient été le prélude, exécuté *intus et in cute*, à la série d'accords dissonants sur quoi la mélodie du bonheur allait bientôt s'achever, condamnant les Charmettes à n'être plus qu'un paradis irrémédiablement perdu.

9. « Sur une vie de peu de prix » : expression couramment utilisée à propos des expérimentations sur les animaux.

10. Bernardin de Saint-Pierre assure tenir de lui qu'« il avait eu dans sa jeunesse des palpitations si fortes qu'on entendait les battements de son cœur dans l'appartement voisin » (*Essai sur J.-J. Rousseau*, in *Œuvres*, Lendentu, Paris, 1840, p. 439). Quant à la privation de sommeil, elle ne sera totale qu'en partie, et connaîtra de profondes rémissions (cf. par exemple livre VII, vol. II, p. 52). Un matin qu'au réveil, il s'était plaint de son insomnie chronique au colonel de Pury, qui l'accompagnait dans une excursion botanique, ce dernier répondit : « M. Rousseau, vous m'étonnez ; je vous ai entendu ronfler toute la nuit ; c'est moi qui n'ai pas fermé l'œil » (cité in *OC*, I, p. 1344).

11. Avant sa conversion au catholicisme, en 1728, Mme de Warens avait vécu dans un milieu religieux assez mêlé où dominait le courant piétiste vaudois auquel appartenait M. Magny, son directeur spirituel, fortement influencé par la lecture des œuvres de Mme Guyon, amie et disciple de Fénelon (cf. livre I, note 68).

12. *Les Aventures de Télémaque*, livre XIV : Télémaque, toujours à la recherche de son père, descend voir aux enfers s'il y est. « Il traverse d'abord le Tartare, où il voit les tourments que souffrent les ingrats, les parjures, les impies, les hypocrites, et surtout les mauvais rois », écrit le bon Fénelon. N'ayant aucune chance de devenir évêque un jour, le bon Vicaire, quant à lui, n'éprouvera pas le besoin de mentir, et doutera franchement que les méchants puissent être condamnés « à des tourments sans fin » par le bon Dieu. « Qu'est-il besoin d'aller chercher l'enfer dans l'autre vie ? Il est déjà dès celle-ci dans le cœur des méchants » (*OC*, IV, p. 591-592).

13. Qui renferme la menace d'une peine légale en cas d'infraction.

14. *Faire gras* : manger de la viande. *Faire maigre* : s'en abstenir (les jours « maigres », comme le vendredi ou durant le carême).

15. Jean-Baptiste Salomon (vers 1683-1757), précédemment médecin à Saint-Jean-de-Maurienne, s'était s'installé à Chambéry en 1728.

16. Fondé en 1611 par Pierre de Bérulle, l'Oratoire est une congrégation séculière dont les membres, outre les obligations de leur sacerdoce, se vouaient à l'enseignement. Parmi eux, on comptait de nombreux théologiens, prédicateurs, exégètes, historiens, érudits dans toutes les sciences, qui ont contribué pour une part importante à la formation des élites intellectuelles et spirituelles jusqu'à la Révolution. Une lecture éclairée de l'Écriture, à laquelle chacun, et non seulement les clercs, pouvait se livrer en usant de ses lumières naturelles, permettait selon eux de restituer l'homme à la nature et de retrouver l'ordre universel en conciliant la raison et la foi. Marquée par le cartésianisme, cette théologie positive qui promouvait le libre exercice de la conscience individuelle, les rapprochait des jansénistes, condamnés par le pape. Aussi, dans la première moitié du XVIIIe siècle, les oratoriens ne furent-ils pas en odeur de sainteté. Ensuite, ce fut la sympathie qu'ils témoignaient pour les idées nou-

velles diffusées par les Encyclopédistes qui leur valut de sérieux ennuis, aggravés par les luttes internes dont souffrait la Congrégation.

Durant son séjour à Montmorency, Rousseau entretiendra d'étroites relations avec des oratoriens du voisinage (cf. livre X, vol. II, p. 263 sq.).

17. Bernard Lamy (1640-1715), oratorien, à la fois cartésien et janséniste, ce qui lui valut de nombreux démêlés avec les autorités ecclésiastiques, dont deux condamnations à l'exil. Ses *Entretiens sur les sciences* ont paru en 1683. Il y posait comme principe indubitable la bonté originelle de l'homme, thèse déjà défendue par le P. Thomassin qui, dans son *Traité de l'aumône* (1645) décrivait les premiers hommes comme vivant libres et heureux dans une parfaite égalité de condition, avant que le péché ne vînt introduire l'inégalité. Même thèse dans la *Démonstration de la morale chrétienne* (1688) autre ouvrage du P. Lamy. Selon G. Py, Rousseau a « certainement puisé chez les théologiens oratoriens et plus particulièrement chez Bernard Lamy les thèmes et même la structure générale de ses *Discours* » (G. Py, *DJJR*, p. 664).

18. « Mauvais goût qui reste d'une liqueur après qu'on l'a bue » (*DA*).

19. D'autant que le comte des Charmettes était en train de se constituer une bibliothèque fort riche et bien choisie, où Rousseau pouvait emprunter à loisir. Que leurs conversations aient été passionnées semble ressortir d'une lettre à Conzié du 17 janvier 1742 (*CC*, t. I, p. 132-139) où Rousseau disserte longuement sur l'*Essay on Man* de Pope (1733). Il avait pu y lire le fameux « Tout est bien » à quoi Voltaire fera un sort, en 1756, dans son *Poème sur le désastre de Lisbonne*, ce qui lui attirera de la part de Rousseau une *Lettre sur la providence* après laquelle tout ira de plus en plus mal entre les deux hommes (cf. livre X, vol. II, p. 301 sq.).

20. Jean-Baptiste Bouchard (vers 1707-1747), fournisseur du cadastre en matériel de bureau et marchand de livres à ses heures. Il n'ouvrit officiellement boutique qu'à partir de 1738.

21. S'assortir : « se fournir en, se pourvoir de ». Rare, selon Littré, qui ne cite que ce seul exemple.

22. Sur le rossignol, cf. livre IV, p. 171. J.-J. « est passionné pour le chant du rossignol », confirmera le *Rousseau* des *Dialogues* qui assure que, pendant tout un printemps, il allait presque chaque jour de chez lui à Bercy, distant de plus de dix kilomètres, pour entendre chanter l'oiseau (cf. *Dialogues II*, *OC*, I, p. 873).

23. Cf. *infra*, p. 287, à propos des abeilles. « Sa passion la plus vive et la plus vaine était d'être aimé », dira *Rousseau* de son ami J.-J. « Il satisfait du moins cette fantaisie avec les animaux. Toujours il prodigua son temps et ses soins à les attirer, à les caresser. [...] Il avait des pigeons qui le suivaient partout, qui lui volaient sur les bras, sur la tête jusqu'à l'importunité : il apprivoisait les oiseaux, les poissons avec une patience incroyable, et il est parvenu à Monquin à faire nicher des hirondelles dans sa chambre

avec tant de confiance qu'elles s'y laissent même enfermer sans s'effaroucher » (*Dialogues II*, *OC*, I, p. 873-874).

24. Désigne ici « l'enchaînement, l'ensemble de toutes les sciences »
(*DA*). Le sens moderne d'« ouvrage réunissant l'ensemble des connaissances humaines » est postérieur à la publication de l'*Encyclopédie*,
achevée en 1772.

25. « À tout hasard, quoi qu'il arrive » (*DA*).

26. Sur ce qui suit, voir *Le Verger de Mme de Warens*, ainsi que
J. Starobinski, « L'ordre du jour », in *Le Temps de la réflexion*, 1983,
IV, p. 101-125.

27. Gagner un lieu élevé pour voir se lever le soleil sur le « grand
livre » de la nature éclairé de sa seule lumière est la situation la plus
indiquée pour atteindre à cette « élévation de cœur ». Cf. le prologue
de la *Profession de foi* : « On était en été ; nous nous levâmes à la
pointe du jour. Il me mena hors de la ville, sur une haute colline au-
dessous de laquelle passait le Pô. Les rayons du soleil levant rasaient
déjà les plaines », projetant sur cette page immense comme de
longues lettres d'ombres. « On eût dit que la nature étalait à nos yeux
toute sa magnificence pour en offrir le texte à nos entretiens » (*OC*,
IV, p. 565).

28. Cf. livre XII, vol. II, p. 414 et note 156. Il y a cependant de
la demande dans le texte retrouvé de deux prières datant de cette
époque (cf. *OC*, IV, p. 1034-1039). L'une, formulée à la première
personne du pluriel, semble avoir été composée à deux, et récitée
à l'unisson, matin et soir, par *Petit* et *Maman*. L'autre, à la première
personne du singulier, est pour voix seule – sans doute *Maman*
préférait-elle désormais faire sa prière en compagnie de Wintzenried, cf. note 119.

29. La *Logique de Port-Royal* date de 1662 et l'*Essai sur l'entendement humain* (1690) de John Locke avait été traduit par Pierre Coste
en 1700. C'est une référence majeure de tous les hommes des
Lumières.

30. « La faculté de juger, d'apprécier » (*DA*, 1762).

31. Formule scolastique : « suivant les paroles du maître ».

32. Le P. Bernard Lamy, déjà cité, a publié ses *Éléments de géométrie ou de la mesure du corps, qui comprennent tout ce qu'Euclide en a
enseigné, les plus belles propositions d'Archimède et l'analyse* en 1685, et
ses *Nouveaux éléments de géométrie* en 1692. Il est aussi l'auteur des
*Éléments des mathématiques ou traité de la grandeur en général, qui com-
prend l'arithmétique, l'algèbre, l'analyse et les principes de toutes les
sciences qui ont la grandeur pour objet,* paru en 1680, et constamment
réédité depuis.

33. Charles René Reyneau (1656-1728), oratorien lui aussi. Les
deux volumes de *La Science du calcul des grandeurs en général, ou les
Éléments des mathématiques* ont paru en 1714 et 1736. *L'Analyse
démontrée ou la méthode de résoudre les problèmes de mathématiques,
expliquée dans le premier volume et appliquée dans le second* date de
1708.

34. On a conservé deux cahiers de sa main, contenant un « Cours de géométrie élémentaire » illustré de cent douze figures soigneusement tracées, ainsi que, sur des feuillets séparés, des problèmes de géométrie avec leurs solutions.

35. Sur ce faible niveau (prétendu) en latin, cf. livre III, note 22.

36. Vers barbares : « Ostrogot se dit proverbialement pour un homme qui ignore les usages » (*DCLF*, 1787). Sur la page de titre de *La Muse allobroge ou les Œuvres du Petit Poucet* (recueil de poésies publié en 1742, et contenant notamment le *Verger de M*^{me} *de Warens*) Rousseau a inscrit en épigraphe deux vers des *Tristes* d'Ovide, composés par le poète latin exilé aux bords de la mer Noire :

> *Barbarus hic ego sum, quia non intelligor illis*
> *Et rident stolidi verba latina Getae.*

« C'est moi qui suis ici le barbare, parce que ces gens-là ne m'entendent pas, et les Gètes stupides se moquent de mon parler latin ». En 1750, le premier vers servira d'épigraphe au premier *Discours*, et figurera une troisième fois en tête des *Dialogues*.

37. Probablement les *Géorgiques*, dont le livre IV chante les abeilles.

38. Action de butiner. Le verbe s'employait à l'origine pour désigner l'action de marauder de soldats « picoreurs ».

39. Publiées en 1628 et rééditées en trois volumes sous forme d'*Abrégé chronologique de l'histoire universelle sacrée et profane* au début du XVIIIe siècle, les *Tabulae chronologicae* du jésuite Denis Petau (1583-1652) mettent en tableau les dates de l'histoire des rois, des dynasties, des villes, et d'événements particulièrement marquants, à commencer par la création du monde. Sur ce modèle, Rousseau lui-même a établi vers 1737 une « Chronologie universelle ».

40. « Livre dont les magiciens se servent pour évoquer les démons » (*DA*). La description qui suit pourrait être inspirée de la cérémonie de sorcellerie burlesque que ouvre l'*Histoire comique de Francion*, roman picaresque de Charles Sorel (1633).

41. Chapeau clabaud : dont « un des bords baisse plus d'un côté que de l'autre », comme les oreilles du chien clabaud (*Trévoux*) ; pet-en-l'air : robe de chambre qui ne descend que jusqu'au bas des reins.

42. Cf. Troisième lettre (sur les miracles) : « Tout ce qu'on peut dire de celui qui se vante de faire des miracles est qu'il fait des choses fort extraordinaires ; mais qui est-ce qui nie qu'il se fasse des choses extraordinaires ? J'en ai vu, moi, de ces choses-là, et même j'en ai fait ». Et de raconter, dans une note en bas de page : « J'ai vu, à Venise, en 1743, une manière de sorts assez nouvelle, et plus étrange que ceux de Préneste [ville fameuse dans l'Antiquité pour son temple de la Fortune, où l'on venait tirer les sorts pour connaître ce qu'elle vous réservait]. Celui qui la voulait consulter entrait dans une chambre et y restait seul s'il le désirait. Là, d'un livre plein de feuillets blancs il en tirait un à son choix ; puis tenant cette feuille il demandait, non à voix haute, mais mentalement, ce qu'il voulait savoir. Ensuite il pliait la feuille blanche, l'enveloppait, la cachetait, la plaçait dans un livre

ainsi cachetée ; enfin après avoir récité certaines formules fort baroques sans perdre son livre de vue, il en allait tirer le papier, reconnaître le cachet, l'ouvrir, et il trouvait là sa réponse écrite. Le magicien qui faisait ces sorts était le premier secrétaire de l'ambassadeur de France et il s'appelait Jean-Jacques Rousseau » (*OC*, III, p. 738). Naturellement, comme tout bon magicien, il se garde bien de révéler son « truc ». Peut-être les feuillets de ce livre blanc portaient-ils la réponse écrite à l'encre sympathique ?

43. Charles Hemet, de Lyon (1666-1738), professeur de théologie à Chambéry.

44. François Coppier – ou Couppier – de Grenoble (1679-1768).

45. Il aura pourtant ses raisons de les haïr à la folie (voir livre XI, vol. II, p. 330 sq.).

46. Sans doute avait-il pris la précaution supplémentaire de se choisir un *charme*, dont on a vu que le nom sonne comme un oracle… Cf. *supra*, livre V, note 142.

47. À quels « grands hommes » pense-t-il ici ? Au Pascal du « pari » ? Au Diderot de *Jacques le Fataliste* ? Et si c'était à tels de ceux dont la patrie reconnaissante réunirait plus tard les cendres autour des siennes, dans les sous-sol du Panthéon ? « Père Hugo, tu m'entends ? », entend-on ricaner Voltaire. – « Quoi encore ? » gémit l'auteur des *Misérables*. – « Quand je disais qu'il était fou, l'animal… ». – « Et alors ? Moi, j'ai bien fait tourner des tables », répond le poète de *La Bouche d'ombre*.

48. Selon H. de Saussure, ce paragraphe et le suivant pourraient être d'une rédaction antérieure, cf. *J.-J. Rousseau et les manuscrits des* Confessions, De Broccard, 1958, p. 164-165. Les souvenirs qu'ils évoquent se rapportent en effet aux premiers temps du séjour dans la maison Noëray, quand les Charmettes étaient encore le paradis. À s'en tenir à la chronologie, ils auraient donc dû trouver leur place dans les premières pages du livre. On aurait tort d'en conclure pour autant à un laisser-aller dans la composition.

49. Village dans les environs de Chambéry.

50. « Assemblage de plusieurs perches, les unes droites, les autres disposées en voûte dans un jardin, liées ensemble et couvertes de jasmin, de chèvrefeuille, etc. » (*DA*).

51. « Rompre les brins de chanvre et séparer les chenevottes de l'écorce qui se doit filer » (*DA*). À Clarens, Saint-Preux et Mme de Wolmar prendront le même plaisir que *Petit* et *Maman* à participer aux fêtes des vendanges, et, le soir, à *teiller* au milieu de leurs gens : « Après le souper on veille encore une heure ou deux en teillant du chanvre ; chacun dit sa chanson tour à tour… » (*NH*, V, 7).

52. Le 25 août 1735 ou plus probablement 1736.

53. Au livre III, p. 142.

54. Voire une grosse Perrette au pot au lait, avec les conséquences désastreuses qui ne manqueront pas d'arriver. C'est la logique fatale exposée dans le second *Discours* : à l'heureuse oisiveté des origines succéda une première forme d'agriculture. Les hommes « commen-

cèrent par cultiver quelques légumes ou racines autour de leurs cabanes, longtemps avant de savoir préparer le blé », dont « la culture en grand » suppose un tout nouveau rapport non seulement à l'espace – un jardinet ne suffit pas, il faut un champ, auquel s'ajoute un autre champ, etc. –, mais au temps : on ne peut plus se contenter de jouir de ce qu'offre le présent, on doit se projeter dans l'avenir, et contredire l'adage qu'*un tiens vaut mieux que deux tu l'auras*. Pour « ensemencer des terres, il faut en effet se résoudre à perdre d'abord quelque chose pour beaucoup gagner dans la suite ; précaution fort éloignée du tour d'esprit de l'homme sauvage qui, comme je l'ai dit, a bien de la peine à songer le matin à ses besoins du soir » (*DOI, OC,* IV, p. 173). C'est pourquoi le sauvage est heureux comme peut l'être un enfant, qui ne vit que dans le présent : « La prévoyance ! La prévoyance qui nous porte sans cesse au-delà de nous et souvent nous place où nous n'arriverons point ; voilà la véritable source de toutes nos misères. Quelle manie a un être aussi passager que l'homme de regarder toujours au loin dans un avenir qui vient si rarement et de négliger le présent dont il est sûr ». Ainsi, « notre individu n'est plus que la moindre partie de nous-mêmes. Chacun *s'étend*, pour ainsi dire, sur la terre entière, et devient sensible sur toute cette grande surface... » (*Émile,* II, *OC,* IV, p. 307).

55. Surveillant, contremaître « qui a soin de tenir le rôle des ouvriers, de marquer quand ils sont absents et de veiller sur l'ouvrage » (*DA*).

56. Giovanni Angelini, dit Bontempi (1624-1705), auteur d'une *Historia musicae* (Pérouse, 1695). Il y est principalement question de la musique des Anciens, lesquels, selon Bontempi n'auraient ni connu ni pratiqué l'harmonie.

La *Cartella ovvero Regole utilissime a quelli che desiderano imparare il canto figurato* (Venise, 1601) d'Adriano Banchieri (1568-après 1620), philosophe et musicien italien, est un traité de composition contenant un examen des différentes méthodes de notation, un traité du plain-chant et du contrepoint, ainsi que des biographies de musiciens.

57. Cet hiver-là (1736-1737), Jean-Jacques n'était pas encore majeur (vingt-cinq ans, selon la loi genevoise). Il ne le serait que quelques mois plus tard, le 28 juin 1737. Le 12 juillet, il donna procuration au libraire Barillot pour réclamer devant la juridiction compétente sa part de la succession.

58. Cf. livre V, note 128.

59. Apostat, Jean-Jacques ne pouvait plus séjourner à Genève. Il attendit donc dans une auberge située à la frontière que Barillot vînt lui remettre son argent et une quittance à signer. Ce qui fut fait le 31 juillet. Sur le capital de quelque 31 000 florins que représentait, en 1717, la vente de la maison de sa mère, celle de la Grand-Rue, où elle était morte, il ne restait vingt ans plus tard que 13 000 florins, l'autre moitié ayant servi au père pour éponger ses dettes : usufruitier de l'héritage jusqu'à la majorité de ses deux fils, il n'avait pas la propriété de ce capital. Mais c'était bien assez pour lui de la jouissance, aurait

pu se dire son « fils unique », amer, en empochant sa demi-part, soit seulement 6 500 florins.

60. Voire... En 1739, il rédige un *Mémoire* pour réclamer la part d'héritage de François, mort selon lui depuis longtemps (*OC*, I, p. 1214-1217, cf. livre I, note 30). Mais Isaac Rousseau refusera de rien lâcher jusqu'à sa mort, le 9 mai 1747 (cf. livre VII, vol. II, p. 79).

61. Cf. livre V, p. 251.

62. « Mon ami, je suis trop heureuse ; le bonheur m'ennuie. Concevez-vous quelque remède à ce dégoût du bien-être ? » écrit Julie à Saint-Preux, peu de temps avant de se laisser mourir (*NH*, VI, 8).

63. L'idée de cette maladie a pu lui être suggérée par l'ouvrage de Malpighi, *De polypo cordis dissertatio*, 1686, mais beaucoup d'autres livres de médecine en faisaient mention. L'*Encyclopédie* contient deux importants articles « Polype ». L'un, « *Polype, ou poulpe* » (rubrique *Hist. nat.*), expose en détail les découvertes faites au début du siècle, confirmées par les travaux d'Abraham Trembley à partir de 1741 sur la singulière propriété qu'ont les bras du polype d'eau douce à repousser quand on les coupe. Le second (rubrique *médecine pratique*) est un long résumé des pages que le célèbre médecin Sénac (1693-1770) consacre au *polype du cœur* dans son *Traité de la structure du cœur, de son action et de ses maladies* (1749). Après en avoir décrit les diverses formes et variétés, l'auteur de l'article en énumère les causes (« les passions violentes, une colère, une frayeur subite, des craintes continuelles, des chagrins excessifs, des efforts trop grands »), puis les effets (« une pesanteur ou une oppression dans la région du cœur, qui est la source des inquiétudes et des angoisses familières au *polypeux* », ainsi que des « palpitations », et « une grande difficulté de respirer »). Le pronostic est sombre, car, une fois que le polype est installé, « la mort subite en est le dénouement le plus familier ». D'où l'importance d'un traitement préventif. Hélas, ce qu'a de redoutable cette maladie « c'est qu'on ne la connaît que tard, que lorsque le mal rendu plus opiniâtre par l'ancienneté, n'est plus susceptible de guérison ». On tentera cependant de différer l'issue fatale en recourant à des « remèdes moraux, qui tranquillisent et dissipent l'esprit, qu'on peut seconder par les eaux minérales ferrugineuses ». Sauf à risquer la mort subite, le *polypeux* devra éviter toute émotion violente, suivre une diète sévère et s'abstenir absolument de vin ou autres liqueurs spiritueuses.

64. Deux Sauvages ont laissé leur nom dans l'histoire de la médecine de l'époque. Le plus connu, François Boissier de Sauvages de la Crois (1706-1776), a notamment publié une *Dissertation où l'on recherche comment l'air suivant ses différentes qualités agit sur le corps humain* (1753), source possible des observations de Saint-Preux concernant l'influence bénéfique de l'altitude sur la santé physique et morale (*NH*, I, 23). L'autre, Pierre Augustin Boissier de la Crois de Sauvages (1710-1795), est l'auteur d'un ouvrage sur la flore montpelliéraine, *Methodus foliorum, seu plantae florae Monspeliensis*, 1751. Après avoir été jeune « démonstrateur au jardin des plantes », ce Sauvages-là soutiendra devant la faculté de médecine de Montpellier une

thèse : *L'amour peut-il être guéri par les plantes ?*, qui lui vaudra le surnom de « médecin de l'amour ». Il semble que ce soit à ce dernier qu'Anet ait rendu visite.

65. Antoine Fizes (1690-1765), professeur à la faculté de médecine de Montpellier à partir de 1732. Nommé médecin du duc d'Orléans en 1763, ce multi-spécialiste – de la cataracte, de la sécrétion de la bile, des tumeurs… – ne fera qu'une carrière éphémère à la cour, attendu qu'il parlait exclusivement latin et languedocien, langues peu pratiquées dans les salons de Versailles.

66. Le 11 septembre 1737. Si, loin de chercher à le retenir, elle l'« exhorte » à la quitter pour aller se faire soigner ailleurs, c'est qu'elle lui avait déjà trouvé un remplaçant, cf. *infra* p. 310. *Petit* lui-même n'était sans doute pas dupe, et comprenait qu'il valait mieux se séparer de *Maman*, pour avoir une chance de continuer à se faire désirer. Il se peut même qu'en se diagnostiquant un imaginaire « polype au cœur » il ait exactement nommé le mal dont il souffrait. Sa seule erreur aurait été de croire que ce mal était de nature organique, et relevait de la pathologie cardiaque, alors que le polype qui lui enserrait le cœur depuis qu'il ne faisait plus qu'un avec *Maman*, c'était *elle*. Pour échapper à cet étouffant attachement, il n'y avait qu'une solution : s'arracher à ses bras. « Et me voilà parti pour Montpellier ».

67. Le 12, il voit représenter *Alzire ou les Américains*, tragédie de Voltaire créée l'année précédente à Paris, et dont le thème essentiel est la confrontation des valeurs de la civilisation européenne et de celles de « primitifs » du Pérou. C'était mal joué, écrit-il à *Maman* le lendemain, « mais je ne laissai pas d'y être ému, jusqu'à perdre la respiration ; mes palpitations augmentèrent étonnamment, et je crains de m'en sentir quelque temps […]. Pourquoi, Madame, y a-t-il des cœurs sensibles au grand, au sublime, au pathétique, pendant que d'autres ne semblent faits que pour ramper dans la bassesse de leurs sentiments ? Cet accident m'a forcé de renoncer désormais au tragique, jusqu'au rétablissement de ma santé. Me voilà privé d'un plaisir qui m'a bien coûté des larmes en ma vie » (*CC*, t. I, p. 49). Mais la santé d'abord ! Aussi, dans les jours qui suivront, se contentera-t-il sagement de comique.

68. Nouvelle allusion (cf. livre V, p. 176) au *Roman comique* de Scarron (I, chap. VII, « L'aventure des brancards »).

69. C'est le 8 février 1736 que Justine de Chabrière de La Roche avait épousé M. du Colombier, conseiller au Parlement de Grenoble. Aurait-on fait la noce durant plus de huit mois ?

70. Suzanne Françoise du Saulzey, fille d'un conseiller au Parlement de Grenoble, était en revanche une très ancienne mariée : elle avait épousé en 1716 le sieur de Larnage, lieutenant général des armées du roi, et vivait séparée de lui depuis 1735. Au moment de sa rencontre avec notre héros, elle accusait quarante-cinq ans et se trouvait déjà mère de dix enfants, dont le premier lui était né après quatre mois de mariage.

71. Petit chien. Au sens figuré : admirateur.

72. Autrement dit : d'aller y soigner une vérole. D'après « Casse-role », sobriquet donné à un hôpital spécialisé dans le traitement des maladies honteuses.

73. Employé ici au sens de « femmes qui ont de l'esprit, des manières agréables et engageantes ; qui aiment le monde, qui sont bien aises de plaire et de traîner des amants après elles » (*Trévoux*, 1721), devenu archaïque au XVIIIᵉ siècle.

74. On appelait « jacobites » les catholiques anglais partisans de Jacques II Stuart, qui, après la révolution de 1688, l'avaient suivi dans son exil à Saint-Germain. Après 1715, le fils de Jacques II, chassé de Saint-Germain, se transporte à Rome avec sa cour. Comme Avignon, à l'époque, était une terre pontificale, donc un relais sur la route de Rome, beaucoup de jacobites s'y établirent, ainsi qu'à Montpellier. En se donnant pour jacobite anglais, ce Mr Dudding ne risquait donc pas de passer pour un doux dingue devant ces dames – même si, avant de le mieux connaître, elles l'avaient jugé « fou ». Il est vrai qu'on aurait pu s'étonner d'entendre cet Anglais décliner sa pseudo-identité dans un français parfait, et sans la moindre trace d'accent *british*. Mais, sauf rarissimes excep-tions, les Français de l'époque ne parlaient pas un mot d'anglais, alors que les jacobites anglais, surtout ceux de la seconde génération, nés en exil, parlaient un français aussi pur que s'ils se fussent appelés Vaussore de Villeneuve.

75. Joseph Louis Bernard de Blégiers, marquis non pas de « Torignan » mais de Taulignan. Né en 1666, il était donc âgé de soixante et onze ans.

76. « On a dit anciennement *au par dessus* pour *au reste, du reste* ; il peut être encore employé dans le burlesque » (*DCLF*, 1787-1788).

77. Dans ses (pseudo) *Mémoires de la vie du comte de Grammont* (1713), le jacobite anglais Antoine Hamilton relatait en français la vie « galante » à la cour de Saint-James. S'il avait besoin d'informations sur ses pseudo-années d'enfance dans l'ancienne cour de Saint-Ger-main, Mr Dudding pouvait aussi puiser dans ses souvenirs tout frais de la pseudo *Histoire de M. Cleveland, fils naturel de Cromwell*, soi-disant *racontée par lui-même*, autre roman qui lui offrait de quoi faire passer le sien pour une histoire vraie, et de soutenir son personnage fictif au moins jusqu'à Romans. Après Romans, on aviserait…

78. Le 15 septembre.

79. Comédie de Marivaux (1736), dont il avait sans doute eu connaissance, au moins par le long compte rendu qu'en avait donné le *Mercure de France* de juillet 1736. Un marquis doit hériter d'un joli petit magot (600 000 francs) laissé par un défunt parent, à condition d'épouser une Hortense, qui aime ailleurs, faute de quoi il lui aban-donnera le tiers de la somme. Or ce marquis aime une Comtesse, qui l'aime en retour. Il lui faut donc choisir : ou bien garder sa bourse intacte, mais se gâcher la vie avec Hortense. Ou bien vivre la belle vie avec l'autre, mais amputé d'une partie de sa bourse. Harpagon, à sa place, n'aurait pas balancé. Le marquis, lui – bien que s'alléger de 200 000 francs lui fende le cœur –, penche pour la seconde solution.

Mais c'est un grand timide, et il ne parvient pas à se déclarer, malgré les agaceries et les clins d'œil lourds de sous-entendus qu'accumule la comtesse sur l'autre plateau de la balance.

80. La comtesse (à part) : « Qu'on me dise en vertu de quoi cet homme-là s'est mis dans la tête que je ne l'aime point ! Je suis quelquefois, par impatience, tentée de lui dire que je l'aime, pour lui montrer qu'il n'est qu'un idiot. » (*Le Legs*, scène XX).

81. Expression proverbiale, tirée de Rabelais, *Tiers Livre*, chap. XXXVII : Pantagruel raconte à Panurge, lequel n'arrive pas à se décider à prendre femme, l'histoire d'un pauvre bougre qui, lorgnant l'étal d'un rôtisseur, « mangeait son pain à la fumée du rôti et le trouvoit, ainsi parfumé, grandement savoureux ». Après l'avoir laissé tromper sa concupiscence charnelle en se régalant de ce vain supplément, le rôtisseur lui présente l'addition : elle est salée, et le pauvre bougre s'en souviendra. Ici, c'est plutôt le marquis de Torignan qui joue le rôle du rôtisseur, avec Mme de Larnage dans celui du rôti.

82. « Qui aime à aller, à courir » (*DA*).

83. S'affranchir d'une tutelle, à l'origine celle d'un père sur un enfant mineur, ou d'une contrainte qui vous inhibe. Généralement : prendre des libertés, parler franchement.

84. Berger de *L'Astrée*, incarnant le type de l'amoureux transi.

85. *Tirer sur* : se moquer.

86. « J'aimerais la société comme un autre, si je n'étais sûr de m'y montrer non seulement à mon désavantage, mais tout autre que je ne suis ». La preuve : « n'étant pas un sot, j'ai cependant souvent passé pour l'être », constatait-il au livre III, en annonçant des exceptions à la règle. En voilà une nouvelle. Elle va même jusqu'à renverser la règle, puisque ici il *est* sot, et passe pour *ne pas* l'être.

87. C'était auprès de Mme d'Houdetot. Cf. livre IX, vol. II, p. 191 : « Pour cette fois ce fut de l'amour… »

88. Jouer de son reste : « achever de consumer ses dernières ressources » (*DA*).

89. Célèbre aqueduc romain, édifié en 19 avant J.-C., composé de trois étages d'arcades, haut de 48 mètres et long de 269 mètres.

90. On ne serait pas surpris de voir ce mot écrit ici en italique, et pas seulement par souci de précision documentaire. Confusément mêlé au sourd murmure des voix anciennes qui semblaient lui revenir en écho au fur et à mesure qu'il se *perdait comme un insecte sous ces immenses voûtes*, peut-être ce Narcisse aux faux airs de Don Juan entendait-il gronder la grosse voix de celui qui, jadis, avait anéanti à coups de pioche ses illusions d'enfant (« *un aqueduc ! un aqueduc !* s'écriait-il en brisant tout… », cf. livre I, p. 50), pour qu'il comprenne qu'avec sa minuscule bouture, il était encore loin d'être devenu un homme, et encore moins un de ces hommes illustres – un Brutus, un César – qu'il s'était flatté d'être.

91. Si, au hasard d'une confidence sur l'oreiller ou les coussins de la calèche, son patient lui avait appris comment, devenu fou de romans d'amour à l'âge de six ans, il en avait été guéri grâce aux

Romains de Plutarque, nul doute que la thérapeute lui aurait formellement déconseillé ce crochet par le pont du Gard. Une longue expérience clinique lui avait certainement appris que, quand un amant déclare sentir un *je ne sais quoi* lui élever l'âme, c'est que le niveau de sa libido commence à s'abaisser de façon préoccupante, avec pour conséquence à plus ou moins long terme des retombées fâcheuses dont, dans le cas présent, les filles de Montpellier ne seraient pas seules à faire les frais. Après Diderot – « Ô les belles, les sublimes ruines !... » –, Kant aurait pu lire le récit de cette visite au pont du Gard comme un parfait exemple d'expérience du sublime – tout y est, jusqu'au mot de respect –, laquelle permet au sujet « pathologique » de découvrir en lui une « destination suprasensible », et de se sentir appelé à obéir à une autre loi que celle de son plaisir animal : la loi de la raison qui lui commande : « *fais ton devoir* ». Mais ce n'est qu'après coup, et sur le chemin du retour, que le ci-devant polypeux, sujet pathologique à plus d'un titre, résistera à la tentation de bifurquer au lieu-dit le Pont-Saint-Esprit pour suivre résolument le chemin du devoir.

92. Sur la route qui le mènera à Venise, en 1743 (cf. livre VII, vol. II, p. 33).

93. Thomas Fitzmoris, jacobite irlandais, qui se présenta vainement, en 1749, à la chaire de médecine laissée vacante par le décès de son compatriote Fitzgerald.

94. Les eaux de Vals étaient renommées depuis le début du XVIIIᵉ siècle, cf. *supra*, note 6. Elles étaient administrées par le médecin François Chicoyneau.

95. L'actuelle place de l'Hôtel-de-Ville, au centre de Montpellier.

96. Jeu de boules.

97. « Courrier qui part à certains jours fixes » (*DA*).

98. « Plante de Chine et des Indes orientales, chaude, dessicative, propre surtout à purifier le sang » (*DA*).

99. À Bernardin de Saint-Pierre, Rousseau racontera plus tard que le fameux docteur Fizes, consulté sur ce cas unique de polype au cœur, lui tapota l'épaule en disant : « Mon bon ami, buvez-moi de temps en temps un bon verre de vin ». L'assassin ! (Cf. *supra*, fin de la note 63.)

100. En fait, il n'avait pas encore quitté Montpellier début décembre. Pourtant, telle qu'il la décrit dans sa correspondance, la capitale du Languedoc n'avait pas de quoi le retenir : ce « paradis terrestre, ce centre des délices de la France [est] une grande ville fort peuplée coupée par un immense labyrinthe de rues sales, tortueuses et larges de six pieds [...]. Les habitants y sont moitié très riches, et l'autre moitié misérables à l'excès, mais ils sont tous également gueux par leur manière de vivre la plus vile et la plus crasseuse qu'on puisse imaginer, traitant les étrangers « comme une espèce d'animaux faits exprès pour être pillés, volés et assommés au bout s'ils avaient l'impertinence de le trouver mauvais » (4 novembre 1737, *CC*, t. I, p. 61). Sans doute n'a-t-il pas tout à fait perdu son temps durant son séjour : il a « fait quelques progrès dans les mathéma-

tiques » et est allé « trois fois à l'Opéra, qui n'est pas beau ici, mais où il y a d'excellentes voix » (4 décembre, 1737, *CC*, t. I, p. 63). Mais ces airs-là ne rendent pas meilleur pour la santé d'un polypeux le mauvais air venu de la mer, se plaint-il à *Maman* dans une lettre du 23 octobre. Sans compter que la cuisine locale est exécrable : « Il n'y a ni bœuf, ni vache, ni beurre ; on n'y mange que du mauvais mouton et du poisson de mer en abondance, le tout apprêté à l'huile puante » (*ibid.*, p. 56).

101. Aussi nauséabonde que la cuisine à l'huile, cette cuisine-là le détournera à jamais de l'anatomie : « Quel appareil affreux qu'un amphithéâtre anatomique, des cadavres puants, de baveuses et livides chairs, du sang, des intestins dégouttants, des squelettes affreux, des vapeurs pestilentielles ! Ce n'est pas là, sur ma parole, que J.-J. ira chercher ses amusements. » Et réprimant une envie de vomir : « Brillantes fleurs, émail des prés, ombrages frais, ruisseaux, bosquets, verdure, venez purifier mon imagination salie par tous ces hideux objets » (*Les Rêveries, OC*, I, p. 1068).

102. *Maman* lui écrivait si rarement qu'il s'en était inquiété. Serait-elle malade ? demandait-il à un de ses correspondants de Chambéry, le 23 octobre (*CC*, t. I, p. 52). En vérité, il se doutait bien que, malade ou pas, *Maman* se faisait traiter par un jeune et vigoureux médecin se réclamant de la même école que Mme de Larnage. Enfin il recevait une lettre d'elle : elle le priait de ne pas rentrer avant le mois de juin suivant. Ce qu'il affecte de prendre très mal : « Ah, ma chère Maman, n'êtes-vous donc plus ma chère Maman ? Ai-je vécu quelques mois de trop ? » gémira-t-il, le 4 décembre, en lui jurant qu'il ne saurait, sans en mourir de désespoir, se passer d'elle plus longtemps (p. 64). Il consent cependant à différer son retour jusqu'à la fin de février, le temps d'achever sa convalescence (comme il le lui annonçait quelques semaines plus tôt) en allant « prendre le lait d'ânesse en Provence, dans un petit endroit fort joli, à deux lieues du Saint-Esprit ». L'air y est excellent, en tout cas bien meilleur que celui de la mer, et « il y aura bonne compagnie, avec laquelle j'ai déjà fait connaissance en chemin ». D'ailleurs, « c'est faire d'une pierre deux coups ; car je me rapproche de deux journées » (p. 57), assurait-il à cette *Maman* chérie, qu'il trompait en effet « si indignement ».

103. Né en 1716 à Courtilles, dans le pays de Vaud, Jean Samuel Rodolphe Wintzenried était le fils, non du « concierge », mais du châtelain et justicier du château de Chillon, au bord du lac Léman. Il semble n'avoir jamais été non plus « garçon perruquier », comme le prétend ici avec mépris son ex-rival. Converti au catholicisme à Chambéry, en 1731, et doué de nombreuses qualités (plus tard, un rapport de l'intendant général lui reconnaîtra du goût, de l'intelligence, une élocution aisée, de solides connaissances), il devient l'homme à tout faire de Mme de Warens pendant le séjour de *Petit* à Montpellier. Elle l'associera à plusieurs de ses entreprises, et il finira par devenir, en 1749, inspecteur et contrôleur des Mines de la Haute-Maurienne. En 1753, il épouse Jeanne Marie Bergonzy et meurt estimé à Chambéry le 18 février 1772.

104. Ou Léandre, le personnage du jeune premier dans la commedia dell'arte.

105. D'une paire de cornes.

106. Cf. Rabelais, à propos de Panurge : « malfaisant, pipeur, batteur de pavé, ribleur s'il en était à Paris, au demeurant le meilleur fils du monde » (*Pantagruel*, XVI).

107. « La musique était pour nous un point de réunion », écrivait-il au début du livre V, en évoquant ces « duos charmants » d'autant plus délicieux qu'ils plaçaient Claude Anet en position de tiers exclu. C'est *Petit*, à présent, le tiers exclu ; et par un « substitut » qui, à peine débarqué dans ce paradis où le mélodieux chant du rossignol avait salué naguère l'arrivée du couple d'anges, se met à y déchaîner un bruit d'enfer. On notera que cet homme-orchestre fait en même temps fonction de batteur de mesure, autrement dit de « bûcheron » (cf. un peu plus bas : « Il fendait du bois, emploi qu'il remplissait avec une fierté sans égale… »).

108. Cf. livre I, à propos de l'affaire du peigne cassé. Qu'on se figure un petit qui « n'avait pas même l'idée de l'injustice, et qui, pour la première fois, en éprouve une si terrible de la part précisément des gens qu'il chérit et qu'il respecte le plus : quel renversement d'idées ! quel désordre de sentiments ! Quel bouleversement dans son cœur, dans sa cervelle, dans tout son petit cœur intelligent et moral ». Là comme ici, c'était la fin du paradis : « Dès ce moment je cessai de jouir d'un bonheur pur, et je sens aujourd'hui même que le souvenir des charmes de mon enfance s'arrête là. »

109. C'est probablement de cette époque que date la seconde des prières signalées plus haut (cf. note 28). *Petit* confesse au « Père éternel » qu'il a beaucoup péché : « Ma conscience me dit combien je suis coupable, je sens que tous les plaisirs que mes passions m'avaient représentés dans l'abandon de la sagesse sont devenus pour moi pires que l'illusion, et qu'ils se sont changés en d'odieuses amertumes ». Mais « je réprimerai ma colère et mon impatience, et je tâcherai de me rendre doux à l'égard de tout le monde, je ne dirai du mal de personne, je ne me permettrai ni jugements téméraires, ni mauvaises conjectures sur la conduite d'autrui. » Ferme résolution, mais difficile à tenir quand on vous préfère « un grand fade blondin », ancien fils de concierge devenu garçon coiffeur.

110. Mets qui plaît et excite l'appétit.

111. Où je vivais deux vies en une (avec *Maman*).

Il passe probablement seul aux Charmettes l'hiver 1738-1739, où il achève de composer *Le Verger de Mme la Baronne de Warens*. En mars 1739, il adresse une supplique au comte Piccone, gouverneur de Savoie, pour obtenir une pension du roi de Sardaigne, « vrai père des affligés ». Avec l'accord, voire la complicité de *Maman*, il s'y fait passer pour mourant, « victime d'une maladie affreuse qui [le] défigure ». Dans le même temps, ils mettent au point ensemble le *Mémoire* (cf. *supra*, note 60) destiné à récupérer sa part d'héritage.

112. Jean Bonnot, seigneur de Mably (1696-1761), prévôt général de la maréchaussée des provinces du Lyonnais, Forez et Beaujolais. En 1732 il avait épousé Antoinette Chol (1711-1792), qui devait lui donner onze enfants.

113. D'avril 1740 à mai 1741.

114. François Marie, dit M. de Sainte-Marie, avait en fait six ans. Le cadet, Jean Antoine, dit M. de Condillac, n'en avait pas encore cinq. C'est pour l'aîné que Rousseau rédigera, fin 1740, un *Projet d'éducation*, dans lequel il parle à M. de Mably de son propre caractère (cf. *OC*, IV, p. 35-51). Il s'y défend contre la prétendue « misanthropie » et la « taciturnité » que d'aucuns lui imputent, mais se reconnaît toutefois de graves défauts, qui sont autant d'obstacles à ce qu'il fasse bonne figure dans le monde. « Le premier est un penchant invincible à la mélancolie qui fait, malgré moi, le tourment de mon âme. Soit tempérament, soit habitude d'être malheureux, je porte en moi une source de tristesse dont je ne saurais bien démêler l'origine », mais que la solitude et la maladie n'ont fait que fortifier. Le second défaut « est une timidité insurmontable qui me fait perdre contenance et m'ôte la liberté de l'esprit, même devant des gens aussi sots que moi. Je devrais être guéri de ce défaut par les torts qu'il m'a faits, je ne puis cependant m'empêcher d'imaginer qu'on en peut abuser aisément pour me mépriser un peu plus que je ne mérite. » Le troisième défaut « est une profonde indifférence pour tout ce qu'on appelle brillant. L'opinion des hommes me touche peu : non que je la dédaigne ; mais parce qu'au contraire je ne crois pas valoir la peine qu'ils pensent à moi » (*OC*, IV, p. 21-22).

115. « Qui s'arrête, qui s'amuse partout ; style familier » (*DA*).

116. Trouble. « *Coller le vin*, c'est y battre de la colle de poisson pour l'éclaircir » (*DA*).

117. « On dit en plaisantant qu'un homme s'accommode de quelque chose pour dire qu'il prend quelque chose un peu hardiment et sans y avoir le droit » (*DA*). Après avoir tenté de séduire sa femme, oser voler son vin à un gendarme en chef qui vous confie l'éducation de ses enfants, voilà qui ne manquait pas d'audace.

118. Ce mot fameux, qu'on dit avoir été lancé par Marie-Antoinette au début de la Révolution, est donc bien antérieur. Il se peut même que l'« Autrichienne », le trouvant à son goût, l'ait repris des *Confessions*.

119. On fit comme si on ne s'en apercevait pas.

120. « Je tâcherai de mériter que vous veuilliez bien me tenir lieu de père, comme je me propose aussi de remplir à votre égard tous les devoirs d'un fils respectueux », lui écrivait-il en avril 1740, au moment de son entrée en fonctions. Il ajoutait : « S'il m'arrive de commettre quelque faute, je réponds d'avance qu'elles seront toujours dignes de pardon, parce qu'elles ne seront jamais volontaires… » (*CC*, t. I, p. 120).

121. Cf. *Émile*, I, *OC*, IV, p. 264 : « Je suis trop pénétré de la grandeur des devoirs d'un précepteur, je sens trop mon incapacité pour accepter jamais un pareil emploi de quelque part qu'il me soit offert

[…]. J'ai fait autrefois un suffisant essai dans ce métier pour être assuré que je n'y suis pas propre, et mon état m'en dispenserait quand mes talents m'en rendraient capable. » Échaudé par son expérience chez M. de Mably, il aura cependant une nouvelle occasion, dans les premières années de son séjour à Paris, de se confirmer qu'il n'est pas doué pour la pédagogie pratique (cf. livre VII, vol. II, p. 28).

122. La pension était payée tous les trois mois.

TABLE DES MATIÈRES

GF Flammarion

03/11/21862-XI-2003 – Impr. MAURY Eurolivres, 45300 Manchecourt.
N° d'édition FG101948. – Septembre 2002. – Printed in France.